十三陵
昌平
沙河镇
颐和园
海淀镇
德胜门
安定门
西直门
阜成门
（平则门）
钟楼
鼓楼
东直门
景山
西便门
天安门
朝阳门
（齐化门）
广安门
宣武门
（顺承门）
通惠河
东便门
正阳门
（前门）
崇
（哈德门）
右安门
永定门
左安门

典藏版

民国北京城

历史与怀旧

董玥 著　　何大齐 插图

生活·讀書·新知 三联书店

图书在版编目（CIP）数据

民国北京城：历史与怀旧：典藏版 / 董玥著，何大齐插图．— 北京：生活·读书·新知三联书店，2018. 6
ISBN 978 – 7 – 108 – 06231 – 4

I．①民… II．①董… III．①北京 – 地方史 – 民国
IV．① K291

中国版本图书馆 CIP 数据核字（2018）第 022451 号

责任编辑　曾 诚
装帧设计　何 浩
责任印制　宋 家
出版发行　生活·讀書·新知 三联书店
（北京市东城区美术馆东街 22 号 100010）
网　　址　www.sdxjpc.com
经　　销　新华书店
制　　作　北京金舵手世纪图文设计有限公司
印　　刷　北京图文天地制版印刷有限公司
版　　次　2018 年 6 月北京第 1 版
　　　　　2018 年 6 月北京第 1 次印刷
开　　本　720 毫米 × 1020 毫米 1/ 16　印张 21
字　　数　323 千字 图 26 幅
印　　数　0,001- 8,000 册
定　　价　180.00 元
（印装查询：01064002715；邮购查询：01084010542）

目　录

序 ………… Thomas Bender *i*

前　言 ………… *1*

绪　论 ………… *4*

Ⅰ 规划北京

第 1 章　从京师到北平 ………… *29*

第 2 章　权力：城与人 ………… *60*

第 3 章　传统：城市与国家 ………… *84*

Ⅱ 经历北京

第 4 章　生产：新经济体系中的北京 ………… *112*

第 5 章　消费：空间与实践的等级 ………… *145*

第 6 章　回收：经历天桥 ………… *172*

Ⅲ 书写北京

第 7 章　社会学：诊察城市病 ………… *207*

第 8 章　历史：记录老北京 ………… *242*

第 9 章　文学：书写新北京 ………… *261*

结　语 ………… *292*

参考文献 ………… *303*

后　记 ………… *319*

再版后记 ………… *324*

地图目录

地图 1 清代北京 ………… 35

地图 2 民国时期北京街道修建 ………… 44

地图 3 民国时期北京区划 ………… 50

地图 4 北京周边郊区的合并计划 ………… 53

地图 5 电车系统 ………… 72

地图 6 民国北京的公园 ………… 88

地图 7 清北京的市场体系 ………… 148

地图 8 民国北京的市场体系 ………… 151

地图 9 天桥地区的地理位置 ………… 178

表格目录

表 1 北京和天津制毯业比较 ………… 118

表 2 北京社会各阶层家庭经济状况分布表，1926 年 ………… 211

表 3 北京民国时期妓院与妓女人数历年比较表 ………… 220

表 4 民国时期北京各级妓女人数消长表 ………… 221

序

Thomas Bender
（纽约大学教授）

现代城市并不仅仅是一个充满社会差异的场所，同时，它也打上了“时间性之复杂重叠”（complex overlap of temporalities）的印记。多年以前，费尔南·布罗代尔坚持“社会时间的复数性”的重要性，他提到了“人类生活中多重的和互相矛盾的时间观念，不仅形成了过去的实质，同时也构成了当前社会生活的纹理”。也许是因为他曾在他的巨著《菲利普二世时代的地中海和地中海世界》（1949；英文版，1972）中给出了一个有关历史“长时段”（la longue durée）概念的重要性的有力例证，历史学家们非常关注他的历史中的时间观念这一层面。但是，对于布罗代尔来说，社会世界是由许多时间性（temporalities）和许多历史性构成的，而城市的社会生活恰好证明了他的观点，因为他的这一观点从某种程度上说就是关于过去和现在之间的关系的一种陈述。

董玥的《民国北京城》揭示出，城市就是这样一个人们体验多元的时间性，并将它们联系起来的场所。城市为探寻时间性的文化史提供了一个场所，一间实验室，因为时间性的文化史正是从城市的日常生活和艺术再现中得到表达的。董玥详细阐述了“过去”在“现在”中所占的位置；她的重要论题是在这座正在经历着现代化而且有着自觉意识的城市中，过去、历史、记忆甚或“怀旧”所占有的核心地位。这对于现代性的研究来说是一个重要的贡献，对于传统、历史及现代城市中“遗产”（用旅游部门的话说）的研究也很重要。

董玥的北京研究的时间框架是1911—1937年，这一阶段属于中华民国的核心时期。而这个帝国主义的高峰期不仅仅对于中国历史和北京史来说是一个重要的历史阶段，同时也是一个全球范围内城市变迁的历史时段。在“一战”前的数十年间，城市之间被贸易和投资、人口流动、观念和城市化技术的传播相互联结起来。现代化过程和现代规划在每个大陆上、在宗主国和殖民地国家都在发生，其中当然也包括中国和拉美国家这样的半殖民地。

虽然董玥的研究集中在北京，但是我们需要讨论这一更大的背景，因为这个背景能够强化她的论点，并开启她与其他城市的历史学家之间的对话。这种对话一部分指向对那一历史时期城市史的比较研究，但更为重要的是，它指向发生于城市间的，关于对城市的期望、城市理念与规划实践的流动关系的更深入研究。董玥力图打破那种由西方到东方的单向发展的现代性的简单东／西二元对立。对于城市现代性的表征（symbols）之全球流动的历史探寻，能够增强她这一更加具有复杂性的历史叙述，同时揭示出它的更广泛的相关性。

我们今天常常谈论现代性不属于某一个国家——不论是美国、某些国家的集合，或是整个西方——的可能性。即便是谈到 20 世纪的发展时，我们也必须承认以某种形式存在的这样的可能性。我们可以想象存在着这样一种环绕全世界运转的“国际市集”，其中充斥着各种代表城市现代性的标志符号与实践。当然，在这个市集里，某些国家与文化相较于其他国家确实贡献了更多的物品，其中有的国家甚至拥有强加于人的力量。然而，没有一个国家是单纯的贡献者（或支配者），也没有一个国家是纯粹的借用者。游览这个市集的既有殖民宗主国，也有边缘国家。殖民宗主国的大都会之间互相学习和借用，边缘国家的城市也是如此。而还有一些殖民地宗主国甚至先在它们的殖民地开展某些现代城市实践，然后再将它们带回“老家”。

要探究一个世纪前的这样一种城市历史以及现代城市文化的全球发展，我们需要将大都会作为一个单独的类型来看待；不是把它从其他历史中分割开来，包括民族国家的历史，而是把它看作这样一种历史：它认为现代大都会的发展是全球范围性的历史过程。尽管本书的对话对象是新近发展起来的中国城市史的研究，但是它对其他国家的大城市的类似研究也给予了相当的关注——包括卡尔·休斯克（Carl Schorske）关于维也纳的研究，杰弗里·内德尔（Jeffrey Needel）关于里约热内卢的研究，以及有关巴黎的大量研究。而反过来，今后这些城市——以及其他城市——的研究者则必须关注董玥的这本著作以及最近出版的其他有关北京和上海的研究专著。

像米歇尔·德·塞杜（Michel de Certeau）一样，董玥研究了城市日常生活与历史感和现代化的城市规划中一些问题之间的关系。然而董玥的研究超越了大部分人对日常生活的记叙，因为她懂得，对日常生活的理解不能离开对国家与日常生活的关系的分析，以及历史在现代城市中是怎样被“制造”出来的。

很多从“日常生活”角度展开研究的学者们过度赞美“平凡与琐碎”。与这些日常生活的赞美者一样，董玥也怀着极大的同情考察了普通人的生活方式，这种生活方式长期以来无甚变化。但是通过聚焦日常生活与国家力量之间的精确关系，至少是在城市公共空间这个问题上，她的研究向前迈进了一大步。一个很小但非常吸引人的例子就是城市规划者对胡同所做的改造。胡同是北京以及其他一些中国城市在历史的积淀中形成的典型居民区。在规划者面临的诸多问题中，有一个看似很小但对于当权者却很麻烦的问题就是胡同的命名。从前的胡同通常是以某一个地标、一个市场、一口井或者一条河流之类的东西来命名区分的。这样的命名方式导致了很多胡同的重名。重名破坏了现代规划中的理性原则，而规划者们希望将城市变得井井有条，因而他们给那些重名的胡同全部重新命名。当地居民对此既不是简单的默许也不是抵制，他们用两种方式来应付这件事情：口头上仍然继续使用以前的老名字，而允许当权者在路标以及相关文件上使用新名字。

董玥讲述的这个小故事使我想起了自己在纽约的生活经历。我住在美洲大道（Avenue of the Americas）旁边的一个街区，这个名字被用在这条南北方向的主干大道上是为了强调拉丁美洲和美国的团结。这个名字有着很大的含义，地图和路标上也通用这个名字。但当地人仍习惯叫它第六大道，我也习惯于这样称呼。这是为什么？这代表着一种反抗吗？其实不尽然；这不过是实用主义而已：人们从经验出发自然而然地将位于第五大道和第七大道之间的那条路称为第六大道。如果规划者和政客们为了他们的目的称这条道路为美洲大道，我也可以接受；而我在口语中使用当地的习惯用法，对他们来说也不成问题。

这些小例子将我们引向由拉丁美洲作家和评论家 Angel Rama 所提出的一个很重要的城市理论。在他去世后出版的《“文字”的城市》一书中，他描述了这些“掌控文字”的精英的强权，是如何定义拉美城市的文化与内涵的。他同样还描述了有教养的人的城市、用地图的人的城市，以及权力垄断者的城市。他们的城市同样是规划者的城市。在他看来，这个“文字的城市”由它自己的资助阶层来统治，主导着城市生活。但是董玥展示了对这个“文字的城市”的硬抵抗和软抵触。她揭示了城市规划者和社会科学家眼中的文字的城市与经验的城市之间的一系列互动的回合。董玥关于上述互动及平民语言和历史的实践合法性的观点同 Rama 相似，但是她的分析要丰富得多。

她对日常生活实践和过去之间的关系的理论探索对我们理解现代性有重要的启示作用。以北京的一个独特市场——天桥为例，董玥发展了她自己一套对于那里独特的物质交换及其文化内涵的观点。这个公共空间的日常交换将我们的注意力引向更为广阔的阶级和时间关系。基于对这个旧货市场的观察，她发展出了“传统的回收”（recycling）这个概念。这个内涵丰富的概念展示了现代城市现实与历史之间的动态关系。在天桥这个地方，过去以旧的物品的回收与再流通的方式得以在现在存续下去。这些物品，特别是衣物和装饰品，携带着各自不同的设计和材质，带着不同时代的烙印，在新的时期、新的主人手中产生了新的意义。

> 天桥展现的是回收与再循环中的秩序与效率。虽然构成天桥的物质材质与北京的其他部分是一样的，但是它在流通链上却占有一个很特殊的位置。这里的贸易既不同于老式的供应皇族朝廷和官员的店铺，也不同于服务城市新兴阶级的新型商店；这里的娱乐活动拒绝被大规模生产……天桥的活力来自于它作为整个北京回收和再流通的中心的地位。回收不仅仅是简单地把旧的带回现在；它涉及通过劳动力的付出让旧时的碎片重获生命，并在它们身上创造出新的价值。

记忆与传统（以及过往的实体残留）也是同样。董玥揭示了一个过程，它解释了为什么在现代性中，“过去”的存在不仅仅是一种存续（persistence）。历史与现代性总是相互建构的。就像她质疑东西二元对立一样，她同样质疑将过去和现在的二元对立。相反，她所展示给我们的是一个互动的或循环的模式，是对过去的回收与再循环。

人们通常会期待首都代表一个国家。有时候，一个国家的中心城市并不是其首都，比如悉尼、里约热内卢、圣保罗、上海、纽约。而有些城市曾经不得不应付它们失去首都地位的困境，例如里约热内卢、纽约，以及在中华民国时期的北京。不管中心城市是否是一国的首都，它必须建立起自己与国家历史之间的联系，或者说是中国人常用的“民族精神”。北京向董玥提供了一个精彩的机会，让她能够观察所有这些可能性，包括北京从皇朝都城（也许是一个最典型的“文字”）如何转变为一个共和国首都，然后是前首都的过程。这些问题和阶段对全世界范围内的都市生活历史研究来说，都至关重要。

董玥的研究中许多主题汇聚在她对作家老舍的分析中。老舍以文学的形式捕捉了那种将历史情感和现代的野心联系起来的“回收”，展示了二者之间的不可分割性。我们通常认为这样的作家由于对“老旧”和“平凡”有着强烈的爱好而逃避现代城市。然而，他们所展示给我们的其实是新与旧的对话。在阅读了老舍的作品以及董玥的“回收”的概念之后，我们对比如说欧斯曼时期尤金·阿杰特（Eugene Atget）所拍摄的巴黎的照片会有更加丰富的理解。它们所记录的不只是流失掉的；它们做的也是回收的工作：复原老旧的，拒绝将它们抛掉，让它们在新的城市中占有一席之地。这也就是说，历史是现代性的一部分，不论人们是鄙视它还是将它包裹在怀旧感的情愫之中。

怀旧感是现代性与现代城市生活的一部分，董玥将这个问题更广泛地展开了。她受到今天上海和北京（以及民国时期的北京）的知识分子在过去中看到未来的倾向的启发，在怀旧的记忆中找到未来的城市的轮廓。20世纪中国独特的历史和政治无疑有助于这一复杂的对于过去与未来的理解，对于选择性失忆和幻象性的记忆与未来的关系的理解。但是北京在这方面并不是独一无二的。在共产党执政结束后的布达佩斯，曾经存在着一股强烈的对于战前哈布斯堡王朝的留恋。仅仅在几年前，布宜诺斯艾利斯还在借庆祝这个城市 1910 年的巨大成功来想象这个城市的未来。董玥探索了将城市的过去投射到未来的一个动力关系——她触碰到城市研究中一个非常丰富的主题。

前　言

80年代初的一个秋天我上大学时第一次来到北京，一下子就被迷住了。北京让我着迷，一方面是因为火车站自动滚梯和城市地铁这些在当时的中国仍属新奇的事物；另一方面是因为那些有着几百年悠久历史的建筑，和那些在当代中文中已不再具有任何意义的街道名字。当那些现代便利设施的魔力很快变成首都城市生活熟悉的一部分而丧失了它们的新鲜感时，我对这座城市历史的兴趣却渐渐地更加浓厚了起来。乘着公交车或者骑着自行车去探寻这座城市迷宫般的街巷，占去了我在北京大学第一个暑假的所有空闲时间。我背上一壶水，带上一本书，随便跳上一辆公共汽车，随它把我拉到哪里。这座城市的悠久历史，尽管随处可见，但对于我这样走马观花式的观察者来说还是不那么容易理解。但是，我在这座城市的“探险活动”也使我知道，北京也是可以了解和接近的。在几年后的一个春天，我长期在北京大街小巷中穿梭得到的自信给我提供了很大的方便，当主要的街道都走不通了的时候，我总是能穿街走巷，到达我想要去的地方。

然而，这座在我看来因其丰富的历史和活跃的生机而让人喜爱的城市，却也给它的许多居民带来了日常生活的诸多不便。那些老旧的居民院落的魅力，也因缺乏诸如自来水和卫生间等基本的设施而大打折扣。许多房子雨季漏雨，冬天寒冷。取决于季节和气候变化，四合院里的房屋要么过分炎热、要么过分寒冷、要么过于潮湿和黑暗。因为一个院子通常挤着几户人家，住户们往往没有一丁点的私人空间。搬出这些院子成了许多家庭的梦想。

这座充满亲和力的城市在十年之内消失了。1995年，离开这座城市六年后，第一次回到北京去做这个研究项目的时候，我已经认不出我眼前的北京城了。人们搬进了高高的塔楼，他们的生活条件表面上看起来正在大大改善。面对所有这些变化，面对眼前琳琅满目的各种事物、各色人等的混合杂处，像大部分人一样，我沉浸在弥漫于北京空气中的那种亢奋的气氛中。但是，我很快意识到了这种变化的负面影响。在这座城市的许多地方溜达，已不再让人感觉快乐了；骑自行车则意味着你要吸纳汽车排放的尾气，忍受阻塞的车流和新建的令人恐惧的立交桥系统。有一次，我去拜访一个朋友，她住在一座公寓楼的第 25 层。那天电梯坏了，于是我决定去爬那没有窗子的楼梯。当我爬到一半的时候，大楼停电了。我被困在黑洞洞的楼梯中间进退不得。感觉着自己的心脏跳动的声音，我犹豫着是坚持摸索着向上爬，还是回过头下楼去。后来我得知，这种情况随时都会发生，我的朋友经常被迫在同样的黑暗中爬楼梯，一只手抱着她的小儿子，一只手提着大包小包。她总是在手提包里装一只电筒。她的小儿子最喜爱的地方是“他的河”，但是朋友告诉我，那只不过是一条脏水沟，因为附近没有可以玩的地方，孩子只能去那里。当这个孩子到了昆明看到了天上的白云时，他说美极了。别人问他，这些白云像什么啊，他回答说，它们就像“北京天上飘的塑料袋”。

这个小男孩的故事让我难过。难道我们真的只能在没有自来水和卫生间的平房院落和这样的公寓楼之间做出选择吗？难道我们真的只能在长安街和商业区的形象工程与附近完全没有任何适当的公共场所的居民住宅楼之间做出选择吗？北京近年来的发展从任何标准来看都是令人惊叹的，然而，人们是否从这种高速发展中分享到了公平的利益呢？

关注今日北京居民的日常生活体验让我能够更好地去思考这座城市新近发生的变化，以及这座城市 20 世纪初期的历史。当我开始撰写这本书的时候，我曾一度着迷于北京曾经发生的有关城市发展与城市保护的争论；现在，当我写完本书的时候，我认识到，对于北京居民来说，与他们关系最大的问题其实是在这场争论之外。从阜成门通往石景山的八车道宽的大路就从那个小男孩的家门前经过，它的建成是北京 20 世纪 90 年代最为自豪的成就之一。穿过这条路的时候，我要小心地躲开那些运输钢材的载重卡车，这使我想起了圣地亚哥至洛杉矶 I-5 号高速路上的一个交通警示牌，上面画的是一个非法移民家庭，正在狂奔过一条宽阔的、吓人的高速公路。我站在十字路口，手拉着男孩的手——他现在已是一名大学生了——心里祈求着能够再次安全通过这条马路，并期望着这座城市的政府部门在下个工程上马之前，能够问问当地的居民们究竟需要什么。我同时也希望城市规划中市民参与机制能够成为现实；我希望这座城市里修建的下一条马路如果不能给当地人带来方便，也至少不会让人们的生活变得更加困难。

过去的几年里，我对北京历史的研究带给我最深的认识就是，无论是思考一座城市的过去还是现在，人们首先应该关注的不是城市建筑及其得失，而是居民对于城市的感觉和体验。一座城市，只有生活在其中的居民拥有呼吸和生存的空间，它才会真正具有活力和动力。“人文尺度”（human scale）这个词不仅指建筑的尺度和形式，更应指广义上的城市规划。城市规划首先要考虑的因素永远都应该是它的居民，而不是发展还是保护这样的命题，更不是把城市当作国力的展览品。北京应该首先属于它的居民；只有这样，它所展示给世界的才能是根植于人民的生活之中而富有活力的生生不息的传统。

绪 论

“老北京”在20世纪80年代以后成为一个让很多人着迷的话题。当过去遗留下来的老房子正一天天被拆毁，以便为玻璃幕墙的摩天大楼和高层公寓楼腾出空间时，怀旧情绪却开始在这个古老的城市蔓延开来。多年前拆毁的老城墙已无法重建，过去老城时代密切的邻里关系也不再能够保留；留恋“老北京”的人只能在地方小吃和一些保留下来的那个时代的娱乐表演中，在褪色的记忆的朦胧回忆中，在观光客们光顾的茶馆中，找到些许的安慰。小胡同和四合院开始吸引外国人的注意，但是普通的北京人家庭正在忙着搬进装着防盗铁门，与邻居“鸡犬相闻”却老死不相往来的高层楼房。当从日本引进的塑料“整体浴室”成了不可缺少的装备时，老式的“社区中心”一样的澡堂便只是留在电影里的事了。晚饭后街边大树下的棋局已不再是一道熟悉的风景，今天城市的夜晚已被机动车的噪声和废气所污染，但是关于老北京的历史的节目和具有地方特色的娱乐节目则每周都在电视上上演。北京城的每一个区都编撰了自己的历史，极力推出本区的名牌商业区和旅游名胜。旧时的商业策略，从一家特色餐馆如何烧一道招牌菜到商店的店员如何招揽顾客，都成为服务业模仿的样板。

关于“老北京”的文学和摄影作品不断涌现。民国时期出版的许多旅游指南、照片和随笔被编辑再版。悉尼·甘博（Sidney Gamble）1919年所做的关于北京的社会调查在它首次用英语出版八十年后出了中文版。老舍这个老北京最杰出的文学代言人的所有作品也已被重新出版，许多作品还被拍成了电影，搬上了舞台，或拍成了电视连续剧。“老北京”热并不限于旧著重版。许多有关“老北京”生活和文化的“百科全书”也已编辑出版。文学市场上，“京味文学”开始流行起来。一些作家因在作品中塑造了倾心于遛鸟、种花、斗蟋蟀和玩赏古玩的“老北京人”而声名鹊起。这些新作家中，那些语言和细节的描写传达了“纯正北京风味”的作家则更受推崇。当今天的北京人力图去寻找一种不同于1949年以后的城市认同的时候，或当他们试图去表达他们对这个城市进行的空前规模的重建和发展的反感态度的时候，很多人将目光转向了“老北京”。

那么，什么是“老北京”呢？今天我们所认为的“老北京”在很多意义上其实并不很老。它并不是帝都时期的北京，而是距离我们没有那么遥远的民国时期的北京。今天被重构的物质生活的类型很多来自于民国时期。今天市场上出现的很多“老北京”小吃并非来自皇宫，而是民国时期城市小贩们在小胡同里叫卖的吃食。天桥也是在1911年末代王朝被推翻后才成为“民间艺术中心”。而许多号称自帝国时代起就有“悠久的传统”的商业设施，也在20世纪经历了翻天覆地的变化。这个城市的文学表述模式也含有浓重的民国时期的痕迹，尤其是其强烈的怀旧感。关于“老北京”的新作品与七八十年前作品相比，有许多共同之处，例如对日常物质生活中的细节和人文逸事的迷恋。

毋庸置疑，对老北京的兴趣在一定程度上是将历史商业化的产物；它并不影响人们逃离拥挤的大杂院和胡同，奔向一种他们认为更舒适的生活方式。但是在北京城的居民对于急剧改变他们生存空间的开发项目的决策很少或根本没有发言权的状况下，强调“老北京”的价值也成了目前评论这个城市的变化时所最常采用的策略之一。人们有时并不是真正想回到过去的生活，至少不是在简单的复制的意义上。“过去”为他们提供了一个词汇表和参照系，它为今天的城市居民对他们不愿见到的事物进行批评提供了一个途径。迷恋于“老北京”的人们并不细究20世纪初开始改变这个城市的基础设施的现代化建设项目，他们也不特别执着于保存一个“传统”的帝都北京。他们关注的不是这个城市中以前宏伟的景观：壮观的景象和标志性建筑都可忽略，相反，他们关注于小的事物，甚至是这个城市以前日常生活中的细微特征。追忆喧嚷动荡的20世纪初期的生活，这个政局不稳、经济艰难的时代成了今日北京许多人灵感的源泉。民国时期的北京还远远没有被人遗忘，它留下了一笔巨大的历史遗产。

在民国北京最持久和最为人们所熟悉的形象中有这样一群人，就是收废纸和捡垃圾的人们：一个可辨认的标志就是他们背上的大篓子。即使是北京最深的小胡同里也能每天听到这些妇女和孩子们“收废纸”的叫声；这些妇女和小男孩作为那时这个城市日常生活的缩影被选入摄影和文学作品中。海达·莫里逊（Hedda Morrison）——一个从1933到1946年在北京工作的德国女摄影师解释道：“收废纸和垃圾是最贫穷的职业之一。所有只要还能重新回收和利用的东西都绝对不会被浪费掉，收废纸的人们为回收制造糙纸提供原料。”[1]在许地山关于北京20世纪30年代初期生活的短篇小说《春桃》中，女主人公春桃就是一个废纸收集者。对于春桃和她的同伴们来说，他们所收集的并不只是用来卖作原材料的废纸。他们常常不是简单地卖掉纸张，让上面的书写内容随便消失在回收过程中，而是小心地按上面的书写内容来分类。一小片康有为书法纸张可以为他们带来八毛钱，一封盖有明朝皇帝玉玺的朝鲜国王的来函则意味着一笔可观的财富。用过的邮票和带有有趣图画的香烟盒也被分类出售。春桃最厌恶的是从现代机构诸如学校或银行收的那种纸张，因为这些纸不但很重而且有难闻的油墨味道，卖不出多少钱。然而，即使这些质量很次的废纸片也能找到市场，可以作为商店里的包装纸来卖。春桃的工作不仅仅是把废纸变成有用的东西，而且也是辨识和归纳一个特定时代的价值观念及其历史意义。在同一个过程中，物质实体和它们所代表的历史被一起加以衡量。

《春桃》这部小说可以看作民国北京回收历史的碎片的一个寓言：春桃通过对旧的东西进行分类整理来谋生，正如这个城市通过调动它的历史来定义当下一样。这个城市所富有的正是那些春桃认为有价值的东西；尽管北京在发生变化，历史的痕迹却无处不在。人们会不断地回忆起这个城市的过去，不仅仅是通过具有鲜明帝国时代特色的建筑，而且是通过这个城市的人们和他们各种各样的生活方式。很多真实的生活片段都被莫里逊捕捉进了她的摄影作品中。其中有这样一个作品，天安门前一个小贩把他的柿子仔细地摆放在绿色的叶子上，以衬托那果实诱人的金黄。另一幅是一个卖二手金属器皿的小贩在以前是皇室禁地的城市东南角的天桥市场专心地整理他的小罐。他的货物从古雅的黄铜器到新式的眼镜，都整洁闪亮地摆放在地上的席子上。另一张照片是一个老人在北海公园参与流行的滑冰运动。他年轻的时候曾为慈禧太后表演过。[2]

这些作品带回了民国北京这些飞逝的生命的平凡瞬间。卖柿子的小贩是否意识到他正坐在往日帝国宫殿的门前，而在二十年前这对他而言还是禁地？那个溜冰的老人是否回忆起了他曾滑动在北海上的辉煌过去，那时的北海还是皇家园林，而非公园？这个帝国的历史对这个城市的居民意味着什么？他们又是如何认识那些在日常生活中无所不在的过去与现在的交织？生活在这样一个历史底蕴深厚的城市中，他们如何想象自己的未来？当他们挣扎在日常生活中时，他们所关注、梦想、期盼和焦虑的是什么？民国时期的北京经常被喻为是昙花一现的瞬间，一个被挤压在沉重的过去和无可改变的现代化未来之中的现实。但是否有这样一种可能：对当时人来说，历史并不是那么遥远抽象，而未来的前景也并不是那么清晰确定的呢？如果我们“轰开历史的连续性”，[3]并且拒绝从目的论的视角把民国时期仅仅看作北京历史上一个无关紧要的过渡阶段，我们又会看到些什么呢？

回答这些问题要求我们使用一个新的分析框架。过去二十年里中国现代史领域的发展，尤其是有关清末和民国时期的城市研究，都为这样一个新的框架提供了可能性。直到 20 世纪 70 年代，城市和城市生活方面的研究并没有引起研究中国近现代史的西方学者很大的兴趣，或许正如伊懋可（Mark Elvin）和施坚雅（G.William Skinner）曾指出的，“学者们都被中国革命发自农村，而城市看起来（尽管只是看起来）并不是变化的主体这个事实搞得有点茫然了”。伊懋可和施坚雅于 1974 年编辑出版的《两个世界之间的中国城市》断言，城市生活在中国历史上具有很大意义，提出了与以上的流行观点迥异的看法。正像作者解释的那样：“中国首次与现代工业文明发生碰撞是在城市；中国人致力于现代化建设同样也始于城市。”[4]但是这本书在整体上反映出“从过去悠久的传统中归纳出‘现代’的现象”[5]是一件很困难的事。事实上，正像伊懋可和施坚雅总结的那样：“直到 20 世纪，很多中国既有的制度都在加速发展。举例来说，行会、慈善机构和小商业城镇等，在经济能力足以支持它们的地方都是如此。一些现代的发展，诸如以城市为基础的作为辛亥革命的根本的绅士和商人这样的政治力量，在前代后期就明白无误地展现出来了。”[6]

20世纪80年代以来，学者们探索了更为广泛的现代中国城市生活的问题。有关新机构和制度——诸如市政府、警察、学校、公共卫生处、银行和公共设施公司——发展的研究使我们开始关注以前从未研究过的城市管理系统。[7]从社会史和性别研究领域汲取了养料的城市社会史研究则揭示出人们对城市的体验，既表现了同时也建构了他们不同的阶级、性别、种族甚至地缘身份，从而使得这个新的管理系统的含义更加复杂化和具体化。一些学者关注工人阶级、来自农村的暂居者和移民，以及不同阶层妇女的经历，从而对以前主要关注“五四”知识分子和共产主义革命的研究形成了十分必要的补充和挑战。[8]关于城市社会的研究也成为对市民社会和公共空间问题讨论的中心。尽管学者们对于这些观念是否适用于对中国的研究持有不同意见，这些论战在揭示权力关系类型和社会组织结构方面贡献良多。[9]受文化史的新发展的影响，90年代的大量研究把城市当作文化生产场所和文化表述的对象来进行考察。其他一些学者则通过对旅游、报纸、流行小说、画报、广播、电影和其他娱乐形式的研究探究那些意义超过城市生活之上的话题——比如民族主义、变化的社会中的性别认同建构，以及中国的现代性等。[10]

这些单独的研究或许只关注某个城市的一个方面，但是作为一个集合它们却呈现出对近现代中国史的更为复杂的理解。如果伊懋可和施坚雅的著作之起点是“传统中国城市”的现代化，近来的研究则更多地关注现代化的进程与其中各种社会力量之间的能动关系，这些社会力量包括职业协会、地下社会、同乡会、男女工人、学生、城市管理的技术人员、作家和消费者，等等。这些研究表明现代中国城市并不仅仅是国家统治的中心和西方模式的镜像。近来的研究可以说形成了对国家、市场、流行文化与地方文化等因素和民族认同之间关系的新理解。

许多新视点来自于最近二十年出版的对上海的众多研究。[11]但是当上海受到广泛学术关注的时候，非通商口岸城市却很少受人注意。那些拥有更悠久的历史而不是在19世纪出现，而且也不是殖民势力中心的城市面临着不同的挑战，因为它们在国内外格局中都占有不同的实际性的和象征性的地位。因此，缺乏对这些非通商口岸城市的研究会歪曲我们对中国现代性的理解，我们会倾向于在现代性和西方之间画上等号，而且看重小资产阶级文化所具有的现代性而忽略其他。

民国北京在有关国家政治、地方政治和个体机构的专著中已经得到一些关注。[12]其中最为重要的是史谦德（David Strand）的《人力车时代的北京：1920年代的市民与政治》。这部著作研究了国家和社会关系的转型，以及在军阀统治时期城市居民的政治意识发展。从商会和各种行业协会的建立到人力车夫组织的形成，史谦德的书非常具体地展现了这个城市的居民如何与新政府进行协商，如何为新的公共空间（诸如街道和公园等）赋予意义，又是如何采用新的政治词汇为自己的利益服务。

本书和史谦德的著作有两个重要的不同之处。首先，本书不是把这个城市作为主要历史人物和事件的舞台和背景，而是综合考量了在北京这个古老帝都的转型和它被塑造成现代中国“文化城市”的过程中各种政治、经济、社会和文化力量的交互作用。民国时期的北京并不只是军阀、游行抗议的学生和文学人物的城市，也是说书的、摔跤的、卖小吃的和城市规划者的城市。它不仅是一个政治中心，而且也是一个各类人群的谋生之地。第二，史谦德的书主要关注1928年以前的军阀时期，只是简单提到了国民党时代的到来以及他们的视点与北京的现实生活的差异。与此不同，本书强调了国民党统治时期在北京历史上的重要性。对北京而言，国民党执政意味着迁都南京带来的经济衰落，更强烈的国家主义和更严格的社会控制，也意味着一种强调民族认同的新型文化建构。1928年标志着民族国家建设策略的一次显著而重要的转型以及这一转型在北京史上的具体表现。基于这些原因，本书关注的时间超过了1928年，直到20世纪30年代，也就是当这个城市被赋予了“中国传统文化中心”这一形象的时期。

民国北京的当下和它的帝国往昔之间的联系已经成为关于这个城市的学术研究的中心话题。史明正在关于民国北京公共设施发展的著作中提出，受财政资源的限制，这个城市进入现代化的过程是“没有发展的增长”。[13]张英进则把北京看作一个“传统的城市”来和上海这个“现代都市”进行比较讨论。[14]张英进意识到我们“缺乏充足和有效的思想框架来理解和再现这个城市的各种复杂性”，但是他接着描绘了一个谱系，认为如果“中国、传统和农村在一边；西方、现代和城市在另外一边”，那么北京就在一个中间的位置上。[15]史明正强调的是变化和有限的“现代化”；

张英进则将北京与上海进行比较，而更注重民国北京的“传统”性。

尽管他们的结论在表面上看上去是不同的，但是这两种方法都把传统和现代、过去和现在相对立，并没有给“民国北京到底是更现代还是更传统”这场循环论争提供一个出路。事实上，民国北京所处的是一个充斥了新的和旧的因素的历史时刻；我们很容易就能找到证据来支持其“现代”或“传统”的一面。逝去的帝国的空间秩序被基于现代城市规划原则的空间秩序所取代，城市基础设施的转型，以及城市管理的新机构的出现都表明这个城市在逐渐脱离它八百年帝都的历史。但是，如果把西方城市和以上海为代表的通商口岸作为标准，那么民国时期的北京看上去或许并不像一个 20 世纪的“现代城市”：古老的城墙、狭窄的胡同、皇宫和皇家花园、缓慢的生活节奏和工业产品的缺乏。但是这种看法的问题在于，如果我们在线性历史和目的论的框架中回视历史，便只能认为中国的历史传统不可避免地要没落了，而一个由西方模型所定义的现代化未来是人们必然要达到的目标。在此观察视角下，现代化转型的速度（或者更经常被看作停滞）则是参照完成现代化进程所需要的时间来衡量的。但是，如果照搬西方模式的现代化是终极目标，当地人的文化和价值便都成了毫不相关的东西。在任何“旧的”东西中看到价值，就势必会被看作一种为了保护过时东西而做的无用而保守的努力。例如，悉尼·甘博，一位 20 世纪初期在中国从事研究活动的美国社会学家，观察到，“在北京，新旧比肩并存但是很少对彼此发生影响是很习见的”，[16]但是他仍旧很自信地认为北京正在经历一个“从旧到新的改变”。对于甘博来说，这种改变应该遵循美国的社会改造模式来进行。[17]

史谦德的研究则强调了民国北京历史时间的复杂重合性。[18]他在关于北京市民政治意识的开创性著作中，将 20 世纪早期的北京当作背景进行了介绍。他建议读者去关注民国北京的历史的多重层次：

> 一些城市就像重写本。尽管只有现在的那些印记可以看得很清楚，那些没有完全被拭去的过去却还是隐约可见。相比较而言，20 世纪 20 年代的北京，作为一个人类和物质的实体，清晰地保留着过去，容纳着现在，并且孕育着众多可能的未来中的基本因素。在 20 世纪

> 20年代的中国，很少有城市看起来如此既非常传统和中国化，同时又潜藏了现代和西方城市生活的内涵。[19]

史谦德注意到了民国时期北京外表形象的含混性，并且深刻地指出了这个城市当时拥有“众多可能的未来”。但是在其他的地方，他还是把这座城市的状况描述为“不完全的转型”：

> 实际上，这个城市含混的外表为民国时期不平衡和不完全的社会转型提供了一个隐喻。新技术和社会实践带来了新的东西，但是工厂体系的统一采用，现代管理或者彻底的社会革命并未带走什么，北京在生产和社会活动的新旧形式之间培养起了不一致性和强迫的共容。[20]

这里所传达的信息是混杂的。“生产和社会活动的新旧形式之间的共容”是一个很有意思的问题，应该有进一步的研究。尽管将民国时期看作“转化阶段”使我们可以讨论不同时代重叠交替的外在表现，但是从某种目的论的角度出发把这个城市在这段时间的经历描述为“不平衡和不完全的社会转型”仍然是对未来而不是对当下赋予了更多的重要意义。

民国时期杰出的历史学家铢庵[21]针对民国北京的新旧纠缠做出了可能是最为敏感的观察：

> 从1900年到1928年的近三十年对于北京而言，是一段在新与旧之间挣扎的时间。所有旧的事物仍旧拒绝完全投降，但不得不开始谨慎地接受一些新事物。这就像硬把一件新衣服穿在一具旧骨架上一样。新衣服本身也不是一流的，老的骨架也开始变形。[22]

从这段评论中能看出来，铢庵既没有把这种从旧到新的转化看成是自然发生的，也没有把新的或是旧的事物理想化和浪漫化。他没有把一个复杂的经历简化为旧去新来的过程。相反，通过描述说“新衣服”常常是“硬”加在“旧的骨架”之上，他强调了新旧关系中斗争的因素，以及对于新事物的既抵制又谨慎地接受的态度。

为了分析北京人是如何应对新旧冲突的复杂历史，本书提出了“传统的回收”的概念。“传统的回收”描述了并且在理论上构建了一个有关物质和文化生产和流通的模式，用以揭示民国时期北京，一个置身于工业化世界中的非工业化的城市的特点。面对这一时期的各种危机，北京很多人甚至是政府机关应对当下问题的方式是，试图通过回收实物和过去的象征因素来控制他们的城市转型。“传统的回收”这一概念打破了新旧之间的分裂，转而强调它们之间的动态关系。正如杜赞奇（Prasenjit Duara）所说的，“无论是简单的持续性概念还是发明创造的概念都不能公平对待历史与现在之间的微妙关系。过去并不是仅仅通过持续在当下而影响当下。它使得当下的转型成为可能，而在这转型中，它自己也发生了改变”。[23]

在人类学家肖凤霞（Helen Siu）和阎云翔的著作中，他们用回收的概念来分析当今中国的庆典仪式和礼物交换，以此说明今天的人们仍然使用回收来应对改变。肖凤霞用这个概念来分析流行仪式的复兴，例如，20 世纪 80 年代中国南方的婚礼和葬礼仪式，她发现“传统婚礼和葬礼的基本因素和它们的理想概念将仍然具有吸引力”，但是这些仪式被用来为具体的生活利益（比如人际关系建立）服务，在这些社会生活中“社会主义国家的力量早已被内在化”。因为社会主义国家已经如此深入到了中国社会之中，它在 20 世纪 80 年代的“计划性后退”的方案“激发出的不仅是新的焦虑而且是新的能量”。为了应对这个时代的变化，肖凤霞所研究的这个村庄的居民“巧妙地重组了仪式的碎片以与大的政治框架互动，从而再造、改进和改变它的文化内涵”。肖凤霞得出的结论是“这些以新的形式重新出现的仪式代表了文化碎片在新的情境中的回收”，[24]而不仅仅是传统的复活。同样地，阎云翔在他关于北方地区送礼问题的研究中，强调了这一实践中的新形式，送礼者对人际关系网络的新定义，以及他们对传统按现时需要所进行的调整。如同肖凤霞一样，阎云翔指出当代中国流行仪式的系统是“一个‘回收传统’的过程，而不是一个传统复活的过程”。[25]

本书认同上述两位学者的观点，即过去留下的东西常常是被用作应对当下的一个重要资源。这项关于民国北京的研究表明传统的回收有属于它自己的一段历史。事实上，肖凤霞和阎云翔看到的在“当下”被再利用的

“传统”完全有可能本身就是从更早一些的实践中回收和转化来的。

本书讨论了民国北京在三个领域中是如何对待其历史的：城市空间秩序的转换，城市居民的物质生活，以及城市的文化再现。通过揭示物质生活和文化认同感之间的动态联系，通过认识北京居民怎样通过主动而富有创造性的方式去应对当时的政治、社会和文化的巨变，本书把民国北京从一个线性发展的历史视角中抽离出来，给予其当下以应有的关注。从1911年到1928年，北京是新民国的首都。在中华民国建立之后，帝国的城市管理和空间组织的系统已不再能够适应新政权的需要。那些迫切地想把北京变成西方式现代化城市的人们感到有太多的地方需要加以改变。在民国的第一年，《大自由报》提出，一个国家的首都需要有三个重要条件：方便的交通，宽阔整洁的道路，辉煌有序的建筑。巴黎、纽约、柏林和伦敦都作为现代城市的典范被看作北京的榜样。[26]市政府也支持这种观点。城市建设方案已经被计划好并开始实施，一个新的城市空间格局开始代替旧的格局。民国的政治理想——公众的参与，商业、工业的发展和整体上的流动性——也作为主导城市规划和决定社区模式的原则代替了等级秩序和按种族与地位进行的隔离。公共交通系统的建立影响了这个城市居民的日常生活，使他们得以去往城市中更多更远的地方，并且使他们在自己所居住的区域之外变成“陌生人”。

但是，当国民党政府在1928年控制了整个国家并且把统治中心迁到了长江下游的南京之后，北京变成了一个普通城市，政治地位显著下降，预算也明显变得紧张，而且城市的发展方向也随之发生了改变。在1928年之前的项目中，政府所关注的是建设和开放公园以推进教育和那些被认为是适合民国市民的各项活动；1928年之后，它开始转而致力于把这个城市建成为中国的“文化中心”和旅游胜地，同时强调把这个城市遗留下的帝国往昔转化成一种资本而不是完全抹去。

当北京被建成全国的“文化中心”时，它对普通民众而言仍然是既具有特殊的历史意义，而同时又是他们展开日常生活的“地方”。民国北京对待其历史的特殊方式在很大程度上是和它的经济地位相关联的。从1912年到1928年，北京仅在名义上是新民国的首都；政府没有能力控制各省的军阀割据，结果流通于这个城市的财富量逐渐减少。北京的经济状况在

1928 年后因迁都而更加恶化。此外，北京不仅缺乏现代工业，而且也失去了它在古老商路上的重要地位——它曾是连接东南和北方、东北及蒙古的枢纽。当这个城市的有限出口依赖于手工业生产时，却有大量工业产品的流入来供应市民们每天的日常需要。现代银行代替了老式的信贷制度，但并没有对当地经济做出什么贡献。在民国北京得到繁荣发展的是新形式的手工业和二手货交易。因此，统治民国北京经济生活的是一个双重系统：现代经济把这个城市作为一个市场，而大多数人的生存则是以前工业时代的经济手段维持着。

正是在这样危机重重的情况下，北京被整合进了现代经济和政治的世界体系。这个城市充斥着当铺、二手货店、旧书和古董交易，还有大量利用黑暗来掩盖二手商品真实品质的早晚集市。而这个城市的居民亦怀念存在于所有古老和二手东西——从破衣服到古董——中的过去的时光。无所不在的回收过程将分裂和分层的市场带进同一个循环系统之内，并且成为缔造这个城市文化认同感的一个重要因素。天桥地区是一个很有说服力的例子，那里实际上就是北京的“回收中心”。作为北京最重要的二手货集散中心，在那里破旧的物品被拭去灰尘，并且通过巧妙的掩饰而拥有了新的价值。对北京的大多数居民和游客来说，天桥蕴含了北京城市生活的实质，而这个地方的吸引力来自于传统的回收所创造的社会能量。北京城的普通居民在天桥展现了他们改造当权者强加给他们的东西的适应能力，一种新的城市意识也伴随着物品的回收诞生了。简而言之，天桥市场就是“传统的回收”这种实践的文化和物质展现。

在民国北京，关于这个城市的艺术和文学作品主要关注日常物质生活的细节，诸如在胡同里叫卖的小吃和季节性庆典。在大多数作品中，怀旧感是表达对这个城市情感依恋的主要基调。老一代的学者用百科全书式面面俱到的方法搜集和归类日常生活和地方风俗并把它们转化成知识。对他们而言，北京意味着一个具有绝对价值的地方文化。相反地，和现代教育制度紧密相关的新知识分子则把北京描述成为一个令人愉悦的公园。与对日常生活的关注不同，他们用抽象的审美原则描述着这个城市的帝国往昔，并且不断把北京和中外的其他城市进行比较。当北京在 20 世纪 30 年代被日本侵略所威胁时，这两派人开始融合，他们都把“老北京”看成是中国传统文化的中心。但是这个让很多人充满怀旧感的“老北京”并不是过去的帝国北京而是活生生的民国北京。短暂将逝的当下被认作是有价值的财产，是一个应当为后代保留下来的“过去”。把民国北京追忆成“老北京”并不是始于20世纪80年代，而是30年代。当它还是一个活生生的存在时，民国北京就已经成了充满怀旧感的记忆。

尽管危机不断，民国北京的当下却拒绝消失在厚重的过去和由西方所代表的未来之间——这个未来看上去似乎永远在退向远方而无法得到。北京史上这个时期应该因它自己的特质而被重视。当城市史学家欧森（Donald J. Olsen）描写19世纪的欧洲时，他说它“既不是已经逝去的18世纪，也不是还在挣扎着出生的20世纪，而是一个有着自己的关注、价值、理想，它自己的道德和思想设想的时期，它需要被严肃地对待”。[27]传统的回收这个概念强调了生活在那个时空的人们所拥有的可能性，以及他们在日常生活中所进行的自觉努力，这是一个民国时期北京居民从过去中开发潜力，进而把它们转化成对于当下有用的东西的过程。给予民国北京活力的不是城市居民对以新事物代替旧事物、现代征服传统的消极接受；相反，正是人们积极的创造性赋予了他们当下生活以新的意义。回收这一概念描述了一种方式，通过这种方式，民国北京的居民积极地应对着在既抵制又接受新的变化的过程中所必然产生的问题，并且为他们现实生活中的当下创造出积极而明确的意义。

本书所关注的问题与列文森（Joseph Levenson）的《儒教中国及其现代命运》，以及霍布斯鲍姆（Eric Hobsbawm）和兰杰（Terence Ranger）的《传统的发明》有相通之处，但在某些观点上和这两本著作有很大区别。列文森用“博物馆化”的概念来描述现代中国应对其“儒学的过去”的主要机制。对于列文森而言，存留下来的过去已经是碎片，不能等同于有意义的新框架，其意义仅能在一个现代化的民族语境中建立起来：“旧的结构的许多砖块依旧存在——但不是结构本身。碎片或许会因为满足现代的审美而存留下来，而不是因为（相比那些被遗忘的碎片）它们传达了一个不可征服的传统的实质。而这种作为文化语言的审美并不是碎片所创造的。相反，只能说它们丰富了（新的）语言体系的词汇。”[28]列文森承认过去的遗迹的存在，但是他认为这些遗迹仅存在于博物馆化中，也仅仅拥有他称为“历史性的意义”，而不是活生生的，作为历史一部分的当下的意义，因为它们是“指向既不具有吸引力也不造成威胁的过去的指针”。他认为，它们中最好的那些东西是在“审美上有意义——仅仅是审美上的，被击败了的，失去了其整体中的碎片”。[29]

列文森的博物馆化的概念，作为对于被认为已经支离破碎的传统的一种现代转译，和作为对现代中国的一些重要现象的理解具有很深的洞察力，它同时也能够很有效地解释一些精英的思想和关于民族国家未来的忧虑。但是当用这一概念来解释中国人在19和20世纪中的整体性经历时，我们会遇到两个问题。首先，列文森的观点在运用于社会史，尤其是日常生活时会有不足之处。它忽视了那些不是因为“审美”原因——比如，因为生存原因——而包含过去价值的实践。第二，他的论点暗示着中国人接受了被外来力量预设的“现代口味”，并且排除了这样一种可能性：这种“现代口味”是通过整合，而非全部抛去过去的碎片而形成的。同样地，列文森也没有给这种可能性留下空间：即“现代口味”不是在孤立中形成的，既不是在西方也不是在非西方，并且事实上西方和非西方的表述可以彼此影响，就像是在东方主义和自我东方主义的例子中一样。

列文森的论述在某种程度上与霍布斯鲍姆和兰杰的“传统的发明”的理论有相似之处。博物馆化的实质是当现代来临时，过去会（或者必须）安全地逝去。换句话说，现代化不可避免地会把过去变成粉末和碎片，并且将之埋葬。霍布斯鲍姆和兰杰的理论对列文森的观点有某些修正作用；他们指出过去的一切在现代并不都是一种阻碍，而是强调了在建设现代化民族国家中历史所具有的效用。“发明传统”是一个为了当下的目的而通过仪式和象征的方式把传统抽象成审美和文化原则的过程。两位作者指出，“我们认为，发明传统实质上是一种参照过去而进行的形式化和仪式化的过程；这种过程（经常）是通过强迫的不断地重复而进行的”。[30]

本书的研究区别于霍布斯鲍姆和兰杰的地方在于，它不止步于挖掘被重新发明的象征符号和国家主导的仪式，而是试图揭示埋藏在琐碎细节和日常生活偶然性之下的究竟是什么。“传统的发明”意味着在陈旧风俗的旗帜下发展出的事实上是崭新的习惯，而“传统的回收”则意味着把真正陈旧和饱经风霜的东西修补起来，试图把它们当成是新的东西而利用。过去不仅是被诸如博物馆和国家的现代机构所直接操控，而且在日常生活中被时时利用着。霍布斯鲍姆和兰杰在他们的理论中提出，“‘传统’和实践中的惯例是以逆反方向联系着的。当‘传统’被用在实践中得到确证时，它会显出自身的弱点。相反地，当实践对象不再被实际用途所束缚时，才能自由地被用在象征和仪式的目的上。”[31]因此“传统的发明”的理论并没有讨论那些不那么清楚地被“解放”为象征和仪式的，而是停留在俗世领域的东西。进而言之，“传统的发明”这一理论的根本在于将传统与现代对立起来。与此相反，“传统的回收”的理论则关注日常生活中细小琐碎的特征。在这一理论中，过去并不仅是被挑选出来作为适合“现代口味”的审美原则而存在的——相反，“现代口味”是用过去的碎片创造出来的。

民国北京的历史提出了这样一个问题：在中国人对现代性的定义过程中，“过去”究竟扮演着什么样的角色？这段历史要求我们不是在一个把现代和传统对立起来的框架中去思考现代性，而是把它看作一个既包含了外来资源也包含了本土传统的叙述。“传统的回收”同时包含着社会性的和文化性的因素，比如怀旧感，是中国现代性的一个关键性特征。在本书中，现代性并不是局限于一个社会附和一系列同质的、普世的发展标准而展现出来的物质现象——诸如基础设施、摩天大楼或公共设施；它所指的超越了这些。它首先指由大规模资本主义工业生产构建的生存状况——不一定局限于地方层次，而是存在于由官僚化民族国家体系所构成的一体化世界中；第二，它指的是一个社会中的人们对他们在一体化的世界中的位置的清晰意识；以及第三，他们积极地，不仅通过民族和精英的话语，而且通过日常生活来定义当下的努力。在现代性的这个定义中，它不是从西方，或者被西方，带到中国的，而是在中国，通过中国，在它与外部世界的互动中创造出来的。中国不是一个消极地接受由西方经验定义的现代性的处所，而是现代性的创造过程的积极参与者。[32]

这样一个对于现代性的定义并不否认民国时代的人们对新与旧所做的区分，但是拒绝把人们的历史实践简单区分为现代的和传统的，拒绝以这样的区分作为分析框架去理解历史。我们会发现，在历史上“现代化”常常与西方相联系，但是如果在学术研究中把“现代性”与西方化画等号，那会阻碍我们在做历史分析时保持必要的距离；进一步说，它剥夺了“现代性”这一概念的分析价值。现代性时常采用的一个战略就是常常宣称它完全独立于过去，如同卡尔·休斯克在他对维也纳的研究中指出的：到 19 世纪末，“‘现代’已经被用来把我们对生活和时代的感知和所有一切的过去区分开来了，从整个历史割裂开来。现代建筑、现代音乐、现代哲学、现代科学——所有这些都认为自己不是从传统出来的，甚至不是从反传统出来的，而是独立于过去而存在”。[33] 在中国的语境中，如果能认识到这种把现代从传统中割裂出来的行为是一种政治策略，而非历史事实，那我们就能够质疑甚至打破在西方化和现代性之间的想当然的联系，这种联系的性质本身就把“中国的过去”从现代中排斥出去，不承认它在现代中扮演任何角色。

本书的三个部分考察了这个城市的空间变迁、物质生活和对民国北京的社会科学、历史学和文学的再现。第一部分研究了城市的空间变化：前三章着眼于民国北京的空间和管理转型，在不同力量争夺城市空间控制的过程中所展现出来的权力关系模式，以及国家资助建设新的、公共的、象征的仪式空间的方案和项目。第二部分讨论城市居民的物质生活：第 4、第 5 章研究了民国北京的经济状况和消费模式，由此引向第 6 章关于天桥这个“回收中心”的个案研究。第三部分关注对城市的文化表述：第 7 章详细地分析了社会学对民国北京的研究；第 8 章和第 9 章考察了老一代学者和新知识分子对民国北京的不同表述。

注释

[1] Hedda Morrison, *A Photographer in Old Peking* (New York: Oxford University Press, 1985), p.100.

[2] Ibid., pp.28, 122, 163.

[3] Walter Benjamin, "Theses on the Philosophy of History," in *Illuminations: Essays and Reflections*, ed.Hannah Arendt (New York: Shocken Books, 1985), p.262.

[4] Mark Elvin and G.William Skinner, eds., *The Chinese City between Two Worlds* (Stanford, Calif.: Stanford University Press, 1974), p.2.

[5] Ibid., p.3.

[6] Ibid.

[7] 新的学术研究的一些例子包括：Joseph Esherick, *Remaking the Chinese City: Modernity and National Identity, 1900-1950* (Honolulu: University of Hawaii Press, 2000); Kristin Stapleton,

Civilizing Chengdu: *Chinese Urban Reform*, *1895-1937* (Cambridge, Mass.: Harvard University Asia Center, 2000); Michael Tsin, *Nation*, *Governance*, *and Modernity in China*: *Canton*, *1900-1927* (Stanford, Calif.: Stanford University Press, 1999); Frederic Wakeman, Jr., *Policing Shanghai*, *1927-1937* (Berkeley: University of California Press, 1995); Wen-hsin Yeh, *The Alienated Academy*: *Culture and Politics in Republican China*, *1919-1937* (Cambridge, Mass.: Council on East Asian Studies, Harvard University, 1990)。另外一些相关著作包括：Ruth Rogaski, *Hygienic Modernity*: *Meanings of Health and Disease in Treaty-Port China* (Berkeley: University of California Press, 2004); Brett Sheehan, *Trust in Troubled Times*: *Money*, *Banks and State-Society Relations in Republican Tianjin* (Cambridge, MA: Harvard University Press, 2003); Mingzheng Shi, "Beijing Transforms: Urban Infrastructure, Public Works, and Social Change in the Chinese Capital, 1900-1928" (Ph.D.diss., Columbia University, 1993); Timothy Weston, *The Power of Position*: *Beijing University*, *Intellectuals and Chinese Political Culture*, *1898-1929* (University of California Press, 2004)。

[8] 参见：Bryna Goodman, *Native Place*, *City*, *and Nation*: *Regional Networks and Identities in Shanghai*, *1853-1937* (Berkeley: University of California Press, 1995); Gail Hershatter, *The Workers of Tianjin*, *1900-1949* (Stanford, Calif.: Stanford University Press, 1986); Gail Hershatter, *Dangerous Pleasures*: *Prostitution and Modernity in Twentieth-Century Shanghai* (Berkeley: University of California Press, 1997); Emily Honig, *Sisters and Strangers*: *Women in the Shanghai Cotton Mills*, *1919-1949* (Stanford, Calif.: Stanford University Press, 1986); Emily Honig, *Creating Chinese Ethnicity*: *Subei People in Shanghai*, *1850-1980* (New Haven, Conn.: Yale University Press, 1992); Elizabeth Perry, *Shanghai on Strike*: *The Politics of Chinese Labor* (Stanford, Calif.: Stanford University Press, 1993); Elizabeth Perry, *Proletarian Power*: *Shanghai in the Cultural Revolution* (Boulder, Colo.: Westview Press, 1997); Frederic Wakeman, Jr., and Weh-hsin Yeh, eds., *Shanghai Sojourners* (Berkeley: University of California, Institute of East Asian Studies, Center for Chinese Studies, 1992); Richard Belsky, *Localities at the Center*: *Native-place*, *Space*, *and Power in Late Imperial Beijing* (Harvard University Asia Center: Distributed by Harvard University Press, 2005); Weikun Cheng, *City of Working Women*: *Life*, *Space*, *and Social Control in Early Twentieth Century Beijing*(Berkeley: University of California Institute of East Asian Studies, 2011)。

[9] 在这个问题上最著名的城市史著作是：David Strand, *Rickshaw Beijing*: *City People and Politics in the 1920s* (Berkeley: University of California Press, 1989), and William Rowe's two volumes, *Hankow*: *Commerce and Society in a Chinese City*, *1796-1889* (Stanford, Calif.: Stanford University Press, 1984)和 *Hankow*: *Conflict and Community in a Chinese City*, *1796-1895* (Stanford, Calif.: Stanford University Press, 1989)。有关这一问题的其他重要著作有：Qin Shao, "Tempest over Teapots: The Vilification of Teahouse Culture in Early Republican China," *Journal of Asian Studies 57* (1998): 1009-1941; and "Space, Time, and Politics in Early Twentieth Century Nantong," *Modern China 23*, no.1 (January 1997): 99-129; Di Wang, *The Teahouse*: *Small Business*, *Everyday Culture*, *and Public Politics in Chengdu*, *1900-1950* (Stanford, Calif.:

Stanford University Press，1984）。

［10］这一学术研究上的例子有：Leo Ou-fan Lee，*Shanghai Modern*：*The Flowering of a New Urban Culture in China*：*1930-1945*（Cambridge，Mass.：Harvard University Press，1999）；Perry Link，*Mandarin Ducks and Butterflies*：*Popular Fiction in Early TwentiethCentury Chinese Cities*（Berkeley：University of California Press，1981）；Wen-hsin Yeh，ed.，*Becoming Chinese*：*Passages to Modernity and Beyond*（Berkeley：University of California Press，2000）；Yingjin Zhang，*The City in Modern Chinese Literature and Film*：*Configurations of Space*，*Time*，*and Gender*（Stanford，Calif.：Stanford University Press，1996）；Yingjin Zhang，ed.，*Cinema and Urban Culture in Shanghai*，*1912-1943*（Stanford，Calif.：Stanford University Press，1999）。近来关于城市文化的论著包括：Carlton Benson，"From Teahouse to Radio：Storytelling and the Commercialization of Culture in 1930s Shanghai"（Ph. D. diss.，University of California，Berkeley，1996）；Peter Carroll，*Between Heaven and Modernity*：*Reconstructing Suzhou*，*1895-1937*（Stanford，California：Stanford University Press，2006）；Joshua L.Goldstein，*Drama Kings*：*Players and Publics in the Re-Creation of Peking Opera*，*1870-1937*（Berkeley：University of California Press，2007）；Jin Jiang，*Women Playing Men*：*Yue Opera and Social Change in Twentieth Century Shanghai*（Seattle：University of Washington Press，2008）；Tobie Meyer-Fong，*Building Culture in Early Qing Yangzhou*（Stanford，California：Stanford University Press，2003）；Liping Wang，"Paradise for Sale：Urban Space and Tourism in the Social Transformation of Hangzhou，1589-1937"（Ph.D.diss.，University of California，San Diego，1997）。

［11］除了上面提到过的学术著作，还有其他一些重要著作也是有关上海城市生活的：Nicole Huang，*Women*，*War*，*Domesticity*：Shanghai' s *Literature and Popular Culture of the 1940s*（Leiden：Brill，2005）；Hanchao Lu，*Beyond the Neon Lights*：*Everyday Shanghai in the Early Twentieth Century*（Berkeley：University of California Press，1999）；Weh-hsin Yeh，ed.，*Wartime Shanghai*（New York：Routledge，1998）。

［12］以前关于北京的著作包括：Andrew Nathan，*Peking Politics*，*1918-1923*：*Factionalism and the Failure of Constitutionalism*（Berkeley：University of California Press，1976）；Strand，*Rickshaw Beijing*；Shi，"Beijing Transforms"；Weston，*Power of Position*；and Belsky，*Localities at the Center*。Susan Naquin 的巨著，*Peking*：*Temples and City Life*，*1400-1900*（Berkeley：University of California Press、2000），是北京历史研究上的一个新的里程碑。

［13］Mingzheng Shi's "Rebuilding the Chinese Capital：Beijing in the Early Twentieth Century." *Urban History 25*，no. 1（1998）：60-81，and "From Imperial Gardens to Public Parks：The Transformation of Space in Early Twentieth Century Beijing，" *Modern China 24*，no.3（1998）：219-254.

［14］Yingjin Zhang，*The City in Modern Chinese Literature and Film*，p.262.

［15］Ibid.，p.103.

［16］Sidney Gamble，*Peking*：*A Social Survey*（New York：George H. Doran，1921），p.223.

［17］Ibid.，p.307.

［18］Strand，*Rickshaw Beijing*，p.xi. 是北京历史研究上的一个新的里程碑。应该指出他的书写于

对老北京的怀旧情绪浪潮之前。

[19] Ibid., p.7.

[20] Ibid.

[21] 铢庵为北京一个著名历史学家瞿宣颖的笔名。

[22] 铢庵："北游录话",《宇宙风》第26期（1936年10月），第107页。

[23] Prasenjit Duara, *Rescuing History from the Nation: Questioning Narratives of Modern China* (Chicago: University of Chicago Press, 1995), p.76.

[24] Helen Siu, "Recycling Rituals," in *Unofficial China: Popular Culture and Thought in the People's Republic*, ed.Perry Link, Richard Madsen, and Paul Pickowicz (Boulder, Colo.: Westview Press, 1989), pp.132-134.

[25] Yunxiang Yan, *The Flow of Gifts: Reciprocity and Social Networks in a Chinese Village* (Stanford, Calif.: Stanford University Press, 1996), p.238.

[26]《大自由报》1912年9月14日，第7页。

[27] Donald J.Olsen, *The City as a Work of Art: London, Paris, Vienna* (New Haven, Conn.: Yale University Press, 1986), p.ix.

[28] Joseph Levenson, *Confucian China and Its Modern Fate* (Berkeley, California: University of California Press, 1968), part Ⅲ, p.113.

[29] Ibid., part Ⅲ, p.114.

[30] Eric Hobsbawm and Terence Ranger, *The Invention of Tradition* (New York: Cambridge University Press, 1983), p.4.

[31] Ibid.

[32] 关于这个问题的其他学术著作诸如：Shu-mei Shih, *The Lure of the Modern: Writing Modernism in Semicolonial China, 1917-1937* (Berkeley: University of California Press, 2001); Xudong Zhang, *Chinese Modernism in the Era of Reforms: Cultural Fever, Avant-Garde Fiction, and the New Chinese Cinema* (Durham, N.C.: Duke University Press, 1997); Xiaobing Tang, *Global Space and the Nationalist Discourse of Modernity: The Historical Thinking of Liang Qichao* (Stanford, Calif.: Stanford University Press, 1996); Lydia Liu, *Translingual Practice: Literature, National Culture, and Translated Modernity—China, 1900-1937* (Stanford, Calif.: Stanford University Press, 1995); and Lydia Liu, ed., *Tokens of Exchange: The Problem of Translation in Global Circulations* (Durham, N.C.: Duke University Press, 1999)。

[33] Carl E.Schorske, *Fin-de-Siecle Vienna: Politics and Culture* (New York: Alfred A.Knopf, 1980), p.xvii.

I

规划北京

从古城墙上俯瞰故宫

拾荒的

重建后的前门（正阳门）附近

城门口的交通情况

第 1 章　从京师到北平

1925 年，作家孙福熙乘火车回到阔别五年的北京。他这样描述自己的感受："经过丰台以后，火车着慌，如追随火光的蛇的急急游行。我，停了呼吸，不能自主地被这北京的无形的力量所吸引……一片绿色中远见砖砌的城墙隐现，而黄瓦红墙的城楼并耸在绿叶的波涛中，我能辨别这是正阳门，这是紫禁城与别的一切。"[1] 在民国时期到过北京的人当中，孙福熙的印象很有普遍性。这衰朽的古老都城依然矜持地展示着它的余威，而政治的变迁和现代化的交通方式的发展既使得它变得容易接近，也让人们得以新鲜好奇的眼光打量这百年古都。在 1860 年和 1900 年，两次入城洗劫的西方士兵站在城墙上看到了当地普通百姓也不曾看到的北京城的全貌。1912 年中华民国建立，帝京的神秘面纱被彻底揭开，普通市民和游人得以一览久藏在高墙深苑里的皇家禁地。象征帝国权力的城市空间布局和建筑风格也随之在 20 世纪初在汉语、英语、俄语、法语、德语和日语的文本里得到系统而现代的表述。而也正是在这个时期，这积淀了几百年历史的城市空间和建筑体系开始被打破。

20 世纪二三十年代异地的游客大多乘火车来北京；前门（也称正阳门）站是北京的主要车站。旅客从车站出来，首先看到的便是一旁傲然耸立的正阳门。原有的正阳门在 1900 年被八国联军焚毁，而后又在德国建筑师库尔特·罗斯克格尔（Curt Rothkegel）主持下修复。这位建筑师相信经典的西方风格的装饰能够融入中国皇家建筑，于是在箭楼窗户上留下了一些颇为醒目的西式白色拱形装饰，而这不和谐的饰物成为了这一系列事件的永久见证。在高大的城门映衬下，新安置的隔离墩像矮篱笆一样立在街道当中，构成了城市的新景象。新修过的街道紧挨着城门，宽阔平坦，整齐的路肩勾勒出了一小片一小片的草地。松柏尚显稚嫩，显见是新近栽种的。路边时常停着几辆轿车，有时是一两辆摩托车，不过它们通常被包围在一排排等生意的马车和人力车中间，而骑着自行车的人们也夹杂在车流当中。行人三教九流、穿着各异：既有长袍，也有西服，还有宽大的黑色裤子和白色衬衫的工装。[2]

重建的前门地区是民国早期城市空间转变的典范，它代表了城市重新规划的一个重要原则——统一城内格局，并使之与外部世界相连。新成立的民国政府所继承的这座古老都城虽然已经残破不堪，但它仍然保持着其空间构成上的一致性。然而这种有效地为帝国服务了几百年的城市布局，却已不再见容于新时代对于工商业发展的构想，而即将被一个新的、以人和商品的流动为中心原则的空间秩序所取代。通达和流动的原则，以及新形式的权力等级体系因此取代了原有的表达王朝权力、维持帝国秩序的基于民族差别建立的空间隔离制度。尽管许多城市改造项目都是虎头蛇尾，但一些明显的变化还是出现了；而承载着王朝天地哲学、政治和社会原则的空间规划由于建筑环境的重组而日渐模糊。截至 1937 年日本侵华，也就是本书的叙述结束的时候，北京城的空间秩序已经全然不同于它在世纪之交时所呈现的面貌。

与这些市政工程并行的，是将城市变为一个完整、自治的行政单元的努力。在民国时期，北京在全国的政治和行政地位日趋衰落：从军阀割据时代的名义上的中央政府所在地，到国民党统治下一个彻底的地方城市，北京在这一过程中发展出了一套新的独立于中央政府的市政体系及郊县系统，并以此来抗衡政权不断更迭所造成的混乱。北京在历史上首次成为了一个由市政府全面管理的城市。

这些不可逆转的变化标志着北京悠久历史上的一个新纪元。这一章将主要论述民国北京城的这一现代化转变历程，特别是城市的基本空间规划和管理系统的变化。这些自上而下的项目蕴含了新民国政府对“现代”城市的看法。在这个政府看来，帝京遗迹中的很大一部分乃是现代化进程中所必须清除的障碍。

帝国都城

北京城是在元代（1271—1368）大都的基础上建立起来的。元朝之前，金代（1115—1234）的国都位于今天北京城的西南地区。蒙古人在征服中原的过程中毁掉了这座都城，在废城中稍事停留后便于 1267 年新建了自己的都城，并在 1272 年自豪地将之命名为大都。[3] 大都基本上是按照《周礼·考工记》提出的标准建造的。《考工记》中规定皇城应该是一个由四面城墙围起来的四方形，“方九里，旁三门。国中九经九纬，经涂九轨。左祖右社，面朝后市”。[4] 除了城墙的边长和地理上的一些条件限制以外，大都与古代都城的设想标准非常契合。[5]

明朝定都南京，将大都改名为北平。永乐皇帝迁都北平，并将其改名为北京，这一时期完成的城市布局基本上一直延续到 20 世纪 50 年代。这位君王建造了一座空前壮观的都城，这里有中国历史上最雄伟的宫殿，最宏大的建筑和庭苑，最精美的庙宇和桥梁。明朝的宫殿基本建在元朝宫殿的基址之上，只是将北墙南移，用砖墙代替土墙进行了重修。1553 年嘉靖（1522—1567）年间，在四方城南墙外又加建了一个长方形的部分，城市原有的部分被称为内城，新加的部分称为外城。清朝继承并保留了明朝国都的基本格局，只是作了些小的变动，新建了一些庙宇和祭坛，这也即是民国初年北京城的面貌。[6]

北京城的整体布局有效地营造出一种对于皇权的崇敬。这首先表现在它的空间布局中展现出来的规模之宏大以及对称和均衡原则之一致性。北京城规划的中心是一条贯穿全城南北八公里的中轴线。这条线上的景山和山上的万春亭是整座城市经纬的交点，也是这条中轴线的制高点与正中心。这条线和这一点在两个维度上定义了北京。梁思成曾大为惊叹这种设计的恢宏效果：“全世界上最长、也最伟大的南北中轴线穿过了全城。北京独有的壮美秩序就由这条中轴的建立而产生。前后起伏，左右对称的体形或空间的分配都是以这中轴为依据的。气魄之雄伟就在于这个南北引申、一贯到底的规模。”[7]

从内城北墙到外城南墙永定门之间的中轴线既是连接皇家重大祭祀场所的基线，也是内外城的主要干道。在永定门内，天坛和先农坛分别位于南北通衢的东西两侧。梁思成曾指出，在漫长、笔直的正阳门大街末端，在各种醒目的商业建筑映衬下的正阳门构成了内城的第一个亮点。正阳门前百米处有一座装饰性的拱券，紧邻着一座引导和守卫城门的大石桥，经过小一些的大清门，千步廊将人们引导到高大的天安门前。梁思成评价道："这中间千步廊……御路的长度，和天安门面前的宽度，是最大胆的空间处理，衬托着建筑重点的安排。"[8] 从天安门向北，和谐排列的城门和殿堂一直延伸，屋顶上金色的琉璃瓦如波浪般层层叠叠。中轴线前半段的最高点是太和殿，之后逐渐下降直到神武门，但是再向北又有景山高高耸立构成宫殿的背景。由此向北，绵延不绝的建筑物交相辉映；中轴线穿过鼓楼和钟楼，到达北城墙画一个完美的句号，"将重点平稳地分配给左右分立的两个北面城楼——安定门和德胜门"。梁思成赞叹道："有这样气魄的建筑总布局，以这样规模来处理空间，世界上也没有第二个！"[9] 正如梁思成评价的那样："北京是在全盘的处理上，完整地表现出伟大的中华民族建筑的传统手法和在都市计划方面的智慧和气魄。"[10] 和世界上其他帝国都城一样，北京城高大宏伟的建筑蕴含着皇权的威仪以及其他复杂的意识形态、天地观及美学信息；但又与其他城市不同，北京城市中的皇家建筑结构并不会"在整座城市的包围中变得矮小"。[11] 北京城的宫殿并不仅仅是城市的一个部分，相反，整座城市已经成为了一种浑然一体的纪念性建筑，强烈地表述着帝国的权力。城内外有众多的皇家祭祀场所，如太庙、社稷坛、先农坛、日坛、月坛和地坛等，这些祭祀坛庙有系统地参照中轴线与宫殿而建，决定了城市主要街巷的布局。朱莉·布莱顿（Juliet Bredon），一位 20 世纪初来到北京的英国妇女赞美道："毫无疑问，北京的巨大魅力部分来自于它庄重的和谐。在这里，没有什么是卑微可鄙的，没有什么是渺小细琐的，也没有什么是无足轻重的。"[12] 梁思成把这座城市盛赞为"都市计划的无比杰作"。[13]

北京城市设计的连贯性也表现在细节中。城中的建筑物并非单摆浮搁，而是被组合成一个个建筑群，反映了城市设计的连贯性和协调性。紫禁城、皇家祭祀场所、佛寺道观及城门都是精心安排的建筑群。一个中心建筑通常会主导一个建筑群，诸如紫禁城里的太和殿、天坛的祈年殿等，围绕它们的是精心平衡分布的小型建筑、开放的空间和许多花园。城门也是这样，每一座城门外都有环状的围墙，称作月城或瓮城，上设箭楼。完整的城门建筑群还包括庙宇，一般是观音庙或关公庙，建在月城和城门之间。城门因此同时具有现实交通和祭拜神灵的双重意义，它们不仅体现了在整座城市的空间秩序中一再重复显现的原则，更证明了空间的社会与文化维度之间密不可分的关系。

北京明确的等级感不仅体现在象征着地位和族群隔离的城墙上，也体现在建筑的特征当中。许多明亮的颜色均为皇家建筑专用，像明黄、绿色、屋顶琉璃瓦所用的深蓝以及紫禁城城墙城门所用的饱满柔和的红色。坐落在皇宫建筑群中的景山，作为城市的制高点，俯视着一望无际的绿树中灰砖灰瓦的平房院落。皇家建筑的颜色是不能被普通人模仿的，皇家建筑的高度也是不可以超逾的。

对皇权之威严的空间表达也展现在那层层城墙上，城墙之高大令人却步，城门之开合蕴含着权力。它们划分隔离着皇族与平民、满人与汉人、政治与商业、城市与乡村。以皇帝的视角为中心设计的中轴线贯穿并连接着层层城墙。站在景山顶上俯瞰城市，也就是站在了三层城墙的中心。能够看到北京城的全盘布局是一个视觉特权，通常属于皇家和皇家所允许的特例。由内向外，三层城墙依次为紫禁城、皇城和内城，内城又被附在南墙外的外城进一步保护起来。筒子河、巨大的红墙、加上四座角楼和四座城门围护起了皇宫的所在地紫禁城，南面的午门只有皇帝才可以通行，北面的神武门允许太监等住在紫禁城内的人员通过，在东西两面，文官朝见须走东华门，武官则须走西华门。

皇城是满洲贵族和官员的居住区。皇城呈长方形，城墙周长约 18 里，也是开四个主要城门：南面的天安门，北面的地安门，东西两面的东安门和西安门。如同紫禁城一样，南面的城门（天安门）为皇帝专用，在天安门和正阳门之间，另有一个较小但是具有重要象征意义的城门，它的名字代表了统治的王朝和政权，随着统治权力的变化屡次改变：在明朝叫作大明门，在清朝叫作大清门，在中华民国叫作中华门。

皇城的外面是内城，有九座城门，南面有三个，其余三面各两个。从城市的东南角顺时针开始依次是南面的崇文门、正阳门（前门）和宣武门，西边的阜成门和西直门，北边的德胜门和安定门，以及东边的东直门和朝阳门。在内城和皇城的城墙之间，居住着八旗及其家属，他们承担着护卫宫殿和守护都城的责任。除正阳门外，每处城门安扎一旗，这八旗分别为正黄、镶黄、正红、镶红、正白、镶白，及正蓝、镶蓝。

外城的城墙较内城低些，并且七处城门的重要性也略逊内城。从东面开始，是东边的东便门和广渠门，南边的左安门、永定门和右安门，西边的广安门和西便门。出于皇宫的安全考虑，内城原则上不允许保留永久性的商业、行会及各种形式的娱乐活动。虽然这些规定在帝国的历史上曾不止一次被打破，但是内城确实一直以来未能满足居民的日常生活和贸易活动的需要，这使得外城成为了满足居民物质需要的商业中心。满人进入北京城的时候，曾把汉人从内城逐出，因而使得外城成为了汉族官员和商人的聚居区。

内外城功能上的不同也造成了其空间组织上的差别。内城规划严密，与中轴线平行，东西各有一条南北走向的大道，东西向的小巷连接着主要的街道与城墙。而外城很多部分是随着商业的兴盛而随意发展起来的。除了作为城市中轴线一部分的自北向南穿过外城的正阳门大街，以及另几条供应御用奢侈品，并供汉族显贵居住的精心设置的街道以外，狭窄、蜿蜒、迷宫一般的胡同群里，生息着帝都的劳动和服务阶级。与外城北面部分喧闹繁华服务于内城的商业区不同，外城的南面则是皇家禁地、沼泽、湖泊和莲花池；若非城墙的存在，很难把它同乡村区别开来。

如果说北京城内的城墙隔离了不同民族和地位的居民，北京城外沿的城墙则是矗立在城乡之间的屏障、都市的有形界限。最外层的城墙勾勒了内外城的形状，并把北京城与其周围的乡村地区清晰地分隔开来。这城墙往往是人们对这座城市形成的第一印象，正如一位游客观察到的那样："直到 1949 年后它们消失为止，外城巨大的城墙一直扼守着通往北京的道路。这些城墙矗立在乡间平原上，只有穿过它们设下的屏障，才能够一览城市的面目。"[14]

在城墙之外，为了进一步强化等级概念，所有皇家祭祀场所也都被严密地护卫起来，不露庐山真面。城市普通居民的地理观念因而截然不同于那些拥有皇家视角的人。紫禁城和皇城的主要部分掩藏在高墙背后，先农坛、天坛、地坛、月坛、日坛及社稷坛等皇家祭祀场所也禁止一般人进入。

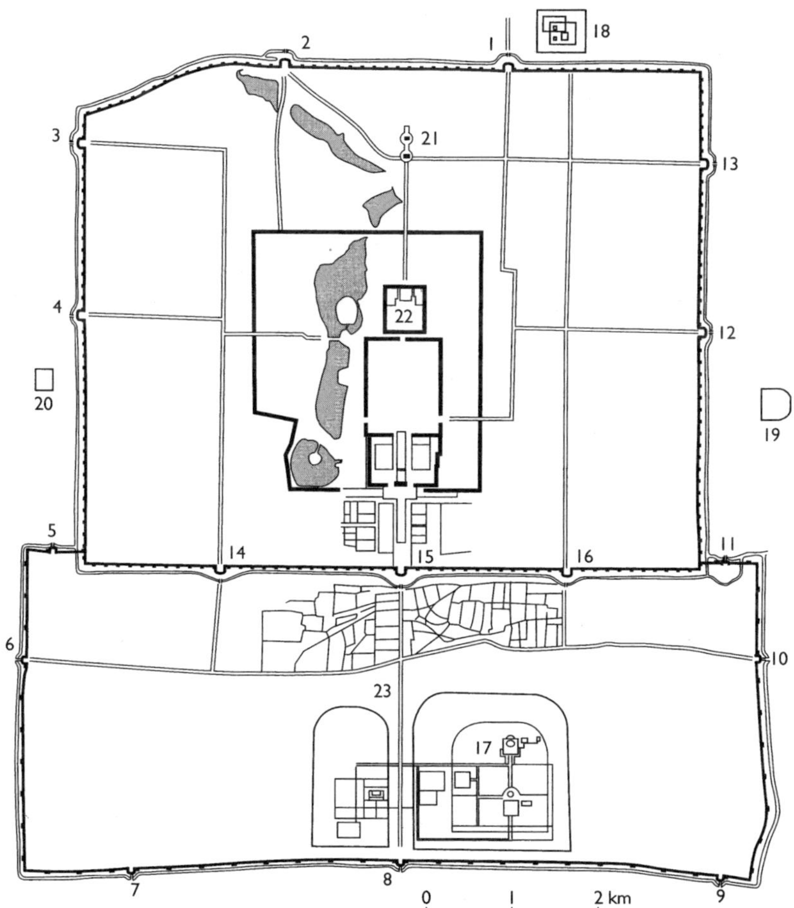

1. 安定门
2. 德胜门
3. 西直门
4. 阜成门
5. 西便门
6. 广安门
7. 右安门
8. 永定门
9. 左安门
10. 广渠门
11. 东便门
12. 朝阳门
13. 东直门
14. 宣武门
15. 前门（正阳门）
16. 崇文门
17. 天坛
18. 地坛
19. 日坛
20. 月坛
21. 钟鼓楼
22. 景山
23. 天桥

地图 1　清代北京

清末民初时流行的两首歌谣勾勒出了普通人心目中的北京城，在这两首歌谣中，只有国子监一座皇家建筑被当作地标提及，对普通人来说，北京城就是一座由他们穿行的城门、拱门，经过的桥梁，游逛的寺庙与市场，以及那些很难进入官方历史的小街道组成的城市，他们的北京城由与日常生活息息相关的地方组成。即使他们的想象可以不受实际视觉的限制，紫禁城在实际生活中对他们而言仅仅代表着几座高墙。其中一首唱道：

> 平则门，拉大弓，过去就是朝天宫；
> 朝天宫，写大字，过去就是白塔寺；
> 白塔寺，挂红袍，过去就是马市桥；
> 马市桥，跳三跳，过去就是帝王庙；
> 帝王庙，摇葫芦，过去就是四牌楼；
> 四牌楼东，四牌楼西，四牌楼底下卖估衣；
> 搭个伙，抽袋烟，过去就是毛家湾；
> 毛家湾儿，扎根刺，过去就是护国寺；
> 护国寺，卖大斗，过去就是新街口；
> 新街口儿，卖大糖，过去就是蒋养房；
> 蒋养房，安烟袋，过去就是王奶奶；
> 王奶奶，啃西瓜皮，过去就是火药局；
> 火药局，卖钢针，过去就是老城根；
> 老城根儿，两头儿多，过去就是穷人窝。[15]

然而，到19世纪末，皇宫已不再是北京城唯一、无上的权力中心。1860年第二次鸦片战争之后，北京开始兴建外国使领馆；1900年义和团运动之后，使馆开始集中到城市的东南角，形成了使馆区，成为对清帝国的政治挑战的空间表现。同时，皇家建筑群也不再像以前那样芳容难睹。以往只有值勤的守卫才得以在城墙上看到宫殿，1860年，外国人在“热衷于取悦洋人”的恭亲王的允许下也可以走上城墙。[16]另外，一些西式多层建筑的出现也打破了宫殿群对城市制高点的控制，朱莉·布莱顿将自己在城墙上对宫殿群与使馆区的观感做了一个对比：“在城头上可以看到北京美丽的风景。如果天气晴好，四城的规划则清晰可见。”[17]“向东走，我们可以在左下方看到使馆区，想法各异的人们在这里建造出了一个杂乱的整体。它与威严一统、高高在上的宫殿比起来，显然会相形见绌。中国人确实比我们更懂得协调建筑与环境，或者说画与框、框与画之间的关系。在我们的右侧就是属于中国人的城市。夏天，当家家户户院落中的树木枝繁叶茂的时候，整座城市会变得像一座大花园。天坛的蓝色穹隆矗立在绿叶的烘托中，犹如一朵优雅的石花。”[18]

然而，对许多北京的居民来说，西式建筑打破整个城市建筑体系和谐的并不仅仅在于它们带来的那些“秩序井然的丑陋”[19]，而是在一个文化的连贯性上切下了破毁的第一刀。当地居民相信北京城是龙体的象征，崇文门和宣武门是龙的双眼，前门是龙喙。源于西郊玉泉山的玉泉河流经整个城市，通过水关，汇入内城南墙外的护城河。1900 年，八国联军正是通过水关的这条孔道进入了北京城；北京的第一条铁路也是从这里切入。也正是在这里，为了方便在使馆区居住的人们进出城市，城墙上被开了一处豁口。“当地人传说，切开了水关，也就是在龙身上开了一个口子，北京的财富‘龙血’就是从这里慢慢流走的。”[20]“来自外面世界的经济压力，连同那些外交官、传教士以及速射枪炮一起，不可避免地带来了这可怕的变化。”[21]

对变化的要求却也不完全来自外交官、传教士和他们所仰仗的枪炮。到了 19 世纪后期，北京自身的发展也带来了对变化的要求。作为都城，北京的特权地位所带来的繁荣孕育出活跃丰富的都市生活。1886 年，李若虹——一个进京赶考、随后定居北京的河南书生，这样向打算来京城观光的游客介绍这座城市：

> 京师最尚繁华，市廛铺户妆饰富甲天下。如大栅栏、珠宝市、西河沿、琉璃厂之银楼缎号，以及茶叶铺、靴铺，皆雕梁画栋，金碧辉煌，令人目迷五色。至肉市、酒楼、饭馆，张灯列烛，猜拳行令，夜夜元宵，非他处所可及也。京师最肖应酬。外省人至，群相邀请、筵宴、听戏、往来馈送，以及挟优饮酒，聚众呼卢，虽有数万金，不足供其挥霍。[22]

这种奢华，和与之相伴的奸商恶贩、小偷小盗、仙人跳团伙、黑心车夫等种种诈欺取财行为，[23]对抗乃至威胁着北京作为帝国都城的地位——这种地位却也正是这座城市财富的来源，以及存在的理由。作为商业、城市生活中心的北京和作为政治中心的北京之间的冲突表现在城墙、大门、岗哨和栅栏上。[24]除了城墙之外，城墙和街道上还有1461个岗哨，各条街巷上还设置了1746个带小门的栅栏作为路障。内城九门和外城七门，以及这些栅栏门都会在傍晚关闭，并有士兵定期在夜间巡逻。[25]在隔开内外城的正阳门、崇文门和宣武门，午夜是这座享乐之城市变成森严堡垒的时分。对许多内城的居民来说，白天的活动就在此时此地结束。对那些到外城玩乐的人来说，傍晚关城门和清晨开城门之间回家的唯一机会是在午夜朝臣进入内城的时候。城门的开合成为了清代北京城日常生活规律性的一部分，并渗入到日常语言中，衍生出了许多像“等城门”“倒赶城”这样的俗语。到了清末，宣武门和崇文门在夜间不再关闭，但是与正阳门有关的规矩却未曾变更，仿佛在固执地强调着这种规定的重要象征意义。[26]

运转起来的北京，1914—1928

在政治、社会、文化各方面，帝京的空间组织既有象征意义，又发挥着重要的实际功能。然而所有这些使北京成为宏伟帝国都城的特征——巨大的城墙、中央对称的布局、精心平衡安排的建筑群——为交通，尤其是东西向的运输，造成了诸多不便。为了把北京城从帝京变成民国的首都，民国时期新的市政管理部门承担起了重组北京城空间秩序的任务，而这一改造的重点在于改善城市交通。帝制时期每个人都不得不在城墙面前放慢速度以至停下脚步，到了民国时期，如何在北京与外地之间，以及北京城内部确保顺畅的交通运输却成为了关键问题。1920年的北京旅游指南列出了15个沿城墙设置的火车站、15个出租车站、19个人力车店铺、21个马车公司，及租赁手推车和毛驴的商店等，不一而足。这些交通方式大大方便了货物流通。除此之外，有24家店面可以出租自行车，邮政服务系统可以到达全国各地及世界上的许多地方。[27]1935年的旅游指南自豪地告诉有兴趣前往北京游览的游客，在增加了飞机、公共汽车和有轨电车等交通工具之后，到北京参观旅游已经变得多么的方便。这一时期，北京的航线已经可以到达天津、上海、南京、广州、郑州、汉口、长沙、西安、成都、兰州、银川和包头，从全国各大主要城市都可以坐火车到达北京。用一位作者的话说就是“朝发而夕可至”，他建议每个省区的人们都应当来北京游览。[28] 便利的交通成为了北京城新的骄傲和宣传这座城市的时髦广告词。

对帝京所构筑的天地秩序造成最大破坏的是火车。到了 20 年代，正如著名作家沈从文描述的那样，火车的汽笛声已经成为了这座城市重要的一部分：“初来北京时，我爱听火车汽笛的长鸣。从这声音中我发见了它的伟大。我不驯的野心，常随那些呜呜声向天涯不可知的辽远渺茫中驰去。”[29] 为了给这代表着新的伟大和野心的火车让路，数段城墙被拆掉。由于大部分车站集中在城门附近，一些城门也因为容纳火车旅客人潮的需要而被拆除了。

北京的第一条铁路是 1865 年一位英国商人杜兰特（R. J. Durante）为向清政府演示这一现代发明的优长而修建的。这段位于宣武门外、全长 0.3 英里的现代交通技术活广告只存在了很短一段时间就被清政府下令拆除了。[30] 对于只习惯行人、马车、轿子等声音和景象的帝京，这项发明简直像天外来客一样匪夷所思。有趣的是，北京城第一处可以算作成功的铁道工程竟然是在紫禁城里修建的。1888 年，尽管有人担心铁路会破坏清朝的龙脉，革新派的代表人物李鸿章还是设法把一辆从德国购买的小火车作为礼物献给了慈禧太后，并在她的花园里修建了一条铁路。六节火车车厢均按照皇家礼仪装饰：御用黄缎是慈禧太后的，红缎是皇室成员的，蓝缎则是朝廷官员的。为了不让火车的声音破坏紫禁城的风水，慈禧太后下令不开动机车，而是由太监拉动火车。慈禧坐着火车从她居住的仪鸾殿到她用膳的镜清斋。虽然火车没有把慈禧带出皇城，但是她已经不再反对在中国修建铁路了。慈禧的这个玩具火车一共保存了 12 年，直到 1900 年，它颇具讽刺意味地被主要由日、俄、英、美、法士兵组成的八国联军拆毁。[31]

铁路第一次真正进入北京是在 1896 年，这条铁路往返于天津与卢沟桥之间，终点站最初设在马家堡。1900 年入侵联军将终点站迁至永定门，后又迁至正阳门。[32] 同年，铁道线首次穿过了明清两代保存完好的城墙。

老北京交通状况

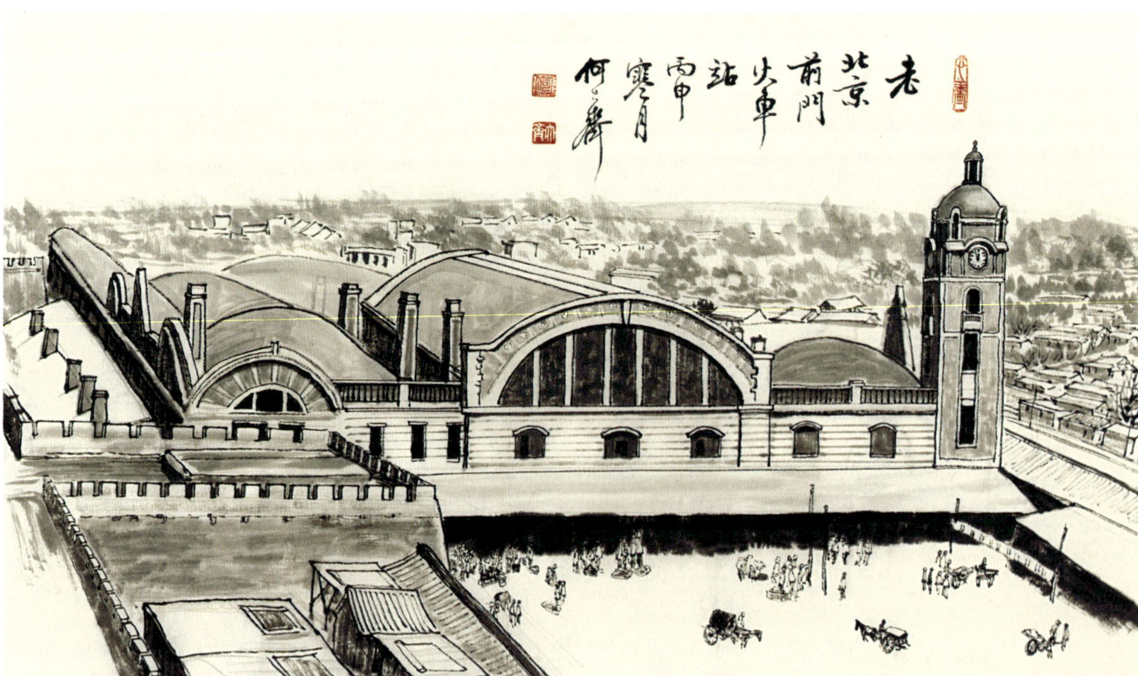

老北京前门火车站

1901 年，为了便于运输从南方沿大运河运来的谷物，联军又在津京铁路线上增设了穿过东便门通往通州的支线。[33] 1900 年联军建设的另一条穿过正阳门城墙的铁路是卢汉铁路（卢沟桥至汉阳，1905 年改名为京汉铁路），这条铁路也是张之洞极力促成并引以为自豪的成就。

1907 年，经过七年断断续续的修建，京奉（北京至奉天）铁路从沈阳进入到了北京。崇文门东西两侧的瓮城为了给火车让路而拆除，车站建在了东便门。[34]

1908 年，尽管明显威胁到了以运煤为生的人们的生计，[35] 门头沟煤矿和西直门之间还是建起了一条运输煤炭的铁路。[36]

1909 年，历时四年修建的京张（北京至张家口）铁路完工。[37]

1915 年，一条环绕北京，连接西直门、德胜门、安定门、东直门、朝阳门和正阳门，于东便门接入京奉线的铁路修建完成，并于翌年元旦投入使用。铁路要求直线轨道，这样瓮城便成了障碍，此外，城门原本的设计也无法容纳那些随火车而来的人潮。[38] 于是，为了满足随火车的到来而日益增长的交通需求，凡是这项工程所涉及的城门、瓮城不是被推倒，就是被凿开新门，城门与箭楼之间的连接也因此而被破坏。在 1930 年代，为了修直京汉铁路，宣武门瓮城也被推倒。至此，最负盛名的“前三门”——崇文门、正阳门和宣武门——都不复完整。这些城门既是中国建筑史上的辉煌成就，也在帝制时期占有重要政治地位；无论是在有形的物理空间还是无形的象征意义中，它们都在北京占据着特殊的地位。然而，铁轨和机车的到来却使得规划者舍弃了这积淀了几百年的骄傲与辉煌。

原本为阻滞延缓进京交通而设计的正阳门，因为现在与火车的关联，摇身一变成了这座城市与外部世界交往联络的象征。设在这里的火车站是最多班次进京列车停靠的终点站，也是这座城市给各地游客留下第一印象的地方。一位西方妇女曾经富于感情地描述过她坐火车进入正阳门的经历：“从天津发来北京的列车穿过内城城墙，停在通往市中心紫禁城的正阳门附近。有一次从北戴河归来，当我再一次看到那些城墙的时候，兴奋得流下了眼泪。无论是在这之前还是之后，都没有哪座别的城市给过我这样的感受。”[39] 如果说前人对城门所感觉到的是它的威严，这些乘现代交通工具而来的人们却对那曾经巨大的、威风的城门感受到如此的平易、亲近。火车的动力和速度被他们看作了自己身上的力量，而他们成了机器的延伸。

铁路永远地撼动了城墙，使城墙成为了一个过时的年代所遗留下的累赘，它们的实际功用和象征意义都已经不复存在。七座城门被打开，内城所有城门的瓮城不是被拆除就是被洞穿，一座箭楼（崇文门箭楼）被推倒，两座角楼（位于内城城墙西南和东南角）和五座箭楼“孤悬城外”，十五座西式车站紧邻着四面城墙。[40]在钢铁机车的浓烟和呼啸声的包围中，这些城墙和城门丧失了它们往昔的宏大和威严。随着中国成为现代民族国家，北京也在改变着它同中国其他地区的关系，铁路便是这一切变化的开端。

如果说铁路从外部打开了城墙的缺口，那么改造和新建的街道则从城市内部发挥着相同的作用。与北京和外地的交通发展并行的是以城市内部道路的建设和维护为主要内容的基础设施的改善。上述 1935 年的旅游指南也提道：“至市郊道路平坦、商店整齐，更非昔日可比。”[41]在商业发展的强烈推动下，对便利的交通的需求最终打破了城墙下皇家封闭恒久的宁静。几百年的沧桑留给晚清北京城的是无法继续正常使用的街道。街道的中心部分由于交通负担较轻，已经远远高于两侧负担较重的车道。这些未经铺设过的松散土路“无风三尺土，有雨一街泥”；晴天是“香炉”，而一下雨，低洼的地方就会湍流肆虐，人们经常抱怨街上泥泞坑洼。[42]李若虹有诗云“黄沙如粉满街飞，城北城南认是非。大道通衢皆臭气，尘装甫卸即思归”。[43]大街上又脏又臭，不仅有动物的粪便，居民也随处倾倒垃圾、夜壶。更有甚者，有些人为了省下上公厕要交的钱，就直接在街上方便。煤渣和修房留下的碎砖堆积如山，多年积累的垃圾甚至把街道垫得比房基还高，康有为这样形容他走进北京人家院落的经历：“入门则循级而下，如落坑谷。”[44]

现代人只把街道看成一种交通工具，而对当时的北京人来说，街道尚有各种各样其他的用途，布莱顿观察到：

> 尽管以前的人们不如现代人生活舒适，但是他们自有一种随遇而安的自由和快乐。没有治安规章强迫他们必须要生活得整洁有序。下

等人把街道当卧室，他们不习惯、也不需要隐私；店老板要是觉着自己的店面太小，就会把货搬出来占着路边卖；住户乐意把垃圾扔在门口就会把垃圾扔在门口；小贩要是还价还得兴起，可以撂下挑子堵着胡同，几个钟点也雷打不动。[45]

但是首都街道的这种状况也被当成了中国落后的象征和爱国人士心中的耻辱。康有为对香港等殖民地城市整齐的街道有深刻的印象，而北京的这些“山”和“坑谷”使他如骨鲠在喉，他在给皇帝的奏折中写道：“京师沟渠，开自元代郭守敬，今历岁久，塞淤不通，又无排泄疏其秽恶，故道路高于人家，尘沙眯于衢巷，臭秽郁蒸，积为疾疫，兆民之卫生大碍。”[46]记者邵飘萍也在 1924 年批评北京的道路状况，认为这是中国的耻辱。[47]

民国初年，政府意识到“值兹交通发展户口增繁之际，又岂能不亟图便利”。[48]市政府的工作首先集中在道路修建和保养方面。在京都市政公所工务局 1914 至 1927 年间留下的 266 卷档案资料中，与道路拓宽和改造有关的超过总量的 75%。[49]1912 年民国政府成立时，北京还没有沥青和混凝土的公路，碎石路也只有 50 多公里，从 1914 年京都市政公所成立到 1918 年底，共新建、拓宽和修整了 121 条道路。到 1949 年，沥青、混凝土和碎石路全长达到 250 多公里，是民国初期的 5 倍。郊区从 1917 年开始新建道路，到了 1949 年，新建道路总长达到约 400 公里，其中至少有 1/3 是用沥青、混凝土或碎石建造。主要街道上都安装了新路灯，使城市的夜间通行更为方便安全。[50]

并非城市中的每个人都从道路工程中平等受益；相反，道路改造工程导致了一种新的按等级划分的空间组织方式。民国时期，新的养路技术传入了中国，蒸汽压路机可以使得碎石路更加坚固，沥青路也开始铺设。[51]这些现代新技术、新规章并不是均衡地泽被全市。1918 年出台了一个养路预算标准，规定每平方米的街道每年拨给养路费 1 元钱，但是特别区域（交通繁忙的地区，街道宽阔的地区和重型车辆会通过的地区）会加拨养路费。[52]因为有额外拨款，商业区和富人区的交通条件得到了大大的改善，然而北京的大部分街道依然是土路或砂石路，胡同里依然是晴天扬尘、雨天泥泞。

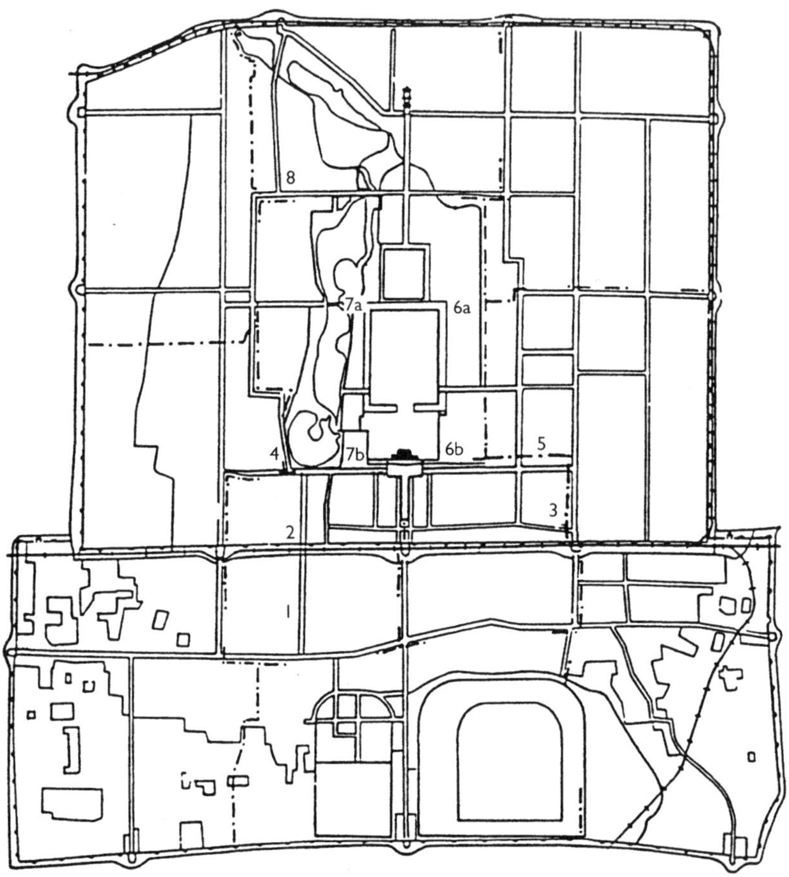

1. 新华街
2. 和平门
3. 水关
4. 枣林豁子
5. 菖蒲河
6a—6b. 北池子—南池子
7a—7b. 北长街—南长街
8. 厂桥

铁路

地图 2　民国时期北京街道修建

第一批沥青道路于1915年在使馆区建成。它们无比清洁和整齐，是北京其他地区的榜样。使馆区的街道由管理使馆界事务公署负责，但是中国政府承担着其中部分养路费用，虽然中国人如果不坐马车的话，是不能走上这些沥青路的。1909年冬，京师内城巡警总厅和使馆界事务署达成一项协议：京都市政公所每年分发5000元的使馆区养路费，中国人到此时才被允许通过这些使馆区的街道。[53] 1914年9月，事务公署一度放弃了这项协议，但是到了1917年，以穿过使馆区的车辆增多为由，事务公署再次要求这笔款项。京都市政公所与京师警察厅协商之后，决定每年从车捐税中拨出2000元给使馆区用于道路维护。[54]

这些交通工程并不仅仅局限于改善现有道路，它们实际上也重新定义了城市的空间秩序。民国时期，多年以来一直守护着城市的城墙变成了需要被清除的障碍，四通八达的道路取代了它们，重新定义着城市的格局。市政府进行的第一项工程是东西与南北两个方向上道路的延伸，而每延伸一条道路，就会推倒一段用砖石写就的历史。正如之前为火车让路一样，皇城城墙不断为配合公路的建设而被拆除。继1900年为方便使馆区居民南北交通而拆通水关城墙之后，1916年3月、1917年9月、1917年10月及1918年10月又分别在北箭亭、枣林豁子（府右街）、三孔旋门和菖蒲河拆通了四段城垣。[55] 在这几年间，在厂桥、南池子及南长街也新开通了三处城门。[56]

东西主要干道中有两条穿过了皇城中心。其中，朝阳门和阜成门之间以数条街道首尾贯通。为了打通这条交通动脉，拆除了北海的三座门和神武门的一部分。[57] 长安街是最重要的东西干道，它穿过天安门前，成为了全城最繁忙的道路。这条街道于1914年开通，在修建过程中清除了千步廊和棋盘街等聚集于天安门前的"障碍"。[58] 1937年，长安街又延伸出了城墙，在原本七个为配合铁路工程而拆通的出口之外，城墙又增加了两个新的豁口。

这些工程项目中很多都是经由多年才完成的，这既是由于经济限制，也有政治原因。例如，南北向交通枢纽新华街，最早提出计划是在1914年，但是由于政治局势长期动荡，直到1926年才全面动工。[59] 这条大街北起西长安牌楼，南至骡马市大街，一座混凝土桥横跨护城河，京汉铁路和电报、电话线都从桥下通过。要修建新华街，皇城南墙就必须新开一处城门（和平门），原本开这处城门既可以方便袁世凯从总统官邸出行，也可以让香厂一带模范市区的交通更加便利，从而进一步发展城市贸易。这一计划一开始得到了袁世凯的批准，但是很快便遇到了阻挠，因为正阳门地区的绅商们担心新城门一旦打开，行人就无须再经行他们控制的地盘，这样他们的生意就会受到影响。但是他们并没有直接说明这个理由，而是以破坏风水为由，警告袁世凯新城门的开设会对国家和他的总统地位不利。袁被说服了，工程也随之搁浅，留下大段内外城之间的新华街没有完工。直到段祺瑞上台，才下令完成了这项工程，并命名新开的城门为和平门。寿玺，一位教育部的满族官员曾十分赞赏新的街道和商业区的开设，他认为这给北京城带来了喜庆的气氛，站在新华街南部的海王村公园（在厂甸庙会基础上扩建的公园），他被欢乐的人群所感染，禁不住感叹道："这敢情就是太平景象么？"[60]

翌年，东北军阀张作霖进驻北京，将和平门改名为兴华门。1928 年，中国再次统一，国民军进驻北京，兴华门又改回了和平门。[61] 对当时的人来说，"方便"总归也是进步，不乏其支持者。但城门名称几经变化引起了多方批评，历史学家陈宗蕃曾描述："两年内三易其名。"[62] 而作家周作人用他特有的讽刺笔触，这样评价从和平门到兴华门的转变：

> 两三年来大家所等待的和平门终于完工了……我却只走过两次，一次是进，一次是出。从厂甸往府右街，不须由宣武门去绕，的确是很便利了，这是一件快事……甲子曹锟退位，我们所得到的是这一座和平门。这些利益似乎都不甚大，但是我们想到革命运动上历来所消费的重大的牺牲，我们对于这些小利益也就不能不看重了……听说不知为了什么缘故和平门的名字又将改换……照我想来，中国历年战乱，近畿已经打过好几次仗，而门上标榜和平，确也有点装假，改去未始不佳：只要是这两个洞不再堵住，名称尽不妨换耳。[63]

但是也有一些"工程"以非常高的效率很快就完成了。到 1927 年，皇城城墙消失殆尽，城门除了地安门和西安门以外，也基本消失不见。[64]

它们被拆除得如此之快，部分是因为皇城城墙与内外城城墙不同，都是用高质量的砖建造的，政府可以通过回收这些砖而获利，一些帮忙拆墙的人也可以顺手牵羊。[65] 1927年，国务总理潘复下令调查拆卖城墙的人：

> 查京师内外城垣规模宏壮，为中外观瞻所系，应由地方官厅切实保护以存古迹。往年为便利交通起见曾开数处豁口，均经郑重审议方始兴工。乃近时内城城垣墙拆毁多处，泥灰瓦砾狼藉遍地，见着刺目，行者避途，既非交通所必需，何以任意毁坏毫不顾惜？颇闻经管各机关当事人员竟有勾结奸商贩卖砖石材料从中牟利等弊，人言啧啧。如果属实，尚复成何政体？查刑律对于损坏城镇建筑物特经订有专条，法令具在岂容蔑视？除特派郑帮办言高参议家骥为查办专员，前赴内务部市政公所警察厅调集卷宗，悉心考察并传询各经手人员明白询问究竟此项拆卖城垣事。实自何机关开始，因何理由，何人创议，何人主办，售于何处，经何手续，有无计划图册，先后共有几案，拆毁几段，每段若干帐尺，应有砖瓦废料若干，得价若干，做何用途，期间有无营私图利情事，逐一钩稽审核明密，咨访据实呈报，以凭核办，并分咨外相，应函达贵督办查照，转饬经管各机关。俟该专员前往查办时听候查询办理。[66]

史谦德也发现军阀张作霖手下“经济拮据的官员为了支付政府薪水，在策划倒卖城墙砖和宫庙古木”。[67] 颇有讽刺意味的是，正是潘复眼中值得珍惜和保护的城墙材料所谓的高规格构成了它们回收利用的价值，从而加速了这些城墙被拆毁的进程。

民国北京城新出现的交通受到新规章的制约。民国时期有各种各样的车辆行驶在北京的街道上：装载垃圾、水、蔬菜、粪便、煤和建筑材料的马车，手推车和三轮车，商贩的货车，学生和职员们的自行车，外国使馆官员、外国军人、高官富商以及社会名流乘坐的小轿车，还有北大“胡（适）院长伍佰元买来的高头大汽车——可惜最近已改乘了一九三四年式的Dodge了”。[68] 所有车辆里面，人力车受的限制最严，仅于1913年就有5条针对人力车的规定出台。这些规定对车辆注册和车况都有很严格的要求，甚至对车夫的年龄、健康程度和仪表都有具体规定。[69]市政府还严格对城内和进城的所有交通工具照章课税，无论是私家车还是商用车，都要求必须进行车辆注册，并能按照要求出示牌照。[70]而逃税的方式反映出不同社会阶层如何应付法规。汽车和自行车主是逃税的主力——汽车主倚仗的是他们的社会地位，自行车主则是靠人多而法不责众。手推车大部分归店面所有，征它们的税也比较容易。[71]对路权的规定反映了民国社会的一种新现象——基于出行速度上的社会分层。在清朝，人们并不关心速度：慈禧太后拒绝坐小轿车，因为她不能容忍司机坐在她的前面，甚至她坐的火车也是由太监拉动的。早期民国北京的路权规定则可以一言以蔽之为“速度与权力成正比”。所有人力推动的车都限行道路左侧，汽车则可以在中央行驶，前者永远要为后者让路，这一切勾勒出一幅下层阶级服从上层阶级的生动图景。[72]

一个新的、在空间秩序中得以表达和确认的社会等级制度清晰地出现在这一系列转变当中：养路费用分配不平等，富人区更多受益；沥青马路极少甚至很可能根本没有修到过贫民区；速度的快慢取代了交通工具的奢华程度而成为了决定社会等级的关键。尽管交通和街道工程都是以服务公众利益为名义进行的，它们带来的却是新形式的社会分层。

自有自治的城市

民国北京城大部分的空间变化都是由新成立的市政府发起并出资完成的。在帝制时期，市政管理还是一个闻所未闻的概念，城市的管理事务是由诸多相互重叠的机构组成的一个复杂官僚体系完成的。帝京管理体系的复杂性反映了这座城市自身的复杂。作为一个为保证宫廷安全和需要而创设的体系，它的目的并不是为整个国家及周边乡村地区建立一个都市中心（虽然事实上它可能也做到了这一点），因而它不是把城市作为一个统一体来进行管理的。同样，在内外城关系的处理上，主导的倾向也是隔离而非融合，虽然外城才是北京城市生活的代表，但它却远不如内城受重视。

民国时期，一个统一的、独立于中央的市政管理机构建立了起来，并在权力上保持了相对的稳定性和连续性，这使得一些城市工程得以在乱世中兴建。清代采用的是由城市中心自内向外辐射的分层管理系统，包括京师、京县和顺天府三层机构。京师包括城墙以内的地区和一部分郊区，[73]两个京县是大兴和宛平，分管东西城及城郊，在市内设有行政总部；在两个京县之上就是最高的地方权力机构顺天府，这一部门从元到清都没有变动过，而且都在同一地点办公，顺天府保障京畿粮食供应，为皇宫提供奴仆，举行地方一级的考试，并协助举办全国性的考试。另外，它还负责主办一些规定年年要在全国举行的典礼，比如进春礼、耕藉礼和乡饮酒礼。北京也变成了满洲旗人的故乡，这些旗人即便驻扎在远离京师的地方，他们登记在册的住址也在顺天府。

北京因此同时处于京师、大兴和宛平县以及顺天府的行政管辖之下，然而京师并没有像京县及顺天府那样被清晰地定义为一个行政管理机构。除去清代最后两年之外，内城和外城一直是分开的，它们又各自划分为五个区。清代承袭明朝旧制，以五城御史负责外城东、南、西、北、中五区的公共秩序，每区设满、汉御史各一名。由于五城御史是外城设置的唯一行政主管，他们承担着广泛的责任，包括缉拿盗贼、断查案件、追捕逃犯、查禁赌博、监督大众宗教团体、控制地痞流氓、管理乡俗和监察风尚等。[74]除五城御史外，清代又增设了步军统领衙门以进一步控制都城的公共秩序。1691 年康熙在位期间，作为八旗统领的步军统领衙门被委以保持公共秩序、巡视修整道路、管理交通和缉拿罪犯等职责。步军统领衙门负责监察、开闭内城九门和外城七门，其中内城九门由满族士兵把守，外城七门由汉族士兵把守。[75]顺天府及其下属大兴和宛平县则协助五城御史和步军统领衙门管理一应事务。[76]

清朝灭亡后，北京在 1912—1928 年一直保持着首都的地位，因此它在许多方面的特权得到了保护。然而它的管理机构还是发生了很大的变化，其中最重要的是成立了京都市政公所及以京兆代替顺天府。尽管不免会受到军阀混战的影响，北京的市政府还是保持着相当程度的稳定，并且逐渐能够在战乱动荡的时局中进行一些城市现代化的工程。但与此同时，北京独一无二的地位也受到了严峻的挑战。

京都市政公所的成立将城市管理纳入了一个新的单一管理单元，这标

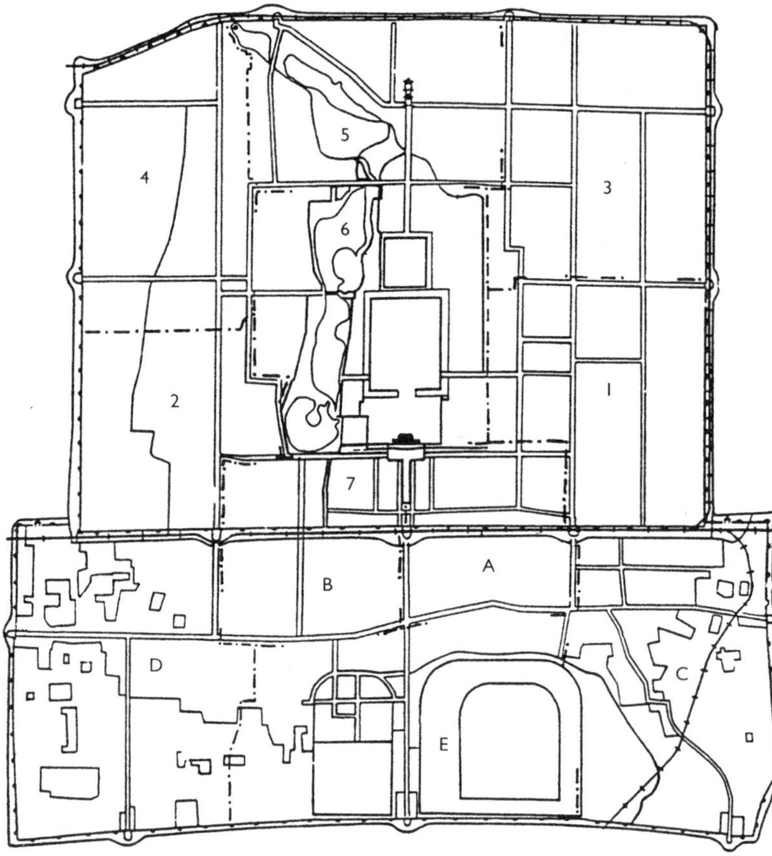

1. 内一区
2. 内二区
3. 内三区
4. 内四区
5. 内五区
6. 内六区
7. 内七区
A. 外一区
B. 外二区
C. 外三区
D. 外四区
E. 外五区

铁路

地图 3　民国时期北京区划

志着一个质的改变。市政公所的前身产生于 1900 年义和团运动之后，这也是北京第一次公开确认自己作为一个城市拥有独立于朝廷及顺天府行政权威之外的利益。虽然清代末年的新政包括一些变更旧有管理关系的提议，但是它们只是停留在计划阶段；大多数改革努力都随着清王朝国运的衰败而迅速付之东流，并没有触动城市管理的根本原则。[77] 袁世凯认为市政是一个“世界潮流”，在他的支持下，1914 年试成立了以内务总长朱启钤为首的京都市政公所。[78] 由于成就颇丰，1916 年 9 月延长了其工作期限，并于两年之后正式确定了人事编制。直到 1928 年，市政公所一直负责城市的公共事务，并与京师警察厅一起承担管理责任。[79] 在这一时期，市政公所负责规划和完成建设项目、养护街道、管理政府医院和公园、保管城市财产、起草法令、规约交通，并维护公共设施和公共卫生。[80]

1914 年 10 月，废顺天府，立京兆地方，辖区总共有 24 个县，比以前少了 4 个。但是除了宁河、文安、新镇及大厂划归直隶省以外，京兆地方与顺天府的辖区范围基本一致。[81] 新的京兆地方不仅包括北京周边县，还有河北省的几个县。[82] 在其存在的 14 年间，官员更换频繁，共有 10 位京兆尹在任。在北京市档案馆现存资料的记载中显示，京兆地方在市区内并没有扮演很重要的角色，所有的公共事务还是由市政公所管理。京兆尹在城市里留下的唯一政绩就是将地坛变成了京兆公园。尽管存在着行政上的延续，新的京兆地方之于北京却并没有以往顺天府那样的影响力，因为顺天府曾经管理的八旗系统、科举考试及为清宫提供必需品，这些在当时都已经不存在了。

北伐后，北京的管理系统和地位又经历了一个重要变化。随着北伐军在 1928 年胜利进军北京，在国民党与北京居民之间展开了一场关于中央政府未来所在地的争论。北方观点主张保持北京为首都，认为南京距西方势力的中心代表城市上海过近，而且历来就是奢靡腐朽的亡国之都，北京则是元、明、清三朝国都，在此建都的朝代，一向兴旺发达。与此相对，南方观点则认为南京是孙中山生前指定的首都，国父遗训不能违背；另外，作为清朝国都，北京典型地代表着清朝官员过时的生活方式。[83] 当然所有这些都是次要原因，首都地点的设立最终还是由政治和军事因素决定的，国民党选南京做新首都是因为蒋介石的势力基础在南方。1928 年 6

月 28 日，南京政府把原来的首都北京改名为北平特别市，1931 年又改为北平市。

不再是说一不二的帝都，北平与周围地区的新关系是讨价还价的拉锯战，北平有胜有负。比如，城市新疆界的划定是 1928 年 8 月北平市政府第一次会议讨论的问题之一。整个清朝和民国初年，城市的管理机构都并不是以城市—乡村这样一条界线分开的，实际上北京的供给也确实在很大程度上依赖于周边农村地区。1928 年，河北省政府迁至北平，并且接收了原属京兆地方的 20 个县，与此同时，大兴和宛平县政府也迁出了北平。1931 年河北省政府迁至天津，但是仍然掌管着原属的 20 个县。1928 年的北平所面对的是领土和资源的缩小，历史上第一次，北平不再掌控周边的农业地区，而是成为了一个只拥有小面积郊区的城市。

为了挽回颓势，北平市政府提出了一份具有如下四项指导原则的方案：便利管理、促进交通、地缘融合以及提高城市未来的发展潜力。这份新方案虽然最终没有实现，但却显示了市政府囊括一切关键资源，在北平市的疆界内发展出一个现代都会的决心。为了确保北平的水利供应，规划者们希望把城市的东界扩展到东北的孙河镇至东南的马驹桥一线。他们同时建议将通县并入，因为它是北平电车系统供电的发电站所在地。出于对能源的考虑，设想中的新界还将门头沟纳入了北平，因为这里是北平至门头沟铁路的终点，也是北平最重要的煤炭供应地。北平市政府的官员还意识到了交通枢纽的重要价值，作为京汉铁路线上的大站，卢沟桥应该成为北平的一部分，而京奉、京绥、京汉三条铁路的重要枢纽丰台也应该纳入北平的新版图。在北部，与北平有两条公车线路相连的汤山，也成为了北平发展的目标，市政府官员认为汤山上的温泉以及西面花园、森林环绕的度假宫殿既可用来发展旅游业，也可以用来提供北平市民福利：

> 近世市政进步大率提倡田园都市以祛尘嚣而事展拓。西北郊山原起伏，延及大小汤山。风光明媚，山水壮丽，土脉高厚，局势宏敞，方五百里。以之建设田园都市。或因旧迹，或筑新区，事半功倍。[84]

这份计划还涉及永定河和南苑地区的一些农田，以便为城市提供蔬菜和粮

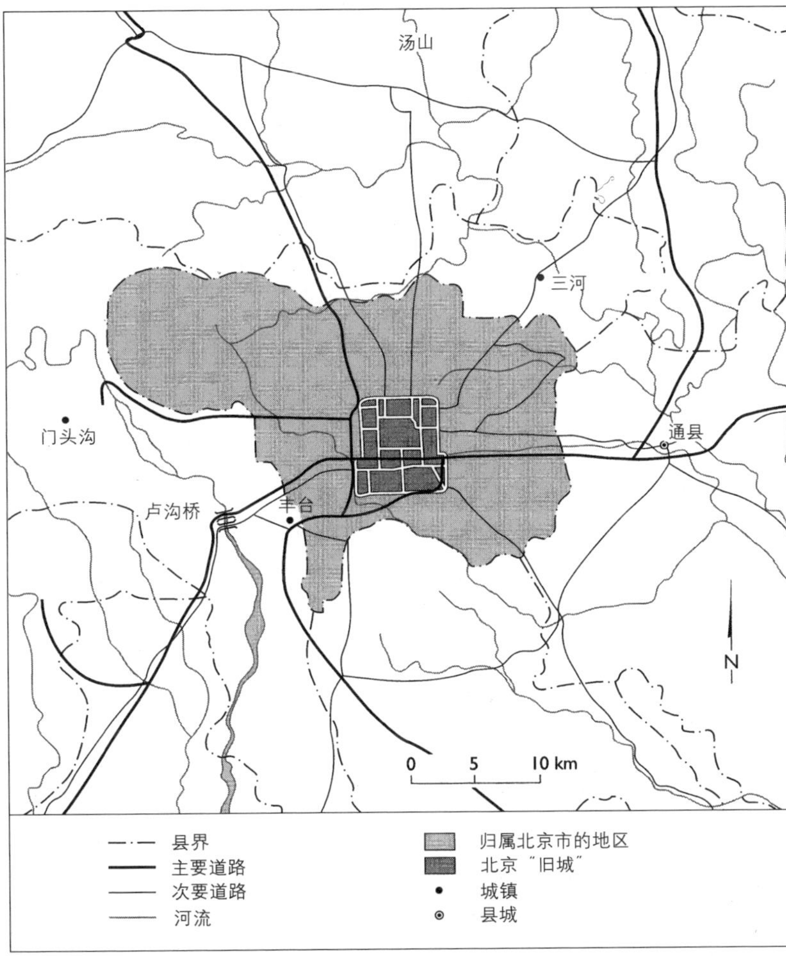

地图 4　北京周边郊区的合并计划

食。[85]在这次城市疆域改划中，可以清楚地看到北平要成为一个完整的大都市实体的要求，以及它成为现代化城市之后将产生的需要。

北平城的扩张自然激起了河北省的不满。1928年11月，河北省政府给中央政府、北平市政府及一些报纸发了一封公开信，信中认为，在帝制时期首都疆界只是为了巩固皇家利益而设置的，而一个现代城市的疆界设置则应该为人民群众的生计求福祉。信中还指出，这些北平意图吞并的周边城镇乡村大都是各自县境内最繁华的地区，一旦它们划归北平，剩下的地区将难以成县，也不会有用以兴办学校、整治河流等公共工程的足够资源。来自乡村的代表们认为，对城市来说恰当的规划，不见得会对乡村有利。[86]北平在这场扩张疆界的斗争中失败了。不过，这份改变北平疆界的计划书背后的原则却普遍存在于1928年后有关北平发展方向的种种决定中，这座城市必须在各种竞争和威胁面前独立地求得生存。

北京地位的变化也表现在它与农村地区的关系上。作为清朝和民国初期的首都，北京同时控制着城墙内的市区以及它周边的农村地区。到了民国时期，北京与农村逐渐分离，然而同时它也产生出了新的调动农业资源的机制。[87]此时所出现的前所未有的城乡矛盾证明了北京此刻所拥有的现代都市的身份。有一件事显示出了城乡之间这种新的紧张关系。有轨电车刚刚进入北京的时候，电车公司决定将发电站建在北京附近的通县。当地居民一直到电车公司已经购买了土地，并准备在一处水坝上修建运输设备的铁轨时才得知这项工程。居民认为铁路会毁坏水坝并威胁他们的安全，所以召集了两个市民会议以反对这项工程。他们也害怕如果发电厂锅炉爆炸，会威胁到他们的生命。他们认为，北平电力公司的发电厂为了北京的安全建在了石景山。电车公司要建的发电厂离北京有40里，而离他们的村子只有3里。北京人害怕危险，通县人就不怕吗？会议的组织者号召当地居民联合起来，抵制这项工程。[88]通县的居民们还指出电车公司是偷偷购买他们的土地，既没有在政府登记，也没有和当地士绅签订合同。他们认为这证明了电车公司轻视人民和国家政府，把他们的土地当作自己的私有财产。[89]尽管争端最终得以解决，但是开工推迟了几个月，北京明显已经不能再像帝制时期那样能指望周边农村地区的顺从与配合。无论是否情愿，北京都在向一个现代都市中心转变，并进入到了一种与农村地区的崭新关系当中。

在帝制时期，尽管巨大的城墙在城乡之间构筑起了一道有形的物理界线，一系列彼此重叠的管理体系却可以超越、穿透这一物理界线，城乡之间生活方式的区别也不是很明显。北京既然是政治中心，也就在事实上成为了文化和经济的中心。民国成立以后，北京逐渐与乡村分离，从几个县的管辖之下独立出来，成为了一个自治的实体。它能够顶住当地的反对意见，在通县成功地建设发电厂，说明作为一个新的现代化城市枢纽及政治经济力量，北京对于农村地区仍然保持着某种优势。随着时间的推移，城市的权力将进一步得到拓展和集中，周边地区将渐渐被吞并。1925 年，北京的户口登记开始包括城墙外的郊区。[90]然而同时，北京却也不能再像帝制时期那样任意从农村地区索取资源。不再是君王的圣殿所在，北京不得不重新调整自己的身份和与其他地区之间的关系。

北京在政治地位每况愈下的同时，也在向自主、自治、自给自足的行政单元转化，最能反映这一现象的可能是其税收制度的变化。在清朝，北京没有自己单独的进项和预算。民国初期的北京地区沿袭了清末的税收机构和税种设置。民国初期，北京掌管税收的有大兴县和宛平县署、左右翼税务监督衙门、崇文门税局、内城巡警厅、工业捐局、顺天府督粮厅、京师财政厅。此外，在京城各门设 15 个税局和分局；在郊区和远郊还另有 23 处税局和税卡。城门 15 个及郊区 8 个征税点总共征收 8 种国税和 10 种城市地方税；几乎所有城市税都是清末作为新政改革的一部分出台的。[91] 1928 年前北洋政府时期，政府进行了三次税制调整，关注的中心问题是国家税与地方税的关系问题。1928 年以后，国家税和地方税的范围被更加明确地划分，国家预算和地方财政系统均得以确立。北平特别市成立以后，市政府开始拥有了一套完整的财政系统，国家和地方财政正式分开。

随着 1912 年民国建立，北京必须重新定义它存在的理由以及城市组织背后的原则。在很多重要方面，北京城都经历了一场剧变，其中既包括发展市区的要求和创建中的新空间秩序之间关系的调整，也包括城市和乡村之间关系的变化。在这个政治时局持续动荡的乱世，北京开始以一种前所未有的新身份而存在：一座新形式的都市，一座现代城市。它开始遵循新的行政管理和空间布局的组织原则，正如北京的行政疆界的统一一样，它的狭小分散、彼此封闭的空间也被开放、整合、连接起来，以促进商业的发展。但是后面这个过程比行政重组的过程要有更多坎坷、更多争议，而且最终也没有完成。正如下一章会讲到的，当地居民对北京“现代化城市”的最初设想所持的是一种质疑的态度，而第 3 章也会讲到，这种视传统元素为负担的“现代化城市”之北京的最初设想将在 1928 年发生变化——从这一年开始，这座城市渐渐获得了“传统中国文化中心”的身份。

注释

[1] 孙福熙：《北京》，见姜德明编：《北京乎：现代作家笔下的北京（1919—1949）》上册，北京：生活·读书·新知三联书店，1992 年，第 155 页。

[2] 参见 Hedda Morrison，*A Photographer in Old Peking*（New York：Oxford University Press，1985）第 24 页的照片。

[3] Jeffrey Meyer，*The Dragons of Tiananmen*：*Beijing as a Sacred City*（Columbia：University of South California，1991），p.19.

[4] 闻人军：《考工记译注》，上海古籍出版社，1993 年，第 130 页。

[5] 清北京城墙的周长大约 14.409 公里。见王岗：《北京通史》第五卷，北京：中国书店，1994 年，第 39 页。

[6] Susan Naquin 的 *Peking*：*Temples and City Life*，1400-1900（Berkeley：University of California Press，2000）对明朝北京给予了详细的说明。关于中国城市重大仪式举办地的说明请参见以下书籍：Jeffrey Meyer，*The Dragons of Tiananmen*：*Beijing as a Sacred City*；Paul Wheatley，*The Pivot of the Four Quarters*：*A Preliminary Enquiry into the Origins and Character of the Ancient Chinese City*（Chicago：Aldine，1971）；and Ping-ti Ho“Lo-yang，A.D.495-534：A Study of Physical and Socio-Economic Planning of a Metropolitan Area，”*Harvard Journal of Asiatic Studies 26*（1966）：52-101。

[7] 梁思成：《北京——都市计划的无比杰作》，收入《梁思成文集》第四卷，北京：中国建筑工业出版社，1986 年，第 58 页。

[8] 同上。

[9] 同上书，第 59 页。

[10] 同上书，第 51 页。

[11] Donald J. Olsen，*The City as a Work of Art*：*London*，*Paris*，*Vienna*（New Haven，Conn.：Yale University Press，1986），p.9.

[12] Juliet Bredon，*Peking*：*A Historical and Intimate Description of Its Chief Places of Interest*（Shanghai：Kelly and Walsh，1922），p.15.

[13] 梁思成：《北京——都市计划的无比杰作》。

[14] Chris Elder, *Old Peking: City of the Ruler of the World* (New York: Oxford University Press, 1997), p.17.

[15] Kinchen Johnson, *Folksongs and Children-Songs from Beiping* (n.p., 1971).

[16] Bredon, *Peking*, p.18.

[17] Ibid.

[18] Ibid., p. 29.

[19] Ibid., p.36.

[20] Ibid., p. 37.

[21] Ibid., p. 39

[22] 李若虹:《朝市丛载》,北京古籍出版社,1995年,第69页。

[23] 同上。

[24] Alison Dray-Novey, "Spatial Order and Police in Imperial Beijing," *Journal of Asian Studies 52*, no.4 (1993): 885-922,研究了帝京的社会秩序管理。

[25] 杨宽:《中国古代都城制度史研究》,上海:上海古籍出版社,1993年,第559页。

[26] 夏仁虎:《旧京琐记》,台北:纯文学出版社,1970年,第72页。

[27] 徐珂:《实用北京指南》第五章,上海:商务印书馆,1920年,第1—36页。

[28] 马芷庠:《交通》,载于《北平旅行指南》,北平:经济新闻社,1935年。

[29] 沈从文:《怯步者笔记》,载于姜德明:《北京乎》,第102页。

[30] 魏开肇、赵蕙蓉:《北京通史》第八卷,北京:中国书店,1994年,第321页。

[31] 同上书,第318—319页。

[32] 同上书,第323页。

[33] 同上书,第328页。

[34] 吴廷燮:《北京市志稿》第一卷,北京燕山出版社,1990年,第182页。

[35] 同上书,第185页。

[36] 魏开肇、赵蕙蓉:《北京通史》第八卷,第328页。

[37] 同上书,第325页。

[38] 吴廷燮:《北京市志稿》第一卷,第181—182页。

[39] Enid Sauder Candlin, "The Breach in the Wall", in *Old Peking: City of the Ruler of the World* (New York: Oxford University Press, 1997), pp.24-25.

[40] 王世仁、张复合:"北京近代建筑概说",载于《中国近代建筑总览:北京篇》,北京:中国建筑工业出版社,1993年,第7页。

[41] 同上。

[42] Bredon, *Peking*, p.59.

[43] 李若虹:《朝市丛载》,第150页。

[44] 赵洛:《北京街巷话旧》,载于《北京街道的故事》,北京出版社,1960年,第154页。这句话原出处为清阙名氏《燕京杂记》。

[45] Bredon, *Peking*, p.61.

[46] 赵洛:《北京街巷话旧》,第154页。摘自于康有为奏折。

［47］邵飘萍："北京的街道及公共卫生"，载于姜德明编：《如梦令：名人笔下的旧京》，北京出版社，1996 年，第 53—54 页。

［48］京都市政公所编：《京都市政汇览》，北京：京都市政公所，1919 年，第 102 页。

［49］"京都市政公所工程处预估展修北上门马路工程需银数目清册（附：修改设计图）及行政处关于候办再酌的公函"（1927 年 7 月 1 日至 1927 年 7 月 31 日），北京市档案馆，J017-001-00266。

［50］习五一、邓亦兵编著：《北京通史》第九卷，北京：中国书店，1995 年，第 170—171 页。

［51］Mingzheng Shi，"Beijing Transforms：Urban Infrastructure，Public Works，and Social Change in the Chinese Capital，1900-1928"（Ph. D. diss.，Columbia University，1993），p.103.

［52］《京都市政汇览》，第 545 页。

［53］兰陵忧患生：《京华百二竹枝词》，北京益森公司，1910 年，第 12 页。

［54］《京都市政汇览》，第 103 页。

［55］同上书，第 101—102 页。

［56］同上。

［57］同上书，第 101—102、531 页。

［58］王世仁、张复合："北京近代建筑概说"，第 7 页。

［59］陈宗蕃：《燕都丛考》，北京古籍出版社，1989 年，第 18—19 页。

［60］寿玺：《厂甸》，见姜德明编：《如梦令：名人笔下的旧京》，第 26 页。

［61］同上。

［62］同上书，第 19 页。

［63］周作人：《和平门》，见姜德明编：《如梦令：名人笔下的旧京》，第 7 页。

［64］陈宗蕃：《燕都丛考》，第 30—31 页。

［65］王世仁、张复合："北京近代建筑概说"，第 7 页。

［66］"国务院关于派专员前往查办拆卖京师皇城事件的咨函及查办京师拆卖城垣办事处的来函以及京都市政公所报送的拆卖皇城有关文卷的函（附：说明和皇墙图）"（1927 年 8 月 1 日至 1927 年 9 月 30 日），北京市档案馆，J017-001-00261。

［67］David Strand，*Rickshaw Beijing：City People and Politics in the 1920s*（Berkeley：University of California Press，1989），p.8.

［68］钟杕："古城古学府"，《宇宙风》第 20 期（1936 年 7 月 1 日），第 433 页。

［69］京师警察厅编：《京师警察法令汇纂》第二类，北京：撷华书局，1915 年，第 311—320 页。

［70］《京都市政汇览》，第 46—55 页。

［71］鄂玉成：《北平市车捐征收实况》，《市政评论》3，no.5（1935），第 10—11 页。

［72］京师警察厅编：《京师警察法令汇纂》第二类，第 229—230 页。

［73］城市辖区向东扩张了 4 公里，向南扩张了 12 公里，向北扩张了 6 公里，向东南扩张了 18 公里，向西南扩张了 10 公里，向东北扩张了 5 公里，向西北扩张了 6 公里。

［74］吴建雍：《北京通史》第七卷，北京：中国书店，1995 年，第 102—115 页。

［75］吴廷燮：《北京市志稿》第二卷，第 331 页。

［76］同上书，第 328 页。

[77] 新政改良运动也幸存了一些成就，比如重新划分城区及建立警察厅等。

[78]《京都市政汇览》，第 2 页。

[79] 同上书，前言，第 1 页。

[80] 同上书，第 3、19 页。

[81] 刘寿林等编：《民国职官年表》，北京：中华书局，1995 年，第 359—360 页。

[82] 习五一、邓亦兵：《北京通史》第九卷，第 445 页。

[83] 同上书，第 42 页。

[84] “北平特别市政府关于北平市行政区域划界与国民政府、内政部等单位的呈文，指令等”（1928 年 9 月 7 日至 1928 年 11 月 30 日），北京市档案馆，J001-007-00006。

[85] 同上。

[86] 同上。

[87] 北京和周边地区的关系将在第 4 章进一步讨论。由于篇幅的限制，本书不能详细阐述这一问题，不过“一个城市的市场与支持这个市场的自然体系”之间的联系应该有更多的研究，就像如下研究一样：William Cronon, *Nature's Metropolis*: *Chicago and the Great West*（New York：W. W. Norton，1991），p. xvii。

[88] 北京市档案馆编：《北京电车公司档案史料》，北京燕山出版社，1988 年，第 125—126 页。

[89] 同上书，第 126—127 页。

[90] 吴廷燮：《北京市志稿》第二卷，第 2 页。

[91] 关于北京税务体系的详尽讨论，请参见雷辑辉著：《北平税捐考略》，北平：社会调查所，1932 年。

第 2 章　权力：城与人

民国政府改造帝京，并不是简单地顺应某种在北京市民心中深藏已久的对于改善交通的渴望。与此相反，交通改善带来福利其实还是一个全新的观念，不但要宣传推广，有时甚至还必须强加到一些市民身上，因为他们的店铺、居住的社区，或者赖以谋生的环境可能刚好成为铺设电车轨道或者新马路的障碍。在市政府为城市内部以及城市与外部世界之间的交通清障的努力背后，是一种关涉整个北京的新设想和新形式的城市规划；国家此时开始干预帝国体系所忽略的留给普通市民的空间。在清王朝时期，北京等级分明、条块分隔的格局在很多方面体现了一种理想的帝国政治体系。皇城的子民被分成了不同等级：满人、汉人、皇室与侍奉皇室的仆人、官员以及平民，他们都被分派到，或在某种意义上被限定在特定的空间和社区之内。从清代北京的实际规划可以很明显地看出，帝国的规划者几乎完全忽略了平民居住的外城地区；与此相反，民国政府则旨在将人民重新定义为“公众”，并赋予每个人本质上的平等地位——这种逻辑与现代商业精神特质的呼应显然并非偶然。虽然它大多数时候都是停止在逻辑的层次上，它对民国北京的空间格局的重新安排却发生了重要的影响。

北京城市空间的规划改造构成了新政府与人民相遇的一个重要空间。这无疑涉及一个国家行使权力的过程，但是，正如乔纳森·西蒙（Jonathan Simon）所指出的，“在我们大部分的历史中，权力在其对象身上施行的同时，作为副产品，也创造了对象的主体性，而从主体性中亦生成了对权力本身的抵抗”。[1]民国政府进行的全面城市改造驱使人民以一种不同的方式去理解这个城市，并用全新的方法去组织他们的日常生活，从而必然导致一种更广泛的、以整个北京城为参照的空间意识的觉醒。政府和人民都在使用“民众”“民生”等新的政治概念和政治理想为自己的立场辩护，于是，民国北京城空间改造的政治历程可以被描述为一种政府与人民利用城市改造过程中出现的种种机会进行的一系列斗争与谈判的过程。本章将探讨几种主要利益集团——市政府、绅商和普通市民——是如何就政治观念的含义、商业利益以及当地社区的文化与历史认同等一系列问题进行斗争的，并将通过宣武门工程、电车系统的建立和街道命名等事例来具体分析这些竞争力量各自的运作及其相互关系。

“公众利益”的界定：宣武门工程

与清政府实行的分而治之的统治策略相比，民国政府采取的是一种全局视角来综合审视北京的城市空间，与这种空间观相伴随的是一个社会政治观念——“公众利益”。因此，随之而来的各种力量之间的斗争就不仅局限在城市发展的物质成果上，还进一步包括了政治和社会方面的后果和意义。居民们首先考虑到的是城市空间格局的变化对他们利益造成的影响，而在为物质利益进行斗争的过程中，他们也越来越重视新的政治观念的含义。政府和民众在争夺城市空间控制权的过程中都会利用关注“公众”这一概念所包含的新的共和政治理想。自诩为现代化代表的市政府，常常声称自己的建设政策是为了公众的利益，这个市政府在理论上代表了自治管理和市民参与的政治理想。然而，实际的决策过程并没有社区或居民的参与。就像孙中山认为中国还没有做好实行民主的准备一样，市政府坚持认为北京居民行使自治的条件尚未成熟。市政府这样自行其是地抢先攫取权力，是因为“公私畛域之见尚待沟通……惟此至公无我之心与市民相见以诚、于以策进行而图治理耳”。[2]但是尽管市民并没有参与到建设计划的设计当中，市政府仍然坚信它们代表了市民的利益。政府认为，这些计划实施后既能够满足城市发展的迫切需求，又能够改善城市的生存条件，一定会赢得城市居民的支持。[3]但是，事实上，城市改造往往会影响到特定居民团体和商人的生计，这些市民直接质疑了“公众利益”这个空洞的概念，强调他们的个人利益应当作为公众利益的一部分得到尊重。

对信息的掌控是政府与居民的讨价还价中的关键，它常常决定了某个特定社区或者个人住户的命运。大多数与城市空间相关的拉锯战都是在政府与个人住户之间发生的——前者拥有最新的信息，并且享有操纵法律规则的特权；后者则无法取得必要的信息。在这两者之间，并不存在一个能够居间调停或者提供信息的“公众”机制。缺乏获取信息的渠道从根本上影响了人民日常生活的经验，并制约了他们与政府打交道的能力。政府于是控制了北京城空间秩序的改造过程。

为了对北京城拥有一个全面的认识，市政府采取的早期措施之一是绘制现代地图。在此之前的皇权国家从未将北京城作为一个整体绘制正规地图，最早的官方全市地图绘制于乾隆十五年（1750）。这幅地图如古典画卷一般被印刷在几幅卷轴之上，整座城市因此很难被一次尽收眼底。尽管它准确性惊人，但却仅仅是一幅画像式的地图，强调的是对象的特性而非整体性——它特别突出了风景区和重要建筑物；尤其注明了重要地标和主要居民区的风土人情、历史掌故以及名胜纪念。这张地图中的北京城并非现代地图中那种在标准的空间坐标上绘制的，能够自由测量、删除、规划和重建的抽象空间。

内务部认为详尽的地图是现代城市发展的基础，于是在1912年11月派遣专家对北京城进行了地理勘测，并用十个月绘制出了一幅新的北京地图。但是，由于城市街道的飞速变化，这幅地图很快便过时了。此外，这幅地图也没有提供街道海拔和径流方向等街道改良和排水系统修缮工程所必需的关键数据。因此，1914年7月，市政府组织了一支技术队伍再次进行了全城测量，并于两年后绘制完成了一幅城市地形图，[4]将全城各处的海拔都标记了出来。运用绘制地图的过程中所获得的知识，市政府制订了一系列改造城区的计划，包括修建南、北新华街，开辟化石桥城洞，发展天桥地区及正阳门内的示范街区，并划定了主要街道的房基线。[5]由这些早期工作开始，北京城定期绘制地图，以便为政府在人口、土地价格、贫困状况、疾病以及其他各个方面提供全面及时的信息。

市政府还搜集了房产交易和地产价值方面的信息。清政府运用三种主要措施来监控房产交易：私人之间的交易必须由政府盖章批准；政府或者清朝宫廷的土地转让给个人时必须有执照许可；坛庙的所有权变更时需签署合同。由于这些契据只注明了房产的大小和地块边界，所以不足以可靠地反映出北京当时房地产的价值和土地的利用类型。1914 年，京都市政公所甫一成立便下令所有房地产交易必须登记，并且发布了明确区分土地范围和建筑物范围的新契据。政府由此获得了一份关于北京房地产所有权和土地价格变化趋势的资料。[6]

到了国民党统治时期，这些政府集中监控市内房地产交易的早期措施得到了进一步强化。1928 年 11 月，国民政府改编了北京市的行政部门，并成立了土地局。市内所有业主都必须在限期内到土地局登记他们的房地产，在安排的实地调查中，所有利益相关人员都必须携带相关材料到场，没有登记的业主将被处以罚金。土地局核对登记材料，发给业主们新的契据，同时征收房地产价值的 0.2% 作为手续费。[7] 这一登记过程为政府提供了详尽的房产地址和位置、土地用途、地块边界、大小和价格、地产等相关契据，以及业主的姓名、性别、籍贯、住址和职业等方面的信息。承租方也要提供相同的资料，任何变动和交易都要在土地局登记，所有违反规定的行为都要被处以罚金。[8]

除了获取信息以外，政府也开始规范土地的使用。1915 年通过了政府征用私人土地的规定草案，之后又通过了修正案。以“公众利益”之名，市政公所将新政策法令化：“公众征收者，实缘谋公众之利益而兴，而收用土地允为最要。然征之……其收用价额亦必经法定机关之评议，以期允当，盖于提倡公益之中仍寓保障私权之旨意至远也。”[9] 民国政府首先接管了清王朝皇家和官方的地产。同时他们还主张国家征用权，即强行征用私人土地以用于建设工程。民国时期，“公众土地”和“政府”或是“国家财产”并没有明显的区分，公众即国家。社区财产，如教堂和学校，也和私人财产一样被对待。1914 年，市政公所一成立便马上着手对“公众土地”的情况进行调查，将当时的土地分布状况同以前的地图和地名录进行对照后，市政公所即确认一些土地“市有”，皇家的土地变成了政府的财产。[10] 政府支付三类补偿费用：土地及土地上所有财物的价格；土地的价格和搬迁的费用；或者房地产中虽经增建改建，但年代已过于久远，无法继续使用的部分的价值。京都市政公所在实施一些城市发展计划的过程中应用了这些规章（例如，香厂市场，南、北新华街，东、西华门的开通，南池子街和南长街，以及绒线胡同改造），并且在某些地区强行划定了临街房基线。这些规章特别应用于交通工程方面，其他事务则根据情况具体磋商，[11]这为政府和居民双方在商讨补偿条件时都留下了一定的余地。在1914到1918年间，大约有一千多住户依据这些规定得到了补偿金，市政公所共支付给他们280 000元赔偿金。[12]

作为控制土地使用的一项措施，政府开始将建筑工程纳入规范。在1916年有关建筑的法令中，京都市政公所规定："此项办法为整理都市之基础，造端伊始，关系匪轻……尤期相助为理。"[13]法律规定，所有沿街土木建筑，包括新建房屋、墙垣门户、告示牌以及延伸到街道的幌杆招牌等等，都要在市政公所的监督下进行，住户必须将每项工程的蓝图都交请官方批准，在交叉路口的房屋必须有圆角。[14]悉尼·甘博观察到：

> 修建房屋的申请每周一收取，一般下周一就能够有审批回复……警察会尤其仔细地查看是否侵占影响到了公众财产，以及公众地界的房屋是否都已拆除。只有市政公所盖章后，具体指明建筑物位置的契约才能最后生效。警察的许可仅仅是其中的一个环节。[15]

1915年至1918年间批准了83%的建筑申请，另有14.5%被命令进一步远离街道或者遵循一些特别的规定，2.5%的申请被拒绝。[16]

甘博认为这一系统颇见成效，尤其是方便了国家建设公共工程。市政公所也对居民对于政府工程项目与法令规约的反应表示乐观：

> 惟首事之初，市民不加体察，对于公所收用或滋疑虑。嗣经公所撰成白话，详加劝解，疑义已明，渐无阻滞。行见市区日就整理，都市日臻繁盛，收用之案将益繁夥，循序进行当无虑干格矣。[17]

不过，这种自信并没有什么根据，政府实际上并未得到多少居民的配合，宣武门工程就可以说明这一点。

宣武门是内城南墙三大城门之一，当时被认为会给民国交通日后的发展造成阻碍。根据目前在北京市档案馆所能找到的最早的材料，市政公所于1918年正式发布了拆毁宣武门瓮城的文件，实际上在更早一段时间以前，他们就已经有了这个意向。[18] 市政公所曾经给内务部和京师警察厅发过一封公函，信中对这项工程的目的作了解释：

> 迳启者，查西城一带，近年日就阛阓，交通倍形繁盛，宣武一门实为内外城往来要道。惟因该门洞身下经过车马，拥挤不堪，外复有瓮圈阻碍交通，尤形不便。本公所为求发展市面，便利交通起见，拟定计划，将该门外瓮圈拆去，加修往来马路，至原有箭楼仿前门样式，仍行保留，以存古迹。[19]

这份计划要推倒瓮城，修直铁路，并要在宣武门两侧的城墙开两处豁口以通畅内城的出入交通，同时还要开辟街道，修建地下排水系统。京都市政公所和京汉铁路管理局共同承担了这项工程：建筑材料运输以及房产赔付由铁路管理局负担；拆除城墙和铺设新路则主要是京都市政公所的工作，铁路管理局同时在这两项工作上投资五千元。由于政治局势动荡，一直搁置到 1928 年国民政府才得以重新提出这项计划并付诸实施。[20] 从拆除宣武门瓮城的决定最早见诸文件到这项工程的实际完成，其间经过了十几年的时光，工程如此旷日持久，一个重要原因便是这一地区居民的抵制。

宣武门地区的居民并不欢迎这项工程。在无法预知政府的改造计划的情况下，许多居民已经动用大量财力在那里开设了店铺。1928 年 12 月 29 日，北平特别市工务局要求公安局命令宣武门地区的居民商户搬迁，居民们马上以集体行动做出了回应：1929 年 2 月 26 日，商人李梦吉偕邻人向北平特别市工务局递交了请愿书，表示拒绝搬迁。居民们清楚政府实施这项工程的理由在于促进经济发展，于是，他们也开始从经济方面阐述反对的原因：

> 窃商等于民国十二年，由前提署衙门租领崇文门瓮圈内空闲官地四段。当时该地坑坎不平，深者丈余，浅者亦四五尺……计用工资约五六百元，用土及五千数百车，计价应两千五百余元，坑坎始得其平；商等又在该处建筑房屋三十余间，工料等费又用四千五百余元，统计前后所费，至七千五百六百元之谱。筋疲力尽，血本将枯，业未久

> 而频遭战乱，商等勉力支持生命，亦不觉如线矣。……重迁情所必至，一旦挪移则债权债务之关系，财产信用之变更，与夫历年主顾之追随俱感不便，此又影响于社会公安者也。是以不揣冒昧恳请贵局准予于拆瓮城之际，在不碍施工范围内保留营业根株。[21]

接下来，居民们又以作为国家公民的权利进行争辩：

> 国庆统一，民生在望、商等正期复苏，以图挽补。而适奉警察传谕，因拆除瓮城之故，令商等预备迁移，不禁汪然出涕曰：根基铲除，民生何望？交通便利固所当求，而民生事业亦应兼顾。商等拟于拆城之际缩小营业，务使不碍施工。俟城拆之后，请准拨发余地以便恢复营业，庶可交通便利，营业犹存，路政民生两全其美。[22]

然而，公安局和工务局给予的却是一个简单直接的答复："业饬各该摊铺等，俟动工时一律腾让。"[23]商人们并没有就此放弃，而是直接向市长请愿，市长对他们的请愿表示了认同："据陈各节合行。"[24]1929年3月4日，北平特别市工务局决定允许商人们在拆除城墙时逗留原地。1929年3月15日，工务局通知公安局：

> 该商等占用地段适在本局计划范围以内，自应即日腾让。顾念商艰起见，准在拆除瓮城城墙时期暂缓迁移，但因工程进行尚需隙地堆放砖土，仍当划用该商等现租空地以资应用，至请于工竣后拨发近旁余地以便恢复营业等情，届时候有余地招租另呈合办可也。[25]

至于市民对更多知情权乃至经济赔偿的要求，市政府则采取了置之不理的态度。有一位店主曾经请求看一下工程计划，以便知道如何准备，会搬到哪里，但是始终没有得到工务局的回复；还有一位德义顺煤栈61岁的老板姜玉琳因店铺和仓库被政府征用而要求赔偿，并列出了在这些产业上的花费，结果同样运气不佳，信件石沉大海。[26]

工程开始后，更多的抗议接踵而至——这成为了市民们拖延时间的战术策略。北平特别市工务局通知一家名叫福中公司的煤店，说需要“临时”在煤店的库房边借用一块土地。1930 年 7 月 11 日，店主向工务局请愿，抱怨说建造这八间库房花费了很多资金，而且里面都堆满了煤炭，倘若拆除，他的生意会受到很大影响。这家公司要求政府给予赔偿，但是没有成功。[27]

最大规模的抗议发生在 1930 年为铁轨北进准备土地的时候。京汉铁路管理局事先取得了正阳门以西、西便门以北土地的使用权，并且向市政府交纳了租金。但是在铁路管理局取得这一权利之前，已经有居民占据了这块土地，他们中的一些人开始向铁路管理局交纳租金，另一些人则是向政府租用。[28] 1930 年 6 月，北平特别市工务局勘测了鸟市居民区，原因是这一居民区位于护城河与城墙之间，正好妨碍了直线铺轨。这里的居民并未被告知勘测他们房屋的原因，当地一位 68 岁的老人祁德魁向工务局递交了一份有 22 人签名，代表 100 多户的请愿书，请愿书中写道：

> 代表等虽愚，亦有稍明事理之人。揣测事理，如果公家占用，必在民生关系上设定详章，分别房屋之高低，给价拆让，不使人民生怨，且在事先须布告周知，万无缄默不言，临时强占，勒令拆让之理。伏思自改革以来，官厅对于保护人民生命财产为第一要义，民生民权不加侵害，如果公家需用，当然会同该管官署出示周知。此次勘丈房地暗中进行，深恐奸人积资包办，辗转分售，希图渔利。即就现有之事而言，如天桥东西市场之地，领买分售，发生数年，纠葛迄今尚未结清，其不合人民心理，强占强行已可概见。况该处原系官地，尚敢包买，何况市民私产乎……而官厅亦不能助其欲心，致使本街一百数十家铺住各户荡业失家，此中行为不但民情难忍，而官府亦绝无害商溺民之举。如果公家拟占，不敢违抗，定有占用条章以不碍民生不侵民权为正当。自经工务局勘丈以后，百般访查不得真相，究竟如何结局……故不揣冒昧联名据情请求恩施明白批示并请饬知工务局，将勘丈之原因详予呈覆，以便钧府根据该局拟占民房理由速为批示，以释群疑而安人心。[29]

这份请愿书说明居民非常清楚全城发生的事情，同时也明白政府为什么要隐瞒消息。他们要求知情权，要求法律保护，这些听起来都很像民国政府所宣扬的政治理念。但是，由于担心有人投机土地买卖，政府自然而然地试图限制居民对重要信息的知情权。

1930 年 9 月 22 日、23 日，工务局与公安局再次前往鸟市居民区，以调查究竟哪些房主已经上缴了房屋所有权，结果发现大部分均未上缴。调查持续了一个多星期后，宣外大街 258 号的房主祁德魁出来阻止工作继续进行，主持调查的官员报告说："（祁德魁）哓哓不休，职等婉言开导，非但不服，势将用武。该区巡长左德顺，巡警马文生在旁排解，将祁德魁拉劝走去，幸未成患，以致余户裹足不前。似此行为有意寻殴无理搅闹。"[30]工务局与公安局研究后决定，调查工作于 1931 年 1 月 10 日继续，工程一定要按计划进行，"不得延误"。[31]1933 年，在与居民斗争了两年之后，政府最终获得了这片土地。[32]

住在宣武门关帝庙的道士王教绪与当地居民一样也反对搬迁，在收到命令之后，王不断地上书请愿，说正阳门周围的庙宇在重建工程中就被保留了下来，为了保护古代建筑，宣武门的关帝庙也应得到同样的待遇。这样一直到 1933 年，工务局与公安局决定给他原属于同和劈柴厂的土地。[33]但是，那里的土地和房屋都没有关帝庙大，于是王还是拒绝搬迁。他要求更多的经济补偿，并要求把分给他的土地再向南扩充二十六英尺。[34]但是官方的回应很坚决：王的要求"业经批驳在案，除仍令克日迁移外。……请贵局转饬该管区署，强予执行，勿任延宕"。[35]

一个偶然事件最终促成了这件事情的解决。1934 年 1 月，分派给王的店铺被盗，为了"确保店铺的安全"，政府于 1934 年 1 月 17 日要求王立即搬入。[36]31 日工务局致函公安局，告知政府将征用同和劈柴厂并在那里建一座庙宇，公安局并收到了立即强迫王搬迁的指示。[37]2 月 12 日，公安局写信给王教绪，告知其"克日迁移，勿再烦渎"，并且不会再有额外的补偿。[38]1934 年 8 月，王最终搬出。[39]在原地点的东侧，政府修建了一座小一些的新庙，[40]王加盖了两间房屋，但是没有注册，工务局讨论了这个情况，并没有深究，只是告知王这两间房子应该在工务局注册。[41]

市民不但难以从市政府获得信息，而且也找不到其他获取信息的途径。报纸曾经评论过宣武门工程，但是采用的视角与普通市民无关，对他们自然也不可能有任何帮助。北京的《晨报》曾两次报道过这项工程，1929 年 4 月工程刚开始的时候，报纸刊登了一篇社论，说在城墙上只开两个门就足够了，这样建议的原因是一位“外国友人”曾经赞美瓮城建造得非常出色，比北海的团城还要圆，这位记者在亲自看过以后也被说服，同意瓮城不应该拆除。此后，工务局寄给他一封信，辩解说在军阀混战时期“吃围墙”都是允许的，现在的工程则不同，是要将瓮城的材料用于修暗沟。记者反驳到，当初的城墙是“皮包肉的皇墙”（全是好砖砌的），但是如今的城墙已经是“皮包骨的城墙”（全是土坯），他总结说“是留给冒失鬼去吃的”。对他而言，仅仅是材料可以重复利用并不能成为拆除城墙的借口。工程开始两个月之后，工务局于 5 月底暂停了工程，但是《晨报》并没有就此为止，它评论道：“一混两个月，不知何故，工务局竟停了工，半残不落的又不拆了，每天往来的人，看见地上堆了些破砖，利便交通，固然说不上，墙上露出一段黄土，怪憨蠢的，艺术化更说不上。”[42] 天津的《大公报》也对这项工程大加报道，从而促使北平市政府要求北平保管古物委员会对此展开调查：

> 本月十七日天津《大公报》载称拆除宣武门瓮城发现巨炮两尊，据称谓系建文时代征北之物，西南隅尚有五虎墓语，本会近接市民来函，亦多有以此事见询者，当即派员前往调查。据报告宣武门瓮城内确有形似古墓之土丘二堆，一偏东，一偏西，相传为明末火仁等兄弟五人之墓，墓原有五，今存者仅二，询诸邻近市民，言二十年前已见只有二丘，余三丘不知何时被毁云云。考清纪昀《阅微草堂笔记》曾载此说，云系明成祖北征时有善制飞炮者火氏兄弟，仁义礼智信五人之墓，后又有言此说未足信，或云为水平，以京城地势唯宣武门为最低，每遇骤雨，守卒即起视此培坟，水将及顶则呼开门以泻之云。唯无论如何此二土丘为前朝遗留之古迹自无异议。现贵局正在拆卸该处瓮城，本会之意拟俟拆城工程将竣工时，即请贵局先期函知本会，共同派遣人员前往详加探视究系古墓抑为水平，届时即可决定，再会商应否保存之道，一方面亦可借此以释群疑谅为贵。[43]

很明显，报纸更加关注的是民族文化的保存，而不是当地居民的利益。

信息垄断对政府来说至关重要，因为只有这样，政府才能够充当起掌握“科学知识”的唯一力量，从而成为制定城市总体规划的权威。很多情况下，政府有意让居民们对计划一无所知，同国家相比，市民的信息量永远不足，只能在创造新的空间秩序的过程中处于劣势。信息不足严重地削弱了普通市民参与政府计划并做出应对的能力，由于缺乏必需的信息，市民永远只能采取被动的守势。

当然，政府也有其保密的理由：建筑工程耗资巨大，一旦工程计划泄露，无论是土地投机买卖还是搬迁赔偿要求的提高都可能使得建设费用暴涨。因此，也不能简单地把政府看作是使得“公众空间”远离“公众”而应当被谴责的一方。更确切地说，关于“公众利益”理念的争论实际上植根于对物质空间支配权的争夺，通过集中掌控信息、垄断资源，政府几乎永远可以宣称自己在着眼于更广泛的“公众利益”。总之，在民国初年关于公共空间与“公众利益”这一理念本身的斗争中，政府与市民双方力量的对比严重失衡，与此同时，政府也在极力维护着其优势的地位。

地方利益和发展：有轨电车系统

市区重建意味着潜在的商机。北京的商业团体都意图从建设工程中获益，当然，政府与北京及外地的大资本家们也不甘落后，最能体现这一点的便是围绕北京有轨电车建设的种种争议。

有轨电车系统的建立是民国北京城市车辆交通最显著的变化。[44] 1925 年，当有轨电车的铃声在京城响起的时候，它与火车的轰鸣声共同构成了这座城市极具“现代”气息的交响。如果说铁路是打破城墙的主力，有轨电车则彻底改变了城墙内的街道格局。有轨电车还以其速度改变了城市的规模，为地区之间提供了更加快捷的交通方式，从而进一步整合了北京城原本条块分割的社区系统。以前的交通方式，如骡车、马车、轿子以及 20 世纪初开始出现的人力黄包车都不适用于大规模的公共交通。打开城墙、拓宽街道以后，选择哪一种公共交通方式的问题就被提上了日程，《大自由报》上的一篇文章这样写道：

> 各国著名之都会如伦敦、巴黎、纽约等，皆道途宽坦，电车纵横，市肆繁盛之区甚至有空中电车、地底电车之设，所以利交通壮形式者无所不用其极。北京街道浊秽，尘沙眯目，笨车颠簸，拥挤杂还。费时间，耗精力，种种障碍，不胜枚举。近总厅及董议会提议创办电车，已开标勘测。窃谓以京师地面之辽阔，宜广阔马路，敷设电轨。诚能多集股本，克日兴工，以期早观厥成，亦近今之急务也。[45]

这篇文章认为建设电车系统是必要的，因为没有有轨电车，北京就不能成其为现代都市。

绅商们早就注意到了在北京建造有轨电车系统所能带来的潜在利益。早在1913年至1914年间，上海的企业家沈霭苍和虞洽卿就组建了北京华商电车公司，但是一个月之后公司夭折。在这次尝试之后，陈璇枢和陈星舫计划与一些英国公司合作建设电车系统，但是政府没有通过他们的计划。1913年10月，北洋政府开始筹建北京电车股份有限公司，但由于技术与资金缺乏，一直拖到1921年6月公司才最终成立。经过三年的建设，第一条有轨电车线路于1924年12月17日举行了通车典礼，18日正式通车，投入运营。[46]

电车公司建设电车系统的步调缓慢而谨慎，他们认为“电车在京城为创举，地方人士囿于故见，一时未能了然”。公司最初只开通了一条线路，运营10辆电车。在“耳目相习，取渐进稳重主义”之后，公司才宣布开通更多线路的设想。截至1925年，公司又陆续开通了4条线路。[47]电车线路基本上覆盖了全市，使得南北和东西的交通较之以前更加便捷。到1943年为止，北京共有7条电车线路，此后虽然有一些小的变动，但是再没有新线路开通。各条线路及其长度如下：

1. 天桥—西直门，9.638公里
2. 天桥—北新桥，7.941公里
3. 西直门—西四—西单—东单—东四—北新桥，9.985公里
4. 太平仓—皇城根—地安门—鼓楼—北新桥，4.520公里
5. 宣武门—西单—东单—崇文门，5.105公里
6. 崇文门—菜市口，4.44公里

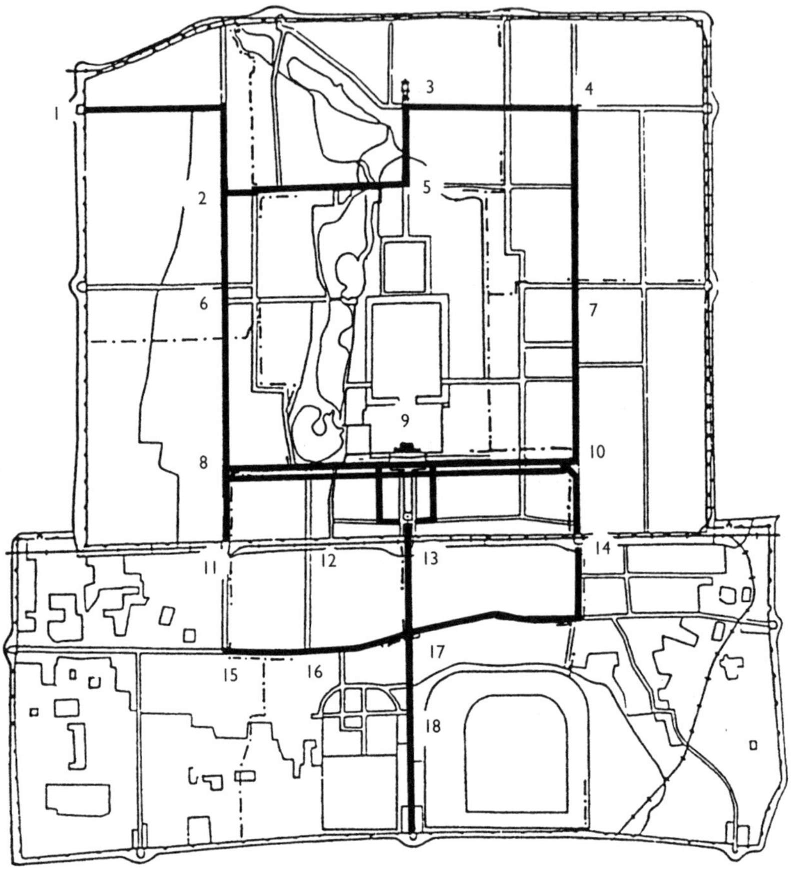

1. 西直门
2. 太平仓
3. 鼓楼
4. 北新桥
5. 地安门
6. 西四牌楼
7. 东四牌楼
8. 西单牌楼
9. 天安门
10. 东单牌楼
11. 宣武门
12. 和平门
13. 前门
14. 崇文门
15. 菜市口
16. 虎坊桥
17. 珠市口
18. 天桥

地图 5　电车系统

7. 前门—永定门，4.15 公里[48]

电车打破了以往城市生活区域之间的障碍，缩短了城市内部的距离，在一定程度上整合了北京原本蜂窝式的格局。尽管车费有些昂贵，但是有轨电车还是影响了人们的生活方式。1925 年电车第一次投入使用的时候，每天约有五千人次乘坐；第二年这个数字就增长到六万多人次，这个数字一直维持到 1948 年。如此计算，平均每天大约有 2.5% 的北京市民往返乘坐一次电车；有 15% 的市民每周乘坐一次。[49] 20 世纪 40 年代，乘坐有轨电车已经被公认为北京最便宜的四件事情之一。[50] 电车系统的建立同时为天桥地区的发展注入了活力，这一点将在第 6 章进行讨论。

从一开始，电车系统就是各方争夺的摇钱树，对于希望从中渔利的人来说，信息掌控最为关键。启动资金原定一半由政府负担，一半由私人负担，按 100 元一股于 1921 年 5 月 16 日至 30 日间售出。然而，股票销售在 16 日晚间 6 点却突然停止——很多军阀、官员、企业家和大商人在得知电车公司既有国外贷款，又有本国政府扶持后，通过各种渠道将所有股票抢购一空，其中金城银行和盐业银行成为了最大的股东。

由于不了解内情，普通京城百姓和一些小商人们起初并不信任电车公司，等到他们意识到错过了投资的黄金时机的时候，已经为时太晚。很多人投诉电车公司与政府、绅商合谋串通，京师总商会主席孙学仕曾两次作为商界代表向政府请愿推迟成立电车公司。[51] 他在请愿书中指出，电车公司的合同中明确保证公司在决策过程中会充分考虑北京市民的意见，并且北京市民应该持有公司 50% 的股份，但实际上，40% 的股份最终落到了上海银行家的手里。他愤怒地写道：

> 伏思北京市民一百二十万人，[52] 讵少数牟利者所能代表全体？即曰市民困穷，讵无一人能以出资百元购股一张者？且应募者远在沪滨……不知几时取得北京市民籍？真姓名者实居少数。[53]

失去成为股东的机会之后，京师总商会开始阻挠电车系统的建设。首先，请愿书提出电车系统将会“危及全市生命财产”，指出尽管在上海和天津建立电车系统都没有造成房屋拆迁，北京的情况却是要征用大量住所，人民大众的损失应该被考虑。接下来请愿书又写到，北京有庞大稠密的人口，日常用电、电话和电灯系统已经造成了多起事故，有轨电车很可能会导致更多事故发生。请愿书还指出，北京的平民中有很多贫困的黄包车夫，一旦开始运营电车，将使他们中的大部分失去工作。总之，电车系统与各种各样的城市利益密切相关。在其他国家，电车公司是由可以平衡这些利益关系、能够代表大多数市民的“市民组织”运作的，北京的电车公司却是由“三五资本家”控制，他们唯利是图，完全忽视大众的利益。[54]第二份请愿书又进一步强调，公司的权力都掌握在南方人手中，有轨电车的设备则主要由国外进口，加重了利权外流。[55]

得不到关键信息，更无法参与计划制定，北京市民只有等到电车轨道铺到家门口的时候才能开始抗议。电车轨道铺设到珠市口和磁器口之间的时候，沿街的店主极力阻挠，他们说铺设轨道会堵塞下水道、影响交通，而且电车通过时还会震动他们的房屋，他们因此要求电车公司改变线路。最后，公司同意为穷人们修建一座工厂，并且将原本要铺设的双轨改为单轨，工程才得以继续。[56]

和宣武门工程的情况一样，一些都市人更多考虑的是北京的历史文化古迹，而不是科技的进步或小商贩的利益。秦子壮以一位“市民”的名义作书呼吁北京的居民停止这项工程，他强调电车系统将带给北京城古迹以灾难，担心经过天安门地区的电车会对建筑造成破坏，“使我数百年之古迹一旦为少数人攫取金钱主张割成七零八落而后快”。他指出，几乎每个国家的首都都要有几条壮丽的街道让国内外游客叹为观止，即使全市都塞满了乱糟糟的电车线路，他仍然希望能有一些“干净土”保存下来，他认为以天安门为核心的地区就算不是巴黎或伦敦，也“相当接近”，如果让电车穿过，那将是灭顶之灾，“此而可忍，亡国亦可忍；此而不知力争，即身败家亡国亡应亦不知力争”。他呼吁大家不惜一切代价阻止工程的进行。[57]

人力车夫与电车公司之间的斗争无疑最为激烈。史谦德在其《人力车北京：1920年代的市民与政治》一书中生动地描述了这一斗争过程：[58]人力车夫认为电车威胁到了他们的生计，电车公司每增加一项服务都会受到他们的阻挠。1929年10月22日，矛盾最终激化，一群人力车夫砸毁了好几辆电车。[59]

显而易见，当时有多种势力卷入了电车系统的发展过程。史谦德强调当时政府的政策总体上是相对重人民生计而轻科技发展的，通常市政府的态度倾向于支持电车公司，但是有时作为调停者也会左右为难。京师总商会的表现前后也很不一致，它首先支持电车计划，希望从中获利，接下来又发现自己不能直接获利而表示反对。至于那些切身利益受损的市民，即便有轨电车能够促进他们社区的经济发展，也会全力反对这项工程。这些人当中，人力车夫的态度最为激烈，因为电车对他们的生计构成了潜在的威胁，但是除了聚众闹事以外，他们再没有别的渠道可以伸张自己的权利。相形之下，普通市民则可以利用公民权利和民族自豪感等新话语。总的说来，没有谁会拒绝享受现代交通方式所带来的便捷，但也没有谁会希望它侵入自己的领地，于是，所有无权控制或者无利可图的群体转而反对建立电车系统。民国为人们主张各自的观点提供了一套新的词汇，当政府使用公民这一概念的时候，它强调的是人民在促进国家发展（即“公众利益”）的过程中所要承担的义务；但当人民自己使用这个概念的时候，强调的则是公民权利这一新生词汇所代表的他们自身的物质利益。实际上，这些冲突并非抽象的关于权力的争夺，而是围绕具体利益的角逐，态度多随具体情形而变，而较少取决于确定的意识形态立场。

命名的权力

北京的总体规划有其局限性，尽管市政府可以在市内铺设宽敞的街道，却无法对胡同进行切实的改造。这些在一座座四合院之间蜿蜒的细小街巷连接了市民住宅和主要街道，作为北京城空间格局中的最基本元素，它们暂时得以保存完整。

政府的努力更多集中于规范市民在公众场所的行为方面，而不是侵入他们的私人空间，正如史谦德在他的《人力车北京：1920 年代的市民与政治》一书中所描述的，新的街道是政府与社会相遇的舞台，像“五四”运动、“五卅运动”等事件都是在这种公众场所中发生的。但是这些街道并没有明显地使市政府更加接近居民社区，相形之下，19 世纪末在巴黎发生的则是一场更为显著的城市格局转变，部分出于对平民力量的忌惮，欧斯曼（Haussman）计划将巴黎新街道修到贫民区，以期让政府深入工人的聚居地，从而分化瓦解反抗力量的中心。结果却是，在和平时期欧斯曼修建的街道成了公共场所，到起义的时候人们就用铺路石筑起路障阻止政府军的前进。[60]北京的情况则不同，除非恰好在某项建筑工程的范围内，胡同和庭院不会被纳入这次城市改造。既然汽车和电车都无法驶入，狭小的胡同也就得以完整地保存了下来，因此，北京的很多街巷仍然曲折狭窄，很多角落并未被触及。

当然，由于规定了房基线，在一定程度上政府规定还是进入了胡同。高效的商业交通需要规范有序的街道，尽管帝制时代对主要方向上的干道都有缜密的规划，但是大道两旁的小街巷却曲折无序，北京的许多地方就像迷宫一样，路面宽度从 3 米到 30 米不等，差异巨大，[61]甚至同一条街道不同路段的宽度也不尽相同。[62]很多街道无法适应现代交通的需求，临街房基线的规定虽然从清朝就已存在，却一直没有被严格地执行。民国市政府认为：

> 北京建都之地，都市规模，原其肇始，必甚整齐。岁月久远，经途变易，侵占冒越，所在皆有。于是衢路迂逼，房屋参差，错乱无序。非特不足以成良好之市街，而妨碍交通与商业之发展者，亦甚巨。[63]

市政公所迅速地处理了这个问题。1915 年，他们组建了一支街道测量队以确定临街房基线，三年后，这支测量队经过重组、扩编，被分为三个小组进行工作。同年，测量队完成了一张北京新图交市政公所。[64]1918 年，临街房基线的规定公布，翌年又有所修正。[65]这些规定相对比较宽松，市政公所指出："若施诸各街各胡同弯曲凸凹情状互殊之京都市，而又欲达爱惜市民经济之本旨，则此预定宽度丈尺之办法实觉无由适用，惟有俟一街图成后，察酌本街全体情形规定而已。惟其如此，故规定较难……"[66]大建筑和有特殊价值的建筑都要保存，街道宽度则按车流量定，甚至对于那些需要保证宽度的主路，原则上也尽量少拆房屋；

至于胡同，只要房屋都在一条直线上，胡同的宽度并不是很重要。为了避免由于矫直街道而拆毁过多房屋，一些街道仍然保持弯曲的形状。[67]

尽管市政府尽力效仿西方城市，在胡同和四合院这一层次上，北京城的空间转换却既不同于工业革命初期的巴黎，也不同于开罗这样的殖民地城市。蒂莫西·米切尔（Timothy Mitchell）指出：

> 现代乡村试图使普通埃及人的生活变得有组织、易观察。新的体系甚至会使妇女和家人都落入“警察的视野”之内。现代开罗以及其他埃及城市中新的、开放性的街道所体现的正是类似的、要将一切清晰可见地展示出来的原则。[68]

北京新的空间发展并没有清晰地体现类似的考虑。无可否认的是国家权力还是首次深入到了胡同当中，虽然当时的政策并不是非常严格，而且政府在保证汽车和电车交通不会受到影响的前提下对居民做出了一些让步。[69]但是，总体来讲，国家将空间重组作为社会管理的工具还只是替后来的类似行为做出可能性的样本。

市民和政府还卷入了一场围绕胡同命名而展开的斗争。清朝北京城有两千多条胡同，民国年间则超过了三千条。民国以前胡同都是由当地居民命名的，很多名字十分直白，地标（庙宇、水井、栅栏等），形状（扁担、裤子、羊角、猪尾），名人（王寡妇、宋姑娘、张秃子）以及市场或居民的职业（制花、卖粮食、卖肉、补锅匠、老鸨）等都可以是胡同命名的依据。因为胡同由本地居民命名，重名现象很多，当时有 16 条扁担胡同、14 条井儿胡同、14 条花枝胡同、11 条口袋胡同、8 条罗圈胡同、7 条箭杆胡同、7 条真武庙胡同和 7 条堂子胡同，[70]这些名称在当时并没有造成多大的混淆，因为人们的日常活动范围极少超出自己身边的几个社区。

民国时期有三百多条胡同更改了名称。[71]北京城曾分别于 1916 年[72]、1919 年[73]和 1928 年[74]出现过至少三次胡同改名的努力，而更名的主要原则就是把“粗俗”化为“文雅”。一个著名的例子与段祺瑞有关：1924 年，当这位北洋军阀首领成为民国政府的临时大总统之后，他把自家所在的“鸡爪胡同”改名为“吉兆胡同”，鲁迅在一篇杂文中讽刺道：“一旦发迹，家谱也修了，雅号也有了，那么当然不甘心居址言不雅驯。”[75]

街道改名的典型例子有这样一些：“臭水坑”变成了“翠花湾”；“狗尾巴”变成了“高义伯”；“猪尾巴”变成了“知义伯”；“锅腔”变成了“国强”；“豆腐”变成了“多福”；“驴市”变成了“礼士”。有些胡同因其形状原名里有“裤”字，例如，“裤脚胡同”和“裤腿胡同”，后来换成了同音异形的“库”字。[76]

很多以满语、蒙古语或其他语言命名的街道被改成了汉文：“马嘎拉庙”被改成了“普渡寺”，“畏吾村”变成了“魏公村”。按照清朝政府机构命名的街道都改成了民国的名称，比如“刑部街”变成了“司法部街”。

作为帝都，北京街道的命名很少从整个城市的角度出发，也不会由外人命名。尽管街道重名的现象很严重，这些名字却不是随便乱起的，它们与人们的日常生活息息相关，并反映了邻里之间的关系。只有当城市开放了，邮政系统发展起来，交通变得便利而必要的时候，这种地方阻隔才会逐渐消失，街道重名所造成的混淆也才会凸显出来。民国政府重新命名街道的行动，是以整座城市而非个别社区为参照的，因此，命名的原则也就从服务居民的日常生活变成了如何让外人更方便地辨别地址。

但是，即使地图上已经修改了名称，很多人还是会坚持用老名字来称呼他们的胡同。这是一场口语与书面名称之间的竞争，大多数改动都是由政府在书面记录中完成的，而这些新、旧名称的发音非常相似，政府尽管可以在书面记录中改变街道名称，却无法控制人们用喜欢的方式称呼自己的胡同。官方书面记录的街道名称与人们日常生活中使用的名称出现了差别，1934 年，政府在每条胡同的入口都立上了名牌，然而老名字在这之后的许多年仍然活跃在人们的日常交谈当中。[77]

本来就曲折狭窄，不适合现代交通的胡同再保留了老名字，直让外来者困惑了数十年。政府提供的街道名称表变成了与它们要指示的胡同毫无关系的一纸空文，一个脱离现实、徒添困扰的命名系统。尽管新的书面名称在国家历史和地理科中逐渐取代了老名字，但后者还是活跃在民歌、民谣、戏曲和胡同老人所讲述的故事中——仿佛在提醒后代：小胡同里的生活并不总会迎合国家的步调。

在一个以日趋强大的商业力量为特征的房地产市场中，城市信息的集中对于将国家专断的秩序原则转变为全面的城市规划来说是必需的，这种集中化自然很容易被国家自身的发展与投资计划所操纵。但是，居民们也可以利用政府对现代城市的设想，使城市改造过程中那些看似技术性的问题转变成政治问题。这在某种意义上是在所难免的，因为民国政府的城市改造工程正是因人民和公众利益之名，对这些价值的标榜“构成了其合法性的基础，而它拒绝承认任何它认为目光短浅、自私自利、损害公众利益的政治参与”。[78] 国家政策内在的不一致和新政治概念的空洞性为市民预留了与政府谈判的空间。

在很多情况下，政府对知识的垄断造成了市民的边缘化。由于信息匮乏，市民很难从宏观、长远的角度来处理问题，视野总是局限在自己的社区之内。只有在麻烦找上门时他们才会知道，结果在与政府的大规划的冲突中，市民的“局部利益”总是被谴责，总是要服从于“公共利益”。显而易见，在城市形形色色的群体中首先就不存在一个统一的“公共利益”，当人们得不到城市规划的信息时，“公共利益”往往像是“国家操纵”的同义词。普通居民面对的种种问题导致了他们对城市改造态度的不一致，店主经常会反对开辟新的街道，尽管这些街道旨在促进商业发展，最终会使得他们受益。技术进步尽管对建立民族国家至关重要，却不足以说服市民牺牲自己的利益，人们会根据自己所处的具体情况来决定面对城市的空间改造所采取的态度。以米歇尔·德·塞杜的战略和战术的概念来看，普通百姓有战术但是不可能有战略，所以他们不能保住战术中的所得。[79] 政府和民众间的斗争持续不断，从中我们看到，民众不仅有一定能力保护自己的利益，而且在更高层面上形成了分享权力的意识。北京城已经在文化上获得了整合，并且随着交通系统、报纸和公众活动场所的建立，这种整合还在不断加强。但是仍然有相当多的证据表明，分隔仍然存在，获取权力、信息的渠道依然匮乏。[80] 这绝非一个除旧布新、改天换地的浪漫故事，我们看到的只是新的等级体系、新的特权阶级和被压迫阶级，以及新形式的特权与压迫在城市生活中逐渐形成的必然结果。

不同力量之间往还不断的斗争赋予了北京城空间改造独特的风格。民国北京城的重建主要是由国家发起和规划的，但是显而易见，在空间改造的过程中，国家试图建立一种都市身份的努力很大程度上被居民们争取物质利益的斗争抵消了。这些斗争的结果与西方工业城市和殖民地城市都不同：首先，当时的北京城，尤其是在胡同里，并没有实现从“用高压和强权去控制民众”到“分割空间，孤立个体，建立完善但隐蔽的监视系统”的转变，而这正是福柯（Foucault）和米歇尔眼中现代规范机制的特征。[81] 固然，有人可能会指出，北京市政府采取的措施也会促进对都市民众的监督，但由于当时政府的软弱和当地居民的抵制，北京城的改建并没有带来巴黎或开罗那种程度的国家对社会的深入渗透，作为社会调节工具的都市空间管理尽管已经得到了重视，却还没有完全成为一种日常活动；其次，城市居民也没有建立起任何新形式的社会组织来争取更多的权益，所有这些斗争都只是在国家与孤立的个人和小社区之间展开的。

注释

[1] Jonathan Simon, “The Ideological Effects of Actuarial Practices,” *Law and Society Review 22*, no. 4 (1988): 798.

[2] 《京都市政汇览》前言，第 2 页。

[3] 同上。

[4] 同上书，第 484 页。

[5] 同上书，第 60 页。

[6] 同上书，第 268 页。

[7] 政府所有的土地征收五元费用。

[8] 《北平特别市制订的本市土地登记暂行条例》（1928 年 11 月），北京市档案局，北平市工务局档案，J017-001-00291。

[9] 《京都市政汇览》，第 366 页。

[10] 政府当时公告以下地点为政府土地：东单牌楼的东莱市、南新华街的玉皇庙房舍、厂甸的海王村公园、香厂仁民路的仁民医院、东四十条的传染病医院、香厂华严路的平康里、先农坛的城南公园和南新华街的改进会陈列所。同上书，第 93—94 页。

[11] 同上书，第 367 页。

[12] 同上书，第 367、373—434 页。

[13] 《督办京都市政公所为发布管理建筑范围及管理施行办法致京师警察厅等单位的函和告市民的布告（附该“办法”）》（1916 年 12 月），北京市档案局，北平市工务局档案，J017-001-00015。

［14］《京都市政汇览》，第 454—460 页。

［15］ Sidney D. Gamble，*Peking：A Social Survey*（New York：George H. Doran，1921），p.84.

［16］《京都市政汇览》，第 463—466 页。

［17］ 同上书，第 367 页。

［18］“京都市政公所关于整理宣武门瓮圈工程计划、勘估给内务部、步军统领衙门、京师警察厅的函及第二至四处等有关单位的来往函”（1918 年 5 月—1923 年 6 月），北京市档案局，北平市工务局档案，J017-001-00047，1918 年 5 月 1 日。

［19］ 同上。

［20］ 同上，1920 年 12 月 8 日。

［21］“北平特别市工务局关于送报拆除崇文、宣武两门瓮城修砌东不压桥至御河暗沟的呈及市政府的指令”（1928 年 12 月—1929 年 6 月），北京市档案局，北平市工务局档案，J017-001-00327，1928 年 12 月 29 日。

［22］ 同上。

［23］ 同上。

［24］ 同上，1929 年 12 月 27 日。

［25］ 同上，1929 年 3 月 15 日。

［26］“北平特别市工务局政府关于拆除宣武门瓮城碎砖出售及迁费等问题向市政府的呈与有关单位和商号的来往函及市政府的指令”（1930 年 7—8 月），北京市档案局，北平市工务局档案，J017-001-00455。

［27］“北平特别市工务局关于拆除宣武门瓮城工程移改铁轨弯道、验视发现之巨炮和五虎墓事宜与平汉铁路管理局、北平保管古物委员会等单位的往来函及移改铁轨弯道的图纸”（1930 年 6—7 月），北京市档案局，北平市工务局档案，J017-001-00468，1930 年 6 月 20 日。

［28］“北平特别市工务局关于拆除宣武门瓮城勘丈宣武门外鸟市一带房地经过情形给市政府的呈和宣外移轨事宜与平汉铁路管理局的来往函及图纸”（1930 年 7—12 月），北京市档案局，北平市工务局档案，J017-001-00486，1930 年 10 月 30 日。

［29］ 同上。

［30］ 同上。

［31］ 同上。

［32］“北平市工务局关于改直宣武门外平汉铁路轨收用鸟市一带房地的呈及与财政局、平汉铁路驻平办事处的往来函以及市政府的指令”（1933 年 6 月—1934 年 2 月），北京市档案局，北平市工务局档案，J017-001-00896。

［33］ 同上，1934 年 1 月 31 日。

［34］“北平市公安局关于饬区督催王教绪拆除宣武门瓮城关帝庙等与财政局、工务局等的往来函及王教绪请发给执照自行拆建的呈”（1934 年 2 月—1935 年 2 月），北京市档案局，北平市工务局档案，J017-001-00889，1934 年 2 月 22 日。

［35］ 同上，1934 年 2 月 24—28 日。

［36］“北平市工务局关于改直宣武门外平汉铁路轨收用鸟市一带房地的呈及与财政局、平汉铁路驻平办事处的往来函以及市政府的指令”（1933 年 6 月—1934 年 2 月），北京市档案局，

北平市工务局档案，J017-001-00896，1934 年 1 月 17 日。

[37] 同上，1934 年 1 月 31 日。

[38] 同上，1934 年 2 月 12 日。

[39] “北平市公安局关于饬区督催王教绪拆除宣武门瓮城关帝庙等与财政局、工务局等的往来函及王教绪请发给执照自行拆建的呈”（1934 年 2 月—1935 年 2 月），北京市档案局，北平市工务局档案，J017-001-00889，1934 年 8 月 17 日。

[40] 同上。

[41] 同上，1934 年 8 月 24 日。

[42] 最初发表于 1929 年 6 月 1 日《晨报》，引自“北平特别市工务局关于报送拆除崇文、宣武两门瓮城修砌东不压桥至御河暗沟的呈及市政府的指令”（1928 年 12 月—1929 年 6 月），北京市档案局，北平市工务局档案，J017-001-00327，1929 年 6 月 4 日。

[43] 最初发表于 1930 年 6 月 17 日《大公报》，引自“北平特别市工务局关于报送拆除崇文、宣武两门瓮城修砌东不压桥至御河暗沟的呈及市政府的指令”（1928 年 12 月—1929 年 6 月）北京市档案局，北平市工务局档案，J017-001-00327，1930 年 6 月 20 日。及“北平特别市工务局、平汉铁路管理局以及北平保古机关之间关于在宣武门瓮城下发现巨炮和五虎墓事件的往来函”（1930 年 6—7 月），北京市档案局，北平市工务局档案，J017-001-00468，1930 年 6 月 20 日。

[44] 关于北京有轨电车系统详见：David Strand，*Rickshaw Beijing*：*City People and Politics in the 1920s*（Berkeley：University of California Press，1989）。

[45]《大自由报》1912 年 11 月 7 日，第 7 版。

[46] 北京市档案馆编：《北京电车公司档案史料》，北京燕山出版社，1988 年，第 1—2 页。

[47] 同上书，第 17 页。

[48] 同上书，第 18 页。

[49] 同上书，第 19 页。

[50] 周作人：《北京的风俗诗》，收入姜德明编：《如梦令：名人笔下的旧京》，第 19 页。

[51] 关于孙学仕和京师总商会详见：David Strand，*Rickshaw Beijing*：*City People and Politics in the 1920s*。

[52] 韩光辉的研究进一步证实了北京人口的数量，见韩光辉：《北京历史人口地理》，北京大学出版社，1996 年，第 134 页。

[53] 北京市档案馆：《北京电车公司档案史料》，第 3 页。

[54] 引自京师总商会 1923 年 2 月 12 日向警察局递交的请愿书。同上书，第 104—105 页。

[55] 同上书，第 111—112 页。

[56] 同上书，第 13—14 页。

[57] 同上书，第 118—119 页。

[58] 关于人力车夫与有轨电车关系的详细描述见：David Strand，*Rickshaw Beijing*：*City People and Politics in the 1920s*，Chap.11。

[59] 北京市档案馆：《北京电车公司档案史料》，第 10—11 页。

[60] David Pinkney，*Napoleon III and the Rebuilding of Paris*（Princeton，N. J.：Princeton University

Press，1958），pp.35-36.

[61] 吴廷燮：《北京市志稿》第一卷，第 188—213 页。

[62]《京都市政汇览》，第 255—262 页。

[63] 同上书，第 146 页。

[64] “民国七年京都市政所印制的京都市内外城地图（1918）”，北京市档案局，北平市工务局档案，J017-001-00053。

[65]《京都市政汇览》，第 263 页。

[66] 同上书，第 247 页。

[67] 同上书，第 248—249 页。

[68] Timothy Mitchell，*Colonising Egypt*（Berkeley：University of California Press，1991），p.xv.

[69] Ibid.，p.249.

[70] 翁立：《北京的胡同》，北京燕山出版社，1992 年，第 99 页。

[71] 同上书，第 105 页。

[72]《京都市政汇览》，第 485 页。

[73] “京师警察厅给市政公所函送的各街巷新旧名称对照表”（1919 年 2 月），北京市档案局，北平市工务局档案，J017-001-00067。

[74] “北平特别市政府关于中华门至天安门一段定名为中山路、东西长安门间定名为中央路的指令及市公安局区关于街道改名事宜的公函（附：各区街巷名称表）”（1928 年 8 月—1930 年 3 月），北京市档案局，北平市工务局档案，J017-001-00277。

[75] 翁立：《北京的胡同》，第 105 页。

[76]《京都市政汇览》，第 485—499 页。

[77] 翁立：《北京的胡同》，第 95 页。

[78] Paul Rabinow，*French Modern*：*Norms and Forms of the Social Environment*（Chicago：University of Chicago Press，1989），p.13.

[79] Michel de Certeau，*The Practice of Everyday Life*（Berkeley：University of California Press，1984）.

[80] 这一点是史谦德向我指出的。

[81] Michel de Certeau，*The Practice of Everyday Life*，p. x.

第 3 章　传统：城市与国家

1928 年是北京历史上的一道分水岭，有些人甚至将它的影响与 1900 年的义和团运动对北京的冲击相提并论。[1] 国民政府成立后将中央政权迁至南京，北京的地位受到严重挑战。由于几个世纪以来一直独据首都之位，北京已习惯于帝国都城地位给它带来的特权。由于这座城市的安康象征着王朝秩序和帝国权力的合法性，北京的政府与市民得以长期拥有优先调用国库以满足地方之需的自由，以至于这座城市几乎没有发展出自足的经济。因此，北京绝不仅仅是在象征意义上丧失了首都的名分而已，迁都给这座城市的生计与前景都带来了实质性的威胁。

对于北平人来说，1928 年到 1936 年是荒废、混乱，间或尚存着一些稳定的可能的八年。1928 年，这座城市被认为是“不祥之地”，很多人都毫无留恋地离开了这里。然而 1930 年初，当蒋介石与军阀阎锡山的联盟崩溃，这座城市成为反蒋力量中心的时候，一些人又看到了北京重新成为首府的“复苏之势”。[2] 阎锡山领导的新北平政府宣布从南京政权独立，颁布了新的法律并自行征税。1930 年从 5 月到 8 月，阎锡山召集了三次“国民党中央执行委员会扩大会议”，组建了新的“国民政府”，以北平为都，阎锡山被“推选为”主席。但是阎锡山却很难稳坐泰山，为了抗击蒋介石发动的武力进攻，阎锡山在就职当晚就赶赴石家庄前线。蒋介石说服了东北军阀首领张学良共同围攻阎。9 月 22 日，张学良的军队占领北平，国民政府恢复了对北平的控制。[3]

北平的复兴美梦随阎锡山的短命政府一道迅速崩坍了。然而，即使在国民政府恢复控制之后，北平城还是见证了许多在北伐中要扫除的旧事物卷土重来：

> 北伐的革命军初到北平，对于北平旧政府下的人们有视作俘虏之概。一切都认为要不得。不独满洲妇人之髻与阴历之庙会，连马褂也是要打倒的。漫天匝地都要变成蓝白色的标语。甚至于黄色的殿瓦，也有人提议加上一层蓝漆。可是民国二十年以后，标语一律撤销，蓝色的漆与粉也自然消退；而马褂反而为公务员必须备的礼服。乃至大人老爷的称谓，请安的礼节，前清服制之丧事仪仗，前清官衔封典之讣闻，等等，也无一不若有若无的出现了。[4]

这种内政形势急剧变化所造成的混乱随着日军从北方的进犯而进一步加剧。1931 年，日军占领东北，迅速逼近到北平以北的长城，城里的防空洞一直挖到了市中心高层政要居住的怀仁堂。尽管有日军从北面来袭，一些返平的著名学者却点燃了这座城市的斗志和重振国家文化中心地位的强烈自我意识，这股势头一直持续到 1933 年中国军队在榆关战败，北平再次受到严重威胁。尽管 5 月 30 日签署的《塘沽协定》暂时使日军停留在了长城以北，其日益严重的威胁还是迫使国民政府于 1934 年将故宫博物院的大量艺术藏品和各种档案运往了南京，这也引起了对于政府无力保卫北平的担忧和市民的恐慌。[5] 1935 年，《何梅协定》签署，成立了日本支持下的“华北自治区”，北平也被涵盖在内，同时禁止一切“抗日活动”。双方公开敌对的状态再次缓和下来，因为无论日本还是蒋介石的武装都没有做好全面战争的准备。但是这次停战只维持到了 1937 年 7 月 7 日，日本就重新开始了那场一直持续到 1945 年的侵华战争。

1928 年北平的处境之差是毋庸置疑的，城市的工业和交通都很薄弱。1931 年的一份报道指出，在北平，从 1928 年 7 月到 1929 年 6 月，32.7% 的工会成员处于失业状态。也就是说，在 52 个工会总共 91476 名成员中，29902 名成员是失业的。这很大程度是由于首都迁移到了南京。[6] 按照半官方杂志《市政评论》的主要撰稿人张又新的说法，当时工业工人大约只有七千，而全市只有八分之一的家庭有工作，大部分人口处于失业状态。张又新指出，世界上有些旧时的首都丧失它们的政治中心性之后，还可以作为港口或者交通中心得以自持，而这种选择却并不适用于北京。尽管这座城市是北平—汉口，北平—绥远，北平—奉天，北平—浦口（南京）这些铁路的终点站，但是这些线路真正的枢纽却在城外的丰台。摆脱这种困境的一种方法是发展交通以结束北京的“地缘孤立”。他的方案很宏大：延长张家口—库伦线路，与西伯利亚铁路连接，并将北平—绥远线扩建至新疆。这两条铁路的延伸将吸引更多的欧洲游客与商人来到北平。张又新还设想了在北平的西南角建立一个联运站，以中转北平—汉口、北平—绥远、北平—浦口数条线路，不过即使是张又新本人也意识到这个方案远远超出了北平的权威和实力。[7]

远虑以外，尚有近忧。当北平还是首都的时候，中央政府每年在北京的花销高达四千万元，这还不包括官员生活和来访者在这座城市里的花销。政治中心迁移到南京之后，北京的经济急剧衰退。北京市政府承认：

> 北京自克复后，全城欢腾，市民称庆。不意国都南迁，各部解散，市面萧条。兼以富室离平而去，资金因以减少，金融破绽，岌岌可危。既难维持原状，复承军阀浩劫之余，财源枯竭，百般待理。[8]

面临这些困难情形又无法依靠中央政府的财政支持，北平不得不重新思考它的生存之道。1929 年，北平市政府建立半年之后，一份“建设北平意见书”传达到了各市政部门。这本意见书提出“为筹谋迁都后之永久繁华计，首当决定建设北京之基本原则”。意见书还设立了北平发展的一些远期目标：把北平建设成“国故”中心，“学术、美术、艺术”中心，“东方文化表现”中心，内陆工业中心，旅游中心和国防中心。国民政府尽管未能将北平成功建设成为内陆工业中心，计划书中的其他方案却促使这座城市成为了国家的“文化中心”。[9]

几条宽敞的大街，若干铺设好的道路，加之有轨电车和铁轨——当国民军队在 1928 年进驻北京城的时候，由沥青和铁轨划定的北京城新的空间秩序已然形成。创造便利的交通和流动性此前一直是市政府的重要议题，但是在这些通衢边上站立的是帝制时代遗留下来的建筑物，它们提醒着人们已逝的时光和一个全然不同的世界。北京的帝制历史是民国时期所有政治力量所必须面对的现实的物质存在。1928 年国民政府的成立在这一方面划下了重要的分界线，随着中央政权的政府对一个大体上获得了统一的国家的控制，中国第一次变得近似于一个民族国家。在 1928 年到 1937 年日军入侵华北期间，官方民族主义和国民政府更加严格的统治强烈影响着北京的城市发展。如果说 1928 年之前北京的转型是相对多元的力量和声音共同作用的结果，1928 年后则倾向于更系统的城市规划和对历史的重建，将城市的过去与统一的民族国家历史联结起来的努力也更加明显。

从帝制时期甚至一直到军阀时期，北京长期依赖它的地位享有首都的特权，1928 年之后它却不得不开始寻找一种新的生存模式。这一年之后，北京失去了国家政治中心的地位，成为了一个统一国家中的一部分。它在这些年间的命运反映了国家与地方之间复杂的相互作用。北平为应付行政中心南迁而形成的新的地方策略，体现了一种新的民族国家的文化身份认同与民族主义的国家政治。与此同时，帝都遗迹在北平的经历很大程度上揭示了城市的空间和生活与国家政治、城市规划理想，以及对中国文化认同的关注之间的关系。

民国早期的典范：公园

新北京市政府所接管的城市在清朝覆灭之后的 1911—1928 年间已经经历了根本性的转变。诚如史明正所言，这些变化中，在交通的改善之外，最显而易见的是新的公共空间的出现。[10] 无论是这些公共空间的新设计理念中的多层社会与文化意涵，还是它们后来的实际用途，都显示出这座城市与过往的复杂关联。中央公园、市民公园和革命烈士纪念碑这三处公共空间作为范例最好地揭示出了北京城空间变化在政治和文化意涵方面的诸多层次。

民国早期北京的公园大多由皇家花园、祭祀场所以及紫禁城自身这些旧日的皇家禁地转变而来，中央公园就是在朱启钤的倡导下在清社稷坛的基础上改建的。1913 年 3 月，遗皇太后隆裕去世，当时负责天安门外公共秩序的交通总长朱启钤第一次注意到社稷坛已日渐荒废，被看守用来养猪、放羊。到 1913 年 10 月清皇室将社稷坛转交政府之后，已经是新一届民国政府内务总长的朱启钤正式提议将社稷坛改造成一座公园。为了给经济拮据的内务部节省开支，他建议由捐款 50 元以上的市民与捐款 500 元以上的机构联合组成一个“中央公园管理局”来负责公园建设，到 1914

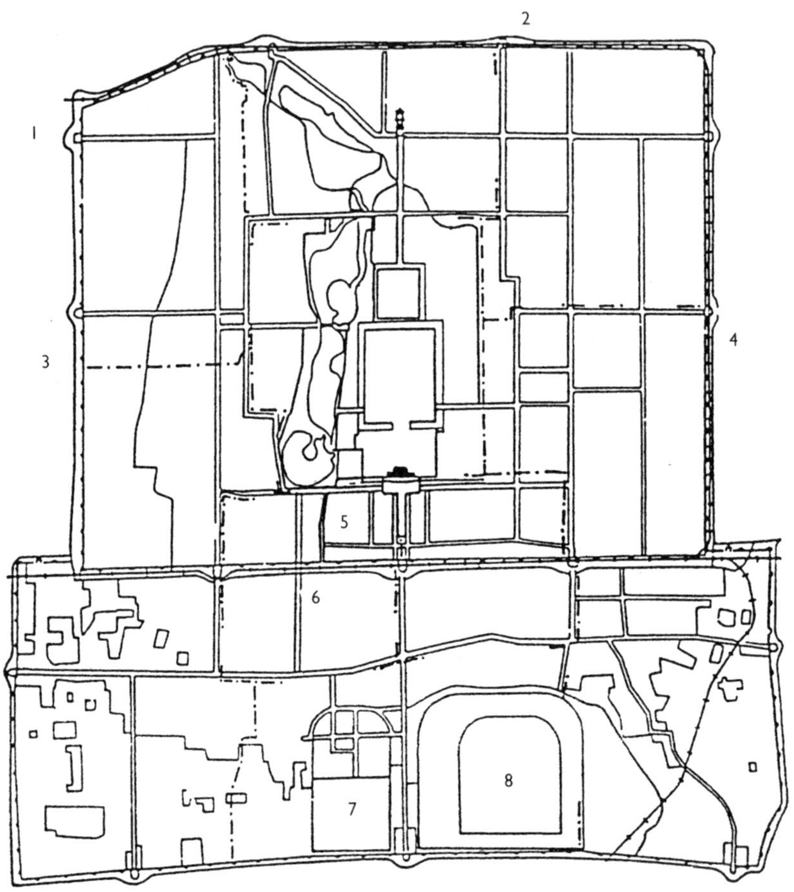

1. 万牲园
2. 地坛（市民公园）
3. 月坛
4. 日坛
5. 中央公园
6. 广甸
7. 先农坛
8. 天坛

地图 6　民国北京的公园

年春天，集资已经超过4万元。[11]

中央公园于1914年10月10日中华民国国庆日开放。那时，公园内部都是空旷地带，没有什么园景可言……没有池塘，没有小山，没有亭阁，只有礼堂，一些大殿，一些古树。尽管公园景象荒凉，那天还是来了很多人，“男的都是长衫马褂，女的都是二把头，花盆底鞋，旗袍打扮”。看来这个新的公共空间首先吸引的却是那些仍然在很大程度上认同于旧制度的人们。或许公园的开放为人们提供了一个满足好奇心，稍稍体验一下皇家生活的机会。[12]

以后公园又增建了教育设施和游乐场所，内务部和法务部还分别在园内主办了一个卫生知识展览和“模范监狱”产品展。但是这些并非公园真正魅力所在，吸引游客的实际上是园内休闲与轻松的氛围。[13]据民国时期在北京生活了几十年的齐如山回忆，中央公园从门票及饭馆茶馆的税收中获得了一笔相当可观的收入，这些钱被用于修整公园，兴建亭阁池塘。园内最吸引游客的是三教九流会聚的商业场所，各种身份和团体的游客在这里各得其所：“时髦的人物”喜欢聚集在卜士馨与春明馆，以便享用各式西餐、中餐，“顾客总是满的，星期日尤甚。有一个时期，妓女们也恒到此兜揽生意。此处因人多外号叫作苍蝇纸”；“官僚绅士派的”则都去来今雨轩；艺术家们喜欢那些小岛；钱少的人就去北边的河沿。齐如山的描述显示了中央公园巨大的包容性，在这里人人都可以找到自己需要的东西。[14]用作家师陀的话说：中央公园里，

> 大学生夹着野鸡，野鸡夹着商人，商人夹着姨太太，再夹着老爷、教授，那样一个循环长列的混杂不清，倘若修纂家世录（恕我杜撰）之类，倒是一色的市民；小市民也好，小市民太太，也许因为冰糖葫芦之故罢，不知怎的连市民少爷也夹带来了。大家各围着盖白布的藤几，手里把起半杯绿茶，心不在焉的一口一口啜着，神情洒脱得实在可惊，但不知道名士们到此是否感到汗颜。[15]

中央公园为市内生活相对宽裕的居民提供了都会的消遣，而师陀所描述的园中五方杂处的情境，则正反映了其作为“公”园应有之特性。

中央公园

与中央公园相比，京兆公园更致力于教育普通民众。1925 年，京兆尹薛笃弼力促地坛改为京兆公园，并且亲自监督改造工程，完工后又作长文纪念。1928 年后，这所公园被称作“市民公园”。[16] 在解释开放这座公园的动机时，薛笃弼表示了对市民福利与教育的关心，北京的空间转型就是要满足这两方面的需求：

> 世界文明各国，入其都市，凡交通卫生市政种种设备，无不应有尽有。关于养成国民德育、智育、体育之事尤再三致意焉。而公园亦其一端也。京兆称首善之区，而文明设备机关尚未发达，窃深憾焉！安定门外地坛，在昔实为方泽，地势宽广，树木丛深，天然之公园也。爰请于内务部，辟作公园。设备之要旨，有两种意义：一曰辅助卫生，一曰发展文化；而保存古迹，开发游览之意，亦寓乎其中……期于公共游息之中，寓提倡教育之意。[17]

然而，新京兆公园的功用并不仅仅在于娱乐及保存历史古迹，事实上，它最重要的功能在于表达政府以新的空间秩序教训市民的意图。公园北侧的“世界园”，是垒石代山，铺草作水，植花为界的一幅世界地图，每个国家的首都、商业中心、铁路与贸易线路都有清晰的标志。薛笃弼骄傲地宣称，“入斯园也，世界大势，一目了然”。在“中国”，省会城市、著名山脉、长江、黄河、珠江，以及所有通商口岸和中国在各个条约中失去的土地都被凸显了出来。花园旁并安置有一块详细注明中国的疆界、人口、物产和历史的木牌，上书“勿忘国耻”内容的对联。

教稼、有秋、共和三座亭子除了提供娱乐、休息的场所之外，更重视其教化游人的功能。共和亭是一个五边形，每一面都漆成不同颜色，象征官方承认的汉、满、回、蒙、藏五个民族；墙上还选绘有黄帝、努尔哈赤、穆罕默德、成吉思汗和宗喀巴的画像，分别作为各自民族的代表，取“五族一家”之意。木牌上面绘有中外爱国故事改编的图画。园内到处设置着宣扬爱国、勤劳、忠诚、勇敢、自省、善思、健康生活和关心公共事务等道德规训的格言，鼓励人们购买国货、支持教育、反对缠足、宣扬孝道、遵守法律、助人为乐，教育人们要谦逊、宽容、诚实、进取、爱国。园间小径上还装饰着许多“伟人”的绘图生平，包括孔子、汉武帝、彼得大帝、明治天皇、乔治·华盛顿、拿破仑、林肯、哥伦布、俾斯麦，以及负有盛名的英国军事家纳尔逊。

为了便于游人们“提高身体素质”，公园的南部设置了一个带器材设施的运动场。薛笃弼认为“京畿北郊一带人民文化程度较为低下，维生素不讲求，得此公园，可陶淑其性情，开拓其眼界。附近儿童，尤得体育之所，不至陷于无益之游戏，则其裨益甚大，正不徒游目骋怀而已也”。那里不但有网球、篮球和足球场，还有跑道、泳池和秋千，旗杆上飘扬着国旗，门口悬挂着标语：“提倡尚武精神发扬民气；辅助通俗教育陶铸国魂。”南墙上刻有达尔文的名言“优胜劣汰”以激励“竞争与勇敢的精神”。薛笃弼在第六部分“公共体育场”这样解释设立体育场的原因：

> 运动者可随便入场，锻炼精神，分别胜负；鼓励其勇敢，发扬其竞争，增身体之强健，拯国家之危亡。要知国家之存亡，视乎民之强弱，人民之强弱，视乎能否奋勇，能否竞争而已。我国开化最早，因为安固守常，萎靡不振，所以数千年来，丝毫未有进步，人民日弱一日，列强之欺侮，国势之阽危，真令人痛心！是以提倡体育，发扬民气，实为救国根本大计。

此外，运动场一带的前清祭坛上还建有一个教学讲坛与两个公共图书馆，以便“使游人得知教育之有利益，卫生之宜讲求”。

然而，尽管有这些努力，薛笃弼的文章也写得很乐观，京兆公园却从未成功地吸引大量游客。它地处安定门外北京的东北角，离大多数市民太远，军阀的部队与民国士兵经常驻扎此处，破坏、劫掠设施。[18]另一个重要的原因可能是京兆公园的氛围，与中央公园的消闲气氛相比，京兆公园由于说教随处可见而显得过于凝重压抑。

革命性建筑

除了民国初年市政公所的市区建设以外，国民政府早期以“革命”形象荡涤北平皇朝遗风的种种尝试也给北平市政府留下了值得记取的经验教训。1928 年，北伐军进驻北京，从国民党当时对北平的所作所为可以看出，他们对这座城市的一切都非常不满。[19] 在革命军看来，即便是薛笃弼的京兆公园在教育民众的问题上做得也还很不够。“北平历代帝都，民智鄙塞，革命建筑寂焉无闻。”[20] 尽管什么是“革命建筑”从未有过清晰的界定，国民党还是为这座城市的问题提出了一个解决方案——为革命烈士修建纪念碑。这样既可以为北方民众树立楷模，又可以“显革命成功之伟绩，庶足以除封建之余臭”。[21]

可以说，国民政府是部分地卷入了“一战”后涌现在许多国家的建筑民族纪念碑的浪潮。乔治·莫斯（George Mosse）在关于德国的研究中这样论述道：“民族纪念碑和公共节庆一同提供了神话与象征，而这神话与象征则构成了适合民族自我表现的礼拜仪式。”[22] 中国也不例外。政治事件以金属与石头为语言得到纪念，新的名字与内涵被嵌入旧的结构当中，历史就这样被抹除又重新在空间中得以表现。

北京在北伐军到来之前就曾拥有其城市的纪念性建筑。1922 年，北洋军阀冯玉祥下令在中央公园竖立两座塑像以纪念他在 1911 年革命中牺牲的两位同志王金铭与施从云。1925 年冯玉祥被迫撤出北京后，北京新的驻军总司令正是当年带兵杀死王金铭与施从云的王怀庆，1926 年 11 月冯玉祥再次战败，王怀庆下令拉倒两座塑像当作废铜烂铁卖掉了。[23]

在国民党 1928 年抵达北平后的一段时间里，政府试图修建几座纪念碑，以便将自己的历史永久铭刻在公共空间当中，但是地方上响应者寥寥无几。1929 年，在与铁路公司进行了艰难的磋商后，一座纪念 1911 年革命烈士的纪念碑才得以在南口火车站建立。同年，国民革命军一部向北平市政府请求在颐和园北门外修建北伐革命纪念碑和无名烈士公墓，并得到了市政府的许可。然而颐和园却一度强烈反对这一提议，直到最后才不得不妥协。

在这些纪念碑的建造过程中也很难看到打造“革命建筑”应有的热情。1928 年，遵照戴季陶的命令，北平市政府决定立碑造像纪念彭家珍。孙中山曾授予这位当年因行刺袁世凯未遂而死在了北京的四川人以“将军”称号，并承诺要为他立碑修墓。按照计划，纪念碑要模仿佛教的八角八柱宝塔，面嵌汉白玉石，将彭家珍的照片与传记铭嵌其中，棺木拟用四川雪松制作，估价花销两千元。政府计划印发两千份彭的著作与官方传记，纪念碑选址在动物园，北海公园还要另设一处祠堂。但是这些计划大部分只是停留在纸面上，因为这项工程的合作双方北京市政府与河北省政府都不愿意承担开销。

早在设计纪念碑的时候，彭家珍的父亲与妻子就曾到北平向国民政府请求经济支持，他的兄弟也曾试图游说政府完成纪念碑工程。但是直到1930年，纪念碑与祠堂都还没有踪影。彭家珍在北京守灵的亲人们无法继续维持，就凑了些钱，在老墙根平民区买了一些民房，整饬之后为彭修建了一座私立祠堂。他们因此还要缴纳58元的房地产税，不得不向工务局请求减免。[24] 1931年，彭家珍的棺木才最终迁入公墓。[25]

在北京修建革命纪念碑本来是为了挑战旧秩序，然而这些革命纪念碑在旧日遗留下来的皇家建筑中间却显得无足轻重。欧森曾精辟地指出成功的民族纪念碑所必须具备的要素：

> 一座纪念碑需要能在观察者心中唤起恐惧或者惊奇：使他能回忆起朝代之悠远，政权之伟力，社会之富有，意识形态之真实，或者证明这种富有、伟力与真实的一些事件，诸如一场胜利或者一次成功的革命。要达到这些目的，一座纪念碑必须能让个人抛开他的种种现世关注——诸如要赶上5点37分的车，要记住更新驾照，要买邮票等等，必须能提醒他生命的内涵远比这些丰富，必须能让他觉得自己何其有幸是这样一座辉煌都市的成员，是这样一个仁慈的统治者的子民，是这样一个唯一真正信仰的追随者。任何限制与低调，而最糟糕的是吝啬的迹象，都将颠覆这种意图。纪念碑必须充满对崇高的热望，唤起的必须是敬畏，而不是亲切、熟稔，更不是滑稽的蔑视。[26]

几乎所有这些要素在国民党的纪念碑工程中都不存在，北平革命纪念碑的修建基本上总是缺乏热情，工程拖拖拉拉，一完成就被忽视。无论是北平居民，还是来这里观光的游客都对革命纪念碑视而不见，关于北京的文学作品中也很少提及它们。

所有这三项工程——中央公园、京兆公园和革命纪念碑——都以某种方式联系着北京帝制时代的历史：它们或者是将这历史用于新途，或者是转换其面貌，或者是以革命的名义挑战它。它们也代表了北京 1928 年前城市建设的目标：赶上世界上其他首都城市，改造城市空间环境，从而为新民国培养新的市民。1916 年，市政府最为关注的议题包括：提供市民及工商业用水；建立下水道系统，清除积存垃圾；新建改建道路以便利城市交通；建设一个贯穿全市的电车系统；以及修建公园和博物馆。[27] 这种处理帝制历史的灵活、实验的方式仅仅属于 1928 年前，它很快便被 30 年代将北平中规中矩地打造成中国传统文化橱窗的努力所取代。1936 年发表的一篇文章描述了朱启钤如何成功地建设了中央公园，并将这项工程看作了北京未来发展的样板，从而清楚地反映出了这种转向。齐如山与师陀笔下记述的那种商业建筑的灵动就此一去不返，新的解释所强调的恰恰是朱启钤没有将任何不恰当的东西生拼硬凑到原有的和谐的建筑风格之上。[28] 忠于传统成为了新时代的理想。

新的方向：观光北平

尽管危机四伏，20 世纪 30 年代仍然是北京城市建设重要的十年。1933 年 6 月，毕业于日本早稻田大学、曾任上海警察局局长的袁良被任命为市长。他在这个职位上任职两年，直到 1935 年由于不愿在《何梅协定》下与日本人合作而辞职。[29] 自民国早期朱启钤领导修复北京的工程之后，袁良治下的时期被公认为重建最有成效的时期。1936 年，有人撰文评论："在北平城中心登高一望，倒是金碧辉煌，衢路修直，一种新气象反比帝制时代还要整齐些。国难虽深，而谋所以维持此旧都者转不可缓。"[30]

北平不再是首都城市之后将怎样维持？如若不是首都，北平还可以是什么？这是新北平市政府面临的首要问题，而政府的城市发展计划则对于这一问题给予了一定回答：袁良决定用他的《北平游览区建设计划》将北平转变为一个"世界现代都市"。[31] 这项计划是 1911 年以来市政府在城市发展策略上的最具气魄的计划之一，与以往重建城市的政府努力不同，这项计划并不是要移除帝制遗迹或者改建它们以适应新用途，而是致力于将它们保存为北平与中国文化的象征，并因此受到了广泛的欢迎。

袁良治下的北平告别了跻身世界首都之林的压力，转而将发展方向明确并有意地定位在让北平成为中国传统文化之城的目标上。新的市政府批评前任随意拆毁旧紫禁城城墙和先农坛围墙，明确表示要将北平建成当代的传统之城。[32] 当时关于北平情况的讨论得出的结论是，北平最大的魅力就在于它的历史古迹和其他城市无法媲美的建筑遗产。历史档案和图书馆群也表明了北平"文化中心"的地位。《市政评论》的撰稿人认为这些文化机构传达了"怀古之感"和"古国之精神"，是北平光耀国家的精华所在。很多人相信外国人对北平有非常好的印象，并且希望旅游和教育收入能够结合起来达到一笔可观的数目。[33] 这些讨论反映出一种与五四运动的激进主义完全背离的对待过往历史与帝制空间秩序的态度。

在袁良治下，这种新的对"传统"的信心与诉求被付诸实践。1934 年，市政府为现代北平准备了官方的总体方案——一套将这座城市变为"游览区"的计划，其立足点即在于相信北平是"全国精华"之代表。它自豪地宣称北平的宫殿、园林、古庙"不仅是东亚文物之渊薮，亦世界名胜中之伟绩"。市政府曾在发给《市政评论》的一封信中这样解释方案的目标：

> 北平为百年旧都，宫殿巍峨，城阙雄峻，街衢宽广，苑囿函宏，欧美各国人士来游者，咸震惊于东方之美，叹为得未曾有，顾以国都南徙，事变迭遭，一切建筑，既日就倾颓。招徕游观，更无完善之设备。本府有举于此，爰就各处宫殿园林城阙寺观等各名胜地址，派员详加调查，拟具修葺建设及创办游览社，各项办法，一辑为册，名曰《北平游览区建设计划》。期以拓此旧都，蔚为雄镇，集名流之揽胜，宏国际之观光，一方借以繁荣市区，一方以转移中外视听，振作朝气，启发新机。[34]

规划者们宣称"招致外宾观光我国，实为宣扬我国文化，增进国际了解之唯一方策"。他们希望借着观光业的发展，北平可以吸引来更多关注，从而激励政府着力抵御日本入侵，保卫这座城市。这个论点尽管今天看起来有些牵强，在全国人民关切保家卫国，同时又缺少其他可行的策略来使世界关注日本侵略的背景下，或许能让南京政权信服。规划者们相信，振兴工业尽管是政府与国民都应全力以赴的根本目标，却到底不如招揽外国游客那样能够迅速地吸纳外国资金并获取同情。北平羡慕法国能从旅游业上大量盈利，并将目光盯在美国人的钱包上，因为据说他们每年在海外旅游上的花费超过6000万美元，算起来这些钱中只要有十分之一能够花在中国，就是一笔相当可观的收入。在北平设立游览区"于增进国际感情及平衡国际贷借关系上，皆具有极重大之意义"。[35]

官方的总体方案诊断了旅游业惨淡的问题所在，并提出了解决办法，这项方案也为北平市政府提供了要求管辖更大区域的绝佳机会。市政府将包括长城在内的北平附近所有历史名胜都涵盖在这一方案之内，并要求获得这些名胜的管辖权。计划认为，由于不同政府部门之间协作不善，中央政府对这些名胜的统辖妨碍了旅游业的发展，同时也缺少一个统一的保护标准。北平市政府的计划包括重修历史性建筑，以柏油路取代土路与碎石路，从而便利景区交通，重修的清单包括城墙的箭楼、角楼与所有的皇家建筑，从前的皇家花园将会得到更好的护理，被毁的城墙与城门也会重修。

方案的另一重要部分是广告。方案认为必须有一个广告与旅游公司之间的合作，这不仅是为了"宣扬中华文明"，也是为了打击那种将中国看作"一无秩序之国家，故多裹足不前"的"反面宣传"。市政府将效法日本成立旅行公署来负责安排旅行、翻译并满足旅客的购物需求。市政府将支付2亿元到7亿元的最初资本，另外有7000万元由本地商人支付，6000万元由与北平相连的铁路机构支付。[36]市政府还将印制英文、法文、日文的旅游指南并分发给各国大使馆。[37]

尽管现代基础设施对于旅游业来说是必需的，北平真正可以利用的魅力还是在于其"中国传统"。方案的设计者认为北平虽然有一些可以引以为荣的西式旅馆，却"无设备完美，可应外人好奇心之中国式旅馆，以供旅客起居"。袁良看到，大多数外宾和本地游客住的都是西式旅馆；他雄心勃勃地计划将中南海改造成一个理想的观光旅店，兼具"现代"和"中式"特色。中南海最初是皇家遗址，后成为民国总统府，1928年又改为公园，共有房舍八百多间，亭台楼榭、湖光山色，"布置构造，无不各具浓厚伟大之东方色调”。夏天游人可以在湖中畅游泛舟，冬天可以溜冰，园内还计划增设舞厅与餐厅，并安装卫生设施及电话。宾馆待选的名称有：“故都”“东方园林”“中南海”及“皇宫宾馆”，袁良希望这些设施能够“称之为理想之东方园林饭店，可当而无愧”。

中国传统也将是旅游娱乐活动的主要魅力所在。市内将建成一家面向外国游人的大型京剧院，“聘请国内知名戏曲家演剧，以表扬东方音乐、戏曲之优美，俾外人能领会中国戏剧之真实精华”。剧院也可以作为对市民进行成人教育的场所，中外观众都可以在这里观赏新旧戏剧以及电影。

这项提案草拟一年后，南京政府成立了“故都文物整理委员会”，并且正式将北平列为外国游人的观光景点之一，袁良负责工程的实施。组委会中有几位曾经留洋学习过的建筑师。参与到了这项工程中的还有中国营造学社，一个由朱启钤与梁思成组织，研究中国传统建筑的学术性社团。委员会参考专家们的意见，以确保建筑风格的“纯正性”为标准，重修了皇家宫廷建筑、祭坛以及庙宇。因为保护的原则是尽量延长旧建筑结构的寿命，而不是以新换旧，所以工程强调修复以及对原始材料的再利用，如果不得不用替代材料，会用较新的材料以便与原有的部分清楚地区分开。牌楼的底部将用钢筋混凝土加固、展宽，以免妨碍交通，牌楼的顶部则保持原状。

整个维修过程中，过去修建皇宫的建筑方法被表现得神秘莫测，这一方面是为了强调30年代与帝制时代的距离，另一方面也是为了突出工程的权威性。在各项修缮工程中，天坛工程最具有代表性。天坛自毁于雷电后，仅于1890年全面重建过一次，以后就只有零碎的修补，以致屋顶漏水、漆面剥蚀，木结构全无防护。市政府认识到这些问题需要专家来处理，于是四方访贤，最后找到一位别号“琉璃窑赵”的人愿意加入这项工程。然而赵发现，由于缺乏一些关键材料，琉璃瓦很难重现原有光泽，颜色也可能会受到影响，他坚持认为只有德国的红釉与中国的绿釉最为耐久，几百年不会褪色，但是这两样材料都很难得到。由于难以获得古代的瓦片，政府决定使用储存在清华大学中原属于圆明园的瓦片。尽管这些瓦片只有几十年的历史，但还是被看成了“古代建筑”的遗留。[38] 由于清末重修天坛的工人均已告别人世，重修过程与清朝的建筑技术显得愈发神秘，清朝档案中记录的是建了多少房间，用了多少材料，对于建造过程与技术细节却只字未提。政府曾派人寻访旧木匠坊，找到过一位“白发老者”，这位老者说他的祖父曾在清朝指导过建造工程，但他却不曾制作出那张神秘的蓝图。结果只重修天坛的一部分以维护其原有“高贵品质”的计划因此很难实施，委员会最终决定只是重新漆刷整座建筑。[39]

对于北平来说，如同世界上很多其他城市一样，空间转型与审美风格的定位为构建民族国家创造了文化资本。埃里克·霍布斯鲍姆和特伦斯·兰杰在西方语境中敏锐地将这种实践描述为“传统的发明”；然而，这一概念并不能完全适用于北平的经验。在清朝，天坛是国家政治活跃的一部分，同时展现着天地观与政治秩序。天坛的建筑和规划从空间与视觉角度传达着君王代表天意的信息，人们认为如果缺少了坛庙，皇权也将削弱。到了民国时期，与对坛庙的膜拜相反，国家权力恰恰是通过埋葬以坛庙为代表的政治符号体系而得到表达的，正如霍布斯鲍姆和兰杰所评论的那样：“当靠实用性取得合法化时，传统会暴露出它的弱点……相反，当不再束缚于实际用途之后，事物与实践全部的象征与宗教意义才会被解放出来。”[40]只有当实际使用价值消失之后，传统才可能被创造。在这种意义上说，保护坛庙既然是为了它们“无与伦比的美与庄严”，而不是要用作官方祭祀场所，也就是在创造传统。与霍布斯鲍姆和兰杰的例子不同，民国时期的这些历史古迹并没有被用作教化市民的积极活动的场所，游人和外宾才是它们意识形态化的主要对象。坛庙不再代表一个鲜活的系统，它的价值完全根植于对过去的表现当中。即便是几片新瓦也足以破坏它的旧日权威——不过讽刺的是，只是因为在帝制时代被使用过，德国釉却得到了接受。与意在建立原始起源的幻象与永恒不变的民族身份的“创造传统”相反，在修复工程中应用钢筋水泥的“科学保护方法”实际上在历史上造成了明显的断裂，在建筑景观上分离了过去与现在。在决定将皇家建筑物保留为民国北平景观永久组成部分的同时，这些建筑物被有意地归入过去，和现在决不再发生任何实际关联。于是，表面上的“发明传统”实际上包含着中国式民族主义的两难抉择——既需要宣扬民族文化身份，又必须远离它。

要为游客创造一种“纯正的”传统城市形象，北平的历史就必须有一个统一的版本。计划书批评当时的旅游向导多为外国旅馆聘请的不合格的“翻译兼向导”，他们对中国的历史一无所知：“不仅宣扬我国文物之目的不能遂，反而有许多污蔑了国体之事……损及我国之国际地位。”[41] 当时有人也批评道：“我曾见许多西洋游人，走到天坛、太庙之类，这样那样都得问导游的人。而导游的人，于古代礼制沿革，毫无所知，于是拿齐东野语胡说八道一顿。其为辱国，莫甚于此。”[42] 为了扭转这种局面，市政府编纂发行了一本记载北平历史的标准出版物《旧都文物略》。袁良在前言中写道：

> 凡立国必有所本，国民性是也。水之积也不厚，则其负大舟也无力；风之积也不厚，则其负大翼也无力。……中华立国最古，先民所遗有深厚光荣历史，而燕蓟之都为黄祖建国所自。……尤是代表国民伟大精神。[43]

这本新书与一般的导游手册的不同在于它专门介绍历史名胜，并有图文并茂的详细解说。不过，一些人仍然认为北平的历史被大众化或庸俗化了，一位批评家抱怨说描述得太“偏于表面”。[44]

“游览区”工程在1937年日军逼近北平时被迫中断。然而，袁良在为北平创造其中国传统文化的代表城市之形象上却是成功的。它悠久的历史成为了一种财富，而不再只是衰败的标志。袁良不仅在国内因为“采用新科学方法，修复保存历史建筑”和“勇于负责”的精神受到高度赞扬，[45] 他还被比利时国王利奥波德三世授予一枚奖章，以奖励他对保护中华文明的贡献。[46]

北平与30年代的文化论争

根据北平面向涉外旅游的新定位，30年代早期城市建造工程的重点是保护历史名胜。北平不是走这条路的唯一的城市，袁良的意图也远大于赚些外国游客的美元法郎。如果放到30年代的一场有关中国文化之未来的论争背景中看，北平计划其实是构想现代中国之国家的一个部分。城市规划与建设是设想中国新形象的重要基础，历史建筑则为对文化自信的新探求提供了物质支持。

30 年代的论争始于胡适与陈序经关于中国应采取西化道路的观点。1929 年，新文化运动的领袖之一胡适在《中国基督教年鉴》上发表文章，阐述了他关于“文化冲突”的看法。[47] 他认为中国的问题是如何适应多种文化冲突的问题，他认为全盘地反对西化已被证明无济于事；大多数人于是倾向于“选择性的现代化”，也就是对现代文明的某些方面可以作为必要的恶来接受，但同时不惜任何代价保持中国文明。胡适认为，这样的态度等同于“中国必须改变但又决不能改变”。[48] 他认为，这种三心二意的改革家中不只有中国人，也有西方人。令胡适沮丧的是，任何变革都遇到阻力，例如，一些美国游客就抱怨说北平的有轨电车系统破坏了古都的氛围，外国人认定中国必须尽量保持它的传统价值，而只采用那些现实所迫切急需的新东西。[49] 胡适认为这样做只是使得传统价值安然无恙，使保存“国粹”成为万事之首选。在胡适看来，中国的古代文明属于过去，并不能帮助中国解决贫困、疾病、愚昧与政治腐败等问题。他建议中国以日本为榜样，在现代技术与工业的帮助下至少建立最低限度的生存基础，那些有“真正的中国特色”的东西，如果它们能够生存下去的话，也必然是在科学与工业进步所带来的健康、富裕和闲暇的土壤上生存发展。[50]

陈序经，一位留学过美国的广州教授，与胡适一同在 1933 年与 1934 年宣扬“全盘西化”，他驳斥了即使西方人也希望保护东方文明的观点，认为：

> 西方人提倡东方化，是西方人的事，东方人要西化，是东方人的责任。其实西方人之于东方文化的研究，正像他们研究非洲土人的文化一样。难道西方人去研究非洲土人的文化，是要提倡非洲文化吗？[51]

不过，陈序经对于西方中国文化研究的东方主义本质的洞见并不能令人们信服他的全盘西化目标，胡适与陈序经的观点得到的反对多于支持。

1935 年，由十位教授合写的宣言“中国本位的文化建设”面世，进一步激化了一场全国性大论争。他们认为中国与真正的中国人正在从世界上消失，要保持中国特色，就必须从事中国本位的文化建设。作者们既反对复古的观点，也反对全盘西化的路线，他们认为应当注意到中国特定的时空条件，提出中国必须“有自我的认识，也要有世界的眼光，既要有不闭关自守的度量，也要有不盲目模仿的决心”的口号。[52]尽管没有明确的提议，他们还是声称“中国本位的文化建设是一种民族自信力的表现”。[53]

国民党的宣传部副部长叶青加入到论争中以后，给全盘西化贴上“中国文化殖民地化”的标签，胡适则成了“欧美帝国主义之物质的和精神的支柱所造成的国际学者”。叶青认为，中国必须力争文化独立，这是中华民族觉醒的标志，而西化即“文化的投降”。[54]

袁良的工程是“中国本位的文化建设”的一个回声，也是它的一个例子，这在清华大学张熙若教授关于北平建筑的论述中有最好的阐释。张熙若在其民族文化问题的论述中举了一个一定不能西化的例子——中国宫廷风格的建筑。他认为最好的宫殿与皇家祭祀建筑能够“使稍有审美能力的人见了都一齐拜倒”，因为它完全整合了美丽与庄严的原则，在他看来，天坛与紫禁城的太和殿都是这种建筑无可争议的典范。他还讲了一则逸事作为证明：他有一位朋友觉得中国如今事事不如人，因此每当与外国人交谈时总会感到自卑，然而有一次领一位西方客人去太和殿的时候，他的这种自卑感消失了。一进正门，他不但立即感到了强烈的自豪与自尊，甚至面对他的客人还颇有些优越感。张熙若不但完全认同他的朋友的感触，还进一步指出所有他看过的世界宫廷建筑都值不了“北平宫殿百分之一，千分之一的美术价值。伦敦的俗气，柏林的笨重，巴黎和凡尔赛的堆砌，罗马的平板，哪一处可与北平媲美？”这些宫殿是否实用不是他所关心的，他相信的是中国建筑远远超过西方建筑的对于美的表现力。[55]

张熙若并不是唯一一个对北平皇家建筑如此自信的人，研究都市土地利用问题的魏树东也曾发表过类似的意见：

> 中国的建筑、中国的文化、中国的社会，北平可作一个代表在世界屹立着。中国人对北平的赞仰与留恋，固不必论；凡外人来华游历者，亦以进谒北平为快，其雄壮伟大，非任何都市所能比拟。[56]

除了中国建筑之外，“中国本位的文化建设”的鼓吹者并没有能够提出其他应该保护，并可以作为新的中国文化认同的基础的具体例子。袁良的计划旨在以中国皇家建筑倾倒外国游客，正实现了他们的想法。从这种意义上说，北平在 30 年代的重新定位是背离“五四”式的反偶像冲动，开始树立一种对中国历史的新理解的一个重要例子。

1928 年后的北京在许多重要方面都与这之前的十七年不同，民国早期北京的大多数建设工程都要推倒墙壁，打开封闭空间，就好像城市空间本身已经身陷囹圄，而墙壁就是重重枷锁。作为现代中国的共和之都，北京需要的是打破过去迟缓笨重的结构，用交错的铁轨与柏油路来塑造一个繁华的工业城市。在这种转型背后的一个重要动机是创建新的空间秩序，从而将帝国的臣子培养成民国的公民。然而，尽管有这些现代化的努力，这座城市还是仿佛套着一件皱巴巴的帝制长衫，过去并不是随手就可以抹掉的，它并不像“五四”理论家们可能希望的那样，将它革命一下就会寿终正寝。它依然存活并且实实在在地占据着空间，即使想要清除也只能是慢慢进行；现代化的进程与来自城市过去的韧性总是动态地交织在一起。

1928 年前的几年是试验与斗争的几年，这一时期的建设工程并没有为这座城市带来一套标准的美学风格。在所有现代化的努力中，朱启钤的中央公园工程是最为成功的，而他的成功在于巧妙地使用了皇家的空间，中央公园之所以兴盛，靠的是几个因素的共同作用：优美的环境、在皇家园林中漫步的吸引力、富裕市民所热衷的摩登休闲，以及商业活动给公园带来的包容感。1928 年国家统一并拥有了一个更强大的政府之后，塑造这座城市的一套固定的规约实践开始形成，定义并再现一个“真正的过去”不仅成为可能，而且颇为诱人。北平的空间转型于是从一场政府与理想的新市民的对话变成了一场国民政府与外国游客的对话。北平市政府走上了一条维护历史之路，明确地将北平定位成一座传统之城、中国文化的中心。有趣的是，北平凸显其中国传统正是在失去首都地位之后，这座城市已经不再可能单纯依靠其政治地位而生存，于是必须转型为一个现代的、自给自足的都市单元。

1928 年前后的北京 / 北平的历史，表面上看方向不同，其实表现的是同一枚硬币的两面。中国作为一个新生的民族国家，在要求现代化的同时，也要维护自己的“中国特色”。对这个国家来说，继续躺在帝制的过往上生存意味着“停滞”乃至耻辱，而弃绝历史则又意味着缺乏“文明”。它想在今天繁荣，就必须让自己确信过去已经死亡，而其“中国性”也必须与帝制过往保持距离，解决这一问题的办法是将过往保存为与现实无关的历史，同时确保新政权独占解释历史的权力。于是，30 年代的重点工作不是整座城市的全盘现代化，而是约束、修葺和保存过去。

帝京的遗痕在民国时期一直得以存活，但它们不再是帝王权力的系统表达，而是一些残片；不是一个连贯的叙述，而是以物质形式散见于日常生活中。袁良改造北京的计划曾试图为这个城市新创一份由一个雄心勃勃的民族国家主讲的统一连贯的历史，在这种创作权威版本城市历史的努力中，政治信息被书写于空间秩序当中，而空间秩序却又是一种具有自身的灵活性，向不同的解释方法开放的物质现实。尽管袁良发展旅游业的计划在当时并没有赋予北平普通市民更多的权利，它却为防止空间意义上的城市历史被破坏而扮演了重要角色。在今天的北京，当抗议城市发展工程对城市历史的粗暴破坏时，人们提到的还是那些 30 年代文化保护工程中的重点建筑；而天坛依旧是北京普通市民最喜爱的公园之一——人们继续以他们自己的创造性的方式使用着这些城市空间。

注释

[1] 铢庵：“北游录话”，《宇宙风》第 26 期（1936 年 10 月 1 日），第 107—108 页。

[2] 铢庵：“北平的运命”，《宇宙风》第 31 期（1936 年 12 月 1 日），第 362 页。

[3] 习五一、邓亦兵：《北京通史》第九卷，第 45—47 页。

[4] 铢庵：“北游录话”，《宇宙风》第 26 期（1936 年 10 月 1 日），第 107—108 页。

[5] 铢庵：“文化城的文化”，《宇宙风》第 29 期（1936 年 11 月 16 日），第 282 页。

[6] 南开每周统计部 1931 年 1 月 19 日，引自赫伯特·戴·莱姆森，《中国的社会病理学：谋生、健康与家庭等社会问题的原始资料》，上海：商务印书馆，1935 年，第 120—121 页。

[7] 张又新：“改良中国城市的要点”，《市政评论》第 1 期（1934 年 6 月），第 5—8 页。

[8] 黄子先：“繁荣平市之我见”，《市政评论》第 1 期（1934 年 6 月），第 9—14 页。

[9] 朱辉：“建设北平意见书”，北京市档案馆，工务局档案，J001-004-00001。

[10] Mingzheng Shi，“From Imperial Gardens to Public Parks：The Transformation of Urban Space in

Early Twentieth Century Beijing," *Modern China 24*, no 3（1998）: 219-254.

［11］《京都市政汇览》，第 189—191 页。

［12］坚明："中央公园开放记"，《京华古迹寻踪》，北京燕山出版社，1996 年，第 23、25 页。

［13］《京都市政汇览》，第 183—184 页。

［14］齐如山：《齐如山全集》第七卷，1935 年；重印，台北：齐如山全集编印委员会，1964 年，第 4—5 页。

［15］师陀："什刹海与小市民"，姜德明编：《如梦令：名人笔下的旧京》，第 254—257 页。

［16］吴廷燮：《北京市志稿》卷一，第 508、535、536、544 页。

［17］薛笃弼：《京兆公园纪事》，北京大学图书馆所藏之未出版手稿，1925 年，未标页码。

［18］"北平特别市工务局请将前陆军打靶场拨归市民公园管理和该公园不便借与疯人院的呈及市政府的训令、指令等"（1929 年 2 月—1930 年 12 月），北京档案馆，J017-001-00398；"市民公园管理员石葆光关于扩充市民公园内世界体育场植树区、共和亭等处之计划给工务局长的呈"（1933 年 9 月），北京档案馆，J017-001-00734。

［19］铢庵："北游录话"，《宇宙风》第 26 期（1936 年 10 月 1 日），第 108 页。

［20］"北平特别市工务局、土地局关于报送修建彭家珍烈士纪念堂和立祠修墓铸像等规划地址、用款及家属要求的呈以及市政府的训令、指令"（1929 年 3 月），北京档案馆，J017-001-00351。

［21］同上。

［22］George L.Mosse, *The Nationalization of the Masses: Political Symbolism and Mass Movements in Germany from the Napoleonic Wars through the Third Reich*（Ithaca, N.Y.: Cornell University Press, 1975）, p.127.

［23］《北洋画报》1926 年 11 月 13 日，第 2 页。

［24］"北平特别市工务局、土地局关于报送修建彭家珍烈士纪念堂和立祠修墓铸像等规划地址、用款及家属要求的呈以及市政府的训令、指令"（1929 年 3 月），北京档案馆，J017-001-00351；"北平特别市政府关于核准兵工委员会拟在颐和园后门建筑革命军纪念塔和烈士祠请会同勘覆的训令及工务局与管理颐和园事务所的往来函"（1929 年 2—4 月），北京档案馆，J017-001-000354；"北平特别市工务局关于在南口车站建立郑州国民革命军阵亡将士纪念碑并报送图纸和说明给市政府的呈及与平绥铁路局等的来往函"（1929 年 2—4 月），北京档案馆，J017-001-00353；"北平特别市政府关于速将建筑彭家珍烈士专祠地址勘定估价连同修理四烈士神室需款具报的训令及工务局、土地局就有关事项的呈"（1929 年 9 月—1930 年 3 月），北京档案馆，J017-001-00352。

［25］北京考古队编：《北京名胜古迹》，北京考古队，1962 年，第 80 页。

［26］Donald J. Olsen, *The City as a Work of Art: London, Paris, Vienna*（New Haven, Conn.: Yale University Press, 1986）, p.9.

［27］"京都市政公所第一至四处关于改修展宽东西长安街、新华街、府右街等马路工程的来往函及市政公所待办大项工程意见书等"（1918 年 1 月—1924 年 12 月），北京档案馆，J017-001-00037。

［28］铢庵："北平的运命"，《宇宙风》第 31 期（1936 年 12 月 1 日），第 363 页。

［29］关于袁良在上海的更多信息见：Frederic Wakeman, "Licensing Leisure: The Chinese

Nationalists' Attempt to Regulate Shanghai, 1927-1949," *Journal of Asian Studies 54*, no.1 (1995): 52-54。

[30] 铢庵："北平的运命",《宇宙风》第 31 期 (1936 年 12 月 1 日), 第 362 页。

[31] 袁良："北平市政报告",《市政评论》第 3 期 (1935), 第 17 页。

[32] "建设北平意见书" (1929), 北京档案馆, J001-004-00001。

[33] 壮克："北平市的特殊性",《市政评论》1 (1934 年 6 月), 第 2—3 页。

[34]《市政评论》2 (1934 年 11 月 1 日), 第 13 页。

[35]《北平游览区建设计划》(1934 年 4—6 月), 北京档案馆, J017-001-00867, 第 1 页。

[36] 同上, 第 2—29 页。

[37] 黄子先："繁荣平市之我见",《市政评论》1 (1934 年 6 月), 第 9—14 页。

[38] 王世仁、张复合："北京近代建筑概说",《中国近代建筑总览：北京篇》, 第 21—22 页。

[39]《市政评论》3 (1935 年 2 月 16 日), 第 11—25 页。

[40] Eric Hobsbawm and Terence Ranger, eds., *The Invention of Tradition* (New York: Cambridge University Press, 1983), p.4.

[41]《北平游览区建设计划》, 第 3 页。

[42] 铢庵："北游录话",《宇宙风》第 26 期 (1936 年 10 月 1 日), 第 108 页。

[43] 袁良：《旧都文物略》前言, 北平市政府秘书处。

[44] 铢庵, "北游录话",《宇宙风》第 26 期 (1936 年 10 月 1 日), 第 108 页。

[45] 铢庵, "北平的运命",《宇宙风》第 31 期 (1936 年 12 月 1 日), 第 362—363 页。

[46]《市政评论》3 (1935 年 7 月 16 日): 第 25 页。比利时国王利奥波德三世的父亲 (1909—1934 年在位) 是利奥波德二世 (1835—1909) 之侄。他是在其父去世后于 1934 年 2 月 17 日继位的。1895 年, 当时尚未登基的利奥波德三世曾来过中国旅行, 袁良所接受的勋章就是以他的名义颁发的。比利时是当时在中国拥有租界的国家之一, 并与法国联合掌控京汉铁路。

[47] 胡适："文化冲突论", 收入罗荣渠编：《从"西化"到"现代化"》, 北京大学出版社, 1990 年, 第 361—369 页。

[48] 同上书, 第 362 页。

[49] 同上书, 第 363 页。

[50] 同上书, 第 368—369 页。

[51] 陈序经："全盘西化的理由", 收入罗荣渠编：《从"西化"到"现代化"》, 第 391 页。

[52] 王新命等："中国本位的文化建设宣言", 收入罗荣渠编：《从"西化"到"现代化"》, 第 402 页。

[53] 同上书, 第 478 页。

[54] 叶青："全盘西化？殖民地化？", 收入罗荣渠编：《从"西化"到"现代化"》, 第 557 页。

[55] 张熙若："全盘西化与中国本位", 收入罗荣渠编：《从"西化"到"现代化"》, 第 452 页。

[56] 魏树东：《北平市之地价、地租、房租与税收》, 1934 年；重印, 台北：成文出版社, 1977 年, 第 403 页。

Ⅱ

经历北京

上：制作景泰蓝
下：制作灯笼

上：牛茂生在天桥表演
下：街头艺人在天桥表演高跷

上：新年卖纸花的女子
下：小乞丐

上：古董店

下：在露天市场卖百货的小店主

第 4 章　生产：新经济体系中的北京

悉尼·甘博在 1919 年的北京社会调查报告中说道："中国的其他城市都陆续建立了一些现代工厂，并引以为傲，而北京却几乎没有建立现代的高效率工业。……电话公司、电力照明公司、供水公司、火柴厂、玻璃厂和政府制服制衣厂是北京现代工业的主要代表。"[1] 民国期间北京现代工业的发展微乎其微。在一份 1930 年的工会调查中列出的工厂只有一家电力公司、一家火柴厂、一家供水公司，以及一家刚刚增设的印刷厂，总雇工数约 5 千人。而包括电话、电报、铁路和有轨电车在内的现代通信和交通部门的雇员总数也不超过 4 千人。[2] 虽然这座城市拥有百万人口，受雇于现代工业的人却寥寥无几。[3]

玻璃厂是上面提到的北京现代工业的代表之一，但是它最终宣告倒闭。甘博认为这是因为它们"缺乏训练有素的工人"，以至于机器经常发生故障。[4] 当时还有人认为北京现代工业不发达的另一个原因是缺乏政府扶助。[5] 尽管这些因素可能确实有一定影响，但是这样的论点却给人形成了这样一种印象，仿佛北京现代工业的匮乏是地方政策的结果，只要政府采取积极措施，或者为工人提供更好的培训，北京就可以很容易地发展起现代经济。换句话说，这样的论点把对现代化经济潮流缺乏足够的热情和积极的融入看成了阻碍北京发展的原因。然而，只要对北京经济发展的条件和状况做一个全面考察，就会发现情况恰恰相反：民国时期的北京已经完全卷入了现代经济体系，但是这种卷入事实上却恰恰对它自身的经济发展产生了负面的影响。

我们或许可以这样看，在民国的北京有两种交叉的经济体系：一个是全球化的工业经济网络，一个是前工业时代的经济体系。前者主要是将北京视为其产品的倾销市场，对北京自身的生产发展毫无益处；后者则是北京多数人口的生存之本。民国北京没能成为工业生产的中心，也没有在日益活跃的地区和国际贸易中占据枢纽的位置。相反，它仍处在特定的生产贸易链条的接收端：进口工业品和其他商品源源不断地通过这些链条输入北京，但北京并未从中获得活跃生产或繁荣商业的动力。这并不意味着民国北京的经济是死水一潭。事实上，从城市手工业生产的发展壮大上可以看出，当时北京的非工业生产空前繁荣。此外，一种回收经济在此期间得到了充分发展，在民国时期北京的经济生活及其文化认同的形成中发挥了重要的作用。

尽管由于资料的匮乏，我们无法对国民政府迁都南京前后北京的经济变化进行详细比较，但是显然 1928 年是北京经济生活的一个重要分水岭。1928 年以前，北京的经济主要依靠政府财政拨款和地方官僚来京开销来维系。一些旗人贵族家庭仍有足够的积蓄供其开支。1928 年中央政府迁离北京之后，北京人口中较为富裕的官僚及其家人也随之南迁。现代银行也陆续将其总部迁往南方，可见它们并不看好这座废都的经济前景。北京于是日渐萧条。有趣的是这种种变故反而促进了北京的生产总量。一些曾专为清代宫廷贵族制造奢侈品的小生产者们在一定程度上增加了产量，并开始有了出口。同时北京也开始生产一些低廉的日用品，尤其是手工制品。然而，这些生产上的增长并不意味着北京在全国经济中地位的上升，或者居民生活水平的提高。简言之，我们无法得出生产的增长促进了北京的繁荣的结论。这些发展与过去纵向相比是有意义的，但是对于一个拥有百万人口的城市来说，就显得微不足道了。

新地缘政治中的北京

20 世纪的北京面临着两个重要的地缘政治的变化。首先，由于西方列强控制了港口城市，并引进了贸易，港口城市变得明显优越于内陆城市。与此紧密联系的是，在新的城市等级体系中，一个城市的地位不再是像以前那样主要由其行政级别所决定了。这些变化给北京带来的深远影响尤为明显地体现在它与天津的关系上。天津在此之前一直是货物发往北京的中转站，现在却被重新定位为对外的海运港口。在新的城市体系中，北京已无法使其他城市屈从于它的需求。尤其是像天津这样的通商口岸，经济实力日益强大，已不再完全处于中国政府的控制之下。较之于北京，天津获得了一种新的优势。施坚雅在其《城市与地方等级体系》一文中指出，直到1893年，北京仍然是中国北方主要的大都市。[6]然而在随后的几十年里，天津超越了北京。

天津的发展基础初步奠定于金、元两朝，其时北京出于战略上的考虑被选为都城。由于中国经济的中心在南方，位于大运河上，兼备海陆交通的天津便被发展成为南方向北京水路运输粮食和其他货物的重要中转站。明代，天津成为了供给和卫护北京的主要城市。清代，其行政级别上升为统辖六个县的府，许多中央政府机构都设在这里。在这几个世纪中，天津的每一步发展都与北京息息相关。曾有历史学者断言道："没有北京这个封建都城的存在，也就没有天津城。"[7]

1858年6月《天津条约》签订，第二次鸦片战争暂时平息；到1860年烽烟再起，英法联军开入津京，清廷与英、法、俄签订了《北京条约》。这些条约把天津变成了通商口岸，各国列强得以在天津瓜分租界。天津由供给和卫护京师的锁钥变成了由海上进入北京的通道。不过直到19世纪晚期北京一直主导着京津关系。19世纪70年代，清政府的投资奠定了天津近代工业的基础。直至20世纪20年代末，天津现代工业所需的大量资本都来自北京的官员和军阀。比如，袁世凯投资了启新洋灰公司，而恒源丝厂五分之一的资本则来自天津首富之一曹锟（1923年担任中华民国总统）家族——这个家族在天津其他的重要经济部门也都有投资。在1914至1925年间新建的26家大工厂中，11家的投资主要来自北京方面的官员和军阀，他们的投资占这些新建工厂资本总额的一半以上。[8]

20世纪30年代，外国势力部分控制了天津的金融和海关，在占全市工业总产值80%以上的轻工业中注入了大量资本。与此同时，日本开始收购中国企业，逐渐掌控了天津地区三分之二的纺织厂。英国的颐中公司和日本的东亚公司垄断了卷烟业。各项公用事业也主要由外国公司控制，电灯、电车和自来水都控制在英、法、比三国商人手中。[9]在这些新的发展变化中，北京对天津毫无影响，只能充当天津工业品的市场，这反过来进一步阻遏了北京自身的工业发展。

由于在工业和技术上占有优势，天津能够从北京的一些主要工程和公共建设中获利。北京的自来水和电灯公司的投资来自于天津。大型建设工程所用的材料也常由天津购入。京绥铁路建设所用的大部分器材都是经由天津运入的进口货。[10] 1934 年承建北京图书馆的是天津复建公司，承制内部设备的则是天津美丰机器厂。[11] 这些由政府出资、利润颇丰的大型工程都落到了天津公司的手中，结果让北京本地的公司一无所获。这些工程中很多都是一次性的，建成后也不能为北京的居民提供更多的就业机会。

随着中国日益卷入新的世界经济体系，天津变成了商贸中心，北京则相形见绌，退居边缘。北京向来是个大市场。作为帝都，它吸收了来自全国各地的大批商品，从一般的谷物到昂贵的奢侈品，无所不有。完善发达的运输系统为供给提供了保证。由于云集了各色商品，北京还是联系蒙古、西北、东北和南方各地间贸易的枢纽。北方地区主要出产兽皮、皮毛和翡翠，并消费南方出产的盐、茶叶、纺织品、烟草、黄铜器和锡器，再加上后来的火柴。清代北京和内外蒙古之间的金属器皿贸易很是兴盛。安定门外很多作坊生产的铜器、佛像及其他物件行销北方地区。[12]

20 世纪从北方和西北地区运来的商品增多了，但是从中受益的是天津而不是北京。由于西方商人开始参与商旅贸易，经济中心和贸易路线发生了转移。商旅贸易的主要货品不再是奢侈品，而是原材料。欧文·拉铁摩尔（Owen Lattimore）这样评述道："羊毛、兽皮、山羊皮和皮毛市场发展如此迅速，以至于满洲、蒙古等中国边境地区已不能满足市场需求，巨大的市场需求逐渐深入内陆，商旅队从外蒙偏远草原、中国属土耳其斯坦（译者注：即新疆南部和中部）以及西藏边陲高原贩运货物，腰包渐丰。"[13] 现代交通运输为这些贸易发展创造了条件。19 世纪晚期的京奉铁路、西伯利亚铁路、华东铁路，尤其是 20 世纪 20 年代修建的京绥铁路，都使得这些在中国还缺乏需求的蒙古原材料能够越过中国，进入国际市场。[14] 拉铁摩尔这样写道：

> 中国正在成为国际市场的一部分，但是无论其国内市场还是其纳入国际市场的进程都不在清政府以及后来的民国政府的控制之下。铁路网并不是用来整合民族经济，而是用来将这个疲弱的中国连接到国际市场。那些雇佣中国廉价劳工的工厂选择厂址并不是根据原材料产地、交通设施或消费市场，而是为了迎合外国投资者的需要，便于外

国海陆军的护持以及商品的进出口。[15]

作为关税运输均为西方列强操控的通商口岸，天津控制了来自西北、东北、中国北方和内外蒙古等各地的资源。[16]“由商旅队到铁路，由铁路到天津和河道，再由河道到海洋。”[17]1937年前后，天津已有洋行483家。英国怡和洋行年度营业额最多达400万两白银。仁记公司常常一次收购几吨羊毛，超过了所有中国公司[18]。由于北京的中心地位已渐渐由天津取代，它并未能从这次中亚商品的国际贸易浪潮中受益。原材料不再停留北京，而是直接被运到天津，然后海运到国际市场。

北京在国际市场体系中受到的冲击以及天津在这个市场上的积极中介作用不仅体现在长途贩运中，也表现在地区贸易中。天津有几家外国公司专门收购、加工、出口鸡蛋。顺义是北京最大的鸡蛋供应基地，但是顺义的鸡蛋要进入北京必须经过通州。英国和记公司和日本三井公司常年都在通州设置机构，专门收购鸡蛋直接运往天津。北京则完全被排斥在这个体系之外。平绥铁路沿线的康庄是另一个鸡蛋生产基地。这里生产的鸡蛋则直接运往天津而“不受经过平市之种种担负”。许多外国鸡蛋加工厂都设在平汉铁路沿线的琉璃河和保定，以享受低廉的物价和关税。到1929年，北京市场每年要消费两千四百万枚鸡蛋，但是在转运和加工方面，北京完全退居次要地位。[19]

还有另外一些因素也影响到了北京的商机：军阀混战造成国内局势动荡，而中国西北和北部边界形势的改变又进一步恶化了北京的贸易。1900年至1920年，由于外蒙商人从北京批发布匹，北京的布匹贸易利润相当丰厚。1913年外蒙古宣告自治，并于1921年最终成立了蒙古共和国，这对包括布匹、涂料在内的京蒙贸易是个沉重的打击。[20]正如拉铁摩尔总结的那样：“外蒙古独立，并拒绝承认蒙古对中国商人的贸易欠款，由此断绝了蒙古贸易路线。”苏联方面的新动向进一步改变了贸易格局。拉铁摩尔注意到，1930年连接了中亚与西伯利亚的TURKSIB（Turkestan-Siberian Railway）铁路的竣工“完全改变了新疆的交通状况”，苏联的铁路比中国的铁路更靠近新疆资源最丰富的西部和西北部地区。结果，“新疆像外蒙古一样，不可避免地在经济上成为了苏联的一个省”。[21]

北京地毯制造业的情况可以进一步地说明它在新的地缘政治中的地

位。地毯最初是作为游牧民族的贡品进入北京的，而后逐渐风行于贵族家庭。北京的地毯生产兴起于 19 世纪早期，大规模的生产则是在 1900 年之后外国人开始青睐北京地毯的时候。1901 年，一家德国公司开始采购北京地毯销往德国。1904 年，北京地毯在圣路易世界博览会上荣获大奖，由此吸引了更多来自美国的需求。到 1919 年，毯业商会成立。北京生产的地毯大部分销往美国、欧洲、日本和东南亚。在中国国内，毛毯主要用来作铺盖、鞍具、寺庙挂帐或祈祷跪拜用的膝垫[22]，只有富裕的家庭才将其用来铺地。[23]用于出口的地毯，其长度单位就不再采用中国的市尺而采用英尺，在颜色和花样上也更投合西方消费者。[24]1930 年前后，北京整个制毯业约有 3000 名工人，250 个大小工厂作坊，其中 160 个加入了行会。仁立和开源是规模最大的两个，均由留美归国人士所有，产品直接销往海外。此外，还有一些外国公司常驻北京收购地毯。[25]

但是在北京从事地毯生产并不是一件容易的事，本地的生产者们常常必须面对变幻莫测、难以理解和驾驭的国际市场。1904 年地毯制造业从小规模生产起步，到 1912 年，北京地毯的出口总额则已高达 5.7 万两白银。1914 年，土耳其和波斯的地毯业受到了“一战”的影响，而北京的产量则提高了。到 1916 年，有 100 多个工厂、作坊生产外贸地毯。1917 年，国际市场起了变化，银价上涨，外商被迫削减了订单。驻京外商将收购价降低了 70% 到 80%，许多作坊因此破产。1918 年随着“一战”结束，海运重新开通，地毯业也开始复苏。翌年地毯业雇工人数据甘博估计达到了 5000 人。到 1920 年，又有 40 家制毯作坊和工厂开业，总数达到 354 家。1921 年至 1924 年，工厂减至 206 家，但雇工人数则增加到 6000 人以上，主要集中在少数几家大工厂里。1926 年，中国地毯的海外销售量达到了顶峰。但 1929 年的经济大萧条使欧美对地毯征收的进口税急遽上升。美国的进口税由 20% 一路上涨到 35%、55%，到 1933 年，每平方英尺的地毯要征收高达 55 美分的进口税。一路飙升的进口税提高了欧美机制毯的销量，中国产品逐渐被取代。与此同时，土耳其和伊朗的制毯业也复苏了。1935 年，中国政府用货币贬值的办法刺激出口，原本预测制毯业会因此复兴。但是，西方商人却已经开始大批收购羊毛原料，直接运至海外，从而略去了中国生产商这一环节，并造成中国国内羊毛价格激增，精羊毛的价格上涨了50%，粗羊毛则上涨了80%。进口化学染料价格的上涨进一步加大了制毯成本。1936年的各种调查都表明北京的制毯业已迅速衰落。[26]

除了要应对风云变幻的国际市场，北京的制毯业还要面对来自天津的竞争。北京的制毯业要支付内地税、厘金和关税。1925年这些税金总共是每平方英尺9.6美分，1928年以后则上涨到每平方英尺24.4美分。而天津却由于其通商港口地位而免予征收这些税金。此外，从北京到天津港的运费又使得每平方英尺的毛毯价格增加了10美分。D. K. Lieu在当时的一份研究中这样写道：

> 制毯业的中心……已经由北平转移到了天津，这一方面是由于天津拥有国际贸易的便利，另一方面是由于天津的生产者们免去了北平同行们必须承担的三种税费。将原材料羊毛从山西大同运到北平，仅仅672里的路程就要征收多达七种捐税和摊派。汉口的砖茶要运到张家口，必须缴纳13种厘金和地方关税，每盒价值7.5两银子（约10.75美元）的茶叶要缴3.19美元的税，约达30%。这是两年前的情形（1925年或1926年），现在军阀们沿途课税更重。[27]

北京生产的地毯价格于是要远远高于天津，结果如表1所示，天津的制毯业迅速超过了北京。在20年代初期，这两个城市的制毯业还并驾齐驱，但是到了1929年，天津的工厂数和工人数已高出北京一倍。[28]

表1　北京和天津制毯业比较

地点	年代	工厂数目（家）	工人数目（人）
北京	1921	N/A	5 200
	1923	206	6 834
	1929	150	6 000
天津	1921	162	7 080
	1927	250	7 900
	1929	303	11 586

来源：乔营堂："毯业概况"，《社会调查汇刊》第1集（1930年9月），第1—2页。

出口与进口

1900 年以后，曾为宫廷使用的各种奢侈品引起了海外市场的兴趣，北京出口的货物主要就由这些商品构成。除了地毯之外，景泰蓝、雕漆器、宫灯等都是重要的出口品。这些产品起初靠小规模密集劳动生产，只供应给皇室和专门的国内奢侈品市场。20 世纪以后情况有了变化，新的海外市场在一定程度上扩大了生产规模。然而，国际市场还是会受到变幻莫测的世界局势的影响和限制。与这些少量的出口品相对的是，北京要大量进口日用消费品，这种对进口商品严重的依赖在日常生活中随处可见。北京的经济出现了这种严重的贸易逆差。

景泰蓝是北京出口的奢侈品的典型。它在北京的生产始于明代宫廷作坊，那时制作工序是保密的。19 世纪 50 年代（清咸丰年间），景泰蓝开始在都城贵族中流行，私人作坊大量出现。到 19 世纪晚期，开始有外国人订购景泰蓝。1904 年北京景泰蓝在圣路易世界博览会上展出之后，海外贸易额进一步激增。这种势头一直持续到民国年间，当时几家外国公司开始在北京收购景泰蓝出口。1930 年，景泰蓝珐琅同业公会在北京成立，[29]入会的店铺有 58 家，雇工数近千。[30]景泰蓝制作工艺复杂，每件产品都要经过 7 道工序才能完成，需要耗费大量的精力和劳力。娄学熙在 30 年代早期任职社会局局长期间曾建议除了作为精雕细琢的工艺陈设，景泰蓝还应该适应工业化生产，以取代日用的进口搪瓷器皿。[31]但是这个建议仅仅停留在美好的设想中。虽然景泰蓝制造业一直持续繁荣到 20 年代，但是到了 30 年代，由于市场饱和，竞争激烈，景泰蓝产业日渐凋敝。景泰蓝毕竟只是装饰品，国际市场需求有限，在经济萧条时期，它自然是首当其冲受到影响。

雕漆业也经历了一个类似的循环。这项技术最早发明于明代，仅供皇宫享用。到了清代，出现了新的生产工艺，但总体而言技术发展十分有限。明代生产者以铅为胎，图形多为花饰，呈紫色；清代则以铜为胎，图形更多用山水和红色人像。乾隆时期的制品多仿宋代的审美风格。由于设计因循守旧，雕漆生产逐渐衰落，在世纪之交濒于灭绝。1900 年以后，国外对雕漆产生了兴趣，该行业才开始复苏。在 1895 年阿姆斯特丹和 1915

年巴拿马—太平洋万国博览会展出后，雕漆制品出口量大大增加。欧美人据说偏爱红色，日本人则喜爱紫色。但是，根据娄学熙的记载，对雕漆制品的需求很快也萎缩了，许多店家都积压了大量存货。[32]

宫灯的生产同样始于明代，当时是为了满足上元节观灯的需要。后来王公大臣和衙署逐渐悬灯成风。清代中后期，前门外分布着三十多家灯笼店。1900 年后，西方人开始购买宫灯，由此催生了不少兼糅中西式样的宫灯作品，内置电灯泡的新式宫灯也应运而生。宫灯同样也曾在 1895 年的阿姆斯特丹和 1915 年的巴拿马—太平洋万国博览会上展出，并曾在杭州、上海和北京等地的国内展览会上亮相。[33]国内灯笼市场萎缩后，出口生产仍在继续。对宫灯征收的关税很高，国内邮递税高达 11%，20 年代每出口 1 磅货并需缴税金 6 角。到 30 年代早期，娄学熙已经把宫灯业看成了一项没有前途的没落产业。

一些商品的出口是从民国时期开始的，如玩具工业。民国以前没有玩具厂或玩具商店，只有提着篮子走街串巷的小贩在卖玩具。这些玩具多是家庭或个人仿照现成样式手工制作的，制作过程一般较复杂。到了世纪之交，这些玩具引起了外国游客的注意，开始出现了一些商店。一些玩具参加了巴拿马—太平洋万国博览会并获了奖，包括用高粱秆扎的颐和园石舫，砖制的前门城门与箭楼、白塔寺以及王府的模型，还有泥制古装美人和乞丐，铁制汽车、马车，以及黑木家具等。展会后出现了很多专门的玩具店，一些玩具厂也开始投产。来自欧洲、美国、日本、东南亚与中国香港的商人都曾涉足北京的玩具业，北京当时也确实拥有发展出真正的玩具产业的能力。北京玩具的材料包括黏土、陶瓷、木头、纸、布、绸、竹、皮、翎毛、线、铁和面粉等，其中以黏土为主。玩具涉及的题材很广泛，有戏剧故事场景、风土民情、面具饰品、建筑、古装和时装美女，还有花草虫鱼、飞禽走兽。有些玩具还会飞会跑、能叫能跳。在这个发达的市场中，大部分玩具仍然是由家庭手工业者制造的，他们在家中制作玩具，再卖给玩具店。郊区的农民农闲时也制作玩具。妇女们在家中做填充玩具，其中最有名的是布老虎。[34]当时唯一一家有组织的玩具制造厂是位于东单市场的松竹梅，这家工厂使用了自己改进的特殊材料，做出的玩具更经久耐玩。除了传统的北京玩具以外，也出现了一些新的产品，比如效法日本的橡皮玩具等。在销往上海和美国的北京玩具中，泥制古装美女和毛皮制小狗尤为畅销。玩具店主要集中在东安市场地区，北京城其他地方也有十来家，再加上一些露天摊位和作坊。约有 100 户家庭、500 人左右以这个行当为生，主要是计件给酬。[35]

以猪肠或羊肠为原料的肠衣业也是一个新兴的行业。肠最初只是低档食品，或是被当作廉价原料来制作弹棉花的弓弦。1899 年，北京开始出口肠衣等肠制品，当时只有不到 10 家店，但民国时期该贸易却持续发展。北京商人从西北购入原料，那里的牧人们把肠看成废物，往往随手丢弃，所以，对于北京商人来说，这桩买卖非常有利可图。外国商人（大部分是美国和德国商人）经常在收到货物之前就预付定金。到 20 世纪 30 年代，北京已有 60 余家肠衣店，雇工数达 400 人。[36]

北京出口的商品就限于上面这些，很显然，它还远远未能融入工业化浪潮。就出口而言，它也隔绝于世界经济体系之外。它出口的奢侈品和一些特殊商品海外市场非常有限。受天津发展的影响，它迅速失去了贸易枢纽的主导地位。然而，每天却有大批日用消费品从国内外的工业中心源源不断地涌入北京市场。北京市场三分之一以上的谷类是进口的，[37] 照明用的煤油和汽油、汽车、机械也差不多都是这样。女士香烟等外国奢侈品的消费在京城也成为时尚。[38]

在北京市场的进口商品中居于首位的是纺织品，其次是食品（美国和日本的面粉、东南亚的大米、日本的食糖和糖果、酒类、食用油、发酵粉和海鲜），烟草和卷烟，大多数铁制品（工具和机械），化工产品（染料、西药、化妆品、酸类物质和胶水），日用品（煤油、纸张、钢笔、帽子、手套、玻璃、钟表、雨伞、牙粉、理发工具、眼镜和新式纽扣），医用器材，学校设备，车辆及其零部件，以及摄影器材和乐器等。[39] 由于这些物品大部分都是日用必需品，北京居民收入中很大一部分都花在这些进口物品上了。[40] 据社会学家陶孟和 1930 年对手工业者和小学教师做的社会调查，北京普通家庭 97% 以上的收入都用在了服装、住宅、食品、燃料、照明和水这些日用必需品的开销上，其中 70% 用于食物，主要是大米和面粉。[41] 20 年代末 30 年代初，日本三菱公司每年在北京售出五百万袋美国面粉。中国的机制面粉往往很难与日本和美国的面粉竞争，因为外国公司有资本打价格战，中国公司却力不从心。[42]

北京也有纺织业，但主要产品只限于家织布匹、毛巾、袜子、毯子和手套，质低价廉。30年代早期，北京生产的布匹有500多种。1932年，工厂和作坊共有168家，最大的一家雇工500余人。清河制呢厂有58台纺织机，4800枚纺织机锭。1916年共生产2万码毛呢，2千条毛毯。30年代初，德立、裕华、经纬几家工厂都添置了电动机器，慈华、明华和华盛几家厂的机器总数已超过百台，一些袜厂也开始用电力生产，产品包括棉布、毛毯、毛巾、线袜、线带、床上用品和手帕。[43]纺织也许是北京唯一有潜力发展成主要工业的部门，但是这种潜力却始终没有实现。由于技术上的局限，北京的纺织厂多使用昂贵的粗纱做原材料，纺出来的布质量又较低。这些粗纱大部分是从津沪两地的中国工厂购入的，也有些是从外商在华开办的工厂购入。[44]许多工厂使用的纺织机是木机而不是电机，质量较好的染料大多是从德国购入。[45]这些因素都增加了生产成本，缩小了利润空间。

与本地纺织相比，外地进口布匹占据了压倒性优势。在北京市场出售的所有布匹中，只有很少一部分羊毛、亚麻和棉布是自产的。有几种棉布来自河北高阳和山东昌邑县，法兰绒则产自津沪。北京生产的纺织品的品种也很少。娄学熙曾总结道：北京的居民衣食居中的衣已经西化了，但是北京并未能利用这个机会获利。他指出本地棉纱的短缺是一个重要问题。京津两地都无法向北京的纺织厂提供原料棉纱。娄学熙认为，中国北方纺织业要腾飞，就必须在纱线供应上实现自给。[46]

北京有640多家公司和商店出售外国商品和国内生产的工业品，约7000人以此为生，这些公司和商店被称作“洋行”或“洋货庄”，其中实力最强的是外国人开办的88家经营进口货物的洋行。它们一方面收购包括古董和农产品在内的本地产品；一方面出售从化妆品、纺织品到铁路设施、军火等各种商品。这些实力强大的洋行垄断了一些行业：怡和垄断了机器、轮船和火车，美国慎昌主要是机械和电子设备，公懋和美丰专营汽车，禅臣出售钢铁和化学制品，三井和三菱提供铁路和矿井器材，日本大仓公司则发军火之财。在高档消费方面，英国公司的服饰，法国的化妆品和女性用品都很有名。钢铁、机械和染料大都来自德国，汽车、汽油来自美国，日本销售的则是纸张、玻璃、糖和面粉（许多日本公司从美国购进面粉在北京销售）。[47]

北京的洋货庄大多是经营国内外工业产品的河北人开的。根据货物的来源不同，它们又可以分为上海、天津和日本洋货庄。天津庄资本较小，利润空间相对也较小，其商品多是从中国批发商手中购得的上海货。上海庄则资本较大，利润较多。它们也出售一些中国产品，但大部分货物都是由外国公司在华生产的，很少从国外直接进口。日本洋货庄资本有限，利润却很高。它们直接从日本进货。[48]

至少在关税自主前，北京的税收制度是有利于进口商品的。1901 年，中国商人要为在京销售的中国商品支付 5% 的税，而外国商品只要 3%。1906 年，中国产品的税降至 3.74%，但仍高于同类外国商品。[49]尽管进口货是来自国内还是国外对北京本地经济来说没有太大差别，但这样的税收制度显然还是无益于北京本土经济的发展。民国时期的北京成了外国商品角逐的市场，其中，美国和日本面粉、俄国和美国煤油，以及俄国和日本布匹的竞争尤为激烈。这种竞争常常会引发价格战，从而将技术落后、效率低下的中国公司挤出市场。[50]娄学熙看到“无论市内大小工商业以及一般生产者、消费者，鲜有不以洋货为其必需品”[51]的情况后指出，尽管北京“工商业虽似富于保守精神”，但仔细审视一下就会发现它们实际上已经发生了根本的转变。[52]

信用体系

北京信贷机构的转变不但反映出了北京卷入世界经济体系的特殊方式，在这个过程中也扮演了重要角色。在民国北京，当铺、银号（又称钱庄）、票号和银炉等旧式信贷机构在与 19 世纪末出现的新式银行的激烈竞争过程中都发生了重要变化。由于拥有雄厚资本和政府支持，新式银行渐渐取代了旧式机构的许多功能。地方小产业在这个过程中备受其苦——旧信贷制度既无力再支持这些小产业，新式银行又并不关注它们。北京的新式银行的一个重要职能就是为政府提供财政支持。同时这些银行还吸收北京的资本，再投资到津沪这样的工业中心。新式银行喜欢往外地的工业中心投资，传统信贷制度又运转不灵，结果北京不仅无法建设任何意义上的现代工业，地方小产业也由于缺少必要的支持而无法发展壮大。

当铺是历史最悠久的信贷机构。在明代它就在北京经济中发挥了重要作用，到了清代，尤其是18世纪和19世纪上半叶，当铺盛极一时。18世纪中叶北京约有三百家当铺[53]。按照杨联陞的观点，当时当铺为生产谷物、丝和棉花等重要产品的部门提供贷款，几乎已经在执行商业银行的职能。[54]清代北京当铺的繁荣与朝廷的政策息息相关。清政府为了赚取利息，将政府资金存入了私营和国营的当铺中。由于内务府经营着好几家由清廷投资的当铺，宫廷皇室本身就是北京最大的当铺所有者。当铺赚取的利息是皇室和宫廷机构开支的重要来源。清朝官员无视不准他们参与商业的禁令，也加入到当铺业中，不但多有投资，甚至会假借他人名义注册成立自己的当铺。20世纪初，北京约有两百家当铺，大多数大当铺的资本实际上来自政府官员。政府将利率定在每月3%。[55]1900年北京的当铺几乎被洗劫一空，但不久就有一百多家恢复了营业。30年代早期，约有一百家仍在经营。[56]

19世纪下半叶当铺渐渐衰落。特别是太平天国起义之后，政治的动荡，以及传统与现代银行间激烈的信贷竞争更加剧了这种趋势。据杨联陞分析：

> 由于这些银行很大程度上依赖的是顾客的个人信用而很少需要抵押物，有社会地位的人自然而然地会转向银行而不是当铺，结果大当铺比小当铺所受的冲击更甚。另一个原因是当铺在通货膨胀时期往往经不住打击，因为抵押物一入铺用不了多久就可以用贬值的货币赎回去。[57]

民国早期，本地人把持着北京的典当业，想方设法排挤外地人开办的当铺。1929年，国民政府要求当铺把利息率从每月3%降到每月2.5%，赎期由24个月缩短为18个月。[58]大多数当铺都接受衣物。人们在春季当出冬衣，晚秋将其赎回，当铺则赚取这期间的利息。[59]在某种程度上，当铺可以帮助小贩、小手工生产者和贫穷的家庭，却无法成为支撑现代工业和地方产业的主要力量。

清帝国时代最有实力的信贷机构是票号，因为多为晋商开办，所以通常又叫作山西票号。晚清时票号盛极一时，“发展成为覆盖全国的网络，据估计全国有一半的货币业务是由他们经办的”。[60]杨联陞指出，“政府在税收和开支的转账上严重依赖这些票号”。这样，由于很大一部分政府资金都储存在这里，票号某种程度上成了国家和行省的财政代理。[61]1900 年以后，中国的财政收入作为贷款抵押和赔偿流入了外国银行，票号从此丧失了对政府业务的垄断。其他原本属于票号的业务也被其他旧式和新式银行瓜分了。1905 年户部银行成立时曾邀票号加盟，但票号拒绝了。一些山西人发起的将票号重组为新式银行的运动也以失败告终。到 1911 年，辛亥革命最终给了票号致命的一击。民国初年的票号已经所剩无几，不再有多少影响力。[62]有些票号后来转向存、贷款业务，变得很像钱庄。民国末年的时候，票号就基本销声匿迹了。[63]

民国时期，旧式地方行，或者说银号（钱庄）仍然存在。[64]杨联陞的解释是：

> 地方行有其自身的业务范围，它与票号互为补充却与票号有着明显差异。19 世纪票号在中国北方实力较强，而地方行则在南方得到了充分发展。票号垄断行省和国家的财政业务，府道的财务则由地方行一手把持。票号专事分行间的汇票汇款业务，而地方行一般没有分行，它们主要从事地方货币交易和提供现款。[65]

在放贷方面，许多地方行充当票号和小商人的中间人。[66]18 世纪 40 年代以前，地方行或银号的主要功能是提供银和铜币间的兑换，但是到了 19 世纪下半叶，它们越来越多地从事存贷款业务，并且开始发行自己的纸币（钱票）。1840 年左右，多数银号都放弃了兑换业务，专事存款、贷款、转账和发行汇票。除为棉花、丝、家织品和茶叶的专营者提供贷款之外，它们还开始将放贷对象扩大到其他产业。由于资本有限，它们承受风险的能力较弱。每一次市场震荡都会导致大批银号倒闭。[67]尽管银号总数逐渐减少，但幸存下来的银号的资本额却增长了。[68]银元重量标准化后，人们不再需要这些银号来鉴定银元价值。1912 年北京有 357 家银号，[69] 1935 年减少到 73 家，[70] 到 1949 年只剩下不到 50 家。[71]

民国早期，银号的资本从 1000 元到 1 万元不等，很少有超过 1 万元的。[72] 靠这样有限的资本，银号无法支持现代工业，但它们资本小、机构简单，有其独特的生存能力。春种时它们贷款给农民购种，秋收时再收回本息。中小商店往往喜欢向银号借款，因为这些银号可以靠信用贷款，很多人觉得这比向新式银行申请抵押贷款所需的手续方便得多。大公司流动资金短缺时也会依靠银号的信用贷款。[73] 银号的存款利息比新式银行高，这也吸引了不少顾客。[74] 但是，新式银行一出现，银号就由于资本不足，在发行纸币的竞争中处于劣势。

银炉提供的服务是低价为顾客铸锭。中国北方的银炉“还发挥银行的某些功能：它们接受存款，提供贷款，汇款划账，有时还发行像纸币一样在地方流通的期票”。[75] 采用标准化银元后，一些银炉破产了，一些则改成了银号。[76]

19 世纪晚期，传统的信贷体制开始受到挑战。“1840 年鸦片战争后，新式银行伴随着帝国主义来到了中国的通商口岸。外国商人涌入新开埠的港口，服务于外国侨民和公司、经理国际贸易的外国银行也就出现了。”[77] 1886 年，新式银行开始在北京出现。起初都是外国银行，主要是英国银行的分行。大约到 1926 年为止，外资银行持续扩张了三十年。[78] 据杨联陞调查，外国银行在华享有诸多特权：

> 外国银行完全独立于中国的法律之外，因为远在中国，所以它们很大程度上甚至摆脱了本国法令的约束。它们最主要的一项信贷业务就是为外贸筹措资金。此外，它们还通过发行中国政府公债、将汇款转入转出中国来获取利润。直至 1930 年，外国银行实际垄断着外汇业务，因而控制了中国与各国的外汇汇率，它们控制了大笔公、私资金，尤其以作为外国贷款抵押的中国关税和盐税最为引人注目。早期外国银行还发行可以自由流通的纸币，后来随着中国国内通货的发展才逐渐衰落了。[79]

20 世纪头十年，中国银行纷纷在北京登台亮相，其中既有政府开办的，也有私人经营的，但其业务多为储蓄。贷款方面，政府银行主要服务于国家，私人银行表面上看则侧重于工业，但工业显然非北京所长。无论是哪一类银行对于作为北京居民生活主要来源的小型行业都毫无益处可言。政府开办的银行将总部设在北京，并不是因为北京是它们业务的中心，而是因为中央政府是它们的主要顾客。1905 年，清政府设立户部银行，总行在北京，并在津沪设有分行。1908 年，该行重组为大清银行，辛亥革命后于 1912 年重组为中国银行。另一个较早的政府银行是 1907 年成立的交通银行。“在民国的头十年，这两大官方银行之间的竞争十分激烈，但都保持了各自相对重要的地位。在这时期发生的几次金融危机中，它们都发挥了稳定作用。”[80] 此外，1910 年成立的北洋保商银行总部也设在北京。[81]

交通银行是由清交通部设立的，目的是为了掌控水运、铁路、电报和邮政系统的资金。在袁世凯执政时期，它是政府最重要的财政来源。不过在 1927 年，交通银行部分总部机构迁往了天津，理由是“近年来，该行已将业务转向工业和商业，逐渐克服了政治局限。我们还认为北京不是一个发展工业和商业的地方”。[82] 1927 年，国民政府接管了该行，1928 年 11 月，其总部迁往上海。[83] 尽管交通银行的存款主要来自北京，它在发放贷款上对北京却“十分谨慎”。[84] 1930 年的一份报告清楚地说明该行做的主要是政府的生意：由于省会迁到了天津，崇文门海关又被取消了，市场就变得萧条了。北平不是港口，批发商几乎都没有生意可做……银行的兑换和电汇业务极少，量也很小，所有的银行都在为争取顾客而激烈竞争；结果，银行业很难繁荣起来。[85] 1933 年的一份报告补充到：北平从来没有自己的重要产品，尤其缺乏大型工业，要做成大笔贷款不太可能。尽管还有几个煤矿，但它们都负债累累，如果贷款给它们将无法收回，所以只能提供小笔贷款。北京分行得到的指示是继续吸收存款，抵押贷款则只提供给米店。[86]

前文提到的大清银行 1912 年重组成了中国银行，为新成立的中华民国管理国库。[87] 尽管 1914 年中国银行为了服务市民单独设立了一个北京分行，但 1928 年前该行的大部分业务都是与北洋政府有关的。它借贷给北洋军政机构的款项占其总贷款的90%以上，其次则是流向其他银行和铁路部门，只有微不足道的一小部分进入了工商业。1919年，中国银行74.26%的贷款流向军政机构，23.78%流向其他银行，0.96%用于京汉和京绥铁路，只有0.27%流向商业，0.31%流向个人。1926年，流向军政机构的贷款比例高达96%，另外有2.3%流向其他银行。[88]1925年，北京分行归由天津分行管理，规模日渐缩小，直到1927年中国银行总行迁往上海。[89]

新华银行是另一家总部设在北京的银行。它是北洋政府1914年10月下令设立的，起初的业务以储蓄为主，吸收小额资本，其原始资本则来自中国银行和交通银行的贷款。由于军阀混战，地方政府上缴给北洋政府的收入不足以维持开支，北洋政府只能依靠外国贷款，总额高达3.76亿元。多数贷款由外国银行经办，利息、费用极高，以至于袁世凯真正到手的资金数还不到上面总数的一半。"一战"期间，中国的工业和银行都有了发展的机会，袁世凯就利用新华银行来吸收国内资金而不再向外国借贷。在他的授意下，财政部责令中国银行和交通银行负责组建新华银行并提供一百万元的资金（但后来只有15万元兑现）。在成立当年，新华银行就发行了一千万元政府担保的彩票存单。1930年，新华银行的总部迁往上海。

在这段时间内成立的还有两家省级银行，它们的业务范围都是中国的北方地区，并不限于北京。它们主要是服务于直隶军阀的财政工具。1910年9月，直隶的官方银号变成了直隶省银行，总部设在天津，与省政府联系密切，与北京则关系不大。1927年冬北伐军逼近北方地区的时候，地方军阀强令该行发行了大量纸币。12月，获胜的北伐军废止了省行发行的纸币，[90]直隶省银行就此倒闭。1929年，河北省政府组建了河北银行。该行总部随省政府一起迁移，起初在北京，不过很快就于1930年迁往天津了。该行的业务仅限于省内，尽管它专门为小企业提供服务，但服务的规模太小，不足以对地方经济发展产生重要影响。[91]

大宛农工银行（大宛是大兴和宛平两个县名称的合称）的总部也设在北京。它成立于1916年。当时，北洋政府为鼓励农业发展而决定成立县级银行，并提供了启动资金。1920年，启动资金转变为商业资金。1927年，大宛农工银行更名为中国农工银行，资本由1918年的5万元增加到1926

年的 100 万元。该行业务主要集中在农业。起初，它还曾为旗人提供过旗下地产抵押贷款。[92] 中国农工银行总部于 1930 年迁往上海。[93]

唯一一家由政府设在北京，又与当地产业有点关系的银行是北平市银行。成立这家银行的设想最初是 1928 年提出的，但由于缺乏资金，直至 1935 年 11 月才付诸实施。它的主要目标是提供贷款支持当地工商业。它确实对城市有所贡献，但由于 1937 年抗日战争爆发，它仅仅存在了两年。[94]

除了这些官方银行以外，1912 年后中国的私人银行也开始在全国兴起。尽管有些银行在北京设有分行，它们在北京经济中所起的作用却微不足道。[95] 势力较强的银行都有一些共同点，其中最显著的是与军阀政客的密切关系：金城银行的主要股东是皖系军阀；[96] 大陆银行的主要股东多是北洋军阀，后台老板是冯国璋，张勋也注入了大量资金。[97] 盐业银行也是由北洋军阀扶持的，它的创始人张振芳是袁世凯的表弟，自己也是北洋军阀之一，[98] 其他股东也多为北洋军阀和官员。[99] 与其他大银行一样，盐业银行的总部于 1928 年迁往天津，后又于 1935 年迁往上海。该行的业务主要是在京津地区吸引军阀和官员的存款。它的大部分贷款都投入了工商业，还有一些流向了北洋政府。[100] 它为政府修建平汉、平绥、陇海和北宁铁路提供了贷款，对北京的照明、有轨电车、供水和煤矿业也有投资。[101] 1924 年前清皇室曾以古董等做押向该行贷款。这些古董后来在天津转卖给了外国人，成为一件轰动全国的丑闻，严重影响了该行的声誉。[102]

在北京所有的银行中，应该是金城银行对当地的经济贡献最大。尽管 1917 年建行时该行总部设在了天津，但总经理办公室却一直在北京，直到 1935 年才与总部一起迁往上海。[103] 金城银行对硝石、精盐、硫酸、面粉、棉纺、煤矿以及铁路等都有投资。[104] 与多数其他银行不同，金城的贷款首先流向的是商贸，其次是政府与铁路，再次才是矿业和工厂。商业投资多数流向金城及其大股东所有的企业，贸易公司和外国公司，以及谷物、盐、糖、地方土产，以及纺织等行业。[105] 30 年代中期，该行重点投资工业，尤其是天津地区的纺织业、化工业和矿业。1934 年，它与地方政府合作启动了一个发放小笔贷款的项目，共向北京 9790 个小商铺发放了总额为 128327 元的贷款，平均每个商铺 13 元。这个平均值在所有实施小额贷款项目的城市（包括南京、青岛、镇江和吴县）中是最低的。[106] 即便这些贷款对受益的小商铺的发展确实起到了一定的作用，它们对北京整体经济发展的影响也是微不足道的。[107]

新式银行的总部所在地可以很好地说明它们在北京经济中扮演的角色。1928 年前，官方银行都将总部设在北京。然而，随着国民政府在南方权力的巩固，除了少数地方性银行，大部分官方银行都将总部迁到了上海。大多数的私人银行也都将总部设在津沪这样的工业外贸中心。在商业定位方面，大陆银行做的一份年度报告曾很好地总结出了这些银行在北京的实践：北京从来就是储蓄之地，商业贷款极少。有些银行的北京分行有时还将富余资本投向其他城市。[108]

这些银行在北京即使有贷款，大多数也是提供给政府的。1922 年，中华懋业银行决定将重心从政府转向商业，于是就将最主要的管理机构都迁到了上海。[109] 上海商业储蓄银行 [110] 北京分行的业务重点是储蓄而非贷款。[111] 它的大部分农业贷款都流向山西和浙江的棉花业，山东的丝绸和烟草业，广东的蔗糖业，以及安徽的茶叶、小麦和烟草业。[112] 该行还提出了一个面向城市居民的小额贷款项目，但是只在上海实施，不包括北京。[113] 大陆银行情况也类似。[114] 这家银行表示要支持民族工商业，在上海南京路上修建了大陆百货商场，并投资工矿业。[115] 在北京方面，该行成立之初也支持过西郊的小煤矿。[116] 但据该行的档案文件记载，在北京设立分行的目的是从地方军阀、学者、富裕家庭和满人贵族手中吸收潜在的存款，[117] 为此它还特别在大学里设立了办事处。[118] 中南银行北京分行归其天津分行管辖，它吸收北京的个人存款，然后将资金转往天津。天津分行将部分资金用于购买政府公债，其余则投资纺织业。[119]

1928 年以后，北京只剩下了一些银行的分支机构。这些分行试图将其经营的重点转向当地的商业。中国银行北京分行认为支持工商业也是银行生存的出路之一。[120] 从 1930 年起，该行开始在北京地区的火车站附近修建谷仓，并向谷商发放贷款。它还对小业主进行了调查，准备为他们提供贷款。[121] 但这项新的商业举措并不成功。许多得到贷款的小业主很快就破产了，其他的则无力偿还利息。1932 年该行报告认为北京的储蓄形势非常良好，但因为北平是一个文化而不是工商业中心，除了已向地方小型行业投放的 100 万元资金，没有其他地方可供投资。因此银行决定将资本转到天津分行。[122] 1929 年后该行连年出现赤字，贷款利息上的损失由 1928 年的 15.9 万元上升到 1936 年的 105 万元。[123]

新式银行一方面对北京的地方经济没有显著的贡献（除去那些可能用来发放工资的对政府的贷款以外）；另一方面却严重地制约了旧式信贷机构的能力。当铺过去能向银炉借款，当只提供抵押贷款的新式银行取代了银炉以后，它们就不得不另寻来源。[124] 北京的旧式信贷机构并没有融入新的体制。北京的银号本来十分依赖山西票号，而这些票号最重要的业务基础则是过去的清政府。当它随着清政府统治的结束而崩溃，北京的信贷体系也就走向了衰落。由于新、旧部门间缺乏联系，支配民国北京的经济体系四分五裂，没有形成一个整体。尽管上层集团参与了全国范围的资本流通，但这种流通并没有给地方小企业带来好处。在这个意义上说，新式银行集中体现了北京在现代经济体系中的位置。它们对民国北京经济的深刻介入并没有使当地居民和企业受益。这些银行削弱了旧的金融机构的作用，也没有将它们整合入新体系。它们对地方小企业的支持甚少，更不用说帮助它们发展为大工业或大企业。它们在北京贷出的产业贷款的数量微不足道，却以存款的方式从北京居民，尤其是政府工作人员及教员手中吸收了大量资金，而这些钱随后大都流向了外地。总之，新式银行并没有将北京的地方小企业带入新的流通体系中。民国北京的大部分人实际上生活在另一个经济世界里——一个手工制品和旧货市场的世界。

手工业生产

悉尼·甘博在记述玻璃厂倒闭过程的同时指出：“拥有复杂机械设备的大型玻璃厂破产了，南城的一座佛寺却成功经营着一家小工厂。他们生产灯罩和窗玻璃，几乎不需要什么机械设备。全部工作靠两台不停运转的熔炉，大约三十名工人和七十名学徒完成。”[125] 这并不是个别现象，而是民国北京的普遍情况。尤其是和清代相比，这段时期的手工业得到了发展。工业产品的进口刺激了消费，人们开始使用很多以前日常生活中没有的东西。北京的手工业生产部门基础薄弱，无法与大型现代工业抗衡，小规模生产也就相应地增多了。清朝京城中几乎所有消费品都来自外地，民国北京则开始自产一些日用必需品，例如纺织品、书籍、皮毛、服装、鞋帽、食品、酒类、肥皂、火柴、毛刷、玻璃、搪瓷、化学药品、教育用品、橡胶和纸张等。然而，这些面向新市场的新产品大都还是传统的手工生产方式和劳动力结构的产物，极少采用现代工业的生产方式。也就是说，小规模手工作坊开始生产起了本来是从海外工业国进口的产品。一些本地能够小规模生产的产品，例如毛巾、皮具、袜子等，有时甚至压倒了进口货，从而使北京在某种程度上对这些商品实现了区域经济自给自足。

直到20世纪初西式机织毛巾从英国和日本进口之前，北京居民都是用家织棉布做毛巾的。很快，以日本货为主的进口毛巾就挤掉了这种家织毛巾，占领了整个市场。民国时期，北京商人开始生产机织毛巾，生产规模小到家庭作坊，大到纺织厂的专职部门。十年内，进口毛巾就基本从北京市场消失了。纺制毛巾所用的纱线产自津沪，漂白剂则是日本生产，由天津船运进来。红蓝染料是从德国进口的，但用得很少。生产毛巾所用的足踏车是用铁和木料做的，一台成本大约20元，一般在本地生产。缴纳税收的正式工厂大约有40家。这些工厂的机器有多到二十台的，不过一般只有两三台。除了这些工厂外，另外还有20到30个家庭生产点：这些家庭自购原料，在家里生产，然后把产品卖给商店，或在庙会、沿街货摊或乡间集市中出售。第三种生产类型是一种计件工作体系，毛巾纺织工人从工厂里领取材料，再按生产的件数取得报酬。北京城里大概有30到40家这样的企业。北京的澡堂、公园、戏院、旅馆和饭馆是毛巾业的主要市场。此外，这些毛巾还销往张家口、大同、保定和其他平汉铁路、平绥铁路线上的城市，也供给周边的农村地区，包括通县、良乡、房山、密云和古北口等。20世纪30年代初期，北京的毛巾年产量达到了七八万件。[126]

同样是在世纪之交，北京的机织袜也开始取代手工棉袜，北京当地是在1917年开始生产机织袜的。到20世纪30年代早期，北京已有了五六十家生产机织袜的工厂，另外还有四五十家自产自销的袜子零售店。许多家庭都是在家里用一两台简单的机器来织袜子，通常不会让税务知道。他们所用的棉纱一般来自津、沪以及石家庄，一些质量较好的棉纱或羊毛纱则是从海外进口的。这些织袜工们在庙会、露天市场和沿街货摊上出售他们在家中自制的产品。本地生产的袜子要比进口的便宜得多，因此销路很好。尽管 1929 年北京还是进口了 170 万双袜子，到了平均一人一双多一点的数量，但当地生产的袜子还是随处可见，占据了很大的市场份额。[127]

清代北京的皮革加工业并不兴旺。当时大概只有五十家皮革店，产品不外乎马鞍、绳具、箱具和鞋底。到民国早期，主要是由于时尚转变，皮革制品的消费量增加，进口皮革制品占据了市场。但是很快中国商人就成功地仿制了这些商品，质量经常可以媲美甚至胜过进口货，价格却更低。本地的皮革生产于是繁荣了起来。1925 年后，北京的生产商开始将产品销往东北、内蒙古以及平汉铁路沿线的城市。除了女士的手袋和鞋子尚要从外国进口外，到 1930 年北京销售的大部分皮革制品都是产自本地。[128]

当上述手工业繁荣兴盛的时候，其他许多手工业却因为失去了用途，市场缩小而逐渐衰落消失。比如旗人不再练习箭术，骨雕品就基本上失去了用处。[129]妇女间流行短发，绸花就不再是她们中意的发饰。[130]闲散的满人贵族消失了，鸟笼的需求也随之减少。[131]国民政府搬到南京后，笔墨的销售量也下降了。科举还存在的时候，北京的笔墨店有五十多家。但到 20 世纪 30 年代以后剩下的还不到三分之一，而且其中一些店最大的客户还是韩国人和日本人。[132]还有一些行业则是由于外部的竞争而衰落的。比如北京产的冷布，尽管一度行销到平绥铁路沿线的宣化、延庆、包头，山西平绥铁路沿线一带及平汉铁路沿线的郑州、开封和驻马店，但是在价廉物美的农村产品和进口金属纱窗的竞争下，还是衰落了下去。[133]同样是由于进口工业品的竞争，刀剪行也日趋萧条。

同工业品生产领域一样，在一些手工业制品的生产上天津也是北京的主要竞争者。比如，在清代广为使用的礼品装饰盒的生产中心在北京。到了民国，官员间不再那么广泛地互相送礼了（或者至少是不再那么公开了），于是对精致礼盒的需求也就减少了。然而，与此同时，鞋帽、药品、香烟和文具等其他商品所需的包装盒的需求却增长了，大的商店经常一次就订几千个。做盒子的工厂尽管仍被称作“锦匣店”，事实上却已经不再做精致的产品了。由于生产新型的盒子不需要很多的技巧，很多都由机器生产，天津就成了越来越大的竞争者。过去，北京产的高级礼盒曾销往天津，民国的情形则倒转了过来，北京变得越来越需要天津生产的大众消费用的包装盒。[134]

民国时期并不是一个手工业生产简单让位给商业化工业生产的时期；事实上，北京的手工业发展的速度空前。大量在北京销售的工业消费品并不能掩盖这个城市的主要生产方式仍是手工业生产的事实。但是这种手工业生产并不是简单的帝制时期的延续，而是一个新经济体系下的新现象。雅各布斯（Jane Jacobs）在她的《城市与国家财富》中说：健康的城市经济总是先从别的城市进口，接着，如果这个城市健康而且有适应能力的话，进口货就会被本土产品替代。她在东亚举的最主要的例子是东京：东京在世纪之交进口自行车，然后就发展出了一个本土的自行车工业，最后，东京制造的自行车出口到了其他城市，创造出了新的财富和新的工作机会。[135]尽管在毛巾、皮革制品和袜子等个别产品的生产上，北京的手工业确实也做到了替代进口货，绝大部分的商品却都没有做到。部分的原因是像天津这样税率低、投资更安全、资本（包括大量来自北京的资本——这大概也可以算作这座城市为数不多的“出口品”之一）更充裕的通商港口已经完成了这种替代。天津不仅取代北京成为地区经济的中心，而且扮演了也许本该属于故都的实现进口替代的角色。[136]

回收机制

除了工业和手工业产品以外，北京的市场上还有第三种主要的商品：二手货。贵到古玩，贱到抹布条，北京发展出了一整套包罗万物的复杂的回收体系。从使馆区的洋人、前清旧权贵一直到最贫寒的乞丐，北京的家家户户都以各自的方式在不同的环节进入了这个回收体系。

二手货重返市场，要先在暗中经历一套复杂的交易过程。是弃如敝屣也好，还是忍痛割爱也好，旧主人总是会把它们先交给“打鼓的”，也就是那些每天走街串巷，敲着小鼓招徕人们走出家门卖旧货的人。其中有些叫“打硬鼓的”，也叫“打小鼓的”，他们通常带一个蓝布竹筐，鼓声尖锐清脆，收购高级家具以及瓷器、古玩和装饰品。高级一些的“打小鼓的”

拾荒的

则只收金银首饰、玉器和瓷器，带的也不是筐，而是小包。还有一些叫“打软鼓的”，也叫“打大鼓的”，他们的鼓声比较低沉厚重，带的是粗筐，有的收购破旧家具、衣服和陶器，也有的收购废铜烂铁、旧报纸和玻璃瓶——凡是北京家庭有的，他们基本上都会收。

做旧货生意的还有很多女人，她们一般不是用现钱买货，而是用肥皂或火柴交换。她们是收旧货的底层，只收些废纸、纸盒子和破布，也没有机会上升到“打鼓的”中间去。她们收的废纸、纸盒会送回工厂，成片的破布片送到鞋厂做鞋底，条状破布会做成在估衣市场出售的拖把，破布头则做成鞋底的填充物。

打鼓的和换破烂的妇女都在晓市上出售他们收来的东西。北京的每个区都有摸黑交易的晓市。关于为什么这些市场会这么早交易的解释很多。也许是因为收旧货的人想早一点把自己手上的东西卖出去，以便有时间再去收一圈旧货，而买主也可以把货带回店铺去趁早上架。也有些人怀疑摸黑交易可以为假货赃物等非法交易提供方便。二手店老板、古董商和小摊主经常会光顾晓市，因为那里的价钱比别的地方便宜。[137]

介于公开与地下交易之间的“小押”是二手货重回市场的另一个重要渠道。小押与通常的当铺不同，是专门给那些好面子不愿进当铺的人服务的。通常的当铺不收的杂物，像小帽子、旧鞋子、茶壶和茶杯等，小押都收。尽管小押算非法生意，却因为满足了很多城市家庭的需要而广受欢迎。[138]通常的当铺再加上小押，几乎所有东西就都可以典当了。每年2月和8月，当铺会出售过期的典当品。字画、翡翠玉器、图章、瓷器和旧乐器通常会卖给琉璃厂的古玩店；旧书会卖到琉璃厂或隆福寺；翡翠瓷器会在前门、花市的红绿挂货铺高价出售；旧衣服和棉被的买主通常是前门的旧货行；刺绣则常常通过前门和王府井最终卖到外国人手中。[139]

买卖旧货的“挂货铺”出现在清朝。19世纪70年代，用盛装骏马拉的专门定做的马车做交通工具是一种时尚。当车马的装饰用脏以后，收售这些东西的店铺会把它们挂在门口出售，“挂货铺”因此得名。后来，这些店发展成旧货行，收售的东西五花八门，包括书画、翡翠、珍珠、古董、金属器皿、皮毛、瓷器、木器，乃至布头和其他日常小饰品。位于鼓楼与什刹海之间的烟袋斜街就出现了许多家挂货铺和古玩店，并以此闻名京城。这些店与“打鼓的”和古玩店都有密切的联系。如果“打硬鼓的”手里的货挂货铺收不起，他们就会代为联系古玩店，后者往往会支付一笔中介费。或者，挂货铺的老板们也可能会合资收货，再卖给古玩店。[140] 最好的货归古玩店，破烂货则归天桥旧货摊——在这些旧货摊上可以看到一整套与北京市民日常生活息息相关的最劣质的旧货。[141] 到 20 世纪 30 年代北京尚有三百家挂货铺，不过它的鼎盛时期还是在 20 世纪一二十年代。1900 年各处的抢掠洗劫，以及后来丢了“铁杆庄稼”的旗人，都为挂货铺带来了丰富的货源。到了 30 年代以后，它们的货源就慢慢减少了。[142]

二手货转手的另一个渠道是拍卖行。中国的拍卖行是按西方模式发展起来的，最早出现在上海和天津。1924 年，一位印度商人开办了北京的第一家拍卖行。1928 年后，迁都所导致的经济危机在短时间内带动了一批拍卖行的兴盛。1932 年，北京公布的有六家拍卖行，其中四家是中国人开的，两家是外国人开的。拍卖行中的货物由它们自己的主人出售。拍卖行索取 5% 的底价设置费，成交后再另外收取 3%—4%。大部分出售的物品都是像留声机、缝纫机、浴缸、古董、皮毛和珠宝这样的昂贵奢侈品。由于公众大都相信以前皇室留下的东西都是最好的，一些古玩店和二手家具行的奸商就与这些皇室勾结，搬一些东西到他们家中，然后在那里拍卖获利。[143]

究竟为什么人们认为旧货仍有价值——是因为古董中包含的工艺价值、历史象征意义，还是只是因为它们在日常生活中还有使用价值，这并没有明确的答案。不过可以肯定的是，人们确实一直认同古董与日用品之间的差别。这种差别被标价强化以后，与旧货在市场上的流通路线产生了很大关系。被认为较实用的东西往往会随着演变成市井贩售的寻常什物而丧失原有的社会地位；而被认为有象征 / 历史价值的东西则会归到古董一类，从而社会地位上升，然后往往是被卖到海外。

这样几十年下来，古玩业变得越来越投外国人所好。在清代，收集古玩本来主要是官员们的嗜好。古玩既是身份教养的标志，也是一种投资，偶尔还可以用作买爵购官的贿赂。[144] 但是随着 1860 年火烧圆明园和 1900 年八国联军洗劫北京，西方人开始对中国古玩发生了兴趣。很多士兵都把他们的劫掠所得运回家乡，或是在北京出售。清帝国的覆灭以及 20 年代清东西陵的被盗进一步刺激了西方的中国古玩热。民国时期，北京的古玩业在城市经济中扮演着重要的角色，它主要面向的就是外国人。1932年，北京共有240家古玩店，大约1400名店员。政府热衷于提高销量，宣布允许向外国人出售包括神像在内的任何“迷信”物品，只有一些特选的具有“真正的文化价值”的东西除外。古玩店派店员去外地采购古玩，也参与制作仿制品。市政府并曾计划对那些擅长仿制古玩，尤其是外国人青睐的古玩的工匠给予奖励。[145]

刺绣也是一种外国人喜爱的旧货。由于收集刺绣的外国人开始频频光顾北京的旧布行，老板们发觉有利可图，更多的商家就做起了这门生意。到1920年，有20多家刺绣店既出售旧的绣品，也出售来自全国各地的名绣。[146]集中在琉璃厂地区的古旧书和珍本买卖是另一项主要的旧货贸易。琉璃厂的书店店员会到全国各地搜集珍本图书，淘书藏书也变成了北京的居民所热衷的一件事情。[147]从各个省搜集来的图书在北京出售，通常是卖给外国人，偶尔也卖给中国的收藏家。[148]

二手货行业有它自己的“仕进之途”。一个“打软鼓的”从一开始收废纸和破铜烂铁，最后也可能会带着篮子收衣服，成功地变成一个“打硬鼓的”。这样一个带篮子的“打硬鼓的”又可以继续高升一步，变成一个专收古董珠宝的带袋子的。好的“打鼓的”会立志开一家挂货铺，而挂货铺最终也可能发展成古玩店。[149]

二手货行业在北京扮演的角色非常关键：它不但规模大，提供了种种有益的工作机会，而且给在北京的普通居民，尤其是穷人，提供了廉价商品，同时也为中外的富人提供了奢侈品。更重要的是，它已经成了北京形象不可或缺的构成部分。当铺里散发着潮气霉味的存货，估衣商兜售时的花言巧语，“打软鼓的”留在小巷里的悠长的吆喝声，这些都是北京日常生活最鲜活的图景。对于齐如山等自发为北京作地方志的人来说，这些图景与司空见惯的人力车夫的形象一样，都代表着北京的精粹。同样的道理，北京也因其古玩和珍本闻名——作为中国学术精英生活趣味的核心，它们更强化了北京吸引外国游客的古雅奇趣。

民国北京的经济并不是简单的帝制时代衰落的残余。北京被整合进新的全球经济的速度其实并不落后于其他沿海地区；但这个整合的方式却是复杂的，有时甚至是对它有害的。铁路与其他现代交通网的引入影响了商贸的流向，蒙古、满洲与中国西北的战略政治结构也都不再把北京作为贸易中心。随着天津发展成国际和地区贸易的新枢纽，加之北京又失去了它中国最高行政中心的地位，北京原有的北方中国经济中心的地位逐渐被天津取代。在包括穷人的日用品在内的进口货涌入北京的同时，现代信用系统又将这座城市中富人的资本吸收殆尽。不过，北京的手工业生产并没有完全被现代机器工业遏制，反而获得了增长。玩具与毛毯一类的工艺品、奢侈品可以出口到海外，袜子和毛巾等工艺简单些的产品则行销北京的郊县和铁路沿线地区。作为首都，北京在清朝年间倾向于只消费从各地输入的产品，而没有什么产出，反而是北京向全球工业经济体系的融合与开放刺激了手工业的发展。于是，这座城市在现代工业入侵之下，在相当程度上发展成了一个以前工业生产的兴盛为特色的城市。然而，说北京的手工业生产规模大，这也只是与帝制时代相比而已。与从海外和通商港口进口工业品的规模相比，手工业品的出口其实微不足道，很难给北京带来什么光明的前途。

从表面上看，民国北京似乎只有一小部分上层阶级参与了现代经济，绝大多数市民都被排除在外。然而分析表明，几乎每一个城市居民都受到了新体系的直接影响。每一个手工业部门，每一家大小店面都或者在为国际市场生产产品，或者在向本地消费者出售国外产品，或者在用机器小规模生产毛巾、袜子等新工业品。像米面等日用必需品的市场直接受到了全球工业体系整合的影响。在北京观光的人也许会觉得北京人生活在不同的世界或时代里，穿着入时的银行家可能看起来比挂货铺老板或者在庙会上贩卖家织袜子的婆娘们更融入现代世界。然而这种印象其实与传统和现代生活方式的差异并不那么相关，而是建立在城市消费生产的空间格局以及不均衡的财富分配之上的，这些都是新出现的社会经济分工所带来的结果。尽管有这些新的空间和社会经济的区隔，北京社会最迥然不同的部分还是可以在实践中通过一个复杂的网络紧密地联结在一起，北京的回收业就具体而形象地表现出了这一点。因此，与回收业相关的文化行为对很多人来说象征了民国北京独有的精粹，也就不能说是完全偶然的了。

注释

[1] Sidney Gamble，*Peking*：*A Social Survey*（New York：George H.Doran，1921），p.219.

[2] 余恩德：《北平工会调查》，《社会学界》4，第6期（1930），第125页。

[3] 据韩光辉的研究，北京的人口从1911年的113万增加到1937年的150万。见韩光辉：《北京历史人口地理》，第134页。

[4] Gamble，*Peking*，p.219.

[5] 20世纪30年代早期的社会局局长娄学熙考察了清末民初蓟县的纺织工厂。据娄学熙称，工厂倒闭的主要原因是官员侵吞公款造成奖金短缺。见娄学熙：《北平市工商业概况》，北平市社会局，1932年，第201页。

[6] G.William Skinner，*The City in Late Imperial China*（Stanford，Calif.：Stanford University Press，1977），p.283.

[7] 王玲：《北京与周围城市关系史》，北京燕山出版社，1988年，第101页。

[8] 同上书，第109—110页。

[9] 同上书，第110—111页。

[10] 娄学熙：《北平市工商业概况》，第420页。

[11] 王玲：《北京与周围城市关系史》，第111—112页。

[12] 娄学熙：《北平市工商业概况》，第430页。

[13] Owen Lattimore，*The Desert Road to Turkestan*（Boston：Little，Brown，1929），p.7.

[14] Owen Lattimore，*Nationalism and Revolution in Mongolia*（New York：Oxford University Press，1955），p.17.

[15] Ibid.，p.13.

[16] Ibid.，p.17.

[17] Owen Lattimore，*The Desert Road to Turkestan*，p.7.

[18] 王玲：《北京与周围城市关系史》，第115页。

[19] 娄学熙：《北平市工商业概况》，第311页。

[20] 同上书，第194、430、531页。

[21] Owen Lattimore，*Inner Asia Frontiers of China*（New York：American Geographical Society，1940），p.199.

[22] 地毯制造并不是一种典型的工业生产。它基本上是劳动密集型的生产，机械的成分很少。但它却是北京为数不多的工业的最好典型。

[23] 娄学熙：《北平市工商业概况》，第15页。

[24] 同上。

[25] 同上书，第16页。

[26] 史福祥：《北京的地毯业》，选自《北京文史资料选编》1980年第7期，第50—91页。

[27] D. K. Lieu，"China's Industrial Development，" in *Problems of the Pacific，1927*（Chicago：University of Chicago Press，1928），p.407.

[28] 乔营堂：《毯业概况》，选自《社会调查汇刊》第1期，北平特别市社会局，1930年9月，第1—2页。

［29］娄学熙：《北平市工商业概况》，第 1 页。

［30］同上书，第 6 页。

［31］同上书，第 8 页。

［32］同上书，第 33—37 页。

［33］同上书，第 44—52 页。

［34］同上书，第 119—129 页。

［35］同上。

［36］同上书，第 151—157 页。

［37］同上书，第 299 页。

［38］夏仁虎：《旧京琐记》第 7 卷，台北：纯文学出版社，1970 年。

［39］《民国初年北京商税史料》，《北京档案史料》总第 18 期（1990 年 2 月）—第 24 期（1991 年 4 月）。

［40］娄学熙：《北平市工商业概况》，第 688 页。

［41］陶孟和：《北平生活费之分析》，上海：商务印书馆，1930 年，第 42 页。

［42］娄学熙：《北平市工商业概况》，第 667—668 页。尽管中国南方盛产大米，但由于各省区对本地谷物输出的控制以及战乱造成的运输不便，使得经由水路向北京运输大米变得困难而昂贵。

［43］习五一、邓亦兵：《北京通史》第九卷，第 191 页。

［44］娄学熙：《北平市工商业概况》，第 202 页。

［45］同上。

［46］同上书，第 200 页。

［47］同上书，第 665—667 页。

［48］同上书，第 667 页。

［49］雷辑辉：《北平税捐考略》，北平：社会调查所，1932 年，第 7—8 页。

［50］娄学熙：《北平市工商业概况》，第 688 页。

［51］同上书，第 680 页。

［52］同上书，第 692 页。

［53］Lien-sheng Yang，*Money and Credit in China*：*A Short History*（Cambridge，Mass.：Harvard University Press，1971），p.73.

［54］Ibid.，p.74.

［55］北京市人民银行金融研究所编：《北京金融史料》（未编号）之《典当、钱庄、票号、证券篇》，北京市人民银行金融研究所，1994 年，第 3—4 页。

［56］娄学熙：《北平市工商业概况》，第 576 页。

［57］杨联陞：《中国货币与信贷简史》，第 74—75 页。

［58］北京市人民银行金融研究所：《北京金融史料》（未编号）之《典当》，第 5 页。

［59］同上书，第 21 页。

［60］杨联陞：《中国货币与信贷简史》，第 81 页。

［61］杨联陞：《中国货币与信贷简史》，第 83 页。

[62] 同上书，第 84 页。

[63] 北京市人民银行金融研究所：《北京金融史料》（未编号）之《典当》，第 242—244 页。

[64] 在长江地区它们被称作钱庄，在北方、广东和香港，即被称作银号。在性质上这两者无多大区别。在北京，国民党政府要求所有同类铺店改称钱庄。

[65] 杨联陞：《中国货币与信贷简史》，第 85 页。

[66] 同上。

[67] 北京市人民银行金融研究所：《北京金融史料》（未编号）之《典当》，第 123—124 页。

[68] 同上书，第 126 页。

[69] 于彤：《北洋政府时期北京银钱业一览》，《北京档案史料》第 2—4 期，1989 年。

[70] 田蕴瑾：《银号》，选自《最新北平指南》，上海：自强书局，1935 年，第 1 章第 2 节。

[71] 北京市人民银行金融研究所：《北京金融史料》（未编号）之《典当》，第 134 页。

[72] 于彤：《北洋政府时期北京银钱业一览》。

[73] 北京市人民银行金融研究所：《北京金融史料》（未编号）之《典当》，第 132—133 页。

[74] 同上书，第 242 页。

[75] 杨联陞：《中国货币与信贷简史》，第 80 页。

[76] 北京市人民银行金融研究所：《北京金融史料》之《典当》卷，第 249 页。

[77] Brett Sheehan, "Warlords, Cadres and Bankers: Private Commercial Banking in the Republican and Post-Mao Periods," *Journal of Asian Business* 14, no. 1（1998）: 6.

[78] 杨联陞：《中国货币与信贷简史》，第 88 页。这一时期在北京的外国银行主要有英国的汇丰银行、德国的德华银行、法国的东方汇理银行、俄国的道胜银行及日本的横滨正金银行。见李淑兰：《北京史稿》，北京：学苑出版社，1994 年，第 389 页；及杨联陞：《中国货币与信贷简史》，第 89 页。

[79] 同上。

[80] 同上书，第 90 页。

[81] 李淑兰：《北京史稿》，第 389 页。

[82] 北京市人民银行金融研究所：《北京金融史料》卷 5，第 10 页。

[83] 同上书，第 11 页。

[84] 同上书，第 29 页。

[85] 同上书，第 30 页。

[86] 同上。

[87] 同上书，第 593—594 页。

[88] 同上书，第 601 页。

[89] 吴恩芳编：《北京的中国银行：1914—1949》，北京：中国金融出版社，1989 年，第 167 页。

[90] 关于这一过程的详细研究，参见：Brett Sheehan, *Trust in Troubled Times: Money, Banks, and State-Society Relations in Republican Tianjin*（Berkeley: California University Press, 2003）, Chap.4。

[91] 北京市人民银行金融研究所：《北京金融史料》卷 2，第 464 页。

[92] 北京市人民银行金融研究所：《北京金融史料》卷 3，第 1—3 页。

[93] 同上书，第 9 页。

[94] 同上书，卷 2，第 414 页。

[95] 以下银行也应归于这一类：浙江兴业银行（1907 年成立于杭州，1914 年在北京开设分行）；中国国家工业银行（1919 年成立于天津，1932 年迁往上海，1937 年迁往武汉，1945 年回到上海；1919 年在北京开设分行）；中孚银行(1916 年成立于天津,1930 年迁往上海；1917 年在北京开设分行）；国华银行（1927 年由一些在上海的广东人创立，1935 年在北京开设分行，受天津分行控制）；聚兴诚银行（1915 年由一些四川商人在重庆成立，1915 年在北京开设分行，服务于在京川籍学生，1925 年成为由天津分行主管的下属银行，1928 年关闭）。以上资料出处见北京市人民银行金融研究所:《北京金融史料》卷 2—4。

[96] 同上书，卷 4，第 50 页。

[97] 同上书，卷 2，第 241 页。

[98] 同上书，第 401 页。

[99] 同上书，第 401—402 页。关于军阀与现代银行关系更详细的讨论，参见：Brett Sheehan, *Trust in Troubled Times: Money, Banks, and State-Society Relations in Republican Tianjin*。

[100] 北京市人民银行金融研究所:《北京金融史料》卷 4，第 411 页。

[101] 同上。

[102] 同上书，第 414—415 页。

[103] 同上书，第 1—7 页。

[104] 同上书，第 50 页。

[105] 同上书，第 3 页。

[106] 同上书，第 70 页。

[107] 同上书，第 8 页。

[108] 同上书，第 28 页。

[109] 同上书，卷 2，第 253—260 页。它于 1920 年由中美银行家在北京共同成立。起初其业务集中在政府方面，但 1927 年 5 月后由于张伯伦在天津的坏账问题倒闭了。政府在臭名昭著的集思堂事件中没收了一大笔抵押金。

[110] 该行由陈光甫 1915 年成立于上海。1924 年在北京开设分行，1927 年 6 月关闭，1931 年又重新开张。银行股东为工业界银行业、保险业人士及一些大政客，如孔祥熙和宋子文。同上书，卷 1，第 5 页。

[111] 同上书，第 37 页。

[112] 同上书，卷 4，第 38—40 页。

[113] 同上书，第 41—43 页。

[114] 1919 年成立于天津，同年设立北京分行。同上书，第 241 页。

[115] 同上书，第 245 页。

[116] 同上书，第 285 页。

[117] 同上书，第 248 页。

[118] 1919 年成立于天津，同年设立北京分行。北京市人民银行金融研究所:《北京金融史料》卷 4，第 250 页。

[119] 同上书，第 542 页。
[120] 吴恩芳编：《北京的中国银行：1914—1949》，第 3 页。
[121] 同上书，第 175 页。
[122] 同上。
[123] 同上书，第 200 页。
[124] 娄学熙：《北平市工商业概况》，第 578—579 页。
[125] Sidney Gamble，*Peking*：*A Social Survey*，p.219.
[126] 娄学熙：《北平市工商业概况》，第 578—579 页。
[127] 同上书，第 205—209 页。
[128] 同上书，第 237 页。
[129] 同上书，第 37—42 页。
[130] 同上书，第 58 页。
[131] 同上书，第 174 页。
[132] 同上书，第 69 页。
[133] 同上书，第 130—132 页。
[134] 同上书，第 80—81 页。
[135] Jane Jacobs，*Cities and the Wealth of Nations*：*Principles of Economic Life*（New York：Random House，1984）.
[136] 进口置换这个问题及参考简·雅各布斯的研究是史谦德向我指出的。
[137] 齐如山：《故都三百六十行》，北京：书目文献出版社，1993 年，第 58—61 页。
[138] 同上书，第 54 页。
[139] 同上书，第 62—63 页。
[140] 娄学熙：《北平市工商业概况》，第 580—582 页。
[141] 齐如山：《故都三百六十行》，第 62—63 页。
[142] 娄学熙：《北平市工商业概况》，第 583—584 页。
[143] 同上书，第 580—587 页。
[144] 同上书，第 22—23 页。
[145] 同上书，第 19—24 页。
[146]《故都的文物事业》，出自北京市工商联与民间文史委员会编：《北京工商史话》I（1985 年 10 月），重印于孙健主编：《北京经济史资料》，北京燕山出版社，1990 年，第 238—239 页。
[147] 甲峰：《北京的书业》，出自《三六九画报》20，第 9 期，第 12 页；20，第 11 期，第 12 页；20，第 12 期，第 12 页。
[148] 娄学熙：《北平市工商业概况》，第 59—64 页。
[149] 同上书，第 582 页。

第 5 章　消费：空间与实践的等级

民国时期的北京，商业的种类和数量都在增长，新旧各式的商业设施也随之增多。1909 年到 1911 年间，全城共出现了 40 个行业组织和 4541 家店铺。[1] 到 1935 年，日本人做的一项调查共列出了 92 种职业和 12000 家店铺。[2] 此时的商业区已取代了行政机构变成了决定城市空间格局的核心要素。消费的增长速度加快了，商品的种类——不只限于蔬菜、针线一类——也丰富了起来，而且基本上日日有供应，不必等上几周甚至几季。全城各处都发展起了常设市场，可以遮风挡雨的店面房也越来越常见。

除了食品以外，在北京的市场上流通的有三种商品：工业品、国内城乡出产的手工业品以及二手货。尽管彼此间可能有一些交叉，各个市场、商家基本上还是倾向于只销售这三种中的一种，而他们的顾客也相应地主要来自不同的社会阶层。这种新的消费等级既反映了民国北京社会结构的变迁，也促成了这种变迁。清代不同等级的人所消费的商品尽管质量有别，但都来自于手工业。民国时期，在什么地方买什么商品，商品的产地、样式如何，都越来越成为区别人们社会经济地位的重要标志。这些区别又通过商业设施的建筑风格和地理位置具体地呈现在城市的空间秩序中。特别是在王府井和西单两处，新式的专卖店、百货商店和劝业场压倒了前门大栅栏地区的商家，成为了北京新式消费的象征。

富人区建起了百货商店、专卖店与固定市场之后，庙市与旧货市场的地位也就随之下降，不过它们仍然服务着大部分市民，其数量也不降反升。在庙市上出售的商品多是手工业制品、顾客多是社会中下阶层和妇女，从这两点上就可以看出这种发展。庙市的地位下降并不意味着工业品主导了北京市场。尽管农村产品和传统形式的市场组织有所减少，在新的消费体系中工业品却并没有完全取代手工业品。工业品尽管降低了手工业品在市场等级体系中的地位，然而，由于多数市民的贫困（详第 7 章），后者仍然是商业的必要组成部分。

二手货与固定市场一样发展迅猛，几乎遍及了城市的每个角落。它满足了北京大量贫民的需要。城里的每一样东西，哪怕是粪便肥料，早晚都会回收，变废为宝，被不同群体所竞逐。从走街串巷收旧货的到街头小摊，再到大当铺、拍卖行，二手货通过这样的渠道获得了新的价值——日用品获得的是新的使用价值，古玩获得的则是新的交换价值。在维持城市贫民的生计方面，二手货扮演了一个至关重要的角色。它的流通体系一直深入到了城市最隐秘、最私人的空间，并反复出现在关于北京的怀旧作品中，在不断迫近的工业时代裹挟而来的消费新潮流的威胁下，书写了这座城市的记忆与本土特质。这一章将重点阐述北京的新的市场体系与消费格局，下一章则将详细讲述民国北京二手货集散的中心——天桥。

新的市场体系

清代北京的空间格局并非消费需求的自然产物，而是政治影响的结果。中国古典城市规划的理想、历史传统以及帝国治下的民族隔离都扮演了重要的角色。同样，民国时期商业区的空间格局也是多种因素共同作用下的结果，除了消费需求以外，还包括历史传统、外国势力的影响，国家的重商政策以及对西方城市规划的理论和实践的借鉴。

北京的市场体系成形于元代。元代北京是一座方城，钟鼓楼与积水潭的地理位置大体上就是市中心，政治中心皇宫则坐落于城南。由于商品进京的要道大运河直通积水潭，附近的钟鼓楼地区发展成了城内最大的中心市场。此外，在皇宫周围有三个规模仅次于钟鼓楼的市场，西南面的羊角市，东南面的枢密院角市，以及皇宫门前的省东市。[3]这效法的是《礼记》上所记载的中国传统都城“南宫北市”的理想格局，最大的市场被安排在了靠近城市中心的地区。明代北京的城墙南移，变成了市民出行的一个主要障碍。皇宫占据了更中心的位置，元代遗留的市场则依然存在。由于这一时期大运河不再通达积水潭，钟鼓楼市场日渐衰落，商业中心转移到了皇宫南面的朝前市。羊角市和枢密院角市分别发展成了西四和东四市场。地安门、东单、西单和崇文门等小一些的市场也有所发展。新建的外城也逐渐有了小规模的商业活动。[4]

清代北京的商业活动有了进一步的发展，出现了更明显的市场分层。前门和大栅栏成了高级商业区，这里大量的常设商店满足了达官贵人对丝绸、靴帽、首饰和古玩等奢侈品的需求；饭馆和剧院更增加了它的吸引力。部分是得益于《四库全书》工程，前门地区以西的琉璃厂发展成了驰名全国的为清朝官员和科举考生服务的图书文具中心。[5]居民每日所需可以在住宅区的市场购买。小商家会从外城大的专门批发市场进货，然后在内城的小市场出售。小贩们走街串巷，在居民家门前出售蔬菜、食物、玩具、针线等杂货，进一步活跃了本地的市场。另一种商业活动的形式是庙市。一般由寺庙组织，有时也会由官员出面将小贩集中在寺庙周围以便征税。[6]明朝的北京有二十多家寺庙组织庙市。[7]到了清代，它们的分布有了一些变化。新建的喇嘛庙带来了一些新的集市，像雍和宫的“打鬼节”就颇为热闹。[8]庙市内外城都有，吸引着市区郊县的男女老少。[9]

帝制时代北京市场体系的特点是：内外城商业贸易在数量和水准上都不平衡；皇宫的中心地位限制了商业活动的发展；为宫廷服务的经济体系复杂周密、影响深远。在明、清的北京，宫殿、礼仪场所和皇家园林是重心所在，商业娱乐活动于是被排斥在市中心以外。清代最富有的满洲权贵都住在内城，但由于朝廷限制在内城经商，那里的商业活动反而日渐衰落。清廷的民族隔离政策使北京最好的市场形成于外城的前门地区，与它的大部分主顾隔城相望。到康熙、雍正在位时，内城的商贸有所恢复，隆福寺和护国寺都有了繁荣的庙市，但相对而言，常设商家仍然是属于外城的特色。处于市中心的皇宫及宫中权贵在地理和商业意义上都使北京市场的位置发生了偏移。

清代的市场体系也受到了为宫廷服务的复杂周密的经济体系的深刻影响。地安门是众皇子与家眷入城的通道，也是太监们与宫外接触最方便的地方。这些人每逢节日或宫中庆典常在地安门市场采购，带动了这片地区的繁荣。商家、小贩、民间艺人于是云集此间。东四地区既集中了北京的谷仓，又是运河货物的装卸地。这里人口密集，生活标准相对较高，距珠

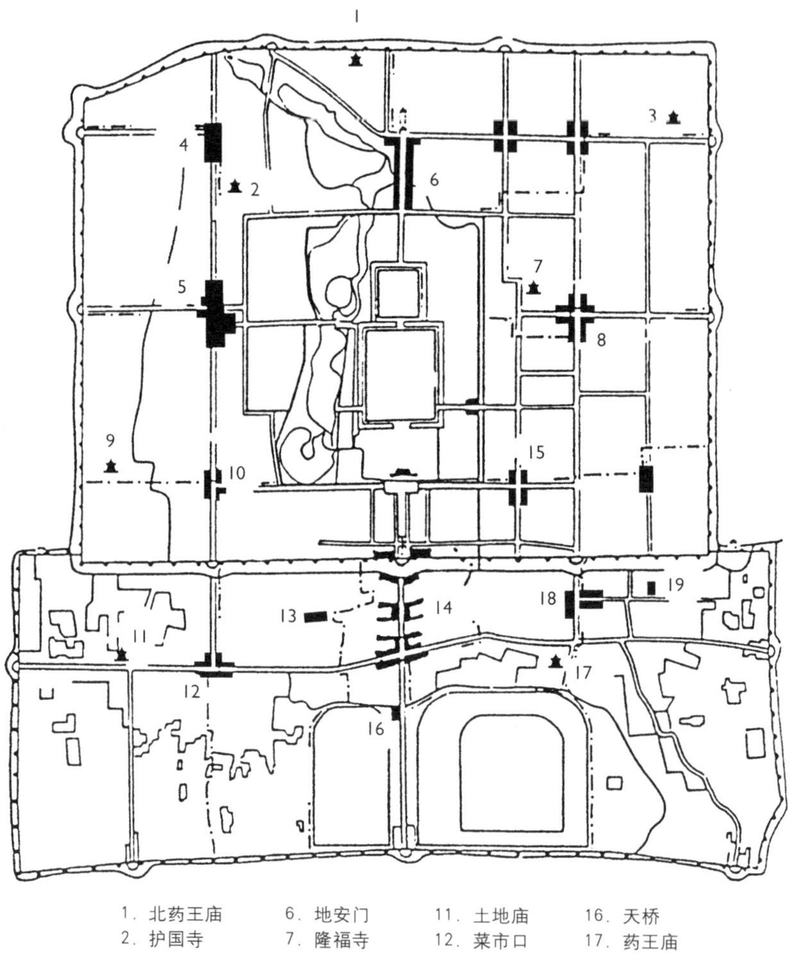

1. 北药王庙
2. 护国寺
3. 东药王庙
4. 新街口
5. 西四
6. 地安门
7. 隆福寺
8. 东四
9. 城隍庙
10. 西单
11. 土地庙
12. 菜市口
13. 琉璃厂
14. 前门
15. 东单
16. 天桥
17. 药王庙
18. 崇外
19. 花市

地图 7　清北京的市场体系

市（曾为“猪市”）很近，商业活动因此相当活跃。西单地区不仅是皇子和高官聚居的地方，而且是连接东西城，亲朋聚会的便利所在。而崇文门外花市的繁荣则得益于它是长途运输枢纽的地位：在平津铁路通车前，去天津的数百辆汽车都是在崇文门外发车，从天津来的旅客也是在这里下车，到附近的旅店投宿，征收交通税的办公室也位于这里。显然，市场的发展在顺应市民的需要的同时，也深受宫廷（如地安门）、官僚机构的位置（如崇文门）、帝国的经济体系（如东直门），以及官员居住格局（如西单）的影响。居住区的民族隔离制度需要外城的花市和崇文门市场为汉人服务。[10] 这些主要商业中心的分布说明政治因素是决定清朝北京市场体系的关键。

总的说来，除了前门、大栅栏和琉璃厂地区以外，清代北京的大多数商业中心都不是永久性建筑，难以挡风遮雨。除了这些地区的奢侈品商店以外，商家的专营性也相对较低。这些市场向各色顾客出售城乡手工制品，满足他们对生活必需品和节庆用品的需要。市场既有买卖，也有娱乐；既是交易场所，也是社区聚会交流的地方。

北京的市场体系在民国时期有了重要的改变。内城的“高档”商品市场胜过了包括前门地区在内的外城，商业中心永久性和专营性的水平也有了很大的提高。原有的主要商业中心前门和大栅栏只是依靠惯性才保持住了自己的地位；而借着与使馆区毗邻的地利，王府井先是超越了东四地区，随后又发展成北京的主要市场，成为了前门地区最大的竞争对手。内外城的分隔被打破以后，西单、东单拥有了来自内外城的更多顾客。西单仿效王府井，逐渐发展成了新式的购物中心。崇文门、菜市口、东四和西四则一如既往，继续为市民供应日用百货。赶庙市的人仍然很多，但无论是从所售商品的品位还是顾客的范围来看，庙市的地位都在逐渐降低。与此同时，天桥发展成了一个庙市式的常设市场。北京各个市场之间新的阶序和新的消费格局就此形成。

作为民国时期最大的三个商业中心，王府井、西单和前门地区构成了一个三角形。这片三角形的内部和周边地区住的是北京最富裕的居民。王府井和西单的兴起集中体现了民国北京的商业发展。使馆区的繁荣，加上中国政府所铺设的柏油路等基础设施建设，使王府井地区几乎是一夜暴

前门外大街

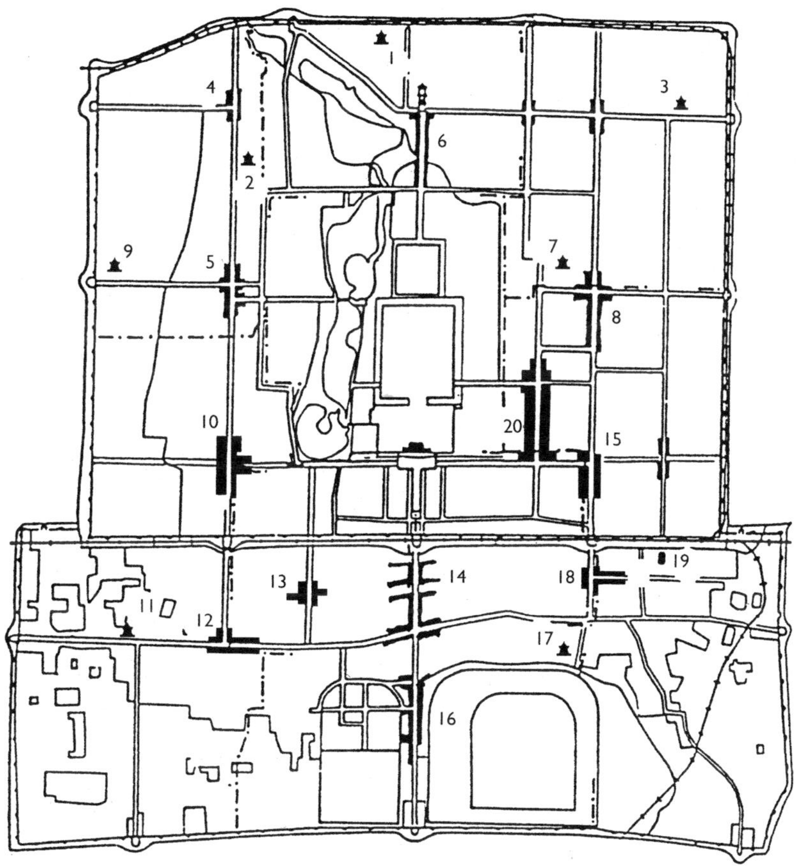

1．北药王庙	6．地安门	11．土地庙	16．天桥
2．护国寺	7．隆福寺	12．菜市口	17．药王庙
3．东药王庙	8．东四	13．琉璃厂	18．崇外
4．新街口	9．白塔寺	14．前门	19．花市
5．西四	10．西单	15．东单	20．王府井

地图 8　民国北京的市场体系

富。西单与王府井的发展模式相似，只是规模稍小。这两个中心对三角形的另一个顶点，北京以前最著名的前门市场构成了挑战。与其悠久的历史相称，前门地区仍然保持着北京最重要的商业区的地位，很多北京最著名的商家、饭店都坐落在这里，但是它已经不再像过去五百年那样可以独领风骚了。

民国时期内外城关系的变化给前门地区造成了严重的影响。内城得益于更多的市政建设；从 1915 年到 1930 年，王府井和西单所在的内城城区共铺设了 5701 米的沥青路，而前门地区所在的外城城区则一共只铺设了 2318 米，碎石路也较少。内城还获得了很多新的商机。清代内城不准经商的禁令已经废止，而富庶人家还集中在这里。长安街变成了城市的主要干道，于是往来车辆不必经过前门地区。结果正像一位观察家所描述的那样，前门地区街道破旧，交通不便。由于内城修整了街道，很多店家都迁到了王府井和西单牌楼。繁荣一时的外城商业中心渐渐没落了下去。[11]

前门地区的商家对这些变化的反应也不利于这一带的复兴。尽管一些商家会试着赶一下时髦，将门脸换成巴洛克或其他西式风格，其他多数商家却没有采取任何可能的措施来帮助这一带保持商贸优势。在这座城市向一个彼此相连的社区网络转型的时候，前门的商家更多考虑的是个人的店面，而不是整个前门商区。1931 和 1932 年都曾提出在前门地区重修街道的计划，但是那些被要求搬迁的店家都拒绝合作。计划一直延搁到 1934 年袁良任市长的时候。袁决意要实行这个计划，曾允诺商家三倍于其房产价值的赔偿来弥补他们的损失，但是被要求搬迁的十五户店家的电报和请愿书再次像雪片一样飞向新闻和政府机构。他们认为迁都南京以前，当前门地区繁盛得多的时候，尽管日夜车水马龙，也没有人抱怨过道路的不便，因此道路的问题并非重点。最后，中央政府内政部下令北平政府强制店家搬迁。[12]

王府井是在晚清时加快发展速度的，不过它真正的兴旺发达还是在民国时期。八国联军侵华后，慈禧太后从西安回到北京，决定用大量政府资金重修颐和园，并修缮内城街道。1903 年，维修工程进展到东安门街道，那里的商家被迫迁至王府井的练兵场，在演武厅周围设立摊位，出售食品以及一些玩具百货等。很多前门地区的商家因为店面毁于战火，也在王府井开店。[13]这样一来，一直只有一些个体商店和庙市的内城就建起了第一个常设市场。当时出售的货物不仅有日用品，还包括国产和进口的纺织品、玩具和食品，此外还有一些娱乐项目。东安市场迅速发展成了北京最著名最繁荣的市场。[14]初始阶段，市场的条件还十分简陋。商品和庙市一样随地摆卖，上面只挡一块油毡防雨。平常下午收市都很早，更不用说遇到坏天气的时候。小贩们到处叫卖食品、梳子、发饰、粉扑、玩具以及旧衣服。后来逐步展开了市场改革。为了减少因争抢摊位而时常发生的纠纷，1906 年成立了一个由商人组成的委员会，以后警察局又重新规划了市场，将其划分成三条整齐的通道。同年，内廷大公主府总管事刘燮之出资兴建了内城自清朝初年的禁令以来开设的第一家戏院：吉祥茶园。东安市场随之迅速壮大起来。[15]

王府井商区由于毗邻使馆区，本身又是西方和日本势力在北京的副产物，所以很多店主都是外国人，几乎所有的店面都卖洋货。1907 年法国人在王府井大街南口建成北京饭店，原本规模不大，到 1917 年扩建成了一座七层楼高的法式建筑。1915 年，洛克菲勒家族买下了位于北京饭店街北的豫王府，建成协和医院。[16]在 20 世纪二三十年代迁入王府井的外国商家中，有 7 家英国公司、3 家美国公司，还有德国、法国、俄国和日本的公司。很多银行、百货公司、保险公司和旅馆也相继迁入。1934 年英文版《北平商会会员录》(*Directory of Members of the Beiping Chamber of Commerce*) 共列出了 136 家入会的王府井商家。外国公司包括花旗银行、法国东方汇理银行、华俄道胜银行，经营钟表、钻石和金银器的亨得利钟表店与利威洋行，经营丝毛鞋帽的力古和新华，经营高档时装、纺织品、化妆品和装饰用品的昊鲁生和福隆，经营电机、化工、电料和理发用具的慎昌和西门子公司，以及经营拍卖业的品德与恒生公司。垄断北中国进口石油的 ESSO 和 TEXACO 公司也在王府井设立了办事处。一些资本殷实的中国商家，像顾客以外国人为主的仁立地毯公司（由一位清华大学留美归国教授开办），以及同陞和、盛锡福鞋帽店等也搬到了这条街上。[17]

在新政的支持下，西单在晚清也发展起了一个市场。随后于 1913 年，六家商店集资兴建西单商场。一些精品店、洋货庄和一家蔬菜市场相继开业。1916 年，著名的糕点南货铺桂香村在这里开张，同时这一带的戏院影院也迅速增多。西单就此发展成了西城的商业中心。[18]即使是在1928年迁都南京以后，西单仍然继续发展，从日渐式微的前门地区吸引了很多顾客，[19]并扩大到超过一百五十家店面、三百家摊位以及数家银行。[20]

尽管所有新的室内市场、商店都是常设店面，出售的商品种类都很丰富，它们彼此之间还是存在很重要的风格差异。如果说西方人开办的商店是新式精品店的话，中国人经营的市场则更多地继承了旧式露天贸易和庙市的传统，将买卖与包括娱乐在内的其他很多功能结合在了一起。在劝业场，商贩们可以在店内租柜台，让买卖、服务和娱乐共处一室。[21]同样的格局也出现在西单商场中。东安市场则是一个更好的例子。尽管这是一个室内的常设购物中心，市场秩序也不是依据本地风俗自然形成，而是由警察维持，但在很多方面它还是更像一个庙市。商贩们在这里租赁摊位，出售的商品档次有高有低，甚至还有劣质品。学生们可以在这里买到文具和新旧图书。市场内还有中西餐馆和小吃店，以及包括赌博、室内演出的武术、魔术、耍猴、逗熊、摔跤和相声等杂耍曲艺在内的各式娱乐。顾客们大多比较富有，有名流新贵，有“新潮”学生，也有满人贵族。[22]尽管地处王府井，东安市场却保持着与这一带其他百货店和专卖店不同的特色。它虽然也像那些新式商店一样一年四季持续供货，不像旧式市场那样受农业季节的限制，但还是在某种程度上延续了传统的市场风格，给人一些熟适感。民国北京的室内常设市场因此不同于类似巴黎的Le Bon Marché这样以固定价格出售商品的百货公司。[23]不难想象，这些市场是北京特色的重要组成部分。在旅游文学中，逛东安市场经常被描绘成一种独特的本地经验，而不仅仅是简单的购物过程。在东安市场的启发下，上海也兴建了一座类似的市场，并获得了巨大的成功。

作为国家工程的消费

和大多数现代化工程一样，新的商业中心是由国家和北京市政府联合发起兴办的。常设室内市场和商业区是新的发展重点。20世纪初，清政府实行新政，鼓励北京的商业发展，不过由于时局动荡、时间仓促，并未收到多大成效。万国博览会和工业博览会从很多方面影响了这一时期新的商业设施，并成了它们效仿的对象。清朝末年，政府在广安门大街兴建了一处京师劝工陈列所，建筑风格与西式的百货公司类似。民国政府则在这些新政改革成果的基础上兴建了更多室内市场和百货公司，其中包括劝业场，文华百货，西安、广安、西单市场，以及全市最大的室内市场——东安市场。

1914 年由京都市政公所兴办的京师劝工陈列所是民国北京最早的属于中国人的工业品商业中心。顾名思义，创办这样的商业中心不只是为了满足个人的购物欲，政府试图倡导的是一种可以促进工业、强国兴邦的新型消费，这与清朝皇室在京限商的政策形成了鲜明的对比。京师劝工陈列所建于最繁华的前门商业区，为西式的两层建筑，后更名劝业场，旨在通过展示国货，鼓励人们发展工业。不过，在这里出售的事实上多为手工业品，包括珠宝、金属制品、农产品、麻纺、丝织和刺绣。[24]

1915 年，农商部提议开办国货展览会，[25]从各省精选产品进行集中展览，以便比较鉴定优劣。一千余种产品被汇集到了天坛太岁殿——这是过去皇帝年年祭天祈谷之处。展览从 1915 年 9 月 1 日起至 15 日止，其形式仿照世界博览会，甚至展架也是从巴拿马太平洋万国博览会直隶省委员会借来的。[26]展览会印刷分发了宣传手册以帮助人们了解展会宗旨：

> 欧美各国以世界为销货之场，故其设置博览会往往通牒万国，萃集精良，固不仅饰一时一地之瞻听已也。我国制造之兴，伊古以还，代有发明，……迄于今时，开埠互市数十年来乃渐益趋于颓靡之域，盖已无可讳言。邦人未尝不窃然忧之，默查社会心理对于内地制造亦颇能注意讲求，苟能循是渐进必将日见起色，惟以介绍无术则销路难宽，比较无方则改良奚自，故图世界之商力固应伸域外之观，而欲利邦人之取求则当从国内为始。农商部有鉴于此，特设国货展览会于京师，就各地方物品分类征求其希望国货之发达与策进商品之优良用意盖至深且远也。[27]

使用“适者生存”的措辞，主办方要宣扬的是决定国力的关键在于提倡国货。[28]展览会的赞助方相信北京必须承担起提倡国货的重任，因为北京是“首善之区”，而且因为它的“物质文明历史上最高”。[29]他们认为“百工云集，制造精良，驰名四远，在昔为全国之冠”。然而这城市的经济却已经落后了，展览的负责人指出这是因为“缺乏恰当的发展的方法”：“工艺日见消沉，原料随之缺乏，即日用所常需转无……［此次展览的目的］所以保存都市固有之能力者在此，所以恢复都市旧日之名誉者在此，所以扩张都市经济而为全市之福利者亦在此。”[30]赞助方看到清朝大量宫廷官宦的日用品都是北京生产的，希望这次展览能为重振这座城市日益衰落的手工业做出贡献，他们期待那些希望扩大业务，打造产品信誉的厂家都来参展。只要有可展出的东西，就应该利用这个机会。“加以改良以适合社会一般之好尚，则向之仅销于京内者未始不可畅销全国……京货将见一变为畅销全国之国货，已衰旧业不难恢复如前矣。”[31]清代的北京本是万千宫廷名匠、各方朝贡名产荟萃之地，珍宝奇玩，美不胜收。策展方梦想北京可以实现从满足达官贵人的奢华享受向满足普通人的消费需求转型，从而再领风骚、重振国力。

国家举办的劝业活动除了可以引导消费以外，还是一个变“群众”为“公民”的机会。展厅的开幕式经过了周详的计划，每一个步骤都经过十分谨慎的安排，每一个象征物都是精心挑选出来的。整个仪式都彰显出国家权威。先是鸣钟宣示仪式开始，然后是奏国歌，政府官员和参展代表发言。[32]展览强调的是组织和秩序，而不是要煽动促销。参观者必须购买门票，循木制路牌走规定的路线，不允许拥挤、聚集或触摸展品。他们的举止必须遵循“文明”的规划——吸烟、吐痰以及大声喧哗都是被严格禁止的行为。[33]

在京都市政公所举办的另一项主要劝商活动——香厂市场的建设中，也同样可以看到这种消费与规训的结合，而这一次是体现在空间规划中。为了避开旧市场转型的麻烦，市政府计划在一个“新的合适的地点”修建一个新市场，这样街道商铺可以整齐划一，商品便于管理，公共卫生也能得到保证。政府希望其他市场也能竞相效仿，渐渐使首都变成“有序”且“崭新”，这些因素被认为是对国家振兴至为重要。[34]1914年，市场建设计划确定，工程开始。市场区南起先农坛，北至虎坊桥大街，西接虎坊路，东界留学路。十四条新街道纵横交错，小区内原有的街道也得到了整修。街道旁的房产都被编上号码出租。小区的建筑风格和建设计划都需报市政厅审批，以保证街道整齐有序。到 1918 年，九成房地都租了出去，这片地区的商业得到了发展。[35] 笔直宽敞的新马路与旧有的房舍格局形成了鲜明的对比。以往临街的破旧住宅被包藏在街区中央，与新房隔开，只有穿过新建筑之间狭窄的间隙才能看到。囿于规定，贫民是盖不起街面房的。

政府的目标得到了部分的实现，从某种程度上来讲，新的商业建筑的确带来了秩序。但是新发展出的市场体系阶序却并不符合政府提倡国货的初衷。与政府的规划相左，北京发展最显著的商业区是洋货集中的王府井。

消费所构造的社会阶层

北京市场阶序的改变是社会阶层与消费之间关系变化的副产品之一。一些著名的老字号似乎和清帝国一样气数已尽，同它们一度富有的老主顾们一起慢慢走向了破产；一些店家调整了经营策略，开始转向一般消费者（或许我们可以称其为“匿名消费者”）；另一些店家则催生了一批新兴的城市富豪名流。从某种意义上说，参与现代消费、购物超越时令限制的能力成为了社会阶层的标志。通过比较王府井、西单和前门 / 大栅栏地区的一些商业设施，本节将讨论两种消费方式：已经确立了其社会地位的精英消费者的消费方式，以及部分把获得社会地位当作目的的匿名消费者的消费方式。

谁是匿名消费者？解释他们不是什么人或许要更容易一些：匿名消费者并不是那些收入除去房租和食物的开销就所剩无几的贫民。在北京人口中，贫民的比例按贫困线划法的不同可以是 25%—75% 之间的任何一个数字，他们当中既有赤贫如洗的，也有可以勉强度日但手头绝没有余钱的。按照陶孟和 1930 年的调查，低收入（不包括赤贫）与中等收入的家庭，诸如商店银行的职员、警察、小学教师、手艺人和人力车夫，占了全市人口的 75%。这些家庭 70% 的收入都用在了食物上。在这个人群中平均每个人有三件夏装，1.5 件春秋装和 2.4 件冬装。只有四分之一的人洗夏装的时候还有衣服可换，不到四分之一的人洗冬装的时候还有衣服可换——这些人不用在洗衣服的时候向家人借衣服穿，冬天不穿空心棉袄棉裤，有内衣穿则是一种奢侈。这些家庭自己在家缝制衣服，大人穿过的衣服会改给小孩子，冬天穿过的衣服会改成夏装，穿烂的衣服缝补一下会继续穿。但是他们用的布料一般都来自英国、日本和上海。[36]这些家庭使用的器具大多是陶罐、脸盆、扫帚和草席一类的手工制品。陶孟和发现这些家庭把搪瓷、玻璃和金属器皿等现代工业制品看作奢侈品，因为难得一见，但是机织棉布和煤油却几乎家家都有。[37]

贫民自然是不能充分享受北京新消费主义的匿名性所带来的解放的；破衣烂衫的人和打着赤膊、汗津津的劳工在商店和公园也当然都不受欢迎。只有可以将自我从特定的环境、社区或身份中抽离出来，自由穿行于各种都市空间的人才能做到匿名消费。贫民也许可以把所有积蓄拿出来穿起新衣服去逛一天公园，或者去商店买一件重要的商品，但是这在他们通常的负担能力之上；他们也负担不起经常性的公共交通。总的来说，城市比较排斥他们，摩登店铺也多让他们感觉不适。不觉得着装和举止的标准算是什么妨碍，可以随意出入于公园和商店，沉醉于当下快感和消费主义幻梦中的是模糊意义上的中产阶级，他们中的大部分在政府或高校工作，也包括在北京暂住的学生。与前清更严苛的等级文化相比，这种消费文化似乎有其平权自由的一面，但是一旦考虑到北京的大量贫民，它的排他性就凸显了出来。

前清覆灭，皇朝那些不可或缺的象征忠诚与特权的服饰——诸如辫子、朝服和官帽——突然变成了可鄙夷的东西。地处前门的很多店家一度是清代服饰的标杆，他们在一夜之间发现市场等级的天平已经完全倒转。内联陞鞋店和马聚源帽店就是两个很好的例子。内联陞是1853年由前清官员开办的，专制朝靴。店名取连升三级之意。每双鞋都是用从南京订购的全国最好的布料精心定做的。这家店记下了每位在那里订过靴子的官员的尺码，不但方便了回头客，也方便了其他人订购大小适合的靴子来送礼或行贿。1911年以后，朝靴完全被淘汰，内联陞也随之做出了调整，开始制作一种适合男式长袍的棉鞋。然而到了30年代，需要皮鞋配套的西装制服成了时尚，内联陞的客户变得越来越少。[38]为前清官员制帽的马聚源帽店也有类似的经历，不过最终这家店倒是生意兴隆。失去了清廷这个最重要的客户之后，马聚源帽店转而制作“瓜皮帽”和冬季用的帽子，到了三四十年代，它又开始生产西式的帽子。通过这些调整，它最终得以在变幻莫测的潮流中生存了下来。[39]

与内联陞鞋店不同，天成斋鞋店因为较少依赖宫廷，反而发展得更好。当时的说法是“富人买鞋去内联陞，穷人买鞋进天成斋”。天成斋面向的是一般顾客，紧跟潮流制作皮鞋、雨靴和绣花鞋。[40]另一个新兴的店家是盛锡福帽店，它的老板刘锡三早年是山东贫民，后来独创出了一种草帽，特别申请了“三帽”商标。与马聚源出售的传统“瓜皮帽”不同，刘锡三在前门、王府井和西单的买卖是靠出售男女四季时帽而兴旺起来的。[41]

亿兆百货公司的例子可以进一步说明把日益增长的匿名消费者群体作为市场目标的好处。这家公司于 1935 年开张，专营上海货和日本货。他们的衬衫、毛巾、袜子和化妆品来自上海；牙粉、肥皂和香水则来自日本。公司在大阪设有代办处，购入日本的面霜、肥皂、钢制厨具和羊毛纱。亿兆是日本数家化妆品品牌的特约代理，其他商家如果想销售这些品牌的产品，只有通过亿兆。同时，亿兆还垄断着一些本地产品的经营权，掌控着周边的几处小作坊。亿兆向这些作坊提供棉纱和花样，监控产品质量，然后以比从其他地方购买要低廉的价格从他们那里进货。[42]

随着王府井和西单的繁荣，那里的市场和客户都经历了质的变化。王府井是潮流的引导者，而西单则从各方面来说都追随着王府井。尽管王府井的东安市场最先是靠吸引匿名消费者而繁荣起来的，随着生意的发展，他们的注意力越来越集中到了新兴的社会精英身上。王府井南面紧邻使馆区，经济的振兴和外国人的口味刺激了这里的发展。外国社区的成员是王府井十五家古玩店和东安市场内一百余家古董商那里的购物主力。[43]在1921 年的《北京实用手册》（由北京母亲俱乐部、北京周五学习俱乐部以及北京美国学院女子俱乐部等几家西方妇女组织联合出版）中，王府井被推荐为购买珠宝、盘碟、花边、亚麻制品和玩具以及干洗衣物的去处。[44]

中国的富人也常常逛王府井。那里是唯一有干洗店、发廊和西药房的地方。那里还有出售最时尚的西式服装和家具的大百货公司、商店。北京38 家做西服的裁缝铺中，有 22 家在王府井大街。[45]在这段时期，王府井地区是公认的“洋”气十足。正如一位中国游客所说：

> 一下车，也许会使你吃一惊，以为刚出了东交民巷，怎么又来到租界地。不然何以这么多的洋大人？商店楼房，南北耸立，有的广告招牌上，竟全是些ABC。来往的行人自然是些大摩登、小摩登、男摩登、女摩登之类，到夏天她们都是袒胸露臂，在马路上挤来挤去。实在有点那个。再向前走，到了东安市场，一进大门，便有一种莫名其妙的香气，沁人心脾，使你会陶醉，陶醉在这纸醉金迷的市场里。到晚上，电光争明，游人拥挤，谁初次来临不感到目晕头眩，眼花缭乱呢？[46]

实际上，像这种狂热的消费主义所带来的炫目奇观，以往更多的是在上海、天津这样的通商港口才能够看到的。

王府井是北京时尚的源头。店主们订阅西方的时装杂志，从进口电影中学习服装样式。[47]逛商店的人穿得要和橱窗里展示的商品一样时尚。一篇新闻报道提道：

> 在这里好像是不分春夏秋冬似的，摩登的密斯们已经都穿上了隐露肌肤的夏衣，老太太却还穿着扎脚的棉裤。……一走到正街上，便拥挤起来了，一个紧挨着一个，往来如梭。商店是一家连接着一家……卖的东西，都是最时髦的衣料，高等化妆品，就是日用杂货也都是极考究的……[48]

用“不分春夏秋冬”来形容王府井，是抓住了现代消费的精髓。王府井确实带着一种超越大自然的意志的光环，这在现代化的早期更惊人。这里的柏油路全年整洁、四季畅通；这里的商品不拘时令，涵盖了中国和海外的最新款式；这里的店面内外加装电灯，夜明如昼。王府井汇聚着资本主义现代性的光彩——这是一个无视自然循环、恒久常新的市场。

北京店家变化中的商业实践反映了消费的社会和文化意义上的一个根本转变。作为北京的文学代言人，老舍曾在一篇题为《老字号》的短篇小说中精彩地呈现了曾服务于清朝权贵的商号与以新的匿名消费者为目标的商号之间态度上的冲突。小说的主人公辛德治在公认的老字号绸缎行三合祥当了二十年伙计。他喜欢三合祥的“老气度，老规矩”。但是当钱掌柜换成周掌柜以后，三合祥整个变了模样。以往，三合祥“没有任何不合规矩的胡闹八光”，“没打过价钱，抹过零儿，或是贴张广告，或者减价半月”。三合祥靠的是“字号”。老掌柜和伙计们从来都是安静地坐在店里以诚待客，绝不向客人推销他们没要的东西。这家店和它的主顾一样都是有“君子之风”的。辛德治觉得周掌柜把三合祥变成了“野鸡”店，不要脸地“满街拉客”：门口设着大字写的减价招牌，门前有人演奏乐器，而戴着红帽子的店员使劲给过路人发传单。哪怕买的东西再少，店员也要给顾客奉上香烟；即使是大兵，清道夫或女招待，也一视同仁。店员还要给顾客送小礼物，和他们攀谈。如果店里面没有顾客想买的东西，店员要拿出别的东西使劲劝说他们买下。三合祥公然地变奸猾了。抵制日货的时候，三合祥继续贩卖东洋布，但是对客人和检查队都说是德国货、英国货或国货，从中赚了一大笔钱。因为买卖做得成功，周掌柜很快转去了更大的铺面领东。老钱掌柜回来了，三合祥回复了原有的“君子之风”。然而主顾们却随着周掌柜转到了新店，三合祥过了一年就倒闭了。[49]

如小说中所描绘的，新旧三合祥的主要区别就在于广告和促销。服务于前清官员的老店不会打折促销，因为那样就等于是说顾客是锱铢必较、贪小便宜的人，这与官员的身份是不相称的。商家和顾客强调的都是货真价实。顾客已经有了自己的社会地位，不需要靠购物来证明，在交易中明显看重金钱实际上会被看作对他们地位的一种威胁。由此衍生出来的商业是一种轻商之商：没有促销，没有折扣，不玩花样。用文学批评家赵园的话说，越不专业的商业才越被欣赏，理想商人的举止应该不像生意人才好。[50]在集中了清朝奢华的前门地区，商家实际上如同月亮借阳光，从它们的官员主顾那里借来了身份威仪。

而民国时西单等地的店家则不同，它们迎合的是阔绰的匿名消费者。据一位北京的居民描述，如果一位妇女带着孩子买十块钱的东西，店员会再给他们两三块的玩具；如果是电话订货，店里会带去十样东西让顾客挑选，即使他们知道可能一样也卖不出去。[51]他们迎合顾客的购物欲，让他们幻想拥有的商品越高档，自己的价值就越高。而减价促销的目的也在于让人们觉得买到了平常买不起的东西，从而提升了自己的地位。价格是新的社会过滤器、北京的新城墙和新城门。店员们为了做成买卖，会拼命奉承顾客，让他们自我膨胀。

在最高的层次上，王府井的一些最著名的店家确认主顾的社会等级的方式反倒有了前清前门商家的遗风。这里不但是天价，而且门槛极高——买得起东西的人绝不会是匿名消费者。有时仅仅有钱也是不够的，身披裘皮大衣、出手阔绰的妓女也可能被一些这样的店家拒绝服务。这些最著名的店家服务的对象包括各国外交官、传教士、教授、协和和德国医院的医生、富商以及富家子弟。京剧名角李万春、李少春、叶盛兰、叶盛章，还有国民党空军官员都在这里做过衣服。燕京大学校长司徒雷登也是这些店家引以为荣的主顾之一。[52]

金钱可以越来越轻易地转化为社会等级，这让很多的北京居民感到不安，因为历来权力都是以政治而非经济为基础的，由此可以推断老舍那篇关于经营方式的道德故事可能带有怀旧的意味。不过他对唯利是图的推销术的批评却触及了消费资本主义的一个核心要素。说新三合祥是在“满街拉客”，让我们想起本雅明曾把妓女描绘成“融商品和售货员于一身”的人物，他指出卖淫是“商品试图直面自身”。[53]狂热的消费主义的威胁就在于它会使一度值得尊敬的卖家，可能还包括他的顾客，也变成供出售的商品。在无耻地煽动人们的物欲的过程中，消费主义可以危险到让人变成了活的商品。

作为新型消费的标杆，王府井的店家是以外国列强的经济、政治和文化及象征权力为后盾的。他们从来都是那么自信满满，从容不迫地经营：商品不必急于出手，总是可以一直等到大买家上门。前门地区的商家则不同。它们必须抓紧时间，常常不得不焦头烂额地“满街拉客”。与此同时，北京的大多数居民却并没有做匿名消费者的资格。他们还是在庙市和旧货市场购物。但是即使是他们，也同样被新的时间秩序以某种方式影响着。这一点将在下一节加以详述。

庙市：贫民逛“贱市”

1911 年前，北京的庙市不仅有商业功能，而且，正如韩书瑞在其《北京：寺庙和城市生活，1400—1900》一书中指出的，还“帮助确定了一个一致的城市共同体”，“帮助北京在外来者的心目中确立了独特的形象”。

> 对于商贩来说，内外城的居民也许代表着不同的地区，但他们都是一样的顾客。这些市场的开放性为各色人等创设了一个不管购买力如何天差地别都可以彼此混杂交融的时空。是否了解市场日程，是否熟悉集市上的商品，是否精于讨价还价，是否记得最好吃的零食——这些才是定义局内人的标准。[54]

民国时期的情形不再是这样。1911年革命以后，寺庙经历了一个韩书瑞称之为“世俗化和商业化齐头并进的过程”，[55]它们逐渐失去了宗教功能，要依靠商业集市来维持。从很多寺庙向政府申请延长集市时间就可以看出这种商业化的风潮。[56]但是这些努力无法改变一个更大的风潮：庙市的命运取决于它们能否适应新的消费节奏。庙市起初都是按照阴历举办，当按西元纪年的“国历”取代了传统的按自然农时节气计时的办法以后，大多数庙市就衰落了下去。新历法是按政府文教机构一周七天的作息计划计时的。两种时间秩序的差异造成了社会的分化：庙市变成了较低社会阶层的家庭，尤其是这些家庭中的妇女主要光顾的场所。不过，虽然大多数服务于大众日常需要的庙市衰落了，那些为外国社区和游客服务的庙市，由于可以适应新的时间秩序，却兴旺了起来。

民国以前，寺庙集会主要有四种：以宗教为目的的“香火”，为郊游远足而设的“春场”，定期举办的集宗教、商业、娱乐于一身的“庙市”，以及“市集”。在民国政府的打压下，民间宗教衰落了下去，香火也随之消失。一些庙市变成了固定的市集；剩下的庙市慢慢失去了以前的很多社会和文化功能，它们的商业功能也越来越和宗教分离。[57]民国时期，满族青年的南顶跑马和中顶排会均废止。文昌阁不再举办国家仪典，也不再有庙会。西直门内曹老公馆的集市曾经是卖儿童玩具、耍把式的地方，现在也消失了。城隍出庙游街的活动于1900年废除。原本每月两天的土地庙庙市也减到了每月一天。护国寺的庙市还在，但是规模小了。西城一度聚居着满族家庭，他们多从护国寺庙市购买日常所需。这些家庭后来衰落，还有家产的也改去了商店购物，庙市便衰落了下去。1918 年开始的海王村集市是民国时期唯一新张的集市。[58]

尽管一度吸引过社会各个阶层，到了民国时期庙市服务的对象就已经不再是广义的大众，而只是特定的一部分被排斥在时髦的新型消费世界之外的人群。从庙市上出售的商品种类、光临的顾客类型，甚至庙市所处的位置上都可以清楚地看出这种趋势。

庙市上的商品大多是农村手工制作的“老式的日常家用品”[59]，包括衣柜、水桶、家具等木工制品，掸子、镜框、水壶、锅、剪子等常用工具，一般是由北京近郊的农民制作的。“国货”（工业品）则包括建筑材料、陶器、皮货、食品、纸张、书籍，以及链条等汽车、马车的零部件。洋货一般都是走私进来的，主要是化妆品、搪瓷和纺织品。花草宠物也在庙市上有售，一般是北京本地人种植喂养的。[60]这些商品的销售对象是特定的一类顾客，主要是“中、低阶层的人们，其中绝大部分是家庭妇女”。[61]据 1937 年北平国立大学的调查记载，尽管东安市场和西单商场也出售很多日用百货，但它们出售的多数是新式产品，顾客则是“高级的先生、太太，年轻的公子，小姐”。[62]庙市的价钱是砍出来的，其实不一定要比像西单商场那样的百货商店便宜。然而中低阶层的妇女“僻居城隅，难以赶赴各大市街与商场，不得不就庙会货物，任意选择，任意还价。不若大市街与商场之为定价或不易选择”。[63]百货商店和室内市场容易让人望而却步，实际上也确实如此，顾客如果穿着不合适，就会被拒之门外。1937 年的这份调查指出家庭购物主要是由妇女来做的，因为“家用什物，最宜由妇女选择，乃便于用”。另外一个北平中、低阶层妇女经常光顾庙会的原因是“她们出外游乐时少，赴庙会购物便作为出外游赏时期”。因此，白塔寺的一些居民管庙市叫“婆娘”去的庙会。[64]

庙市的娱乐迎合的是中低阶层观众的口味。它是商业活动，既不同于香火和春场中人们自设的娱乐，也不同于那些娱神的仪典。庙市的戏台会上演京戏、歌曲、评戏、大鼓以及不用电而是借用太阳光线放映的“电影”，娱乐场上则有相声、西洋景、说书的、魔术、武术表演，摔跤以及算命的。传教士们也利用这里来劝人皈依。[65]

庙市的娱乐有三种不同档次。最高档的是用布围场，留一个入口。剧团搭一个台子，备有座位，男女观众两边分坐。这种安排“殊便于当时北平妇女的习惯”，公众场合男女不得混杂。[66]等而下之，是在空场上摆一张桌子，桌子前面就当作戏台，再放上三排长凳供男女混坐。最次的连桌子也没有。在哪里表演，哪里就是场子，观众要站着看。所有这些表演都很廉价。最高档的也不过三个大子儿，次两档的则是由观众决定是否给钱。[67]

与它们服务的人群相应，北京城内的 20 家庙市里有 16 家地处远离商业中心、靠近城门的贫民区。市中心没有任何庙市。36 家办庙市的寺庙，9 家在内城，11 家在外城，16 家在郊区。[68]北城的庙市基本上是在天气好的时候举行，这样人们可以顺便郊游。离市中心较近的庙市一般是在年中举行，其宗教意义要大于商业功能。

在五个最热闹的庙市中，土地庙、花市集、白塔寺和护国寺这四个都是在城角办的，唯一的例外是隆福寺。在王府井、西单和前门地区形成的三角形区域中没有庙市。[69]与此相反，外城区的商店则较少，更多是露天集市。大多数北京的底层家庭都住在这些地区，他们的日常所需主要是从庙市获取。1937 年调查显示“这些人因为缺少教育”，他们比“中产阶级”更多地参与宗教活动。[70]更重要的是，庙市的分布取决于北京总的消费格局。1937 年调查解释中心三角地区的商业是“大资本主义性质”。[71]这里的货源是大工厂和大的手工作坊。与大工厂合作的商店是不允许从小的手工作坊和农民那里进货的。

> 在民国时代，大资本主义商业的活动范围在东安市场、西单百货商店和前门。尽管五个最大的庙会也销售大工厂和大的手工工厂的东西，但是那些小手工工厂和郊外农民手工业产品才是真正使得庙会得以生存的原因。[72]

从售货种类和顾客的经济地位来看，庙市地近城门更有利于实现自己的功能。这样的位置更便于城乡之间货物的进出。[73]

庙市的商贩是没有组织的。这里没有行会或任何形式的团体，甚至也没有公开组织的拜神活动。大多数商贩都是家庭生意，通过与寺庙的关系定下自己的摊位。[74]他们没有永久的店面房，也没有固定的摊位标记，经常不是直接把他们的商品摊在地上，就是摆在一层布或纸上。[75]

北京庙市的特例是隆福寺。它是唯一离商业中心要比离城门近的庙市，也是唯一在民国时期繁荣起来的庙市。它的商品也与众不同，主要是装饰用品和古玩，销售对象是居住在东城的外国人和游客。[76]陈宗蕃在他关于民国北京空间变迁细节的一部重要著作中说，“东庙古玩、书画、花鸟、鹰犬之属，殆无不备。欧美日本仕女，亦多往游”。[77]尽管隆福寺于1901年被烧毁，那里所有的宗教活动也停止了，这里的“庙”市还是靠迎合国外居民和旅游者猎奇的口味继续发展成了最大的庙市。[78]

与隆福寺相比，西城的护国寺的摊位就很寒碜了。据陈宗蕃记载：“西庙则仅有花肆十余家，足资游赏，余则零星日用之品，杂耍食摊之类，殊无足观。”[79]1935年版的《北平旅游指南》描述大多数摊位看起来很荒凉。[80]按照1937年调查的说法，游览护国寺是一桩苦差：

> 使人最难以忍受的是无秩序和卫生情况。在那五个庙会里，护国寺是最老的一个。没有庙会的时候那里是极其荒芜的，还不及农村里的一个村子。当有庙会的时候，地上挤满了小摊贩。人群挤满了街道，尘土飞扬，令人窒息。如果这样冬天还好，夏天就极其糟糕了：太阳焦烤着人们，散发着难闻的汗臭味。有太多的顾客，交通状况极其恶劣。但因为庙宇的位置和相当便宜的租金，仍有很多商人去那里，要改变这种情况不是一件简单的事。[81]

所有的庙市可能一度都这样脏乱过，但是当秩序和卫生成为理想和关注点以后，像护国寺这样的地方自然就无法让人接受了。

1937年的调查对庙市的未来很悲观，并且将它们的衰落归因为北京宗教活动的式微、资本主义经济的发展，以及现代化的进程。在政府的命令下，土地庙、花市集、白塔寺、护国寺和隆福寺这五个最大的庙市转而依照西元纪年的“国历”举办，从而丧失了它们原有的宗教基础，渐渐变成了纯粹的商业活动。[82]这项调查将民国时期看成“中国资本主义日趋发展，北平都市日趋近代化之今日”，并预言庙会之兴盛与衰落自“必为向资本主义市场发展，否则走向破灭的分化”——庙市要么会演变成资本主义式的市场，要么会消失。[83]它指出在五大庙市上越来越多的摊位变成了永久店面，其中有花店、茶楼、照相馆和手巾厂。办庙市的场所正在慢慢变成商业中心，隆福寺就是一个最好的例子。调查称“香火春场等渐破灭，行将为公园博物园所代替。此种必然变化，乃无可奈何者耳”。[84]

与其说庙市是被隔绝于新的消费节奏之外，不如说它们是深受这种节奏的不利影响。新的时序带来的压力显著地影响到了庙市，为它们的发展笼罩上了一层阴影。只有迎合那些完全属于新时序，却喜欢怀旧的顾客，庙市才能够生存。这样生存下来的庙市既没有了宗教意义，也丧失了以前服务一般大众的商业功能。新的消费节奏决定了庙市的命运。

社会和政治因素对塑造北京的市场系统起了决定性的作用。在民国时期，国家对市场的扶持和规约、新的交通系统的发展，以及居住在北京的外国人的强大势力，都促成了市场体系的重大转变。

在清代北京，几乎每个人都依赖庙市，就算是宫里出来的人也一样会逛庙市。作为最负盛名的常设商业区，前门地区固然也非常重要，但是它离替代庙市还差得远。然而到了民国北京，王府井那样的商业中心与护国寺那样的庙市之间开始有了愈来愈深的鸿沟。这两种地方有不同的消费类型，关联着自己独特的历史背景，服务于越来越分化的人群，供货和销售的渠道也彼此风马牛不相及。一个新的、分层更严苛的市场等级发展起来了，它完全不同于中心地理论（central place theory）中的那种嵌套式的层级关系。在这种理论中，最高档、最著名的市场出售的商品最全，可以涵盖能在最小的市场和季节性市场上买到的所有商品。民国北京的情形显然并非如此，王府井就不会出售庙市上卖的那种粗糙的日用品和农民的手工制品。从民国市场的分层上，可以看到一个等级隔离的市场格局的兴起。

新的市场等级是由哪些性质决定的呢？最高档、最著名的王府井是一个拥有西式建筑的外壳和相当现代化的基础设施的永久市场。它完全抛开了昼夜或季节交替的限制，只受永恒统一的商业时间的支配。这种新的时间尽管已经与自然分离，却还是有自己的脉搏和周期，那就是时尚。在王府井琳琅满目的特制、精制和进口商品中都可以看到这种时尚，是它使王府井成为北京最高档的市场，也是它给王府井注入了活力。至于略逊一筹的西单，则在各方面都在仿效追赶王府井。在商业主义的肆意鼓舞下，消费欲望日益膨胀，这在老舍等人看来是社会的毒瘤，正迅速侵蚀着人们的道德情操，包括他们的爱国心。

分析民国北京的市场必须看到新的商业时间秩序以及第 1 章讨论过的新的空间秩序的关键影响。人流和物流周转得越来越远、越来越快，那些运转得最快最远的人与物就经常会被看成最重要和最有价值的。都市经济的节奏不再是季节性的，而是变成持续稳定地以日计时——和那些靠一年的收成决定生计的农民不同，一个人力车夫的生计取决于每一天的收入。商人的生意兴隆与否，也不再主要是看节气和收成，而是要看国际市场的变化、地方军阀的战事，以及有轨电车的线路会铺到哪里。城市生活的新节奏和不确定性迫使城里人转换了步调，变得不再那么相容于庙市的自然季节往复，从而导致了后者的衰落。

现代生产和消费的新步调已经开始主导北京，然而北京的贫苦大众却因其贫困而被排斥在这种消费的节奏之外。由于缺乏产业工作，服务业的机会也寥寥无几，贫民同样难以跟上生产的节奏。不过，靠整日做苦工，再加上大量旧货市场上的零敲碎打，北京的贫民还是可以试着去跟一跟新节奏的。仅仅用一个向现代化方向发展的线性模式来描述民国北京的市场体系会失去它的复杂性。正如北京的市场体系无法用单一的结构解释一样，北京居民的消费也不是一个简单同质的行为。现代化的市场体系为这座城市创造了一个匿名消费者的阶层。在这个阶层中，我们可以隐约看到某种“消费民主”的影子。然而它显然也促成了一个新的社会等级体系，王府井就是典型的代表。在某些方面，这个新体系还颇有前清遗风。消费既可以毁掉一个人的社会地位，也可以确认一个人的社会地位。直到 20 世纪 50 年代中期，北京消费格局才被统一了起来。

如果说到目前为止讨论的商贸形式都倾向于将消费人群按照阶级、社会地位或者性别区分开来的话，那么在北京的商业活动中最能把他们联结在一起的部分就应该算是回收业了。从昂贵的古玩到抹布条，北京的回收业无所不包。正当北京的市场物流变得越来越等级分明，逐渐彼此隔绝的时候，回收业的买卖却可以延伸到家家户户，让各种物品在一起流通。北京的回收业无处不在。它将农产品的季节性与新消费的现代性脉搏融合在了一起。在回收的过程中，物品常常会进出于不同的时序。在旧货行，几种时间会重叠在一起，不分现在、过去和未来。回收将不同的时间秩序结合在一起，并创造出了一种新的涵盖全城的秩序。下一章将通过对天桥地区的考察来探究回收经济。

注释

[1] 习五一、邓亦兵：《北京通史》第九卷，第 195 页。

[2] 同上。

[3] 侯仁之主编：《北京历史地图集》，北京出版社，1985 年，第 28 页。

[4] 同上书，第 32 页。

[5] 关于《四库全书》，见：R. Kent Guy，*The Emperor's Four Treasuries*：*Scholars and the State in the Late Ch'ien-lung Era*（Cambridge，Mass.：Council on East Asian Studies，Harvard University，1987）。

[6] 在 1937 年，北平民国学院对北京的庙会进行了一项调查并以《庙会调查》（北平民国学院，1937 年）为题目刊出调查结果，重刊于孙健选编：《北京经济史资料》，北京燕山出版社，1990 年，第 385 页。

[7] 有关清代庙会的详细讨论见：Susan Naquin's *Peking*：*Temples and City Life*，*1400-1900*（Berkeley：University of California Press，2000）。

[8] 北平民国学院：《庙会调查》，第 350—356 页。

[9] 同上书，第 362 页。

[10] 齐如山："前言"，见张次溪、赵羡渔编：《天桥一览》，北京：中华印书局，1936 年，第 2—3 页。

[11] 扬：《南城繁荣计划之实现》，《市政评论》1（1934 年 6 月），第 140 页。

[12] 同上。亦见孟威：《拆路筑屋的平议》，载于《市政评论》2（1934），第 19—21 页。

[13] 宗泉超：《历史上的东安市场》，孙健：《北京经济史资料》，第 39 页。

[14] 同上书，第 40 页。

[15] 同上；亦见谭文：《北京掌故》，香港：上海书局有限公司，1974 年，第 119 页。

[16] 高松凡：《民国北京城市场变迁与分布述略》，载于《北京大学学报》，北京大学出版社，1992 年，第 68 页。

[17] 同上书，第 67—68 页。

[18] 刘志宽、缪克沣、胡俞越编：《十大古都商业史略》，北京：中国财经出版社，1990 年，第 534 页。

[19] 马芷庠：《北平旅行指南》，北平：经济新闻社，1935 年，第 11 页。

[20] 陶亢德编：《北平一顾》，上海：宇宙风社，1936 年，第 11 页。

[21] 兰陵忧患生：《京华百二竹枝词》，北京：益森公司，1910年，第8页。

[22] 董善元：《话说东安市场》，载于北京市政协文史资料委员会编：《王府井》，北京市政协文史资料委员会，1993年，第104—121页。

[23] Michael B. Miller, *The Bon Marche: Bourgeois Culture and the Department Store, 1869-1920* (Princeton, N.J.: Princeton University Press, 1981). 对消费者文化和百货商店在中国的发展的一项研究，见：*Inventing Nanjing Road: Commercial Culture in Shanghai, 1900-1945*, ed. Sherman Cochran (Ithaca, N. Y: East Asia Program, Cornell University, 1999)。

[24] 兰陵忧患生：《京华百二竹枝词》，第8页。

[25] 关于民族产品运动的研究，见：Karl Gregory Gerth, *China Made: Consumer Culture and the Creation of the Nation* (Cambridge, Mass.: Harvard University Asia Center, 2004)。

[26]《京都市政汇览》，第108页。

[27] 同上书，第112页。

[28] 同上书，第114页。

[29] 同上书，第112页。

[30] 同上书，第113页。

[31] 同上书，第118页。

[32] 同上书，第127—130页。

[33] 同上书，第124—125页。

[34] 同上书，第103—104页。

[35] 同上。

[36] 陶孟和：《北平生活费之分析》，上海：商务印书馆，1930年，第71页。

[37] 同上书，第68页。

[38] 王永斌：《话说前门》，北京燕山出版社，1994年，第124—128页。

[39] 同上书，第134—139页。

[40] 同上书，第130页。

[41] 同上书，第142—145页。

[42] 同上书，第20—21页。

[43] 宗泉超：《王府井大街的兴起和发展》，载于刘娟选编：《北京经济史资料》，第62页。

[44] Mothers' Club of Peking, *Peking Utility Book* (Beijing: n. p., 1921), pp.163-173.

[45] 宗泉超：《王府井大街的兴起和发展》，第62页。

[46] 孟起：《蹓跶》，载于《宇宙风》第23期（1936年8月16日），第571页。

[47] 董金甫：《王府井地区时装行业的形成与早期发展》，见北京市政协文史资料委员会编：《王府井》，第86—95页。

[48] 宗泉超：《历史上的东安市场》，孙健：《北京经济史资料》，第43—44页。

[49] 老舍：《老字号》，《老舍文集》第八卷，北京：人民文学出版社，1985年，第324—330页。

[50] 赵园：《北京：城与人》，上海人民出版社，1991年，第101—108页。

[51]《立言画刊》第218期，1942年11月，孙健：《北京经济史资料》，第396—398页。

[52] 董金甫：《王府井地区时装行业的形成与早期发展》，《王府井》，第86—95页。

[53] Susan Buck-Morsse, *The Dialectics of Seeing: Walter Benjamin and the Arcades Project* (Cambridge, Mass: MIT Press, 1993), pp.184-185.

[54] Susan Naquin, *Peking: Temples and City Life, 1400-1900* (Berkeley: University of California Press, 2000), p.631.

[55] Ibid., p.632.

[56]《北平工商业概况》，北平社会局出版，见孙健：《北京经济史资料》，第 338 页。

[57] 北平民国学院：《庙会调查》，第 363—364 页。

[58] 同上书，第 362—364 页。

[59] 同上书，第 379—380 页。

[60] 同上书，第 382 页。

[61] 同上。

[62] 同上书，第 383 页。

[63] 同上书，第 382 页。

[64] 同上书，第 385 页。

[65] 同上书，第 378 页。

[66] 同上。

[67] 同上书，第 367—368 页。

[68] 同上书，第 373 页。

[69] 同上书，第 372 页。

[70] 同上。

[71] 同上书，第 369—372 页。

[72] 同上书，第 385 页。

[73] 同上书，第 384 页。

[74] 同上书，第 378 页。

[75] 同上书，第 385 页。

[76] 同上书，第 380—381 页。

[77] 陈宗蕃：《燕都丛考》，北京古籍出版社，1989 年，第 340 页。

[78] 北平民国学院：《庙会调查》，第 376 页。

[79] 陈宗蕃：《燕都丛考》，第 340 页。

[80] 田蕴瑾：《最新北平指南》，上海：自强书局，1935 年，第 18 页。

[81] 北平民国学院：《庙会调查》，第 386 页。

[82] 同上书，第 362—364、385 页。

[83] 同上书，第 386 页。

[84] 同上。

第 6 章　回收：经历天桥

“逛天桥”是 20 世纪二三十年代的很多北京居民最喜欢做的事情之一。在当时出版的旅游杂志上，天桥有时会和古塔、宫殿、新开的公园一起被列为景点。有一本旅游指南说：“凡远方来平旅行者，若不至天桥一睹，实为最大遗憾。”[1] 但是作为“近代社会之缩影”，天桥和皇家遗迹吸引游客的地方并不相同。[2] 用民国作家衷若霞的话说，“天桥，是北京的焦点，这儿才是人生的正面”。[3]

天桥原为清皇室禁地，得名于附近的天坛。民国早期，天桥物价低廉、游艺荟萃，成为了最大的面向城市贫民的市场。[4] 它既肮脏、嘈杂、混乱，却又生机勃勃、引人入胜。人们在这里固然常看到改头换面的垃圾，但不时也会沙中见金。警察缉盗，通常会先光顾这里。精英文人要表达对劳苦大众的同情，这里也是首选的场景。20 世纪 30 年代，至少有三本著作和数篇重要文章描述过天桥的活动。[5] 在老舍的《骆驼祥子》里，当祥子掉进了虎妞设计的圈套，觉得整座北京城都在和他作对的时候，他跑去了天桥：

> 新年后，九点多钟，铺户的徒弟们就已吃完早饭，来到此地。各色的货摊，各样卖艺的场子，都很早的摆好占好。祥子来到，此处已经围上一圈圈的人，里边打着锣鼓。他没心去看任何玩艺，他已经不会笑。平日，这里的说相声的，耍狗熊的，变戏法的，数来宝的，唱秧歌的，说鼓书的，练把式的，都能供给他一些真的快乐，使他张开大嘴去笑。他舍不得北平，天桥得算一半儿原因。每逢望到天桥的席棚，与那一圈一圈儿的人，他便想起许多可笑可爱的事。现在他懒得

> 往前挤，天桥的笑声里已经没了他的份儿。他躲开人群，向清静的地方走，又觉得舍不得！不，他不能离开这个热闹可爱的地方，不能离开天桥，不能离开北平。[6]

天桥魅惑着像祥子一样的人，让他们总迈不出离开的那一步，觉得北京的日子还过得下去，甚至有它的乐子。20世纪30年代的北京正处于民国政府迁都南京后的一片经济衰退之中，天桥是当时为数不多的几个还保持着旺盛活力的地区之一。[7]

到底何为天桥？它的力量从何而来？为了回答这些问题，本章将首先梳理当时对天桥的一些认识，研究天桥地区的形成过程，然后步入那嘈杂喧嚣、尘土飞扬的市场，考察商业和娱乐的情况。和前几章一样，本章不会把社会变化看成突发的断裂，或者只注目于新生的变化，而是旨在理解新旧之间的动态关系。天桥市场既是新的力量的产物，同时又是由来自于过去的要素聚合而成的。那些创造新秩序时被丢弃到这里的东西重获生命，那些旧的力量在新的空间中释放出来又创造出新的机构和社区，这就是我称作“回收再生”的历史过程。通过分析天桥成形过程的动态关系，我们能够感受天桥，理解它的意义和文化内涵。

看得见的细节，看不见的整体

什么是天桥？这个问题如果真有什么简单现成的答案，当时的人并没有告诉我们。大多数时候，天桥对于想用眼、笔和相机研究了解它的人来说就好像是一个无序的迷宫。正如衷若霞所写的：

> 天桥是复杂的、多角的、集体而又纷纭的风景线，你从它的每块地方每个角落，都可以清晰的认识它，它会使你茫然失措地，如读一部材料丰富的人生史、社会史，使你觉到琳琅满目而又美不胜收的。不知从哪里读起，拿起笔不知从哪里写起，用摄影机也不知从哪里取景呢。[8]

在袁若霞看来，只有置身其中并从某个特定的视角着眼，天桥这个多元、杂聚和混乱的地方才好理解；若是从整体观察，反倒容易莫名其妙。人们既被天桥吸引，却又不能完全接受它。它如同现实生活一样丰富多彩，但一旦观察者远离它的细节，就什么也看不到。就是说，天桥只存在于细节中，远观或者鸟瞰将一无所见。

不过只是在天桥的街头巷尾转一转并不能更好地理解天桥。在这片熙熙攘攘的弹丸之地上，人们很容易就会迷失在三教九流、五行八作和琳琅满目的商品当中。根据1930年《北平日报》的统计，民国最初的十九年间天桥有三百余家注册的店铺。想买衣服的人可以在这里找到八十二家二手服装店和七十九家绸缎庄；喜欢京味食品的人可以找到三十七家饭馆、三十家茶舍、六家酒铺和一家茶店，至少一百一十七种小吃；[9]工业制品在七家洋货行、四家烟草行、三家钟表行和一家西装店里有售；要买日用百货，则有二十四家杂货店、二十一家木器行、十六家刷子店、九家煤铺和五家药店，还有四家卖鸟笼的、三家卖草帽的和两家配鞋底的。节庆仪礼，可以到三家照相馆里的随便哪一家拍张照片。“瘾君子”们在天桥则有十七处可以吸“白面儿”的地方。这里还有当铺、货栈、箱包店、军装店、牙科小诊所，以及大量的妓院。[10]除此之外，还有290余处货摊，“每日在天桥靠经商谋生者，竟多达两千余人”。[11]从店铺的数量估计，在天桥谋生的人数应当还不止两千，店铺间熙熙攘攘地聚集着从民间曲艺到电影、西洋景等二十余种室内外娱乐项目。说唱、评书、相声、把式、摔跤、魔术，乃至春宫画，一应俱全。城南游艺园和新世界游艺场还有仿上海大世界的新式娱乐，被美国的社会学家悉尼·甘博称作“北京的科尼岛”。[12]

不同的游客对天桥会有迥然不同的反应。如果说皇家园林吸引游客的是它的荒凉、宁静的肃穆感，天桥的诱惑则在于它的喧嚣——对于一些人来说，这喧嚣激动人心，另外一些人却避之唯恐不及。关于天桥究竟魅力何在这个问题，当时的人给出了不同的答案。田蕴瑾的《最新北平指南》用大量的篇幅来描写歌女。尽管书里说“此种境界，青年人不宜轻入”，但他仍然对天桥歌女们的调情与风骚重笔彩绘，毫不掩饰自己对天桥这些“不规矩”的娱乐的浓厚兴趣。[13]对于住在北平的欧洲和美国妇女来说，天桥的乐趣则在于购物，因为这里可以买到便宜的“二手皮草、丝绸，有时也有刺绣和衣物”。[14] 清末民初有个叫易顺鼎的官员，在 1913 年到 1914 年间去过天桥以后，他对天桥曲艺的喜爱之情难以自抑，写了一首长诗《天桥曲》来夸赞鼓书艺人冯凤喜。[15] 和易顺鼎不同，张次溪和赵羡渔都将自己定位为社会学家，所以相较将自己融入天桥，他们更喜欢做观察家，从旁观者的角度记录普通人对天桥的反应：

> 很少有绅士气度的大人先生在此高瞻阔步，到这里来玩的人，多半是以体力和血汗换得食料的劳苦的人们。他们在每天疲倦以后，因为这里不需要高贵的费用，便可以到这里来，做一个暂时的有闲阶级，听听玩意儿，看看杂耍，忘却了终日的疲劳。精神上得受了些无限的慰藉。无风三尺土，有雨一街泥，这本是形容北平市街道名句。天桥的暴土永远是飞扬着，尤其是在游人拥挤的时候。虽然也有时，暴土会稍为灭迹，然而这也只是在黄昏的一刹那，是极短暂的时间。在午间，游人们是兴奋的来到这里，同时，暴土也飞扬起来，汗的臭味，熏人的气息，还有脏水被日光所蒸就兴奋地发的恶味，是一阵一阵的随着风飘过来，送到每个人的鼻孔里。这气味的难闻，会使人呼吸都感觉着窒塞。可是他们，很多的人，却似乎未曾感觉出来。仍然在兴奋玩乐。[16]

尽管试图置身事外，力求客观，张次溪和赵羡渔其实还是和衷若霞一样困惑。大众的兴奋是显而易见的，然而这么一个肮脏的地方，到底是什么会让人们如醉如痴呢？

在天桥，张次溪、赵羡渔和衷若霞被种种琐细包围，却不知如何可以将它客体化地把握其全貌。在欧洲，也曾有人有类似的苦恼。蒂莫西·米切尔在他的开罗研究里谈到，当福楼拜第一次到开罗时，他看到的是一个“乌七八糟，不堪入目”的开罗，“除去混乱，一无所有”。他在从开罗寄出的第一封信中写道：

> 现在我们在埃及了……可是我能说什么呢？我能写什么给你呢？我还没完全从最初的眼花缭乱中清醒过来呢……这里的每个细节都会

> 抓住你，折磨你；你对它越是专注，就越无法理解全局。然后，取决于你的视角，这些碎片会渐渐各司其位，归于和谐。[17]

对开罗和天桥的描述会如此相似，既非纯属巧合，也不是说天桥和开罗就是一回事。这里的关键在于福楼拜提到的“视角”——或者说，是特定的视角中蕴含的对秩序的期待。米切尔认为现代性的意识，以及试图塑造和顺应这种意识的城市规划，其基础都在于以布展的眼光看待每样事物。万国博览会可以看作是对这种眼光的最好的诠释。万国博览会所展现出来的世界“没有错综复杂的社会实践，只有一个二元对立的秩序：一边是个体和他们的活动，另一边是一个静态的、莫名其妙地脱离个体而先在的结构，这个结构给个体生命限定了一个框架”。[18]米切尔认为，19世纪开罗的重建就反映出了这种“把世界看作一个展览”的原则：

> 新街道的布局设计就是为了彰显它们是有规划的。这样的规划并不只是辅助都市重建工程的一个工具，而是蕴含在城市街道的布局中并内化于城市居民生活中的一种秩序原则。像老城一样，新城仍然是地面和空间的某种分配。但是这种分配的常规性在于创造出对于某种实体街道之外的东西——即这些街道的非实体结构——的体验。因而，这样的城市的秩序就应该从实物自身的物质实在和它们的看不见的、形而上的结构之间的关系中去把握。[19]

这样一个世界是在“个体与设施、实践与体制、社会生活与其结构——或者物质实在与其意义的二元形式”上运作的。[20]

与开罗的情况有所不同的是，对于北京来说，“规划”和“秩序”并非一个特别新鲜或者现代的现象。帝京本来就是一个规划谨严的城市，有效地创造出了一个强大的权力形象。不过，除了这一点经验层面上的不同以外，北京和开罗仍然是很相似的。清代北京与民国北京（以及米切尔一般意义上的现代城市）在秩序的概念与物质实在之间的关系上是不同的。帝京靠修造宫殿和典仪场所的行动本身以及这些建筑结构的物质存在来创建秩序。当皇帝主持仪礼时，所有人都相信他就是在整饬宇宙的秩序。从某种意义上来讲，城市本身就是一个巨大的祭坛。在这里谈不上区别形式和功能，也谈不上把“个体和他们的活动”与“一个静态的、莫名地脱离个体而先在的”，并且“给个体生命限定了一个框架”的结构分开。民国北京的情形不同。早在新街道动工之前，就已经有了“秩序的原则”这样一个抽象的概念。制订计划是为了表达这个原则，兴修土木工程是为了把这个原则变成物质实在。就算是计划落空、工程下马、土木建设被夷为平地，原则还是在那里。不管看得到看不到，不管是在存身的空间还是在他人的举止中，人们走到哪里都要面对这个秩序。

当衷若霞试图描绘天桥的时候，他想“把世界看成一个有限的整体、一个有界限的结构或系统”。[21]但是他遇到了阻力——用米切尔的话讲，天桥的棘手之处在于它是一个“其生活还没有被过得像万国博览会一样”的地方。[22]除了少数几条主干道以外，天桥的空间并不遵循任何规划。在天桥进行的大量活动既不合帝京的传统，也入不了民国新公民的法眼。天桥早就失去了它在帝王秩序中的位置，而民国的秩序最多只提供了一个难以令人满意的理解和解释天桥的框架。没有人去平视天桥，寻找它的活动的内在逻辑。人们观察天桥采用的视角往往来自于北京其他城区、上海乃至日本和西方的秩序和规划。只要观察者的视角和意识摆脱不了这种期盼民国式新秩序的框架，天桥就只能被看作一种消极的东西，是对秩序的破坏。

但是对于像祥子和其他很多在北京谋生的人来说，这个地区却有它自己的秩序和节奏。要了解天桥无序中的有序，首先可以研究这个地区的成形。天桥在北京空间秩序转型的过程中接收了很多它抛弃的东西——无法在新城市中生存的人，不符合人们想象中的现代化未来的事物，以及那些被视为俚俗粗鄙，难以符合民国公民新的道德规范的行为活动，统统被扔到了天桥。

天桥的诞生

对于那些不熟悉民国北京的外地人来说，天桥的名称本身甚至都有点令人困惑：很多人不清楚它到底是个新地方还是老地方。20 世纪 30 年

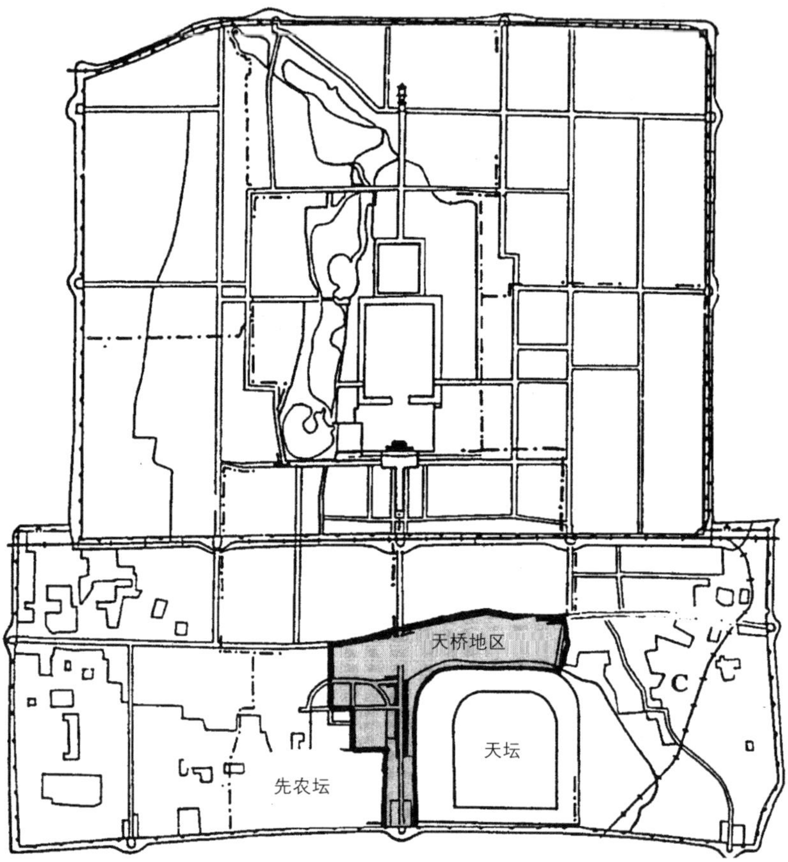

地图 9　天桥地区的地理位置

代，上海出售过一种天桥牌香烟，烟盒上印有一幅秀美的风景画，画中是一座多孔长桥。很多人一听说北京有个叫天桥的地方，就自然而然地当它是那座桥。到了北京之后他们才发现，那座桥和那个叫天桥的地方确实都存在，不过根本是两回事，被混淆在了一起。烟盒上画的桥其实是北京西北郊颐和园的十七孔桥，天桥则在市区的东南角。[23]除了两者都是 1911 年后开放的前皇室空间之外，这两个地方简直是天上地下，毫无相似之处——颐和园幽雅静谧，是以前的皇家园林，当时的民国公园；天桥则处处与之相反。

在一些导游手册上，天桥也被列为"古"迹之一，但它和其他保存下来的皇室名胜鲜有相似之处。它是 1911 年以后诞生的都市空间，决定其形成和功能的都是全新的力量。导致这个前皇室空间开放的政治进程、北京庙会集市的变迁，以及把天桥纳入新城规划的新的交通体系都是以前从来没有过的新事物，这些都标志着天桥完全属于民国时代。

天桥得名于明代建造的一座桥，本为皇帝每年从宫中到天坛和先农坛主持祭礼所用。1907 年桥被拆除，但名称一直沿留。[24]这个区域在外城共占地 2.5 平方公里左右，位于皇宫正南，与之有城墙和前门商业区相隔，北起东、西珠市口大街，南至永定门，西起东经路，东至天坛。

明清两代，"天"桥确实曾有些"此景只应天上有"的美誉。它本来风景优美，是官宦文人清谈雅聚的所在。在这里他们吟诗作赋，咏叹鲜花浮云、绿树红莲、壶中日月，自然也少不了青楼风光。笔墨挥洒间，随处可见端阳赛马赌戏、盛夏荡舟莲池、秋日采菊东篱的愉悦。才思枯竭的时候，他们会到桥北酒肆求诸杜康。天桥之所以是这样一个令人诗兴大发的地方，缘自它的清静无人，最易生发孤寂幽思。与后来"寻常百姓"熙熙攘攘的集市截然不同，此时的天桥是都城中一个乡间休养的胜地，其秀美的风景堪比江南，正合上流阶层的审美趣味。[25]但是，对大多数北京的普通百姓来说，天桥却连北京的一部分都很难算得上，因为他们几乎从来不去那里。

天桥的发展与清王朝的覆灭和民国北京空间规划的变化是紧密地联系在一起的。在民国的新市场等级体系中，大多数旧市场的地位都下降了。清代北京的六大繁荣的商业区分别是地安门、东四、西单、花市、菜市口和前门。这些市场中，除了前门之外，都既有买卖交易，又有俗称“杂耍”的户外娱乐。清朝被推翻之后，六大商业区全部衰败了下去：没有太监皇子们光顾，地安门市场就没有了昔日的繁荣；江南不再向皇宫内院进贡粮食，东四就失去了它的战略地位；交通体系改变了，花市也不再享有市中心的地位；西单尽管还是一个商业中心，它的新外观却再也容不下地摊和民间表演。于是，当天桥开放成商业区的时候，来自全北京的地摊买卖和街头娱乐自然都渐渐“群趋于天桥之一隅”。[26]

天桥成为商业中心始于晚清新政，与当时改善北京形象的努力密切相关。民国时期，天桥在政府的计划中本来并不是一个重点地区，政府的新的空间规约在这里并不像其他地方实行得那么严格。不过，建设民国新北京的过程——清理内城、开放天坛公园、修建公路铁路、定天桥为新的有轨电车线路的终点站——这一切都促使天桥成为了新的、生机勃勃的商业娱乐中心。

1906 年，清政府重修了从正阳门到永定门的公路，这条公路直接把天桥地区一分为二。三年后，京师外城巡警厅与一些商人一起创办了一个公司，并出售股份，以发展天桥西北角的香厂市场，把它变成一个示范商业区。他们填埋了那里的烂泥坑，出资使当地住户搬迁，以拓宽道路。当时的北京市民都很乐意每年春节逛逛天桥西北边的厂甸集市。1912 年，由于市政道路工程，厂甸集市搬到了香厂新整修的场地。这样，天桥就成了一个活跃的商业中心的近邻，其低廉的地价自然也就吸引了一些有商业头脑的人。[27]

在 1912 年的香厂集市上，演员俞振庭搭棚表演连本大戏，并邀请女演员加入了他的戏班子。因为那个时候女子登台表演在北京还是一件新鲜事，表演吸引了大量观众。俞振庭本来计划连演一个月到集市结束为止，但是由于实在太火爆，集市结束之后，他又将戏台移到了天桥东北。几个别的戏班子紧随其后。很快，他们都搬到了天桥，天桥也就头一次有了戏园。当时出现的三个戏园分别叫歌舞台、燕舞台和乐舞台。在一些上流阶层的人看来，天桥由此便由雅转俗了。[28]后来为了整顿市容，政府在大多数城区都取缔了杂耍表演，吃这碗饭的人便聚集到了天桥。政府的一番创建城市新秩序的努力，于是倒更成全了天桥的大“俗”之名。

当时的天桥是政府重新安置有碍新北京建设的人的地方。1913 年，内政部提出在北京修建有轨电车线路，决定拆除正阳门护墙，修建公路。[29] 1914 年 6 月，组建了一个工程委员会，并与一位法国工程师签约，准备推倒城墙。在城墙根东西荷包巷居住的六十余家住户店铺因此获得了赔偿，要在一年之内搬迁。住户们于是集资把老房子的砖木带到天桥西，在那里修了七条小巷，开了酒馆、饭馆、补牙店、茶馆和其他一些店面。后来又有更多的商家在这里开业。[30]

在天桥地区建立空间秩序，政府最初采用的办法和其他地方一样——修建更好的街道、维修下水沟渠、改善卫生状况，等等。天桥早期的状况根本不适于商业。这个地区本来是一个年年夏天积水的沼泽。“入夜，则蛙鸣不已，蚊虻麇集。明沟秽水，臭气熏蒸。”[31] 1917 年，天桥所属的外右五区长高尔禄率一个施工队填平了沼泽，修建了道路。市政府还整修了先农坛以北地区的道路，将明渠填平，筑路以利交通，同时拆除先农坛的外墙，以新建的街道重新划分街区。这些措施都增加了天桥地区的可使用面积。[32]

这些早期举措的目的是要将天桥变成一个上等的休闲中心。1917 年，由商人捐资相助，在先农坛东北角修建名为水心亭的公园。翌年，公园开放。到 1920、1921 年间被烧毁前，水心亭对天桥的发展起了重要的作用。1917 年，政府将先农坛更名为城南公园。翌年，有商人又在先农坛中开设了城南游艺园，后来两家公园合二为一。这些公园吸引了大量游客，无疑大大促进了天桥地区的商业发展。1926 年，内务部决定拆除先农坛外墙，将一些土地出售给商家，先农市场、惠元商场、天丰市场、城南市场、西市场等随之开张。随着天桥商业日渐兴隆，它在上流社会的名望也就消失殆尽了。[33]

北京兴建电车火车等现代化交通体系对天桥的发展也起了重要的催化作用。京津线的马家堡车站和京汉路的卢沟桥站均位于天桥以南。在这两站下车的乘客要前往北京市中心，就必须经过永定门和天桥。去马家堡车站的人也常常先在天桥会合。1900 年，由于义和团烧毁了不少铁路车站，车站移至天坛和前门。另外，当时清军驻扎在永定门外以南的南苑，也有一路火车直达永定门。鉴于永定门地区有这样两处火车站，以方便火车旅客起见，有轨电车总站自然而然地定在了天桥。张次溪认为：

> 自电车公司采天桥为东西两路总站，交通既便，游人日繁。趋时者，复出资争购地皮，兴建房屋。空地之上，相继支搭帐篷，或划地为场，租与商贩艺人，设摊设场。于是桥之界限，已扩至三四倍。西北抵新世界，东北接金鱼池，西南至礼拜寺，东南则达天坛坛门矣。[34]

王伯龙也有类似的看法：

> 继以电车公司采其地为第一二路总站。东自北新桥，西自西直门，东西亘十余里，瞬息可至。于是天桥遂成极繁盛之区，此总因也。前岁（1935）正阳门大街修路，一二路电车止达正阳门。此数日间，天桥骤显零落。然则天桥之繁荣，实赖乎东、西、北三城之居民，不仅南部也。[35]

天桥地区的这些变化吸引了更多人从全城各处来到这里，它成了全北京的市场；1920、1921年间的火灾之后，电车公司又把天桥定为了好几条线路的总站。将天桥发展成高尚娱乐中心的计划于是搁浅。

天桥好像北京的阁楼，凡是当下不需要的，都可以随手扔到里面。不过，它也并不只是简单被动地接收化外之物，以便让城市维系其他地区的秩序。那些被抛弃的东西积累混合起来之后，又势不可当地反弹回生活，甚至还生发出了些诱人的魅力。这种反弹的力量因为遵循回收再生市场的效率原则，有别于北京其他城区，所以很容易被误认为是混乱无序。最能说明这种力量的是二手旧货和五花八门的民间娱乐表演，它们也正是天桥令人兴奋的原因。

“假货”与“真本事”

逛天桥是彻底逃脱单调乏味的日常生活，到一个新奇的世界中去探险。掂量掂量两个泡菜坛子孰重孰轻，或者比较一下两块布头的大小质量，都要根据生活经验取舍应对决策。看客们在天桥既可以看着摔跤手粗壮的肌肉啧啧称奇，也可以和其他观众一起被有名的“天桥八大怪”逗得哈哈大笑。至于付不付钱，全凭自愿，所以就算是叫花子也有娱乐的机会。[36]天桥既是一个廉价的、以二手旧货为主的市场，也为随喜收费的娱乐提供场地。它在向几乎所有人开放的同时，又要求人们有鉴别能力。金钱在这里固然永远受欢迎，但一物一笑到底值价几何，还需要消费者的智慧来估计和判断。

天桥首先是个市场。作为北京最廉价的市场，它是不太富裕的城市居民购得相当一部分日常所需的地方。不过，由于商品繁多，乐趣无限，它又不仅仅是一个满足人们日常所需的市场而已。低廉的价格不只创造了购买的可能，而且刺激了购买的欲望。新百货公司采用的商业机制在天桥也偶有所见。从这种意义上说，天桥是一个卖旧货的新市场，一个处于现代化过程中的城市用来训练消费者的场所。

尽管天桥是北京最大的廉价商品市场，在这里买件东西却并非易事。这里几乎所有的商品都是二手货，天桥商贩也以善于欺客著称。说到底，天桥市场的繁荣正是拜不择手段的商人们强烈的销售欲望所赐。在这种地方，只有有见识的内行才能辨明货色，只有经验丰富、处事果断的人才能有所斩获。

天桥出售的大部分商品都是商贩们从北京各个地方的住家，当铺，走街串巷打鼓收破罐子、旧家具等破烂的人那里用极低的价格收集来的。尽管逛天桥的人也知道商贩们常常骗钱，他们还是会图便宜掏钱买这些东西。做绸缎、鞋子、香烟、家具和钟表买卖的生意人都是出了名的爱掺假。本来是旧布，经绸缎庄一浆洗，看起来就很光鲜；鞋子瞧着是崭新的，其实用料低劣，穿一周就会坏；家具不管多么美观亮丽，买回家半个月就能散架；烟摊总是少给顾客香烟；更糟糕的是，酒铺为了赚钱，不但往酒里掺水，而且还会加砒霜、鸽粪一类的东西让掺水的酒能使人有醉意而误以为酒有力——这些都是广为人知的公开秘密。[37]

估衣店、绸缎庄和皮货庄素有“老虎摊”的绰号，因为顾客上门仿佛羊入虎口。估衣店的货源之一是裁缝店裁错裁坏的新衣服，不过这只占他们进货量的极小一部分。他们进货的主要渠道是从当铺买进那些定期清仓出售、没人赎领的“死当”。每逢拍卖日，估衣店老板都会聚集在当铺，检查待售的衣物的质量。他们会在纸上写下愿意出的价钱交给当铺老板，当铺老板再把衣物卖给出价最高的人。

有资本的人在天桥开估衣店，需要雇一些卖东西的伙计。这些伙计不叫店员，而叫“助笔”，因为每笔交易都要白纸黑字地记录在案。估衣店老板会在从当铺买进的衣物上标明价格，然后转手给助笔，衣物卖出之后收取标价的金额。如果一个助笔能以比店主的标价高的价格把货出手，中间的差价就会落入自己的腰包，所以助笔会千方百计地诈取顾客手里的钱，大多声名狼藉。不管是多挑剔的买主，助笔总是可以想方设法地虚夸商品，抬高价格。当引诱和哄骗不起作用的时候，他们有时甚至会采用暴力。

天桥有一百多家估衣摊，分成两排毗连而设。这里最吸引买主的一点就是商品种类齐全：从夏天的大褂、秋天的夹衣，到冬天的大衣应有尽有。两排摊位间通道狭窄，还经常被摊主们伸手阻断——这样顾客们就不能不停下来看看他们的东西。女顾客一般会让人觉得更软弱可欺一些，所以经常可以看到她们本来不想买却被强行拦住。[38]

由于这种情形非常普遍，天桥便有了欺诈的恶名。在这里购物成了步步陷阱的冒险——危险在于没有一样东西真是它们看上去的样子，事事都难以预料。对于天桥的顾客来说，讨价还价的本事和鉴别商品的能力就成了对付优劣难测的二手货唯一的法宝。买家和卖家各显神通，互相斗法，看谁可以从对方那里赚取最大的利益。卖家总是想用最高的价钱出手最低使用价值的东西，买家则想方设法地揭开旧货的伪装，摆脱虚高的交换价值的干扰，判断出真正的使用价值。一个人能不能判断商品的真假好坏，价钱是否合理，这样一试便见分晓。会不会逛天桥，看的就是有没有这种能力。这里没有理所当然的信任，有的只是买家和卖家之间，消费欲望和收入限制之间，以及对商品使用价值的需求和最终付出的价格之间互相挑战试探、讨价还价的激烈较量。

与信誉低下的旧货生意不同，天桥的娱乐表演有口皆碑，艺人们都成了北京的传奇。如果说这里的商品大多数是出处难寻的二手货，这里的表演则全是面对面、不加虚饰，仿佛就是要弥补二手货生意的诚信不足一般。天桥艺人的声誉往往来自于他们严苛训练出的矫捷身手。有些技艺算是独门绝活，会冠以艺人的名号。和工业城市里靠机械设备震撼观众的娱乐不同，天桥的艺人们吸引观众，靠的是对自己平凡肉身的征服和控制，靠的是“真本事”和“绝技”。这些艺人尽管有名，却不会成为名流——人们口耳相传的是“天桥八大怪”一类的绰号，他们的本名倒反而被淡忘了。[39]

在天桥看表演有一点与购物相似：看客常常会对艺人的方方面面，诸如训练水平、年龄和表演的难度等品头论足。天桥的名艺人展示独门身手，可以获得传奇般的名声。人称“天桥怪才”的胡老道，1936 年时已经年逾六十，却仍然精力充沛，腰腿柔韧，令人称奇。据传说他是河南一位高官的公子，自幼习武。另一位信镖孟十二三岁，年纪轻轻却有惊人艺业。他最拿手的表演是以白粉画地为脸，以铜钉为眼耳口鼻。在一丈开外飞镖击中铜钉。他身怀绝技，人缘又好，所以总是很多人捧场。做这种靠身体吃饭的表演，孩子们最能赢得观众的同情。有三个天津来的耍棍棒的孩子，一个 15 岁、一个 11 岁，另一个只有 8 岁。他们大部分时候都只是默默表演，好像不大明白怎么要钱，有没有钱，全看观众的同情心，给不给他们都不会抱怨。可越是这样，他们的表演就越是受欢迎。变戏法的在天桥也颇受欢迎，人们喜欢看他们手脚利落，玩得不露破绽。其实大多数戏法都差不多，无外乎仙人摘豆、食糠吐火、吞宝剑、咽铁球铜铃，等等。有的变戏法的可以在肚子里摇响铃铛，然后从嘴里把铃铛吐出来；有的可以让蛇从嘴里进去，从耳朵里出来；还有的可以把玻璃杯放在地上变没，然后再变回来。[40]

相形之下，那些没什么真功夫，只是靠迎合人们的好奇心吸引眼球的新式表演受欢迎的程度要低得多。典型的例子就是“看瓶子”：

> 一个三十多岁的青年……手中拿着四五个小白长玻璃瓶子，在瓶子的端际系着一根弦线，通连着各个瓶子。他口中不断地喊着带有诱惑性的句子，像什么“一大枚一看，里面有大娘们，不穿衣服的，保你不冤，准值一大枚。看一遍，保你必要看下次。里面有好东西，可是不许小孩看”。好奇的，都在竞争地抢着看。看完以后，嘴角都挂有浅微的笑痕。原来里面并没有什么稀奇。只是一张裸体曲线毕露的女人相片。这相片是贴在瓶口处的圆球上，反映到瓶底，便放大起来。[41]

天桥还有两处放“活动电影”的地方。小黑屋里摆几条长凳，坐十几个人，东墙上挂一块白布当银幕，窗外架一台放映机，把照片的投影打上去。一开始他们用的是日光，后来加装了小的发电机，看起来就更像电影了。[42]这些表演吸引了一些看客，但从没像那些身怀“绝技”的艺人们那样成为天桥的传奇。[43]

掼跤是典型的天桥娱乐。正式的跤手原来是分在善扑营两翼服务清廷的，西城为左翼，东城为右翼。掼跤场在北城大佛寺。跤手都是旗人，据说是每年冬季由皇帝亲自观看比赛，筛选出来的。外邦进贡的时候，这些跤手会为他们表演，或者跟他们一试身手。民国初年，善扑营解散。过惯了特权生活的跤手们没什么别的养家糊口的本事，于是自发组织起来卖艺，把摔跤从宫廷仪礼变成了商业娱乐。[44]北京的第一个公众掼跤场就在天桥。1922 年，以前做过善扑营跤手的旗人杨双恩开始在天桥卖艺，靠观众的赏钱为生。后来，沈三与其合作表演，并且大获成功。他们的表演起初是免费的，后来才开始收钱。不久之后，很多跤手争相仿效，掼跤就成了天桥的一个行当。[45]

天桥的摔跤手逐渐形成了自己的行业规范。所有的摔跤手都会装备三样东西：褡裢衣、骆驼绒绳、螳螂靴子，皆为护身之用。如果摔跤手装备了这三样东西，那么在比赛中便是死伤由命、生死由天。摔跤的师徒或搭档之间并没有正式的契约。不过也许正因为如此，摔跤手对朋友更讲义气，更尊敬师长，彼此相处得如同手足兄弟、师徒父子一般。练功主要是靠徒弟自己。这种自我训练的方式赢得了更多的尊敬，因为观众们相信没有坚强的意志，便无法练就过人的技能。征服他们的不仅仅是跤手的表演本身，更是在那一招一式背后多年的勤学苦练。[46]

但是掼跤在天桥毕竟是一种商业表演。与在皇帝面前的实打实的掼跤比赛不同，天桥的掼跤分两种：一种是花拳绣腿，另一种才是真把式。向观众要钱的时候，跤手们会玩几招好看的花架子，并不真摔；不过等到每场表演的高潮时总还是可以看到跤手们真刀真枪的较量。用跤手们的行话，真摔叫作“尖儿”，假摔叫作“理性”。跤手们每天收入的两成要交给开跤场的。剩下的八成里，只管开场白话一番和中间串场要钱的主持要分走一成五。最后余下的钱由跤手们按各自的等级分领。[47]

天桥每天表演的艺人都一样。身上带着真功夫，在相当长的时间内就不愁没人爱看。相形之下，机器制造出来的娱乐就得不断地更新换代才行。约翰·F·卡森（John F. Kasson）发现，纽约科尼岛上所有的娱乐项目都很短命。很少有人“去一次科尼岛会玩同样的东西超过六轮，也没什么人会想下次再来科尼岛玩这次玩过的东西。想让老玩意儿接着赚钱，只有换个新招牌，不过用这种办法蒙蒙观众最多也就是得手一回而已”。[48]天桥的艺人却不必这样不断更新，他们要一套把式，就可以让观众在很长的时间里一遍遍乐此不疲。不仅如此，或许吸引人们的正是在每时每刻都在变化的肉身凡体上长期稳定地保持那些高超的技能的自律——这正是“本事”的根本精髓所在，人与机器的差别所在。

表面上看，交易实物商品和耍把式卖艺是截然相反的两路买卖，事实上它们却常常被合二为一。最好的例子就是天桥卖药的，手上卖的东西本身的信誉不好，就要个好把式来劝说大家购买。他们是天桥假货与真把式之间复杂吊诡关系的典型代表。天桥卖的药到底有什么效用，没有任何东西可以验证，全靠卖药的八仙过海，想尽各种办法兜售。有的卖药的总是先提醒观众市面上假药横行，大家一定小心，然后声称自己的药是祖传秘方，久经考验。提醒大家注意假药，是要套近乎，让看客们觉得自己是他们的朋友，并不是骗子；讲讲自己的故事，说说这药是怎么从祖上传下来的，也是为了同样的目的。有的卖药的高悬彩布，图画一些寄生虫病患者的形象，再摆些瓶子，展示用酒精浸泡的各种各样的寄生虫。也有的先手捧一只死鸟，唱一段戏，以鸟比病人，称病不早医，便如同不及时筑巢的鸟儿会在冬天冻死，然后把一些药膏分发给人群中的几位“病人”以证药效，声称不见效不要钱。稍候片刻，待他揭下药膏，这些“病人”们就会纷纷声称果然药到病除。还有的会借政府的权威给自己撑腰。有位卖皮肤病药的，不讲什么祖传秘方，倒是摆出了一份政府颁发的许可证来证明他的药货真价实。[49]

不过，最受信任、声誉最好的药贩还是那些靠耍把式、掼跤来招揽主顾的，专拉硬弓、名头很响的牛茂生就是其中的一位。他的硬弓一开，总是观者如云。他这么卖力气倒不是要收表演的钱，而是在叫卖他的“大力丸”。[50]美兴周父子的武术表演在市场上也很受欢迎，每当表演把人群吸引过来，他们就会开始吹嘘自家药品的神效。[51] 药贩子们就是这样通过表演树立自己的信誉。这和现代的百货公司推销商品，提高信誉的方式恰恰相反。正如艾格纽（Agnew）的分析：

> 商贸存在风险，所以强调清晰明确的责任归属。喜剧则与之正相反，它本来就该是不合逻辑的，越是荒诞不经倒越好；而且，越是不必负责任的喜剧就越是好的喜剧，因为这才说明它没什么恶意。戏剧性之于严肃的生意人就像商业性之于严肃的戏剧人，都会从根本上威胁到两个行当各自诚信的基石。[52]

与此恰恰相反，在天桥，特别是对于药贩们而言，戏剧性是生意兴隆的关键。天桥交易的诚信不是靠合同维持的，也没有什么法律规定或约定俗成的程序来保障商品质量的可靠性。观众信不信，全看药贩的手段和他能拿出手来的证明。药贩们卖的不是质量好坏看得见摸得着的商品，对他们来说最好用的广告就是自己的身子骨儿和精气神儿。这样一来，商贸和表演就被天桥的药贩们紧密地结合在了一起。用艾格纽的话说："与其说关键的历史性差异是存在于商贸和表演之间，不如说是在这两者与它们为其需求服务的一般社会之间。要把这两者对立起来，首先要把它们从其他事物中抽离出来。"[53]

但是，商人们所用的这种种换取信任的手段，往往倒会让顾客起更多疑心。正是这将信将疑，犹豫不定之间，物质商品的交易和天桥的表演互相定义、互相合作，每天都吸引来大批的人群。还是艾格纽的分析："不管是在这两种场合中的哪一种，顾客们的信任都是有条件、有前提的，与其说是相信，不如说是暂时不怀疑——过去也好，现在也好，把市场和剧场联系起来的都正是这种有别于其他类型交易的独有的经验特性。"[54] 逛天桥和在戏里扮个角色，两者的乐趣——暂时的不确定性，尝试性的悬念——可以说是相通的。

缺乏诚信使在天桥购物既充满风险，又富于乐趣和刺激。能够不上圈套，消费者才能证明自己的精明、不轻信。从成功的自我保护中，他们可以获得一种权力感和自豪感。在天桥购物不仅仅是满足一种盲目消费欲望的过程而已，实际上，它是欲望（或需要）与知识和智慧之间的一种长时间的较量。本来是处于被压榨的地位上，只能被动盲从的消费者会由此获得一种优越感：他们现在有了鉴别真伪好坏的机会，可以在买家卖家无休止的斗智斗勇中占得先机。他们必须小心辨别什么值得买，什么需要买，不然就可能买进不需要的东西，甚至垃圾。

在天桥，社会地位不能保证买到更好的商品——换句话说，购物的行为并不构建社会地位。这种对地位区别的否定威胁到了以阶层分化为基础的社会等级制度。阶层分化意味着分类、秩序，从而达到稳定。无视乃至混淆阶层分化使人们大可以对社会地位不恭不敬，消除抛弃类别，从而造成无序、不定乃至狂欢的感觉。固定的社会地位在这里不断地被遮掩，最终土崩瓦解。骗谁都可以，每个人都一定会被骗——面对欺诈，较高的社会地位并不会带来较好的运气，人们尽可以故意夸大、嘲弄、挑衅传统意义上的社会分类，而不必担心受到什么惩罚。再次借用约翰·F·卡森形容科尼岛的话来说，天桥“似乎已经将一种狂欢精神制度化到这个缺乏狂欢传统的文化中了”，只不过“这个狂欢节不是在日历上的一个特定时间，而是在地图上的一个特定空间”。[55]

天桥允许无限度的匿名性。百货公司的顾客也有一定的匿名性，但是这种匿名性是需要一定的经济地位支持，并受其限制的：他们至少看上去得像是能在这种地方买东西的人。天桥则不然，无家可归的乞丐也好，猎奇的外国人也好，它欢迎所有人。天桥的商品也是匿名的。没人清楚它们从哪里来，经过了几道手。百货公司的匿名性允许顾客扮演角色，但同时也确认了他们现有的身份——这是一种建筑在基本信任之上的既有趣又安全的游戏，贫穷和肮脏等有风险、不确定的社会因素已经被预先排除在外。但是逛天桥的人既可能跟罪犯做上交易，也可能撞见一个身上满是虱子的乞丐；这里的每张脸孔，每笔交易都不可靠。天桥的匿名性既意味着自由，也带来了威胁。

从这种意义上说，天桥是一个兼容并包、匿名的并且易于进入的公共空间。说它兼容并包，是因为对于整座城市——这个规划者们蓝图上广阔的“公共空间”，天桥最像它的一个横截面。这里几乎是一个完全包容的乌托邦，人人都戴着面具，半遮半掩地扮演着自己的角色。这种匿名性与同质性绝不是一回事——可能更好的说法是：人们作为陌生人彼此相遇，神秘、威胁和兴奋交织在一起。这个广阔的公共空间并不是一个容纳或创造“公民”的地方。如果公民性要求牺牲自我利益和整饬规范秩序的话，天桥则恰恰相反：它要求的是彻头彻尾的自私自利和自我保护。这个过程也会带来一种平等，但这种平等并非来自公民间真正的平权，而是来自社会等级的不断打乱重组。在天桥，罪犯和政治活动家们会一起消失在熙熙攘攘的人流中。[56]

尽管天桥可以给消费者带来权力感，但它仍然是城市整体系统的一部分，是训练大众如何在消费文化中进行决策的一块场地。交易的实质是买与卖，在这一点上天桥和百货公司是相似的，即使它再脏乱也抹杀不了。在天桥，大量的商品可以激起兴奋的物欲，金钱的力量可以带来新身份的体验，商品可以从生产过程中脱离出来，广告可以鼓动购买的欲望——这些都与百货公司类似。天桥与众不同的地方在于，这个市场会自觉展示甚至刻意强调它表演的一面。有丰富天桥经验的消费者到了百货公司也会保有更多谨慎。不管百货公司如何百般掩饰，他们还是不会忘记天桥，不会忘记市场交易极不稳定的社会本质——那就是卖家总是要做戏的。[57]

艺人的组织和游艺园：什么在天桥生了根？

天桥脱离皇家控制，对各派势力来说都是一个要争夺的新的机遇。艺人们纷纷利用和改造现有的组织，以期在规模更大、竞争更残酷的商业社会的挑战下生存。大投资商也加入到竞争当中，仿效上海那样的工业城市，开办游乐场、游乐中心。这两股完全不同的势力在天桥碰撞在一起，它们的命运出乎意料地不同。

在天桥这样一个充满各种不确定的伪装的环境中，一些艺人为了获得安定，组建起了行会。这些组织可以使他们觉得安全，避免技艺外传，并且可以保证技艺的传承，保障年老和弱势的艺人的生存。但在稳定整个职业，保护自己的同时，艺人们也建立起了新的等级制度。

天桥的民间表演有二十余种。虽然很多还保留着地方特色和农业社会的影响，但都已经被专业化了。[58]在这里可以看到河南坠子、滦州皮影、秦腔等多种多样操着不同方言的民间表演。其中，大鼓和落子最受欢迎。大鼓最初起源于黄河流域，后来流传到各地，发展出不同流派，常以其所在地域或独特的风格命名。像奉天大鼓和京韵大鼓，就都是以所在地命名，源于京东的怯口大鼓是因其用京外方音演唱而得名。北京人把京外方音统称为“客口”，读作“怯口”。源于冀鲁豫农村地区的梨花大鼓则是用伴奏乐器命名。到了天桥以后，大鼓丧失了很多本来与农业社会密切相关的特点，变成了一种纯娱乐形式。听一出大鼓，一般每人是一两个大子儿；唱大鼓的会在故事到了紧要关节的时候突然打住，向大家收钱。在这些地方大鼓的影响下，北京又出现了京腔京调演唱的京韵大鼓。一般认为这种大鼓最宜讲史，因为较之其他大鼓，“无掺杂描写社会之恶语……其所唱之词章文字甚为典雅”。[59]

落子，或称莲花落，是一种源于北方的民间艺术。它的本名是莲花乐，以鼓或四片竹板伴奏。早在宋朝，莲花落就已经在乞丐中颇为流行。乾隆年间开始出现了专业唱落子的，唱的一般是民间传说故事。北京最早的唱落子的聚集在城东南东便门外的大通桥。这里本是通惠河漕运的终点，官船、商船停靠的地方。[60]运粮的船夫收入有限，唱落子可以挣些外快。[61]后来北京城的中心地区也可以看到唱落子的，不过他们大都衣衫褴褛，表演粗糙，收入也很可怜，很难养活自己。[62]第一家临时的落子馆是前门附近一个叫“切糕屋子”的地方，晚上供切糕小贩休息，白天切糕小贩出门做生意，就租给唱落子的。[63]光绪末年，前门一家茶馆开始主办落子演出。落子第一次成为了长期在室内表演的曲艺，并且发展成为北京最受欢迎的曲艺形式之一。落子开始在天桥出现是在 1914 年，到了 1916 年天桥就变成了唱落子的中心，水心亭和市场边的落子馆一家接一家地开张。给落子馆起名的多是文人墨客，用词典雅。[64]

北京的落子不再像以往那样是衣衫褴褛的乡下人和乞丐的歌谣，而是逐步发展成了一种非常专业的曲艺形式。艺人都要取艺名，表演的每个细节——从他们使用的乐器一直到上厕所的请求——都有专门的术语。他们会唱全国各地的调子，观众可以随意点选。小的落子馆可以容纳五到六个表演者，大的则可以有十多个，内部都有明确的分工。他们拜周庄王为神。据说周庄王曾经周游列国，击鼓化民，劝说百姓耕田守法，避免战乱，所以后来说书人和鼓书艺人都尊他为保护神。[65]

天桥的大鼓和落子的另一个新鲜的地方是两者都以女性演员为主。[66]落子馆也被叫作坤书馆。这些唱大鼓和落子的女艺人同天桥的男艺人一样专业，却远没有男艺人那样受尊重，有名望。因为很多观众并不仅仅是为了看表演而来，鼓书和落子馆落下了一个不好的名声——吊膀馆，暗示这里是男女调情之所。人们茶余饭后常说些女艺人“第二职业”的闲话，讲她们在做谁的情妇。[67]很难说这些流言蜚语在多大程度上是属实的，但是它们却很清楚地表明，在新的城市空间中，对男性和女性双重道德标准仍在延续，女性依然处在不利的地位。

天桥女艺人登台在当时算是个新鲜事，吸引了大量报刊的注意。1919年，《燕风报》组织了一个“鼓选”的活动，根据表演水平和外貌给每一位女性艺人排定名次。1922年，《小公报》举行了另一场选举，两年后选出了十二名鼓姬。后又有人戏拟“合意轩鼓姬内阁”“鼓界十二公主”等。这是女说书艺人的全盛期。后来到了1935年，这样的选举又重新流行了起来。[68]虽然本章没有篇幅做具体的分析，这种大众文化对流行的政治词汇和形式的采用所隐含的意义是值得研究的。

虽然这些民间曲艺有其地域和农业的根源，在天桥表演的时候，它们已经被商品化、专业化，原先的大部分特点都已经消失。它们不再是田间耕作间歇时的娱乐，演员和观众也不再是特定区域的人。它们不再代表地域身份，而是成了一种城市娱乐，表演者和表演艺术的发源地之间已经没有什么关系。按照艺人和演出场所的不同级别，表演的价格有很大的差别，从20个铜板到1元钱不等。每唱罢一曲，艺人们就会向观众收钱。扣除了房子和家具的租金以后，剩下的收入根据每个艺人唱了多少来分配。[69]

因为没有复制、拷贝、传播的条件，演出经常没有写好的剧本，歌词靠口耳相传，用心记忆，发音、动作、歌唱、乐器等各方面也都有很严苛的要求，这些曲艺于是成了很难掌握，无法自由进入的专门行当。但是艺人们需要把身上的技艺传给下一代，他们的艺术才能长时间兴盛下去。这就要靠艺人的组织。天桥的每样曲艺都有自己秘密的行话切口，以保持各自的势力范围之间分明的界限。根据张次溪1936年的调查，“天桥各种买卖，皆有春典，外人不能知之，此中人亦不轻易告人，彼等缄守‘宁给一根金，不过一句春’”。[70]

评书从清末开始流行，民国时期在北京成为了一种主要的曲艺形式。当时评书说得最出名的双厚坪与京剧名角谭鑫培、鼓书大师刘宝全并称“评书”“京剧”和“鼓界”三“大王”，评书之受欢迎可见一斑。评书能如此兴盛，和评书艺人组织的严密有效有很大关系。在所有曲艺形式中，评书可能要算是最好学的，有些人天生就会说故事，很容易就能在这一行中立足，因此评书行会采用了最严格的组织形式。他们小心地卫护着自己的行业，对于想入行的新人设立了严格的程序，从而系统地控制从业人数，维持垄断。

评书行会强调成员资格。每个说书的都必须供三个神：周庄王、孔子和文昌帝君。除此之外，说书的还得有三样家伙：醒木、扇子和手帕。醒木由一小块硬木做成，说书的用它来击打桌案，标明故事段落；每到故事的紧要处，他都会拍案“警醒观众”。扇子可以用来表示枪、剑、桥、门甚至房子。手帕则可以用来表示书籍信函。与被称为“使大家伙的”唱大鼓的相对，说评书的人在行话里被称为“使小家伙的”。手上没有这些“小家伙”，或者手上的“小家伙”不是学徒期满，行“出师礼”的时候师父赏的，都不会被承认是说书这一行里的人。行“出师礼”的时候徒弟要跪在师父面前，师父把三样家伙放在一个盘子里，上面盖一张红纸，或者亲手，或者命人交给徒弟。徒弟叩头谢赏之后，还不能就离开师父，尚需先签个文书：

> 昔者先圣有言曰：“自行束脩以上，吾未尝无诲焉。”由是推之，凡人之技能，或文或武，以及工商百艺，未有不投师受业用心学习而能精通者。师之道大矣哉！因入门受业投一技之所能，即系温饱养家之策，历代相传，礼节隆重，由来久矣。今有 ××× 经 ××× 介绍，情愿拜投 ××× 门下学演评词。于 × 年 × 月 × 日在祖师驾前焚香叩禀，行拜师之礼，入门受业。自后分虽师徒，谊同父子，守先圣之教，对于师门，当知恭敬。身受训诲，没齿难忘。此后情出本心，绝无反悔。谨具此字。

要当学徒，先得改名。同一个师父的徒弟名字中有一个字要一样，就好像兄弟一般，彼此成了象征性的一家人。看艺人的名字，就知道他是谁教出来的。[71]

如果说评书的撞见不认识的同行，就会称其为“海青”，然后想方设法地盘查他的底细。“海青”说完一段书之后，或者当他收钱的时候，旁人就会上来携了他的醒木。“海青”一问是谁动了他的家伙，底下的人就开始盘问：“汝是何人之徒？学艺若干年？”答得上来，攀个交情；答不上来，动手赶人。不过，如果他恭恭敬敬地说一声：“我学艺尚浅，并未拜师，请您赏碗饭吃，我情愿拜为门下。”这提问的人也许便会收他为徒。[72]

除了控制成员资格之外，说书的行会还在一定程度上实行他们自己的“版权法”。有些书不是谁都能讲的。比如，有个姓安的说书人在天恩堂茶馆里讲《西游记》，他模仿猴子惟妙惟肖，得了个绰号“猴儿安”，声名远扬。他的《西游记》就只传自己的徒弟，谁想说这套书，都得先拜他为师。什么日子该谁在哪儿说书，这也有一定之规。为了避免互相冲突，他们以两个月为“一转儿”，安排说书的轮流在各茶馆演出。两个月一到，书还没说完，都得把位子让给别人。说书的收入，两成归开茶馆的，或三成归地主，以充房租。[73]

在充满欺诈的天桥市场里，曲艺演员的行会组织提供了稳定的保障。它们在演员和外面的世界之间筑起一道屏障，保护、维系着他们的行当。与这些围绕现有社会结构运作的组织相对，开办娱乐中心和游艺园的新势力也在力图进入天桥。

尽管很多人都觉得天桥是北京的活力之源，但也有人在天桥看到了衰亡的阴影。悉尼·甘博写道：“北京的娱乐很清楚地体现出中国人正在经历一个转型期，在这辞旧迎新的过程中，机遇和危险并存。”他把北京所有的非西方的娱乐形式都看作是“传统”的，即使是那些 19 世纪末 20 世纪初刚刚兴起或显著发展起来的也包括在内。他写到，“逛戏园、赴酒席、听评书、观赛马、看歌女优伶表演，这些代表京城生活方式的传统娱乐形式世世代代沿袭下来，到今天还差不多是老样子”。[74] 甘博不认为这些兴旺的民间艺术是“健康”的娱乐，认为它们行将衰亡，并且乐于看到西式娱乐取而代之。说天桥的民间娱乐延续着一些传统的形式是有道理的，但是说它们“行将衰亡”却与其历史、发展动态以及老百姓的切身感受都相去甚远。与甘博的预言相左，最终在天桥衰亡的实际上是娱乐公司支持发展的“健康娱乐”。

天桥是大娱乐企业的兵家必争之地。最早推出的计划配合的是绅士们的休闲传统。1916 年，以卜荷泉为首的一些住在这个地区的绅士集资在先农坛边修建了一座水心亭，亭边流水环绕，植莲栽菱。游人既可租舟荡桨，亦可闲逛游乐。附近有三家茶园，日日有戏曲、鼓书演唱，另有一家落子馆、一家饭馆，取名皆清丽雅致。四周小桥堤岸，宜于漫步，河对岸并有一片空阔地带，可以骑马。[75]

开业不到两年，水心亭就因生意不好临时歇业。1919 年重新开张时，士绅林传甲呼吁编写一套关于天桥的诗集。他在报上登了一则启事，用杂糅西洋景点和古典诗文的语言描绘天桥：“他日拟巴黎之铁塔，企永定为凯旋门，筑纽约之玉楼，瞻正阳如共和路。”[76]中国传统上流社会的理想和雄心勃勃的现代性想象合二为一。根据 1919 年出版的《北京旅游指南》的介绍，水心亭是南城供应西式茶点的安静优雅之处。但在 1920 年和 1921 年，连续三场大火给水心亭造成了严重损失。因为从来就没有赚到足够的资本，水心亭无法从重灾的打击中恢复过来。这块地后来卖给了电车公司，后者在这里修建了一个终点站，于是“尘嚣既甚，遂不复花明柳绿矣”。[77]

把天桥绅士化，从一开始就不是一帆风顺的。当时在天桥开张的两家新娱乐中心，新世界和城南游乐园，就都不是传统士绅品茶吟诗的所在，而是要提供新鲜刺激的娱乐。甘博描述它们是“西方引进的全新娱乐……是北京的科尼岛……高度商业化的企业提供的中西合璧的典型的中等娱乐”。[78]甘博认为这些娱乐中心将取代民间艺术表演，而这个预言后来却落空了。

新世界游乐园建于 1913 年，由中国商人投资，英国建筑师设计。游乐园地处华严路和万明路交叉口，为五层洋楼，形状颇像一艘轮船。它仿效上海“大世界”的经营方式，门口售票，票价为 30 大枚铜板，购票后楼内的游戏可以随便玩。[79]新世界一楼有四面哈哈镜，并有套圈儿、玩具打靶等游戏；二、三楼分别是戏园子和电影院，著名的富连成科班的一些学生都在此表演过夜戏；楼顶是花园，三季鲜花盛开。夏季设有茶座，供游人品茗赏花。

新世界一开始的生意很好，引起很多商人的嫉妒。1917 年，一位名叫彭秀康的商人在天坛北边租了一大片空地，建造了城南游乐园，打算和新世界抢生意。与此同时，天桥所在的外五区署又从天桥商人手里征款在新世界东边修建了一座钟楼，俗称“四面钟”。城南游乐园和四面钟建成后不久，新世界就倒闭了。当时有些人说这是因为“四面钟”好像一根大石柱，拴住了新世界这条船。后来的种种说法则有的把新世界的倒闭归因于管理不善，有的认为是清官宦之女、交际花燕三小姐在这里堕楼殒命，招来的讼事棘手；也有的认为是由于城南游艺园的竞争。[80]

城南游艺园占地一万三千多平方米，分为三个部分。北面有戏园、影院和舞厅环绕旱冰场和保龄球场；东面用于民间艺术表演；南面是一个很大的荷塘，红莲白莲，每夏盛开。天热的时候池塘周围有座椅可以乘凉。城南游艺园从早 8 时至午夜开放。成人票价为十个铜板，儿童减半。购票入园后，游客可以不限时间场次地尽兴玩乐。有几家饭馆也在这里开业，饭菜可口，价钱公道。[81]

彭秀康曾派专人在天桥访贤，请到城南游艺园演出的多是名角。当时演京剧的有孟小冬和福芝芳；演曲艺的有唱京韵大鼓的“鼓界大王”刘宝全、唱梅花大鼓的金万昌、唱单弦的荣剑尘、说相声的焦德海，还有演口技的汤金澄；文明戏有早期电影明星韩兰根和殷秀岑表演的《雷雨》、契诃夫的《钦差大臣》，以及《和睦家庭》《家》和《空谷兰》——这些新戏不仅在形式上具有西方的特征，在内容也是如此；它们或者直接改编自西方作品，或者聚焦于中西方的价值冲突并把批判的矛头鲜明地指向中国的传统价值体系。[82]

杂技表演中，最出名的是“魔术大师”韩秉谦的表演。他的拿手好戏是“变驴”。表演时先把一头活驴牵进一个大箱子里，请四名助手转动箱子，让观众看清箱子并无暗门，然后打开箱门展示一下毛驴。箱门再次关上的那一刹那，韩秉谦会冲着驴子开一枪。打开门再看，毛驴已踪影皆无。接下来韩秉谦会邀请一些观众代表到后台去，他们会看到那头驴正在那里吃草。这个节目韩秉谦一个月只演一次，绝技从不外传。他早年曾游历欧美，据说曾与西方魔术家同台演出过，这更增加了他的名气。[83]

游艺园电影院放映的大多是美国片，间或有一些动画片等。这些默片形式新奇，吸引了大批观众。舞厅的常客则是“新潮”男女。如果来光顾的男客没有舞伴，他们可以请舞女陪跳。这里也有俄国难民表演俄国民间舞蹈。1928年以后，有俄国大力士来表演举哑铃、拉弹簧、卷钢筋、断铁链，等等，一时远近闻名。但是也有人讥嘲他们只是“远来的和尚好念经”，认为他们无非是沾了异国情调的光，没什么真本事。[84]

在城南游艺园南面的空地上，每逢周六都会举办烟火晚会，名曰“炮打襄阳城”。一大盒烟火挂在高架之上，燃放起来五颜六色，变幻出各种景物，拼合成一座古书中常常提到的“襄阳城”；与此同时，另一座架子上又会燃放出红黄二色火球，射向“襄阳”。[85]

很显然，所有这些努力都是为了让新世界和城南游乐园吸引更多北京市民。然而，尽管它们一开始都很成功，却都没能坚持下去，现实与甘博的预言恰恰相反。为什么娱乐中心都倒闭了，而露天表演的个体艺人却可以长久地生存？把天桥和世纪之交的科尼岛做一下对比，可以帮助我们推测这些游乐中心遇到财政问题的原因。约翰·卡森发现纽约娱乐中心的“特色在于它用新奇的机械游乐与富于异域风情的环境”将游客变成了积极的参与者，而当时大部分其他的娱乐都只是“让大众做被动的观众而已”。[86]科尼岛可以让观众主动参与，缘于当时美国社会的普遍情况，以及这个社会里工作和休闲之间的关系。美国的游乐园兴起于工业时代，“是城市人口膨胀，休闲时间与消费能力增长的产物”。[87]游客来科尼岛本来是要“逃离都市工业生活的压力”，然而反讽的是，他们乘坐的翻滚过山车一类的游乐机械却在方方面面都像极了他们工作的机器，游客们的参与使得游乐成了“工作的延伸，两种经验里都有鲜明的机械化、标准化的特性”。科尼岛的设施“持续地借鉴工业城市铁路的设计，以至于一些评论家惊异于大众趋之若鹜的娱乐和他们的日常生活会如此相像”。[88]玩这些游艺机械对用机器工作的人来说既熟悉又惊悚，既开心又刺激。正如卡森所言，“让大众从事无须任何想象力的、剧烈狂热的体力活动，这是科尼岛开出的一张专治疲劳和厌倦的顺势疗法的处方”。[89]

天桥的游乐园和科尼岛一样提供了各种各样的娱乐项目，但不同的是，前者吸引来的顾客的生活中既没有清楚的工作与休闲的二分，也不熟悉机械装备，更没有足够的消费能力。只有那些掏得起而且愿意掏门票钱的人才会去光顾新世界和城南游乐园的“中等娱乐”。而在当时的北京，掏得起这门票钱的人却不一定愿意来：大多数教授、大学生、学校教员、政府官员、职员以及中高阶层的商人都更喜欢中央公园、北海公园等向公众开放的皇家园林里的清幽高雅。出门闲逛，他们也多是到长安街这样新拓宽修整的内城街道去，很少会去尘土飞扬、嘈杂污秽的天桥。

城市贫民也无法成为新娱乐中心需要的主顾。游乐园和娱乐中心都要收取门票。对于穷人来说，是不是要门票钱仍然是他们选择娱乐方式的重要考量。外面市场上的娱乐既然是免费的，为什么还要专门为了游乐花钱买入园的门票？在开放的市场上，娱乐所需的费用是由享受娱乐的人决定的——就算他们一文不出，最多也不过是被端着帽子收钱的人奚落一顿而已。而且市场上的表演看起来也不像游乐园和娱乐中心那样纯属娱乐消遣。进了游乐园和娱乐中心的门，就是专门的休闲之旅。这种娱乐中心要生存，首先要有按时上下班，月月有薪水的人。但是北京的大众大多生活贫苦，工作时间长且不固定，所得极少，朝不保夕。他们的工作常常与回收经济相关，工作时间并未被标准化，不会有什么消遣的空闲。

总而言之，游乐园的失败与北京人生活工作的方式有关。因为这些公园预期的服务对象根本就不存在，所以这些地方很少有人观光，到后来就渐渐无人光顾了。[90]天桥的商贸是和表演结合在一起的，在买卖交易的同时，就有消遣娱乐。在这里，那种专门在固定的上班时间之外排解工作疲倦的娱乐休闲却没有什么市场。

天桥的故事并不是一个线性发展，新旧交替的简单历史。被民国北京的重新规划淘汰出去的东西集中在这里，却又为这城市创生出新鲜的动态关系。只着眼于新生的事物，回答不了“天桥为什么会这样吸引人”的问题。天桥比其他的商业区都更好地满足了城市贫民的经济需求，同时还营造出一种和庙会相似的节庆气氛。上流阶层的人也可以到那里淘些有年代的物件，思古怀旧。研究天桥的人都看到了它的活力和重要性，以及它在北京大部分人生活中的中心地位。就算是那些以批评的态度观察天桥的人也无法把天桥仅仅看成一个研究和改造的对象；他们也不能否认自己在天桥所体验到的那些兴奋与困惑。

天桥的魅力在于它的实物商品交易和以身体技艺表演为主的民间娱乐，这里“一切崇高的、精神的、理想的和抽象的东西都得屈尊俯就到物质层面，到浑然不可分割的肉身与泥土的领域中来”。[91]交易与娱乐的这种结合带给了人们“独特而复杂的狂欢体验。这种体验在动态中表达自身，拒绝任何做好的成品，拒绝任何静态不变的假象，要求一种无时无刻不在变动，难以捉摸的，不确定的形式”。[92]二手商品的交易带给消费者一种权力感。以这种权力感为基础，形成了一个可以无限度匿名的、流动而富于创造力的消费者群体。尽管天桥在地理位置上处于京城的边缘，在经济和文化生活，以及民国北京身份的成形过程中，它却都处在核心地位，充满了活力。

天桥既不体现等级森严的皇家秩序，也不符合以让公民平权使用空间、提高生产和商业效率为目标的笛卡儿网格式的新秩序。当北京成为现代都会，创建新城市秩序的同时，天桥既是这座城市的垃圾场，也是它的镜像；既是它的对立面和敌人，也是它的重要补充。天桥的秩序和效率是回收再生的秩序和效率。建造天桥和建造其他城区的材料没有什么不同，但是在物质循环的链条上，天桥占据的位置却很独特。这里的买卖既不同于供应皇宫内院的老字号，也不同于服务城市新兴上流阶层的新百货商店；这里的娱乐拒绝大批量复制生产。天桥化解了其他城区的等级制度，又不断地在伪装下创造出属于它自己的等级。

城市回收中心的地位是天桥活力的来源。回收不仅仅是重新利用废品而已，它实际上是在过去的碎片上投入劳动，重塑并新创出价值。全城各处搜集来的历朝历代的物件在天桥经过重新加工组装，掂量鉴别，讨价还价之后，又会进入新的流通旅程。在旧货店，以前实用的东西变成了现在装饰用的古玩；旧衣服被做成鞋底或拖布；有毛病的家具则可以换换腿脚，重新修补一番。这个回收过程的核心并不只是新旧之间的张力，更是有无能动性之间的张力。旧商品的回收潜力受蚀刻在它们身上的历史所限。它们的过去可以被部分地抹去、修补、撕掉或者仔细地装扮起来，但永远不会被彻底清除——回收的产品最多只能装装新货的样子，而且很难不被看出来。

天桥作为回收的中心，吸引来了三教九流、高低贵贱的各种北京人，但这并不是说这里可以掩盖社会阶层的存在，甚至可以营造出世界大同的幻象。天桥并没有实现众生处处平等的承诺，不过它倒确实给了城市弃儿们一个有些家的感觉的地方，一个感觉可以成功的机会，或者至少可以让他们免费混迹在古玩家和吹牛大王的人流中。归根结底，天桥在主流的经济和社会秩序之外提供了另外一种可能，但逛天桥的人绝不会因为天桥的这点平等精神，就幻想全社会的秩序都是如此。

逛天桥的人从天桥那里获得了一种权力感。他们不是仅仅在买东西而已，而是在参与社会交流。他们觉得是自己在控制物品，而不是商品在操弄自己。在老舍的小说里，祥子正是逃到天桥去感受自由和舒畅。这里的免费表演可以带来愉悦，付不付钱则全凭自愿。这里的匿名性、社会阶层的混杂，以及会强烈刺激上流人士的那种混乱和威胁，都说明天桥既以其特有的方式代表了旧世界等级差别的解体，却又不受制于新世界的百货公司和娱乐中心的秩序规则。不过逛天桥的权力感从某种意义上说又不是完全自主的，因为它受制于很多因素，包括贫穷。在这种自由里，生存所需永远不会被完全遗忘。看天桥就像是阅读一部“人生史、社会史”——丰富，但难于消化，这是因为它充满了不自主的记忆和不情愿的因素。[93]

天桥培养出的这有限的权力感也决定不了天桥的未来。尽管民国北京的未来此时仍毫无定数，但无论什么样的工业发展起来，天桥的消失都在所难免。天桥的节奏和工人阶级的节奏合不上拍。一个现代化的未来似乎必然要带来很多异化人们的东西：乡土的细致风味的消失，实实在在的日常生活变成广告堆积起来的泡沫，一种直接被西方列强控制的感觉。对未来的不确定会进一步催生怀旧的情绪，让人幻想恒久的过往里会蕴含不变的真理。

人们对天桥的兴趣在20世纪80年代重新燃起。相关的书籍文章纷纷出版，天桥成了“老北京”的象征。[94]90年代，为保护和发展“传统北京文化”，北京成立了天桥“重建”委员会。但是，就算今天的北京能够重建天桥文化的商业一面，把已经商业化了的“传统”进一步商业化，这里的活力和动态也都不可能再复原以往。传统的曲艺表演可以重新开展起来，组织演员演出的却只能是社会主义的单位或者资本主义的公司。回收再生，作为老天桥的本质，已经永远地消失了。就像20世纪前半叶的天桥是北京的一部分一样，21世纪的天桥也只能是北京的一部分：不少一分现代，也不多一分传统。

注释

［1］　田蕴瑾：《最新北平指南》第一编“北平剪影”第二章“南城”，上海：自强书局，1935 年，第 7 页。

［2］　马芷庠：《老北京旅行指南》，北京燕山出版社，1997 年，第 88 页。

［3］　衷若霞：《天桥》，见梁国健编：《故都北京社会相》，1936 年初版，重庆出版社 1989 年重印版，第 98 页。

［4］　马芷庠：《老北京旅行指南》，第 88 页。

［5］　例见张次溪：《北平天桥志》，国立北平研究院，1936 年；张次溪、赵羡渔：《天桥一览》，北平：中华印书局，1936 年；云游客：《江湖丛谈》（1938），北京：中国曲艺出版社，1988 年重印；黄宗汉编：《天桥往事录》，北京出版社，1995 年。

［6］　老舍：《骆驼祥子》，北京：人民文学出版社，2000 年，第 132 页。

［7］　秋声（笔名）：《天桥商场》，《北平日报》1930 年 2 月 14 日。

［8］　衷若霞：《天桥》，第 98 页。

［9］　成善卿：《天桥史话》，北京：生活・读书・新知三联书店，1990 年，第 66—67 页。

［10］　张次溪、赵羡渔：《天桥一览》，第 8 页。

［11］　成善卿：《天桥史话》，第 66—67 页。

［12］　Sidney Gamble，*Peking：A Social Survey*（New York：George H.Doran，1921），p.35.

［13］　田蕴瑾：《最新北平指南》第一编“北平剪影”第二章“南城”，第 7—9 页。

［14］　Mothers' Club of Peking，*Peking Utility Book*（Peking：n. p.，1921），p.179.

［15］　成善卿：《天桥史话》，第 39—42 页。

［16］　张次溪、赵羡渔：《天桥一览》，第 12 页。

［17］　Timothy Mitchell，*Colonising Egypt*（Berkeley：University of California Press，1991），p.21.

［18］　Ibid.，p.xii.

［19］　Ibid.

［20］　Ibid.

［21］　Ibid.，p.22.

［22］　Ibid.

［23］　味橄（笔名）：《北平夜话》，上海：中华书局，1935 年，第 95—96 页。

［24］　成善卿：《天桥史话》，第 8 页。

［25］　张次溪：《北平天桥志》，第 1—5 页。

［26］　齐如山：《张次溪、赵羡渔〈天桥一览〉序言》，第 2—3 页。

［27］　徐珂：《实用北京指南》，收入黄宗汉编：《天桥往事录》，北京出版社，1995 年，第 12 页。

［28］　张次溪、赵羡渔：《天桥一览》，第 1 页。

［29］　同上书，第 5 页。

［30］　张次溪：《北平天桥志》，第 8 页；张次溪、赵羡渔：《天桥一览》，第 5—6 页。

［31］　张次溪：《北平天桥志》，第 9 页。

［32］　敏公：《天桥之一瞥》，收入黄宗汉编：《天桥往事录》，第 13 页。

［33］　张次溪：《北平天桥志》，第 8—11 页。

［34］同上书，第 1 页。

［35］王伯龙：《张次溪、赵羡渔〈天桥一览〉序言》，第 1 页。

［36］云游客（连阔如）：《江湖丛谈》，第 136—137 页。

［37］张次溪、赵羡渔：《天桥一览》，第 21—32 页。

［38］同上书，第 18—27 页。

［39］云游客：《江湖丛谈》，第 136—137 页。

［40］张次溪、赵羡渔：《天桥一览》，第 63—69 页。

［41］同上书，第 44 页。

［42］同上书，第 44—45 页。

［43］马芷庠：《老北京旅行指南》，第 89 页。

［44］张次溪、赵羡渔：《天桥一览》，第 59—62 页。

［45］同上书，第 60—61 页。

［46］同上书，第 61 页。

［47］同上书，第 62 页。

［48］John F. Kasson，*Amusing the Million*：*Coney Island at the Turn of the Century*（New York：Hill & Wang，1987），p.109.

［49］张次溪、赵羡渔：《天桥一览》，第 40—42 页。

［50］黄宗汉：《天桥往事录》，第 148—149 页。

［51］张次溪、赵羡渔：《天桥一览》，第 64—65 页。

［52］Jean-Christophe Agnew，*Worlds Apart*：*The Market and the Theater in Anglo-American Thought*，*1550-1750*（New York：Cambridge University Press，1986），p.ix.

［53］Ibid.，pp. ix-x.

［54］Ibid.，p.x.

［55］Kasson，*Amusing the Million*，p.50.

［56］成善卿：《天桥史话》，第 338 页。

［57］Michael B. Miller，*The Bon Marche*：*Bourgeois Culture and the Department Store*，*1869-1920*（Princeton，N. J.：Princeton University Press，1981）.

［58］张次溪、赵羡渔：《天桥一览》，第 7 页。

［59］同上书，第 52、53 页。

［60］成善卿：《天桥史话》，第 321 页。

［61］张次溪、赵羡渔：《天桥一览》，第 49 页。

［62］成善卿：《天桥史话》，第 321 页。

［63］张次溪、赵羡渔：《天桥一览》：第 49 页。

［64］成善卿：《天桥史话》：第 321—322 页。

［65］同上书，第 322—323 页。

［66］Weikun Cheng，"The Challenge of the Actresses：Female Performers and Cultural Alternatives in Early Twentieth Century Beijing and Tianjin，" *Modern China 2*（April 1996）：197-233.

［67］张次溪、赵羡渔：《天桥一览》，第 10—11 页。

[68] 同上书，第 47—48 页。
[69] 成善卿：《天桥史话》，第 324 页。
[70] 张次溪、赵羡渔：《天桥一览》，第 61—62 页。
[71] 同上书，第 53—54 页。
[72] 同上书，第 56 页。
[73] 同上书，第 55—59 页。
[74] Gamble，*Peking*，p.223.
[75] 张次溪：《北平天桥志》，第 9、10 页。
[76] 同上书，第 10、11 页。
[77] 同上。
[78] Gamble，*Peking*，p.223.
[79] 王世仁、张复合："北京近代建筑概说"，收入《中国近代建筑总览：北京篇》，北京：中国建筑工业出版社，1993 年，第 11 页。
[80] 成善卿：《天桥史话》，第 335、336 页。
[81] 同上书，第 336 页。
[82] 同上书，第 335—337 页。
[83] 同上书，第 337 页。
[84] 同上书，第 337—338 页。
[85] 同上书，第 338 页。
[86] Kasson，*Amusing the Million*，p.8.
[87] Ibid.，p.7.
[88] Ibid.，p.74.
[89] Ibid.，p.108.
[90] 陈文良编：《北京传统文化便览》，北京燕山出版社，1992 年，第 864 页。
[91] Mikhail Bakhtin，*Rabelais and His World*（Bloomington：Indiana University Press，1984），pp.19-20.
[92] Ibid.，p.11.
[93] 衷若霞：《天桥》，第 86 页。
[94] 成善卿：《天桥史话》；黄宗汉：《天桥往事录》；云游客：《江湖丛谈》；果孝鸿：《昔日北京大观》，北京：中国建材出版社，1992 年；侯希三：《北京老戏园子》，北京：中国城市出版社，1996 年；金受申：《老北京的生活》，北京出版社，1989 年；Hedda Morrison，*A Photographer in Old Peking*（New York：Oxford University Press，1985）。

Ⅲ

书写北京

第 7 章　社会学：诊察城市病

从天桥退身出来，站在远距离之外看它，这个地区似乎展列出了民国时期北京所面临的一系列严重问题：贫穷、卖淫和犯罪。事实上，这也正是那些在二三十年代从事城市研究的中西方社会学者所描绘的北京城图景，他们试图对北京的“城市病”进行诊断并推荐疗法。在卷帙浩繁的学术成果中，他们描述了那些被其他记载所忽略的人们的生活。但他们并非只是简单地揭露了北京生活的阴暗面；更重要的是，通过对城市社会问题的成因进行分析，他们提出了自己对于公共利益以及国家和城市社会关系的一些重要观点。

社会学在民国时期是一个热门专业。1928 年以后，中国似乎正在进入一个稳定和重建的时期，许多学生也将自己的政治激情转向了对社会现实的实际研究。正如欧达伟（R. David Arkush）所论述的，社会学之所以在当时引起学生的兴趣，是因为这门学科是“正值西方科学具有巨大吸引力时从西方而来的科学，在中国的社会疾病迫切地寻求关注的时刻关注着社会”。[1] 中国的社会学研究明显地打上了西方的烙印。从方法论上讲，社会学家们的工作受到了芝加哥社会学派的影响，这一点清楚地表现在采用某些自然科学方法来对社区进行实证研究。芝加哥学派的主要代表人物“使田野调查工作成为一种合法的学术活动及社会学的基础，并且……他们主要关注城市化及其社会后果”。[2] 从机构上看，成立于 1906 年的北京普林斯顿中心在中国的社会学学科建设过程中扮演了一个关键性的角色。普林斯顿中心掌管北京基督教青年会，它还资助燕京大学公共事务学院并与其合作。[3] 普林斯顿中心的一位主要成员悉尼·甘博，与普林斯顿中心的另一位成员，当时北京基督教青年会的秘书长步济时

（John Stewart Burgess）一起，训练了中国第一代社会学家和人类学家。邢文军说：

> 甘博在对北京进行社会调查的过程中，对基督教青年学会的中国职员进行了社会调查和社会工作的基本方法的训练。同时，他和步济时还在北京（协和）大学合开了一门有关城市社会状况的讨论课。在他们的努力下，该大学的社会学系成立于1919年。燕京大学的公共事务学院则是在悉尼·甘博担任主席的普林斯顿—燕京基金会的赞助下，由普林斯顿公共与国际事务新学院（The Princeton New School of Public and International Affairs）建立起来的。这一公共事务学院是围绕着燕京大学的社会学和社会工作系组织起来的，他们开设的课程涵盖了社会问题、社会理论、乡村社会学、人类学和社会工作等。[4]

因此，中国最初的社会学研究发轫于传教机构——教会、学校和慈善团体中[5]。传教士社会学家们致力于建立一种以城市为中心的理想的社会发展模式。罗伯特·沃兹（Robert Woods）在他为甘博的著作所作的序言中提出，城市生活是“有组织的”，城市是未来“具有现代思想的领导人”的家园，这些“具有现代思想的领导人”是“民族国家重建的……主要依靠力量”。[6]我们无须惊讶于传教士机构与社会学的联姻。19世纪晚期的社会福音运动影响了此后的社会学发展，而且正如马丁·布尔默（Martin Bulmer）在他有关芝加哥学派社会学发展情况的研究中所说的，“自由派新教……指望社会学能为福音运动提供一种‘科学的’支持”。[7]此后，中国大学里的大多数社会学家都是在西方接受训练的。欧达伟发现，“1947年，全中国143名从事社会学教学的大学教职员中，71名曾经留学美国，27名曾留学西欧，12名是美国人”。[8]

除了这一新教背景外，关于北京的社会学研究还建立在一个基本的信念之上，即中国正经历着一场从“古代向现代”的转变。像甘博所阐述的那样：

> 一个国家从古老的帝国转向一个现代民主政体，当古代的行会开

> 始感觉到了新工业技术所带来的巨大压力，当旧的教育方式被接踵而至的新兴教育手段所淘汰，当古老而原始的慈善事业被逐渐抛弃，而有着良好组织的新社会事业机构逐渐开放，在这样的时刻，精确的细节的事实和强有力的社会项目对于那些愿意帮助中国的人们来说比任何时候都更为重要和不可或缺，无论他们是学生、官员、社会工作者、教育者还是传教士。[9]

甘博的评论意味着，市民社会的理想为北京的社会学研究提供了一个框架。然而，当采用此种概念解释城市真实生活时，一个核心问题出现了，就是用标准化的原则和框架去诠释具体情况。那些将社会学介绍到中国来的西方社会学家们至少在某种程度上意识到了这个问题，就像赫伯特·莱姆森（Herbert Lamson）在他为中国社会学专业的学生们编写的教科书《中国社会病理学》里所反省的："（这本书）并不认为那些其他国家找到的解决办法会自动地适用于中国社会。"[10]但是他又说：

> 我们在评判在任何一个社会中什么构成了病态所采用的标准，必须主要考虑到人类福利和每个社会个体的最大发展机遇，而非仅仅是特权团体中的个人。有时损害最高的人类福利和最强健的社会健康的情形是如此众多，覆盖的范围如此之广，或是牵涉的社会人群比重如此之大，以至于似乎成为了通常而非特别的状况。因此我们不能总是将什么是通常或惯例的作为标准来评判什么是至善的……作为社会学的一个分支，社会病理学必然也是规范性的（normative），它必须能够评判社会失调到底包含了什么。[11]

这一有关标准和现实之间关系的问题在社会学家们有关城市问题的叙述中得到了论证；然而更具启发意义的是，它在解决这些问题的建设性意见中得到了表述。由于普林斯顿中心的存在，北京较之于中国其他城市引起了社会学家们更多的关注。悉尼·甘博和步济时在北京进行了他们的主要研究项目，而由美国资助的燕京大学和清华大学社会学系的教职员和学生们也同样如此。甘博在北京进行社会调查时，"调查问卷不得不先被翻译成中文，报告则由中文译成英文。调查问卷中每一个概念，都会由一组通晓英文的中国人和一组熟稔于中文的外国专家讨论两小时以上，但即使如此，结果仍然显示问卷中的英文意思并没有被全部翻译成中文”。[12]当中国的社会学家们将某些社会学概念应用于民国时期的北京居民身上时，他们也遇到了同样的问题。甘博承认在一些通商口岸城市如上海、香港和天津等地，研究工作能够更容易地展开，因为“那里的人们相较于北京人来说，与外国人有更多的接触”，而且社会学的分类和术语也更容易被应用在这些城市上，但是他认为这些好处并不是很有意义，因为通商口岸城市“很难被称为中国城市”。与之相反的是，“北京之所以会被选择作为研究的对象，是因为它是中国的首都和中国生活如此多方面的中心；因为如果我们成功了，我们的实验将会产生全国性的影响；选择北京，比选择中国的任何其他城市来说成功的可能性都更大”。[13]

将社会学的框架运用到北京的生活研究中使得社会学家们能够调查一些存在的，但经常尚无人问津的问题。尽管民国时期的北京社会学研究表面上看是一些客观的资料，但它们实际上是一个特殊知识体系的产物。当社会学家们面对北京城的真实生活时，学科框架和其解释能力之间的距离也就暴露了出来。因此，关于北京的社会学研究，在某种程度上是真实生活和来源于其他语境的标准之间所进行的对话。

贫穷、犯罪和卖淫

民国时期进行的所有的社会调查和社会学研究都把贫穷列为北京最“重要和显著的”问题，是“其他社会罪恶的主要滋生地”，是“降低社会公共道德和损害公共福利的主要因素”。[14]根据 1917 年的一份警察厅的调查报告，大约 12% 的城市人口生活在基本生存线以下。[15]表 2 是 1926 年的一次调查统计的结果。赤贫是指不名一文，且没有任何生存手段；贫穷是除非接受赠送和救济，否则其收入不足以维持最低生活；下等的中产阶级是指那些收入勉强能够维持日常开销的人们。换句话说，26% 的城市人口生活在极端的贫穷之中，另外接近 70% 的人生活中有很大的不稳定因素。只有不足 5% 的人口有比较稳定的收入。

表 2　北京社会各阶层家庭经济状况分布表，1926 年

社会等级	人口数（人）	占人口总数（%）
赤　贫	42 982	16.8
贫　穷	23 620	9.2
下等的中产阶级	120 437	47.3
舒　适	56 992	22.4
小　康	10 350	4.3
总　数	254 381	100.0

来源：陶孟和：《北平生活费之分析》，上海：商务印书馆，1930 年，第 7—8 页。

清华大学社会学系教授李景汉将北京大多数赤贫者描述为“半活不死”，许多都是“形同活鬼”的无家可归的沿街乞讨者。其余的虽有住所，但仍依靠慈善机构存活。他们常年吃玉米面、白薯、次等小米和腌萝卜干，然而即使是这样的食品仍会常常超出他们的预算。他们常常连二手衣服也买不起，也很少按时交纳租金。支撑这些赤贫家庭的通常都是一些老弱车夫，各种小贩、仆役、非技术工人、警察或是店铺伙计。其他的家庭成员也同样需要尽力工作，否则家庭将会很容易沦落到依靠施舍和救济的地步。这些家庭中的老妇人和小孩常常到垃圾堆中去寻找一些哪怕有一点价值的东西。[16]技术工人、电车公司的雇员、邮递员和一些店伙们则过着稍微有一点安全感的生活，但仍是处在一不小心就陷入极度贫穷的边缘。对于一个劳动阶级的家庭来说，“舒适的生活”只是意味着能吃饱，每个季节都有两套换洗的衣服，最低程度的娱乐和如果当家庭成员生病的时候能买得起一点药物。这样家庭里的某些小孩能上得起学。但只有很少的技术工人，和少数有较高收入的店铺伙计能指望过上这样的日子，而且若想要过上这样的生活，家庭的其他成员也必须工作。[17]许多北京妇女在家从事一些诸如刺绣、缝补、编织、糊洋火盒、做纸绢花、纳鞋底和做牙刷等工作。[18]贫穷的家庭总是在衣服上面省之又省，依靠家中女性的创造力，每个家庭成员才有衣服穿。大人破烂的衣服剪裁一下就可以给孩子们穿，二手的衣服和鞋子总是缝了又缝，补了又补。[19]一些人一年四季只穿一件外套，夏天的单衣到了冬天就填进棉絮，到了春天的时候再把棉絮取出来。[20]一些家庭根本没有过冬的衣服和棉被，而在另一些家庭中，

全家人只能合盖一床被子。[21]

贫穷并不是民国时期的一个新见现象，但是正如梁其姿在分析中华帝国晚期的贫穷概念时所说的那样，贫穷的社会和文化含义在历史进程中却有很大的变化。[22]她指出，在欧洲贫穷最初是有着积极的评价的；耶稣曾经贫困过，并且称赞穷人的美德。16世纪以后，当乞丐和穷人开始被视为流行疾病，尤其是瘟疫的携带者时，贫穷的道德含义逐渐变得消极。最后，随着资本主义商业的发展，经济能力变成了一个人社会地位的决定性因素，而贫穷和失业则受到了道德上的谴责。

梁其姿认为，在中国，对贫穷所作的道德评价经历了一个比较复杂的变迁过程。在奴隶或“贱民”逐步解放的过程中，穷人作为一种社会分类开始出现。从宋朝开始，一些并不一定贫穷的“贱民”被允许通过付钱而摆脱低贱的地位。在明朝后期，随着商业经济的发展，社会财富不断增加，建立在官僚地位和帝国权力基础上的旧的价值体系开始受到威胁。正直官员的典范应该是无私和清廉的，而一个富有的官员在道德上是可疑的。但是富有的官员却变得越来越普遍，而且富人，不论是否有科举出身，在社会上的影响力都越来越大了。阐明富有的道德含义的社会需求带来了对贫穷的关注。缓解贫穷被视为解决因新的财富力量而产生的社会紧张状态，并跨越富人和穷人之间的鸿沟的最好手段。地方精英们开始越来越多地参与到慈善活动中来帮助穷人。

在晚明和清代，说明谁是穷人和“贱”人，以及什么样的财富才是合法的问题开始变得重要。明清的社会福利团体并非对所有需要的人都提供帮助，而是只对那些被认为符合条件的人，如节妇和孝子。那些体格健全的但拒绝找工作，或者更有可能是无法找到工作的人则被忽略，同样的还有那些在法律上仍被定义为“贱”的人。坚持救济只能按道德标准而非基于实际需求来给予，使得贫穷仍旧是一个充满矛盾的社会范畴。而且贫穷也没有被看作是国家所面临的一个严重问题。随着清朝人口密度的急剧增长，生存问题日益紧迫，而国家却只是间接地承认了这个问题。魏丕信（Pierre-Etienne Will）和王国斌（R. Bin Wong）对清朝救济饥荒问题所做的研究表明，清政府在提供灾难救济方面的确认真而且高效，这在很大程度上是为了预防农民起义，但政府对于司空见惯的贫穷问题本身则不感兴趣。[23]

到民国时期情况就不尽相同了。如果一个国家的力量和其经济发展水平直接相关，那么贫穷就是国家积弱的表现。照此道理，一个百姓遭受贫困的社会一定是有问题的，它需要得到诊断以期解决。在探讨民国时期北京大范围贫穷产生的根源时，社会学家们集中在两个问题上：个体的道德败坏和社会系统的问题。燕京大学的牛鼐鄂认为北京贫穷问题的原因来自于两个方面："恶习"和"个性不良"。他指责穷人的许多"不必要的花费"，例如喝酒、喝茶和抽烟。他还指出他们在婚丧嫁娶之类场合的"过分之酬应"。他还分析批判了穷人们的宗教信仰："至于笃信佛教，求神保佑者，则赎望烧香，年节祭拜，所有香烛纸张供品种种费用，为数不赀。"按牛鼐鄂的说法，穷人的"恶习"，是诸如"娇惰""狂傲""不耐劳""不能吃苦"。[24] 在当时，这种对穷人道德品行的批评在社会学的课本里是一种权威而标准的说法。[25]

在北京，贫穷最显著的标志就是那些可以同时引发人的同情心和"厌恶感"的乞丐了。Y. L. 童评论道：

> 众多体格健全的人都靠乞讨过活。在城市的大街小巷他们无处不在。一些人坐在路边，把他们不堪入目的伤口赤裸裸地暴露在外面，而另一些人则会一直尾随过往的行人强行乞讨，这样的行为通常非常的恼人。在寒冷的冬天，经常可以看到他们披着破布，半裸着身子，沉重而缓慢地走在街道上，而因为寒冷和饥饿死在街头也是一件很平常的事情。[26]

如果这些"真正的乞丐"是"恼人"但亦令人同情，那么 Y.L. 童对于那些他确信是"职业乞丐"的人则几乎没有表现出任何的同情心：

> 一些家庭的成员轮流出来行乞，而他们得到的施舍的总和往往会大大超出一个普通工人的收入。因此即使他们其中的一些人在一段疲劳的行乞之后坐得起黄包车也并不令人惊讶。这里还要说一个故事，一位在专门为贫困妇女建立的救济院：北京交易所（The Peking Exchange）工作的妇女说，一些被收容进来的乞丐已从救济所逃走重

> 新去乞讨，这不过是因为她们确信通过乞求施舍可以得到更多。[27]

很明显，Y. L. 童之所以会对这些“职业乞丐”缺少怜悯和同情心，是因为他们道德水平低下，不可信任，没有尊严。[28]

族群的论点也被用来解释社会问题——满人常常被看作缺乏道德的人群。作为清朝的一个特权团体，满族的王公贵族们通常会被赐予府第，其爵禄可世袭罔替。在清朝，满族的皇亲国戚们不可以经商或从事手工业生产，但旗人享受着月有粮、年有俸的待遇。这一体系将他们的命运和清王朝联系在了一起，因此可以确保他们对王朝的忠心。但随着清朝的衰落，他们的生活水平也开始下降。到了19世纪，北京许多旗人家庭已生活在贫困之中。由于曾在清朝享有特权地位，一些满族的后裔很难在民国时期学到工作的技能。[29]

满族在清朝覆灭之后受到了一些歧视。辛亥革命之前一些最有效的宣传以各种方式非议满人；而当清朝灭亡之后，尽管很多和满人贵族生活相关的物品被当作珍贵的古董，在古玩市场上被人争夺，但是同时几乎任何满族文化的象征都被视为是反社会发展的。很多人认为是满人先前的特权生活导致了他们的颓废和道德标准低下。人们普遍认为满人不严格教育子女且看不起手工业者和商人。满人被看作一群只知道如何享受生活，却对谋生一无所知的人。即使北京大量的人力车夫、军警和店员都是满人，满人还是承担着“好吃懒做”的恶名。[30]

这些都变成了老套的模式，而有些社会学家们则支持这样的观点。满人和汉人在身体上不易被区别的事实让人怀疑满人是引发社会问题的隐患。虽然牛鼐鄂的调查显示满人占穷人总数的33%，但他仍然确信他们实际上占到了北平贫民总数的一半。[31]如果我们考虑到民国北京城的富人往往是从外地迁移而来，接受过良好的教育并在政府工作时，便会发觉这并非完全不可能。但是如果他以经济和历史上的原因来解释这一现象却会比用种族区分作为理由更加使人信服。同样，尽管Y. L. 童承认自己缺乏数据统计，他还是坚信“城市里至少有七千名暗娼，而且其中的大多数是满族妇女”。[32]但并不是所有的社会学家都认同这种推论。对于牛鼐鄂谴责贫穷的满人在生活习惯上比汉人要更加的放荡与不检点这一论述，陶孟和就有很好的驳斥。[33]

然而，这些批评当地人道德问题的社会学家也认为北京经济的困境是造成贫穷的主要原因。即使是对穷人的道德品行有着苛刻要求的 Y. L. 童，仍旧观察到北京“没有高度发达的工业，也没有足够的工作机会让每个人都忙碌起来。我们总是责备乞丐们说他们不去找事情做，但值得怀疑的是，如果每个身体强健的人都想找工作，他们是否真的都能保证找到一份工作”。[34]正如我们在第 4 章已经讨论过的那样，民国时期的北京没有发展起工业来。虽然有大量的货物进入北京，它们也只是满足了当地富人的消费需求和普通市民的日常所用，却没有把北京转化成一个贸易中心。1911 年以前，北京城凭借给官员提供各种服务来维系自身，这种情况一直维持到了 1928 年。当国民政府把首都迁到南京，北京以服务业为基础的经济失去了它的消费群，从而彻底地衰落了。就业的机会也就越来越少。即使是那些有工作的人，也只是做一些收入很低、没有技术含量的工作。1933 年牛鼐鄂调查的 1200 户贫困家庭中，十岁以上男性只有 55.94% 的人有稍为稳定的工作。[35]他们的工作包括夫役、做小生意或当仆人、军警队、拾破烂、车马业、厨行、建筑业、纺织业、农饲业、做耍货和做衣服。被调查的 1523 名男性中只有 197 人，仅仅占到 13% 的人，习有手艺。[36]这些有手艺的多是瓦匠、木匠、厨师、纺织匠、鞋靴匠、油漆匠、理发师、巧炉匠、皮革匠——都是手工业者，只有一个人是电灯匠，从事着跟工业产品有关的工作。北京的下层小工业阶级并没有被认定为是穷人。相比较于男性，妇女找到工作的机会则更加渺茫，而那些能找到工作的幸运儿的工资也是微不足道的。

农村难民的大量涌入使得北京的失业问题变得更加糟糕。Y. L. 童把农村难民列为北京高贫困率的第二大因素。这些农民并不是被城里的就业机会所吸引，而是为了躲避农村生活的艰难和战乱。Y. L. 童说“农村连年的饥荒迫使难民聚集到城市里来，因为在农村他们已经没有办法找到任何可以吃的东西了。当情况有所好转之后，他们中的一些人会重新回到家园，但很大一部分人还是会留在城市”。[37]北平市社会局 1930 年所做的一项调查报告显示，北京大部分的乞丐都来自河北农村。[38]

社会学家对北京城市人口中广泛存在的贫困所进行的原因分析有一些

显而易见的矛盾。社会学家分析说人们之所以会陷入贫困是缘于他们个人道德品质上的弱点，特别是因为他们不愿意从事艰苦的工作，但同时社会学家还说即使想工作他们也找不到工作。这里需要指出的一点就是，这些社会学研究通常开始于道德分析，最后却以同情穷人的口吻结束。研究者们平铺直叙地将这两方面列出来，但是一旦追问到底谁应当为什么负责，他们对个人道德品质进行的批判就变得大有问题。

另一个社会学家认为和贫穷密切相关，而且有时就是直接由贫穷造成的社会问题，就是犯罪。有关北京犯罪的两项最重要的社会学研究是由燕京大学社会学家严景耀（1926）和周叔昭（1931）做的。[39]严景耀将北京的犯罪分为四类：经济罪、性欲罪、仇害罪、政治罪。[40]社会学家们解释说，和同时代的欧美城市不同的是，北京没有大量的性欲罪和仇害罪（尤其是侵害生命罪），在这里绝大多数的犯罪——比例高达 84.55%——都是经济驱动的。[41]经济驱动的犯罪包括窃盗、欺诈取财、强盗、诱拐、鸦片交易、窝赃、伪造货币、赌博、盗墓、贿赂、逼良为娼、伪造和贩盐走私等。[42]在 25—29 岁的男性里面，最常见的犯罪类型即是偷盗和抢劫。[43]在妇女犯罪里，82% 的人是有经济动机的。[44]妇女犯罪里最主要的人群是寡妇，然后是已婚妇女和未婚年轻女性。[45]因为诱拐罪被投入监狱的妇女比例高得令人吃惊，其中包括把年轻妇女卖到妓院里。把年轻妇女卖入妓院这一行为在清代是被蔑视的，但也没有明确被认为是违法，而且这有时是贫穷家庭的最后出路。[46]

严景耀还通过分析罪犯的生活区域在贫穷与犯罪之间建立起了联系。他发现有 45% 的罪犯生活在城里，37% 生活在城外，还有其余超过 17% 的罪犯居无定所。那些生活在城内的罪犯大多生活在外城，集中在前门外的贫民窟和天桥周围。天气变冷的时候，他们就在白天设法乞讨到六枚铜钱，到晚上就挤在二三十个男女混住的避难所。他们或者围在小炉子边上，或者挤在炕上，以逃离寒冷的天气。到了夏天他们就干脆露宿街头了。[47]那些生活在城外的罪犯们则集中在朝阳门附近，那是“北京穷陋无比的地方”，“只要能形容得出的龌龊、污浊，那里即能见着嗅到。”住在那里的都是北京最贫穷的人们，如老弱的洋车夫、乞丐、小偷，以及失业的人们。严景耀说，这里与天桥一样，也是犯罪的孵化地。[48]

和他们对贫穷的讨论一样，社会学家们对犯罪原因所作出的结论也不是很清晰。严景耀提出了一个他认为适合北京情况的犯罪定义。他有意避开了西方对犯罪的定义，因为他认为有关犯罪的社会观念不是固定的，“什么是犯罪是随着时间和地点的变化而不断变化的”。[49]首先，他认为犯罪就是做了法律所禁止的事情或者没有尽到法律所要求的。他强调犯罪不仅和法律有关而且也和社会有关，因为只有当社会具有了定义犯罪和组织惩罚的威权，法庭才能约束人们的行为。社会既是规范的制定者同时也是强制执行者。[50]严景耀接着进一步讨论了犯罪和社会的关系：

> 社会变迁是靠着社会力（social power）的运用。如果不利于社会的思想和行为没有受到任何阻碍，社会进步自然有问题；倘若对于人群有妨碍的，或是甚至于有害的思想和行为没被阻止，社会进步将会受到影响。犯罪是扰乱社会秩序的行为，罪犯是社会的败类，取缔犯罪是为了维持社会的安宁，亦即是加速社会的进步。[51]

严景耀关于犯罪和社会的讨论值得我们做一些比较细致的分析。社会进步在这里被当作“人群”——这是一个可以和“社会”互换的术语——的目标。罪犯是与社会敌对并进行反社会行为的“败类”的个人。对罪犯的惩罚即是将那些通过破坏社会准则而把自己置于社会之外的人们拉回到社会的控制中。这样一个惩罚的过程确认了没有任何一个人会被现代社会所抛弃，并且确保了社会的进步。在这种对犯罪和惩罚的定义中，罪犯和社会（或者说是人群）是对立的双方，罪犯触犯了人群，或者说是违反了社会规则。

严景耀对犯罪所做的定义将罪犯当作坏人或者“败类”，但是社会学家对民国时期北京具体案例的研究（其中包括严景耀自己做的一个研究）却并不支持这种解释。这些研究在某种程度上对罪犯持同情的态度，它们最集中关注的问题不是单独的罪犯和社会之间的紧张关系，而是罪犯本身及他们令人绝望的生活条件。严景耀对北京的犯罪情况的特定表现的解释是，罪犯们无法养活自己，同时他们也缺乏在一个工商业萧条、工作机会贫乏的社会里生存的必要知识。结果，犯罪就成了他们唯一的出路。[52]这一点也可以用来解释女性的犯罪行为。大多数年轻女性都是在家庭的监管之下的，但是年老的妇女就不得不担负家庭的经济责任。许多家庭的女性数目超过男性。一些人不得不养活她们的丈夫，其他的则因为丈夫外出而只能自己养活自己。即使一些男的会往家里寄钱，但基本不足以养活一家人，因此那些家庭的妇女只能依靠自己所能寻求到的任何资源来支撑整个家庭。[53]周叔昭对此评论道："犯罪的人是受压迫者，犯罪的妇女更是受压迫者中最下层者。"这些妇女不得不在一个敌对的城市环境里谋生，但她们的生活经验并没有帮她们为这些新的挑战做好准备。[54]

从"败类"到"受压迫者"——这些社会学家的论点中存在着明显的矛盾之处。按照周叔昭的观点，犯罪是"社会力的失调"的结果。[55]换句话说，一个可供这些人居住的有着良好平衡环境的社会是不存在的。罪犯们是违背社会秩序的坏人，但同时他们也是一个不能良好运作的社会的受害者。在这些讨论中，犯罪的原因更多的被认为是社会体系而非个体道德品行。贫穷本身没有什么不道德，而是一个国家的软弱及其管理的无效造成的，它把原本道德的人们转变成了社会问题。

在有关北京的社会学研究中，被甘博称为"社会邪恶"的卖淫是排在贫穷和犯罪之后的第三大受关注点。有关北京娼妓现象的主要调查研究是由甘博、步济时和燕京大学的社会学家麦倩曾完成的。[56]他们记录妓院和在其中工作的妇女的数量，进行了不同时期的对比，还和世界各国其他城市的情况做了对比。研究包括各种服务的价格、等级划分，经营的机构、招募、培训和广告机构，卖淫的原因以及从良。更重要的是，如贺萧（Gail B. Hershatter）所指出的那样，对于娼妓卖淫问题的讨论其实还"关联到其他社会关系，人们通过性来谈论政治权利、文化传播、国家地位和文化特性"。[57]

甘博在他的调查报告中明显地将北京的卖淫追溯到中国的文化传统和社会习俗上去。书中列举了13种"滋生娼妓的条件"，其中有9种可追根溯源到"中国的文化传统和习俗"上去。其中一个重要的因素就是妇女低下的社会地位。"女婴一般都是不受欢迎的，对很多中国人来说，抛弃女孩以便能更好地养活男孩可能不像在西方是一种很大的牺牲。"[58]"健康娱乐"的缺乏和"男女之间没有任何正常的社会关系"将男性驱向娱乐场所。同样，不愉悦的家庭氛围也使得女性无法保有丈夫对自己的忠诚和兴趣。[59]除此之外，甘博认为世俗的压力和高官所树立的榜样加重了问题的严重性。许多高级官僚纳妾和频繁光顾妓院的行为是普通民众效仿的对象。甘博还批评高等妓女"(她)有可能得到一些高级官僚和富商的垂青，成为他们的二姨太，最后拥有一个在她的家庭看来是相当可观的社会地位"。[60]甘博还认为，娼妓业的存在也是和人的天性相关的。他指出，北京人口的 63.5% 是男性，而且"如此多的男性……背井离乡生活在不正常的社会条件下"自然而然导致了此种行业的繁荣。再者，男性工作的艰难也促使他们去娱乐场所寻求放松。[61]虽然甘博清楚地意识到 1911 年以后娼妓数量猛增，并且妇女从事的妓业在北京只在 1912 年后才被法律认可，他却没有强调北京娼妓现象的历史变化的一面。[62]他承认某些历史变化可能对这一行业的发展有所影响，特别是"1912 年民国成立以后横扫整个国家的自由解放的新思想"，"在男女之间新的自由的社会关系中表现得如此明白，无疑应该为年轻男子沾染恶习人数的增加和社会标准的全面下降负责"。所以，对于甘博来讲，虽然过去的"不正常的"两性关系改变了，但是这种改变仍然导致同样的结果。这两个观点其中的矛盾，甘博并没有解释。他认为另外一个起作用的因素是"反对这种恶习的公共舆论的缺失，此种标准被普遍接受意味着那些放纵的人们不会受到任何社会谴责"。[63]然而，当甘博在中国"传统文化"实践中寻找妓业的原因时，他却无法解释为何 1911 年以后此种活动反而增加。

与甘博只是很简单的提到经济压力"或许是妇女从妓的主要原因"不同，麦倩曾则将注意力主要集中于贫穷问题上，认为贫穷才是妇女卖淫的最重要原因。[64]他指出，大量的妇女和女孩是被她们贫困的家庭卖到或是被熟人诱拐到妓院。这些妇女通常有着极其穷困的家庭背景；她们赚钱很少，而且还备受盘剥和辱骂。在一些人的想象当中，那些经常很时髦的妓女手头应该比较宽裕；但是即使有极其少数的妓女可能赚到一些钱，更多的还是债务缠身，为支付行头而忙碌。[65]麦倩曾在关注娼妓由于贫穷和剥削而遭受的苦难时，也断言娼妓业的发展是和民国政治自身的缺陷及其腐败息息相关的。

麦倩曾观察到，那些本应对公共道德进行监督的机构——国家、政治家、商界领袖还有报纸媒体——都参与制造了北京娼妓业的一系列问题。1911 至 1928 年是卖淫业的全盛时期，而妇女卖淫在民国之前是没有得到官方认可的。政府认可的卖淫是伴随着民国的诞生而出现的，而娼妓的命运亦是和北京城内的政治变迁相关联的。这一行业的规模和形式是随城市内官僚机构的变化而变化的。妇女卖淫在民国初始的 1911 年被官方认可并合法化，妓女的数量从那时起开始大量增加。[66] 甘博对北京的社会调查亦提供了相同的信息："现存的妇女可持执照卖淫的制度在 1911 年始于袁世凯。从 1911 年 3 月起，某些特定区域被划分出来作为妓院营业的场所，并按期向政府交纳税费。"[67] 步济时猜测，将卖淫合法化的目的可能是"防止年轻男子走上邪路……和使得更少的妇女落入苦海"。[68] 但是他发现，妓女数量的增加"远远超出了城市人口数的增加，这表明妓院的数量在急剧增长"。[69]

麦倩曾注意到当北京政客云集的时候娼业亦正昌隆繁盛。一些社交活动，甚至是官方和商业上的会面，都是在妓院举行。甘博还观察到："如果一个男人晚上不在妓院待上很长时间去参加各种宴会和耗费些精力，那他极难获得高阶官职。"[70]妓院在北京相当于西方精英社交和体育俱乐部，在那里大部分的交易得以在一种"轻松愉悦"的气氛中完成（见表 3）。

表 3　北京民国时期妓院与妓女人数历年比较表

年份	妓院数	妓女数
1912	353	2，996
1913	366	3，184
1914	357	3，330
1915	388	3，490
1916	391	3，500
1917	406	3，887
1919	377	3，130
1923	387	3，962
1929	332	2，752
1930	346	2，929
1948	255	1，462

来源：J. S. Burgess，"The Problem of Prostitution：Address Given at the Y. M. C. A. in Peking, November 18，1923，" *Chinese Jurnal of Sociology 2*，no. 4（1925）：3；麦倩曾：《北平娼妓调查》，《社会学界》第五卷（1931.6）：115；Sidney Gamble，*Peking*：*A Social Survey*（New York：George H. Doran，1921），p 247；赵金：《北平解放前夕的市政和社会状况》，《北京党史研究》，1994 年 3 月，第 46—47 页。

政治上的腐败助长了首都娼业的繁荣；这一现象引起了诸如《大自由报》等媒体的注意。一则刊登在《大自由报》上的政治评论，将卖淫的行业和国家政治图景直接联系了起来："民国革命后百商萧条，唯妓馆与戏园生意蒸蒸，上直不啻为妓馆戏园革命。"[71] 另一篇文章嘲弄了妓女从官员身上获取的经济利益："京师赚钱较多者，一参议员，一妓女，一伶人。今则内官俸草章已定，各部员不难高趾扬气，与参议员妓伶辈齐驱并驾矣。虽然此四派人，当以妓女赚钱为尤多，各部员之加薪，即间接为各妓女加薪，又于参议员外添得一分。妓女真是好运来了。"[72]《大自由报》说，"北京之最坏风气，酒局其一也。上自官吏议员，以至会党报社，无不以日掷百金求妓女之一颦一笑以为豪放。废时失事，诱人于汗下之事境，以至于亡国灭种而不悟。有改良社会之血性志士，岂可不思所以提倡之哉！"[73] 在甘博看来，这样的结果则是，"国家的很多现任领导人由此丧失了他们的勇气和正直"。[74] 当政治中心从北京迁移到南京以后，头等和二等妓女的数量明显减少，政治和娼业之间的关联再次从负面得到确认。有数据显示头等和二等妓女的数量在 1929 年下降了近 50 个百分点（见表 4）。[75]

表 4　民国时期北京各级妓女人数消长表

等级	1919 年	1929 年
头等	642	323
二等	743	405
三等	1 465	1 692
四等	280	321

甚至报纸也成了娼妓的广告宣传者。甘博注意到北京民国初期存在这样的活动：

> 实际上所有的报纸都为妓院做公开宣传并从中谋取大量的经济利益。妓女间的选美比赛是为了提高妓女的公共知名度而举行的，且每逢此种比赛，报纸都会撰写特殊的"捧场文章"，并配以妓女的照片。在北京的一些报纸上，吸引人的妓女照片是和房屋广告贴在一起的，

> 有时报纸的一整版都为妓女做宣传。这些报纸会刊登出妓女的照片，用大号的字体标出她们的名字，还有她的住址和电话号码等，另外还会有一些文字性的描述："貌美如花，珠圆玉润。"……报社的男子能够拿到报酬或者别的交易，而且在特殊情况下他们甚至可能被给予这样的特权：邀请他们的朋友去妓院享宴。显然在这种情况下，出版反对娼业的宣传文字是极为困难的。[76]

中国的社会学家麦倩曾做了同样的评述：

> 当北平还是首都的时候，上至总长，下至走卒，都以逛妓院为至乐。社会并不指责其为不道德，很多军国大事都在妓院决定。人们变得习以为常，认为这是不能避免的社交活动。甚至代表公众舆论的报纸也极力为妓女宣传。某人貌美，某人善娱乐……公众从报纸上知道这些事情。[77]

根据这些社会学家们的分析，报纸非但没有把卖淫当作一个问题去纠正并维持社会道德标准，反倒在事实上助长了此种社会疾病的发展。

从社会学家们对民国时期北京的调查研究中，我们可以清晰地看到贫穷、犯罪和卖淫是他们集中关注的社会问题。研究者们同样也意识到在这些问题背后的其他一些更根本的社会问题，而这些问题是穷人、身陷犯罪和卖淫的人们所无法控制的。虽然这些研究都进行了一些相同的观察，但大致上来说有这样的倾向：西方学者强调的是文化习俗和个体职责，而中国的社会学家们则侧重于国家的失职。

社会控制和改革

社会学家所关注的问题与国家所从事的社会控制有着相当程度上的重合。犯罪和卖淫是政府控制和管理的两个最重要的活动范畴，而社会学家则认为控制系统是现代国家的重要组成部分。社会学家的设想和国家的实践，在犯罪管理方面几乎没有任何的差别，但在国家对卖淫所应担负的道德职责这一问题上，两者是有差异的。尽管有这些差异，社会学家和国家都将控制和改善人口视为维持社会秩序的两个方面并致力于将其最终整合为一个过程：将非生产性的人口转化成生产性人口。

国家官员和社会学家一致认为城市环境需要管理和控制；他们认为除了贫穷，城市环境本身是导致犯罪的一个重要因素。城市里有更多的人交集在一起，为更多的犯罪提供了机会。北京市监狱长王元增认为，犯罪率的增高归因于城市居民的复杂性；而且相比较于乡下人，城里人在犯罪方面有更多的知识和技巧。[78] 像北京这样的大城市，对资源的竞争是异常激烈的，高标准的生活和高消费刺激了人们对于物质的欲求。[79] 人们很难抵抗城市生活的各种诱惑，并经常由此走向犯罪。[80] 社会学家认为不完善的社会管理使得这种情况变得更加糟糕。北京的一些犯罪生来就是属于城市的，如扰乱公共秩序和妨碍交通等。换句话说，城市需要某种类型的行为，而违反这种类型是应该受到惩罚的。另一些犯罪行为是为城市环境所助长的，就像大多数的犯罪发生在北京一些更加“城市化”的地区。比如说偷盗，多发生在活跃的商业区域，尤其典型的是前门和天桥地区、东安市场、东单、东四、西单、西四、花市和珠市口。北京四分之一的盗贼都是在前门附近行窃，包括东西火车站和天桥。这些地方总是人来人往，并且窃贼易于逃脱。[81]

监押是惩罚犯罪者的一种主要形式，同时也是国家和司法体制现代化的重要组成部分。此种惩罚形式创立于清代晚期，到了民国时期获得了支配性的地位。新式的监狱包含了很多城市生活的理想，它的规划注意到了照明、空气流通、卫生、功能分区、锻炼的场地以及教育设备等。还设立了工厂，以便能将犯人改造成具备生产能力的社会成员。在一个衰退的非工业化的城市里，监狱工厂在最早的工业生产之列。犯人们被严格地组织和训练，并遵循严格的时间制度进行活动。

监狱改革是发起于清末的最早的改革运动之一，而北京是改革的一个重要所在地。监狱改革运动始于 1903 年，山西总督赵尔巽上书皇帝建议将鞭笞和放逐改为做苦力。皇帝采纳了这个建议，并批准组建囚犯工厂。这一做法在全国范围内传播开来，并成为后来模范监狱的前身。1906 年，刑部创立了狱部，由此开创了由中央政府直接管辖的监狱行政部门。1907

年，北京法律学校的一位日本教师开始讲授有关监狱和监狱管理的课程。两年以后，司法部部长上书，建议皇帝在北京和各省建立模范监狱。同年，北京监狱成立，并且颁布了一条特别诏书，要求各省开办学校进行监狱问题的研究学习并培训监狱工作方面的专业人才。1913 年，一个在十年之内建造 240 所监狱，使得每六七个县有一所监狱的计划出台。中央政府 1915 年将监狱的现状写入法典并公布于众，从而在全国范围内为监狱管理提供了一个统一的基础。到 1919 年为止，全中国有 39 所新式的监狱，共可关押 14185 名囚犯。其中在北京有 4 所，每所可容纳 2127 人。[82]

在北京的刑事机构里，囚犯不单是被监禁，更重要的是被改造。改造的手段即是劳动。设立印刷、编织、金属制造、缝纫还有制鞋等工厂车间，目的是要把囚犯改造成有生产能力的社会成员。[83]根据季节的不同囚犯每天都要按照规定的时间起床。劳动、吃饭和学习的时间表都是固定的。[84]对自由的市民来说，去公园参加讲座是完全自愿的，但在监狱里参加讲座却是强制性的。囚犯们被要求在讲堂里唱忏悔自新的歌曲，并聆听各种演讲。[85]

当国家更多地去关注如何训练囚犯的时候，社会学家们则对如何理解犯罪成因表现出了更大的兴趣。但是国家和社会学家们有一个共通之处，即国家在工厂里把囚犯训练成有生产能力的社会成员的计划正好与社会学家们对犯罪的理解及推荐的解决方案一致。冯客说："在中华民国时期，监押是一种新的法律手段，用来追求一种更加传统、受道德准则支配的、有序且内聚的社会形体。……模范监狱是……一个模范社会的微观模型，在这样的社会中，对模范的效仿——不论是在学校、工厂，还是军队——都同时被视为是一次教育改革的使命，一个社会规范化的项目和一种经济发展的策略。"[86]甘博高度赞扬了新式监狱的建立，把它看作是一种控制犯罪的机制。在他看来，"中国的监狱改革是所有现代化运动中最鼓舞人心的改革之一，不仅是因为它已经在教育方面取得的巨大成就，还因为它如此清楚地展现了少数受过训练的具有大视野的人们能够做到些什么"。[87]

但尽管他们有一些相同的观点，监狱官员和社会学家们还是有一些基本的不同。对于社会学家们来说，监押并不解决社会道德标准的缺乏和城市社会的巨大贫困。监狱最多只是一种被动的社会控制的方法；而在帮助城市成为一个道德共同体这一点上并没有什么太大的贡献。社会学家们认为，整个城市环境都需要改造。如同周叔昭所说，社会问题是造成犯罪的最主要的原因。他问到，在承受巨大经济压力的衰败的北京，个体究竟要在什么程度上为他的犯罪行为负责？他相信阻止犯罪的唯一的途径就是改造社会，消除由“社会”自身制造的罪恶。监押没有触及问题的本质；实际上，它惩罚的经常是那些社会制度的受害者，例如，贫穷的妇女。[88]监狱是必需的，但是真正解决问题的办法是大规模的社会改革。

妓院是另一个政府认为需要严格管制的城市空间。在当时的论著里，学者从不同层面批判了娼妓。这个问题在报纸和杂志上引发了无数的争论，参与者们认为它危害家庭生活和社会，传播疾病，削弱人们的健康，最终会威胁到整个民族的未来。他们特别指出，当年轻男子性欲极高的时候，它会唆使他们堕落腐化。观察者们相信这些年轻人最有精力和才干去为社会的发展做贡献，但是娼妓会将他们的注意力从社会生产上转移开去，从而阻碍社会的进步。[89]那些被逼为娼的妇女，很多实际上是被卖为奴隶，被残忍地剥削和遭受各种虐待。[90]妓院，特别是那些下等妓院，是供罪犯和酒徒们撒野的场所。而政客们经常光顾的上等妓院则是挥霍巨额公款的颓废场所。

尽管有如此多对娼妓制度的批评，仍有两种观点支持把卖淫合法化。一个观点认为在一个男性数量大大超过女性的城市里，这是一种无法避免的罪恶，与其禁止和逼迫使其成为一种秘密和地下的活动，那还不如对其进行公开的管理和控制。另一个理由是合法化的卖淫将成为国家税收的一笔可观来源。[91]1914 年市政委员会成立以后，它的税收来源于商店、车辆、剧院、娼妓和妓院；财产的买卖抵押；以及使用城市财产所支付的租金。[92]1917 年，警察厅花费了 1 323 元用于娼妓注册；[93]作为回报，“每月从 377 所妓院和 3130 个娼妓共可收取 11000 元”。从娼妓卖淫中收取的税收总额相当于所有车辆方面的纯税收，包括摩托车、马车、客车、人力车、货车和手推车。[94]1914 年到 1918 年，城市委员会收取的四种类型的税收中——商店、车辆、卖淫和娱乐业（剧院）——卖淫的收入名列第二，仅次于商店税收，占城市委员会税收总额的 30%。[95]

对卖淫的控制管理包括警察监督和现代医疗人员的检查。1912 年，政府颁布了《妓院规章》的修订版。《规章》将城市里的妓院分为四个等级，并限制每个等级的妓女人数；妓院只能在警察厅批准的地区营业，必须获得新的批准才能迁移至其他地区；临街的一面不能配有玻璃窗户和走廊，并且在装修方面不能引人注目；每个妓女的门旁必须配有身份牌；到了晚上，门外要挂上写有妓女姓名和房间等级号的玻璃提灯；所有的妓院必须在午夜关门停唱；妓院经营者不能有犯罪或破产的记录；所有妓女和仆役的名单必须交警署存档，妓院经理有责任向警署汇报任何人事上的变化；除了妓女和仆役以外任何人都不能在妓院过夜；经理被要求一旦发现任何顾客是罪犯、枪械持有者或醉汉，以及无论何时只要有殴打或骚乱现象必须报警；妓院里的男女厕所是分开的并且保持清洁卫生。甘博“惊讶”于北京妓院的整洁与秩序井然。他评价说“原以为会找到一个鱼龙混杂的场所——一个狂欢作乐、混乱、醉酒的中心——但人们找到的却是秩序、平静和规范”。[96]

《规章》规定妓女对应于妓院的四个等级亦被分为四等；那些未满 16 岁或者已满 16 岁但身体尚未完全发育的年轻女子不允许从事妓业；妓女不允许站在门口进行任何招客的行为，不允许进庙烧香或者去茶馆招揽顾客；那些有传染病的或者已怀孕 5 个月以上的妓女不允许再接客。《规章》禁止妓院接待任何未成年或者穿校服的学生；妓女亦不允许在妓院以外的地方接客。[97]

除了警察的监督以外，妓女还必须接受医疗检查。1927 年 2 月，一个名叫“妓女检查事务所”的诊所被建立并开始运行。所有的妓女每个月都要接受检查以避免传播性病。但检查并不是免费的，妓女需按照所属的妓院等级来支付诊费。[98] 1928 年市政府重组的时候“公共健康办公署”建立，该署接管了诊所，并增加了检查的费用。只有四等妓女可以免费接受检查。[99]

1912 年，诊所改称为“妓女检治事务所”。[100] 在以前，如果一个妓女被发现生病了，会被命令停止工作。而现在她被要求每天去诊所接受治疗。诊所保存每次检查和治疗的记录，并且分给每个妓女不同颜色的卡片——头等妓女红色、二等绿色、三等蓝色、四等黑色。当顾客问起时妓女必须出示相关卡片。妓女如果没有按时进行检查将会被罚款。假如一个妓女被命令停止工作却没有遵从规定，那么妓女和她所在的妓院都会被罚款。[101]很多妓女都试图通过声称已经不再接客或者生病来逃脱检查。[102]警察厅同意头等妓院的妓女每月交 10 元就可以免除检查。[103]无须惊讶，诊所变成了市政府财政的一个经济来源。诊所每月大约花费 700 元，但每月归还政府的超过 1800 元，累计每年归还 21000 元。[104]

这些小心翼翼的（至少在书面上）清洁和监督措施仍不足以使城市免受这种不道德行为的影响。政府还制订了计划将妓院和居民区及其他的商业机构隔离开来，但这一制度几乎无法贯彻执行，几乎所有的妓院还是留在了原先的所在地。所有头等和很多二等妓院开设在前门外的“八大胡同”，位于城市最活跃的商业中心的右侧。邻近地区不仅有许多旅馆、药房和米店，还有书店、报社和家庭住宅。三等妓院坐落在城市活动中心以外的地区，四等妓院则在外城的东南地区和朝阳门附近的贫民窟。未登记的妓女分散于整个城市，她们的活动是违法的，且不会被持有执照的妓院接纳。许多头等妓院会在建筑风格上将自己与其他妓院区分开来，尽管《规章》不允许这样的行为。尤其在“八大胡同”地区，那些在外墙饰有西式拱形窗户的两层小楼给人一种与众不同的感觉。墙里面是一个中式的院子，围栏、格子窗户、树木和池塘共同营造了一种“轻松而愉悦”的环境。

甘博对政府在隔离妓院方面表现出的软弱无能表示失望：

> 1918 年警察厅在新世界的正东面盖了大量特意为妓院设计的房子，他们的目的是将许多妓女从目前合法经营的地区迁移到城市的这个区域。然而妓院的经营者却由于对自己目前紧挨商业和旅馆的位置非常满意而反对搬迁，并且她们的影响是如此之大，很多官员都与之有经济利益牵连，以至于警方不得不放弃原计划而把房子租出去改作商业用途。[105]

作者评论说“西边两个区的妓院是在普通的胡同里，并且近旁经常就有一些小戏院、饭馆，甚至是私人住房，并没有实现所谓的隔离”。[106]

麦倩曾同样批评了政府在隔离妓院方面的失败并指出其他许多制度松懈的例子。妓女的性病检查是无效的。尽管妓女接受了检查，但她们经常没有接受治疗或者没有停止接客。医生的签名实际上成为了生病的妓女继续工作所用的诡计，因为嫖客由此相信她们是安全没有性病的。政府在执行规章法令时的松懈间接助长了卖淫人数的增加和性病的传播。[107]

由政府管制的卖淫业里最虚伪的一点就是持有许可执照。法律规定卖淫必须是自愿的，但妓院实际上是以充斥了被拐卖的妇女而闻名的。妓院毫无顾忌地进行妇女买卖交易，甚至有相关的交易规则。正如在前面一部分提到的那样，监狱里的年老妇女大多数是因为诱拐年轻妇女进妓院而坐牢的，由于政府对卖淫行为的疏忽，许多妇女无疑都会说她们并不知道她们的行为是违法的。那些“自愿”成为妓女的妇女必须首先获得警察厅的许可。她们必须上交一份填有她们姓名、籍贯、出生日期、婚姻状况、家庭职业和从妓原因以及她们加入的妓院等级的表格。妇女必须在表格上解释她们不是被卖到妓院来的。表格要附上两张照片，并且每年都要更新。每当妓女转移到另一个妓院的时候，她需要重新申请一个许可。然而，尽人皆知的是大多数的妇女都是被卖进妓院的，并且很多在 16 岁以下。麦倩曾谴责警察厅没有足够重视这个问题。[108] 对于社会学家们来说，国家的态度纵容了有组织的犯罪将妇女卖到妓院。麦倩曾确信注册登记制度有百害而无一利。注册的目的是为了能够直接控制妓女，但它实际上却使得人们认为卖淫是一项合法的商业活动，并暗示不道德放荡的行为是可以被奖赏的。妓院的客人、老板和进行妇女买卖勾当的人都从法律中获得了剥削妇女的许可权。国家规章对强制卖淫睁一只眼闭一只眼，因此也暗示卖淫对于妇女来说是一种正当的职业。政府于是通过税收获利。通过将卖淫合法化，政府也就默认了北京的道德沦丧。[109]

社会学家对政府对于卖淫问题的处理很不满意。官员和政客是妓院最好的庇护人，即使政府制定了法令，也不会被严格地执行。但社会学家并不认为政府应该消除控制。相反，他们希望政府对卖淫采取更有力的控制，最终达到连根拔除的目的。社会学家认为单单控制卖淫是不够的，更为重要的是改变人们对待卖淫的态度。但是政府的政策只是鼓励了公众对卖淫的兴趣，官员们的私生活也给公众道德树立了可怕的榜样。社会学家认为，与其鄙视妓女，人们更应该鄙视妓院老板。除了揭露和批判政府的伪善，社会学家提出的其他解决途径包括促进工业的发展，为妇女提供替代性的工作，使那些因生活所迫将女儿卖到妓院的家庭得以从贫困中解放出来。他们也意识到这个目标并不容易达成，因此在现阶段，更为严格的法规依然是必要的。[110] 正如在贫困和犯罪问题上一样，解决卖淫问题的真正方法也很难找到。

总而言之，社会学家试图找出造成这一苦难的系统原因，并且刺激他们通常的精英读者承担起重建社会道德体系的责任。按照他们的观点，造成社会问题的系统原因要求进行系统的治理。但无论是社会学家提出的建议还是政府的实践，都还存在太多模糊的地方。这两者共同的特点是都强调社会对个体的控制，但这一点看起来存在问题。社会学家的研究还是对被控制者展现了很大的同情。而政府与个体到底谁应对社会问题负责？这个问题则从未得到解决。

没有“社会”的社会学？

在这个问题上，中国和西方的社会学家可谓见仁见智。关键是如何理解各自所指的“社会”概念。[111] 除了严景耀将“社会”概念等同于“人类群体”之外，其他任何一位中国社会学家都还没有对此做出过明确的定义。在他们使用这个概念的时候，“社会”往往和国家与进步等概念联系在一起：社会是与“一个国家的人口一同发展”这一观念联系在一起的。在他们的想象中，一个理想的“社会”是一个道德的团体，由一个强有力的政府和具有公众意识的国民这两大基本要素构成。换句话说，一个社会的建立被设想为一个由政府创始，并通过国民获得高尚道德品性来实现的过程。所有观察者都承认，试图将北京居民转化为国家公民的目标并未实现，一个经常被用来说明造成这种明显失败的原因之一便是北京居民缺少对“公众利益”的普遍关注。很显然，将城市作为一个道德共同体的理想在建立都市转型话语体系过程中起着决定性的作用。

在讨论城市生活的时候关注道德状况的做法并不新鲜，中国的社会精英历来强调城市与乡村生活方式的差异，并看到了城市生活的危险性，尤其是对于年轻人，因为城市充满了物质与性的诱惑。城市中还充斥着大量商人，这些人由于整天与市场和金钱打交道，因而在很多人眼里，他们就和模糊的道德感联系到了一起。由于起源于乡村的道德规范被认为要优于来自于都市的道德规范，因而不管生活环境如何不同，乡村居民和城市居民都要受其约束。据罗威廉（William Rowe）两本关于汉口的城市研究显示，商人与手工业行会在汉口这样的帝国晚期城市中已隐约发展出了一种公民意识，[112]但是这种城市公民的观念从来就没有能够得到充分的发展，显然也没能像忠诚孝顺的乡村平民的理想那样得到那么多的政治和文化的支持。

对城乡道德规范的理解，如同对经济、政治和社会权利的理解一样，在20世纪发生了很大的变化。当政府将关注的重点转向商业贸易、发展、现代性等现代城市的产物时，城市公民理想的构建便成了一个关键的问题。中国城市的发展并不仅仅被理解为城市规划与财政等技术问题，同时还被理解为一个公民的道德问题。城市社会与农村社会内在的差异促使人们提出应该对城市和农村居民持有不同的道德期待。城市精英殚精竭虑于如何使城市“从农业时代转换到工业时代”，“公众意识”便成为了关注的焦点。在美国取得城市管理学博士的张慰慈认为，乡下人与城里人的区别并不仅仅在于居住地域的不同，更在于“粗俗”与“文雅”的差别。胡适在为张慰慈的《市政制度》作序时也支持张的这一观点：“虽然我们生活在城市，却依然置身于乡村的生活习惯中。乡村生活自由自在，无牵无绊，随意而消极；而城市生活需要的是政治的参与，严格的训练，系统的组织和积极的工作。如果一个人不能摒除他的乡村习气，即使生活在城市，也无法真正成为城市中的一员。”[113]张慰慈与胡适的观点展现了创建一种区别于乡村生活的城市身份的自觉努力。另一个关注城市问题的作者强调了农耕社会缺乏“公众意识”，他抱怨农民只关注自己的小家庭而漠视公众利益，他警告说这样的态度需要改变，因为在工业社会，人们必须更加关注整个城市。[114]

尽管这些学者将城市居民缺乏公众意识的原因归结于他们意图保持原有的农村生活习惯的倾向，但其他人却认为这是由特殊的城市问题所造成的。学成于美国的社会学家吴景超强调城市中不充分的社会控制，他看到了乡村和城市行为方式的主要差异。他认为“舆论”和“良心”是控制人们行为的两个最为重要的机能，而二者在乡村都有着强大的影响。一个在乡村十分谨慎的人一到城市，往往就会变得胆大而鲁莽，甚至做出一些恶劣的行为。吴景超将此归结为城市中集体压力的缺乏。在乡村，人们彼此熟识，个体行为无法逃避众人的眼光，任何异端的行动都会引发街谈巷议，这就是农村社会控制的最强有力的机能。而在城市中，邻里社区已经失去了施加社会控制的能力，甚至是住在对门的邻居之间都很少来往交谈。尽管在城市中有邻人的存在，但一个人只需去另一个街区便可无人知晓。吴景超还提出在城市中良心已经失去了节制与惩戒的力量。在乡村人们拥有相似的价值观念，但在城市中多种价值体系相互碰撞，道德行为准则从绝对变成相对，使人们很难控制自己的行为。[115] 严景耀也将城市中日益增长的犯罪率归因于社会控制的孱弱，而这就意味着无人关心社会公共利益。[116]

甘博在讨论社会的基础时指出：一个抽象的道德共同体和一个在人们日常生活中起作用的共同体之间存在着根本差异。他哀悼逐渐消失的“北京的民主与社会控制的迹象”。以前，街道与社区都有专门的委员会来管理各种公共事务，比如维修、喷水、街道照明以及邻人的安全。但是现在几乎所有相关的职能都被官方的机构接管，特别是警察机关。甘博认为：“这样做无疑能够在全城范围内促进计划的实施，但同时却使人们失去了控制，人们越来越受制于政府官员，但这些官员是对上级官僚而非对人民负责的。”[117] 甘博对民间社会进行了经典描述：

> 在过去，行会甚至比官方更有权威并且始终保持着相当的力量，但是当有迹象表明北京已经不再如以前一样强大时，警察与政府机构越来越多地接管了对城市商业生活的控制。一般说来，政府强制力通常只会在与商会或者受影响的个体行会商议之后才会运行。据我们所知，在行会与政府之间从未有过真正的角力。举一两个例子：某地政府试图不顾行会的意愿而增加赋税，行会就通过罢工的方式进行还击，直到不可接受的税收被取消为止。这些自然只是尚未涉及到最终控制问题的小事件，当一个真正的考验来临时，没有人知道会发生什么。但每个迹象都告诉我们随着现代工业的发展，行会的力量势必将会被逐步削弱下去。[118]

甘博对市民失去控制与参与的担心是不无道理的。尽管北京的市政委员会与国家政府并未按照他们心中的理想图景来重塑城市，但这些机构表明了对中央集权控制的强烈嗜好。拿北京警察为例，20 年代初到 30 年代初十年间北京每 1000 名居民相对应的警察人数为 12 名，这个比例几乎是工业化城市如伦敦、巴黎的 5 倍。如史谦德所记载：

> 警察对食品业实施卫生标准，确保公共厕所定期清理；对医疗开业者进行执照资格考查，……审查公共娱乐场所和政治舆论；他们监督……烧开水的灶间、学校、少年管教所和感化院……甘博将警察总结为“几乎负责城市中绝大部分事务，而且接触到人民生活的方方面面”。[119]

尽管缺乏实施的能力，市政府依然渴望建立完善的社会控制。对他们来说城市利益表现为政府资助的建设项目，处于第一位，而地方组织或个体集团的利益处于其次。他们的工作就是平衡利益与统观驾驭城市发展运行的全过程，但是，他们却没有开通渠道使那些弱势行业的声音传达到他们耳中。

甘博所强调的社区并不一定会让穷人，罪犯或妓女受益。对于绝大多数参与城市政治活动的组织来说，大众利益等同于“民生”，这个概念形成了“社会”和政府谈判协商的基础，政府运用“民生”辞令，也就是指政府对人民的责任，来平衡其对政策的强制实施。孙中山将“民生”这个中国传统的说法改编进了三民主义。在封建社会，民生在更加关注维持稳定而非谋求发展的经济中引入了保护人民福利的概念。史谦德认为“20 世纪 20 年代的北京，‘民生’一般指的是在已确立的社会秩序中支持市民物质幸福的那部分”。[120]他的《人力车时代的北京》是一份有关市政府、行会和专业集团政治的丰富的文本。他认为当这些力量用“民生”价值观达成一个平衡性的解决办法时，这些集团内部和对立集团之间存在的利益冲突常常得到化解。

在这个语境中的“公众”一词首先限定于组织构成的成分，北京的专业社团既有垂直建构，又有水平建构：商会的领导者总是从城市中少数最成功的商人中选出。夜间肥土运输工往往按区域组成团体，聚集在势力强大的肥料场场主的周围；运水工由井主管理并代表他们讲话；艺人行会为少数艺人发放福利，以此增强对这一领域中最具名望的艺人的绝对控制。总体而言，1928 年在民族主义的号角声中，北京企业和社团，包括很多名义上的团体仿佛在一夜之间如雨后春笋般纷纷冒出头来，服务于双重目的：一方面使劳动者可以说出自己的牢骚，争取维护基本的生存；另一方面进一步巩固和确立了所有者和管理者的权威。史谦德指出："这个有争议的过程就好像一个国家建立的缩影，当人们意识到发展完善的行会施行着一整套模拟政府的运作方式，它们的相似之处与其说是一种类比，不如说是表现了管理、控制和表述城市居民广泛的地方义务的发展。"[121] 按照史谦德的说法，很多城市的运行，及维护其稳定都要依靠小团体的相互配合，尤其是在战争时期，因为一批一批的军事势力一次次地进入，随后又逃离了城市。

本书第 2 章曾大致描述了一个不合常规的例子，就是商会反对发展有轨电车。商会成员对自己被排除在分享有轨电车发展的潜在利润之外十分不满，于是强烈反对这一计划，为了引起对"民生"的关注，孙学士领导商会迫使电车公司做出承诺，拿出 6 万元开办一个工厂"作为给那些被切断生活来源、失去工作的人力车夫的补偿"，[122] 这种济贫的慈善方式在清朝政治中有着很深的根源，但是赞助人与捐助人之间的关系往往更为直接。在这里，我们很难看到孙学士的商会与人力车夫之间有任何联系。事实上这种要求只不过是孙给电车公司施压的一种手段，当商会未能分得利润，或者未能明显推迟公司的建造计划之后，开办工厂的计划也被遗忘，永远无法实现。相比之下，当市政委员会宣告公众利益至高无上时，他们誓言要将城市的全部人口纳入考虑。但是对于城市政府而言，维护民生的责任扩展到如此广大而多样的选民区域，以至于它作为调节者的角色经常变得苍白无力，经常很轻易地因为触动北京最有权势的人的利益而有所动摇。

公众利益的问题在许多情况下是一个规模与范围的问题。与那些关注民生政治的互惠关系的专业组织的领导者不同，社会学家深入城市去考察那些和他们没有直接利益关系的人民的事情。当政府官员开通运输干线以鼓励促进空间流动时，社会学家却深入城市中的阴暗角落。在这一过程中，他们访问贫困家庭、走进监狱、采访妓女。换句话说，他们走进了精英们极少踏足的区域，跨越城市社会中逐渐扩大的裂缝，而这城市社会正沿着新的、从某种角度来说更为严格但也许更不显眼的界限发生着分层。他们和边缘者对话，为没有发言权的人说话，揭露那些国家试图回避和保持沉默的事件。

对北京的政客、团体领袖和官员来说，社会学家们所指出的是无法否认却也是极度抽象的。在他们日复一日的权力斗争与生意买卖中，发展计划和利润率是有限的，无法避免地要妥协于维护自身的地位，他们更加关注具体利益的民生政治。另一方面，作为一个群体，北京的社会学家并没有直接卷入政治，他们的工作触及受伤害的个体，但他们却没有具体的方法去减轻那些在政治谈判中缺乏组织和力量的人们的痛苦，于是整个体系成为他们关注的焦点。他们的研究前提与使命就是通过调查个案来阐明这个叫作社会的系统，在很多时候指的就是国家。

社会学家与国家的不同观点不可能轻易地达到平衡，社会学家研究的人们既没有组织来代表他们说话，又没有被包含到史谦德所描述的地方政治中，北京社会学家的工作事实上得出了这样的结论：民国政府在一些方面无法扮演道德共同体的负责人与监督者这个角色。最终，“民生”对于民国政府而言仅是一种空谈和有限妥协的实践。相当比例的城市人口还继续忍受着极端的贫困。官员们却经常贪污腐败，尤其常见的是涉及娼妓问题，并非是道德社会的理想成员。尽管政府建立了专门的机构控制犯罪，但就像严景耀所说的，不寻找导致他们行为的原因而只惩戒罪犯不过是“舍本逐末”[123]。

北京的社会学研究中最隐蔽也是最核心的议题便是如何建立理想社会和公共秩序。中国的社会学家认识到个体问题是缺少就业机会的结果，他们按照社会学已建立的方法论开始分析贫困，始于个体层面却止于国家。他们意识到个体问题是由缺少雇佣机会造成的，正是这种超出个体控制的贫穷造成了如犯罪和卖淫等其他社会问题。尽管社会学家在一定程度上批判了贫穷，他们仍然多少对穷人、罪犯和妓女怀有同情。他们总结说这些穷人在一定程度上成为了并不是由他们自身造成的问题的受害者，如果政府本身对基本的体制和经济的问题负责，那么谁又有能力改变？根据他们的论点，无论是社会学中提到的个体还是共同体都没有能力去改变什么。

社会学家的方法类似于国家在声称关心广大民众利益时提到的办法，但城市政府对公众利益的贡献受到它们维持自身地位稳定的需要的限制。社会学家认为这一点在卖淫的例子中最让人厌恶，他们的研究清楚地显示出政府的政策是出于它的贪婪，并勾结妓院老鸨。在卖淫的事例中，与政府和官方的私人利益相比，公众的利益显然被放到了第二位。

社会学家认为改革必须要求有一个强有力的政府。在他们的论述中，关键词不是“社区”或“邻里”，而是“社会”“社会进步”“市民”和“国家”。大多数中国社会学家的讨论都没有分析地方共同体所扮演的角色。无论是贫民窟周边还是妓院街区都被消极地描述并被当成是一个更大问题的象征：北京，甚至整个中国的不发达。社会学家的分析模式和他们推崇的改革结构都关注个体与“社会”（整个城市或国家），而非更小一点的共同体的关系上。他们总是从可能的最大规模上看待问题，比如整个城市或整个系统。因此他们的解决办法往往需要一个强有力的政府在相同的规模中维护秩序、规范民众和发展工业。这些学者也达成共识，认为建立一个社会的最大目标就是在一定层面实现公共秩序，以充分地支撑生产。克拉克对“社会”的解释十分适用于中西方社会学者在民国时期北京的活动：“除了团结、距离、从属和排除等一系列意义，我们通常还怎样理解‘社会’这个词呢？我们显然需要这些要素去使物质生活的生产得以维持——去维护这样一种秩序，在这种秩序下人们可以维持他们的生计，并且对他们未来的生活能够如此持续保持一定的信心。”[124]

国民政府很难符合社会学家想象中的中国和北京所需要的那种强有力政府的理想形象。在探寻社会问题的根源时，社会学家认为“社会体系”应比个体负更多的责任，但是他们从未解释清楚他们所谓的“社会”，这个概念经常与国家的概念相混淆。穷人、妓女和罪犯究竟是社会的受害者还是国家的受害者？社会学家经常希望国家能变得更好、更强大、更有效率。李景汉认为养活百姓是国家的责任，被养活则是百姓的权利。用他的话来说：

> 一个政府的质量总是反映在人民的生活水平上，如果这个国家中的大部分人口甚至吃不饱，穿不暖，没有地方居住，那么这个政府就成为了人民生活的阻碍，没有理由再继续存在下去。如果人民不站起来推翻这样的政府，他们就不值得过上更好的生活。也就是说他们所承受的一切都是他们应得的。从这里我们就可以看出一个民族的强与弱。[125]

按照李景汉的观点，人民应该推翻不履行职责的政府，重新建立一个更为强大的政府。这种对强大政府的渴求也反映在社会学家多少有些自相矛盾的对现代监狱制度和乞丐劳改所等制度的支持上。尽管他们认为罪犯和乞丐终究是一个失败体系的受害者，他们仍然支持国家加大对这些人的纪律控制。尽管国民党执政的这个民族国家受到批判，但现代国家的权力机关都被认为是合法的，问题只在由谁来执掌。这种姿态与1949年之后的发展是一致的。1949年之后虽然规训的目的改变了，但原则和方法不变，仍旧集中在个体与“社会”的关系上，而“社会”中那些很多不确定的部分只能由“国家”来具体代表。因此，社会学家谴责社会不公正，却支持现代国家的规训的合法性，同时忽略了为共同体寻求一个可行的角色。在史谦德的著作中，北京的社会和政治以民生的概念为中心。社会学家批评当前的国家，同时批判了广大而几乎全部被排除在外的社区，从而间接地批判了政治秩序。他们普遍地在理论上赞同国家权力的合法性，从而趋向于支持强势政府和弱势社会。尽管不像社会学家定义的那样，北京的社会依然是一股强大的力量。

社会学家希望见到的理想政府是否真正存在是有争议的。如詹姆斯·斯考特（James C. Scott）所显示的那样，一个有能力完成大型工程的政府也给它的人民制造出它独有的问题。[126]中国社会学家在著作中所说的“社会”和“国家”事实上都是理想而非现实的概念。社会学研究创造了关于北京的知识，但没有从这个城市的过去引出任何希望。在他们看来，任何希望都来自于外部，来自于高处，来自于未来。社会学家的观点正如其他计划实现城市现代化的人们一样，受到来自另一个领域的声音的挑战，那就是历史学家和文学家。

注释

[1] R. David Arkush, *Fei Xiaotong and Sociology in Revolutionary China* (Cambridge, Mass.: Council on East Asian Studies, Harvard University Press, 1981), p.23.

[2] Xing Wenjun, "Social Gospel, Social Economics, and the YMCA: Sidney D.Gamble and Princeton-in-Peking" (Ph. D. diss., University of Massachusetts, 1992), pp.T4-15.

[3] Ibid., p.11.

[4] Ibid., pp.19-10.

[5] Arkush, *Fei Xiaotong and Sociology in Revolutionary China*, p.15.

[6] Robert A. Woods, foreword to *Peking: A Social Survey*, by Sidney Gamble (New York: George H.Doran, 1921), p.ix.

[7] Martin Bulmer, *The Chicago School of Sociology: Institutionalization, Diversity, and the Rise of Sociological Research* (Chicago: University of Chicago Press, 1984).

[8] Arkush, *Fei Xiaotong and Sociology in Revolutionary China*, p.25.

[9] Sidney D.Gamble, *Peking: A Social Survey* (New York: George H.Doran, 1921), p.25.

[10] Herbert Day Lamson, *Social Pathology in China: A Source Book for the Study of Problems of Livelihood, Health, and the Family* (Shanghai: Commercial Press, 1935), p.vi.

[11] Ibid., pp.ix-x.

[12] Gamble, *Peking*, p.xv.

[13] Ibid., p.xiii.

[14] Y. L. 童：《北京的贫穷和救济》，《中国社会学杂志》第一卷五号，1923 年。

[15] 同上书，第 2、3 页。

[16] 李景汉：《北平最低限度的生活程度的讨论》，《社会学界》第三卷，1929 年，第 2、3 页；牛鼐鄂：《北平一千二百贫户之研究》，《社会学界》第七卷，1933 年，第 161 页。

[17] 李景汉：《北平最低限度的生活程度的讨论》，第 6—8 页。

[18] 同上书，第 8 页。

[19] 陶孟和：《北平生活费之分析》，第 69 页。

[20] 牛鼐鄂：《北平一千二百贫户之研究》，第 6—8 页。

[21] 同上书，第 176 页。

[22] 梁其姿：《"贫穷"与"穷人"观念在中国社会俗世中的历史演变》，收入黄应贵主编：《人观、意义与社会》，台北："中研院"民族研究所，1993 年，第 129—162 页。

[23] Pierre-Etienne Will and R. Bin Wong, *Nourish the People: The State Civilian Granary System in China, 1650-1850* (Ann Arbor: Center for Chinese Studies Publications, University of Michigan Press, 1991).

[24] 牛鼐鄂：《北平一千二百贫户之研究》，第 186 页。

[25] Herbert Day Lamson，*Social Pathology in China*，pp.131-132.

[26] Y. L. 童：《北京的贫穷和救济》，第 3、4 页。

[27] 同上书，第 4 页。

[28] 同上。

[29] 杨锡春：《满族风俗考》，哈尔滨：黑龙江人民出版社，1988 年，第 8、9 页。

[30] 牛鼐鄂：《北平一千二百贫户之研究》，第 178 页。

[31] 同上书，第 156 页。

[32] Y. L. 童：《北京的贫穷和救济》，第 5 页。

[33] 陶孟和：《北平生活费之分析》，第 23 页。

[34] Y.L. 童：《北京的贫穷和救济》，第 1 页。

[35] 牛鼐鄂：《北平一千二百贫户之研究》，第 159 页。

[36] 同上书，第 160 页。

[37] Y. L. 童：《北京的贫穷和救济》，第 1 页。

[38] 北平市社会局：《北平乞丐统计》，收入《社会调查选集》，北平：（无出版社名）1930 年 9 月，第 63 页。

[39] 严景耀：《北平犯罪之社会分析》，《社会学界》第二卷，1928 年 6 月，第 33—77 页；周叔昭：《北平一百名女犯之研究》，《社会学界》第六卷，1932 年，第 31—86 页。严和周的研究数据来自于警察提供的数据和在监狱对罪犯的采访。此项工作明显得到了政府的支持。

[40] 严景耀：《北平犯罪之社会分析》，第 47—48 页。这一范畴包括的范围非常宽泛，诸如袭击罪、谋杀、非法监禁、纵火、渎职、扰乱公共秩序、故意破坏艺术的行为、妨碍交通和破坏堤防等。

[41] 同上书，第 38 页。

[42] 同上。

[43] 同上书，第 56 页。

[44] 周叔昭：《北平一百名女犯之研究》，第 48 页。

[45] 同上书，第 54 页；严景耀：《北平犯罪之社会分析》，第 57、58 页。

[46] 周叔昭：《北平一百名女犯之研究》，第 38—48 页。

[47] 严景耀：《北平犯罪之社会分析》，第 59、60 页。

[48] 同上书，第 60 页。

[49] 同上书，第 34 页。

[50] 同上书，第 33 页。

[51] 同上。

[52] 同上书，第 56 页。

[53] 王奇生：《民国初年的女性犯罪，1914—1936》，《近代中国妇女史研究》第一卷，1993 年 7 月，第 7 页；周叔昭：《北平一百名女犯之研究》，第 51、52、60—62 页。

[54] 周叔昭：《北平一百名女犯之研究》，第 32 页。

[55] 同上书，第 31 页。

[56] 麦倩曾：《北平娼妓调查》，《社会学界》第五卷，1931 年 6 月，第 105—146 页。

[57] Gail Hershatter, *Dangerous Pleasures: Prostitution and Modernity in TwentiethCentury Shanghai* (Berkeley: University of California Press, 1997), pp.4-5. 在这本书里，贺萧提供了大量有关上海娼妓真实生活与神话建构的讨论。

[58] Gamble, *Peking*, p.245.

[59] Ibid., pp.243, 244.

[60] Ibid., p.245.

[61] Ibid., p.244.

[62] Ibid., p.246.

[63] Ibid., pp.243, 244.

[64] 麦倩曾：《北平娼妓调查》，第 105—146 页。

[65] 同上书，第 124、125 页。

[66] 步济时（J.S.Burgess）：《娼妓问题：在北京基督教青年会的一次演说》，《中国社会学杂志》第二卷四号，1925 年，第 3 页。

[67] Gamble, *Peking*, p.246.

[68] 骏牧（笔名）：《私娼与公娼的利弊》，《妇女杂志》第十卷八号，1924 年，第 1268 页。

[69] 步济时：《娼妓问题：在北京基督教青年会的一次演说》，第 3 页。

[70] Gamble, *Peking*, p.258.

[71]《大自由报》1912 年 10 月 4 日，第 11 页。

[72] 同上报，1912 年 10 月 18 日，第 7 页。

[73] 同上报，1912 年 12 月 10 日，第 7 页。

[74] Gamble, *Peking*, p.258.

[75] 麦倩曾：《北平娼妓调查》，第 123 页。

[76] Gamble, *Peking*, p.255.

[77] 麦倩曾：《北平娼妓调查》，第 123 页。

[78] 王元增：《北京监狱纪实》，北京监狱出版，1913 年，第 1 页。

[79] 周叔昭：《北平一百名女犯之研究》，第 76、77 页。

[80] 严景耀：《北平犯罪之社会分析》，第 66、67 页。

[81] 同上书，第 58 页。

[82] Gamble, *Peking*, pp.309-310.

[83] 王元增：《北京监狱纪实》。

[84] 同上。

[85] 同上。

[86] Frank Dikotter, "Crime and Punishment in Early Republican China: Beijing's First Model Prison, 1912-1922," *Late Imperial China 2* (December 2000): 162.

[87] Gamble, *Peking*, p.307.

[88] 周叔昭：《北平一百名女犯之研究》，第 85 页。

[89] 徐亚盛：《娼妓与社会》，《妇女杂志》第十六卷六号，1930 年，第 61—72 页。

[90] 麦倩曾：《北平娼妓调查》，第 142—145 页。

[91] Gamble，*Peking*，p.249.

[92] Ibid.，p.80.

[93] Ibid.

[94] Ibid.，p.73；麦倩曾：《北平娼妓调查》，第113页。

[95]《京都市政汇览》，第19页。

[96] Gamble，*Peking*，p.249.

[97] 京师警察厅：《京师警察法令汇纂》，北京：撷华书局，1915年，第383—386页。

[98] 石梅：《平市妓女检治事务所调查记》，《市政评论》第三卷第18期，1935年，第12页。

[99] 同上书，第13页。

[100] 同上。

[101]《检治妓女规则》，《北京市政法令汇编》第七类（卫生），第20、21页。

[102]《京师警察公报》1927年3月3日，第2页。

[103] 同上报，1927年3月18日，第2页。

[104] 石梅：《平市妓女检治事务所调查记》，第14页。

[105] Gamble，*Peking*，pp.247-248.

[106] Ibid.，p.250.

[107] 麦倩曾：《北平娼妓调查》，第143页。

[108] 同上书，第142页。

[109] 同上书，第143页。

[110] 同上书，第143—144页。

[111] Michael Tsin，*Nation，Governance，and Modernity in China：Canton，1900-1927*（Stanford，Calif.：Stanford University Press，1999）；Ann Anagnost，*National Past-Times：Narrative，Representation，and Power in Modern China*（Durham，N.C.：Duke University Press，1997）.

[112] William Rowe's *Hankow：Commerce and Society in a Chinese City，1796-1889*（Stanford，Calif.：Stanford University，1984）and *Hankow：Conflict and Community in a Chinese City，1796-1895*（Stanford，Calif.：Stanford University Press，1989）.

[113] 张慰慈：《市政制度》，上海：亚东图书馆，1925年，第11—12页；胡适："序言"，第4页。

[114] 徐蔚南：《现代市政通论》序言，1929年，第1—2页。

[115] 吴景超：《都市社会学》，上海：世界书局，1929年，第74—77页。

[116] 严景耀：《北平犯罪之社会分析》，第67页。

[117] Gamble，*Peking*，pp.85-86.

[118] Ibid.，pp.34-35.

[119] David Strand，*Rickshaw Beijing：City People and Politics in the 1920s*（Berkeley：University of California Press，1989），pp.71-72.

[120] Ibid.，p.129.

[121] Ibid.，p.154.

[122] Quoted in ibid.，p.129.

[123] 严景耀：《北平犯罪之社会分析》，第60—61页。

[124] T. J. Clark, *The Painting of Modern Life*: *Paris in the Art of Manet and His Followers* (Princeton, N.J.: Princeton University Press, 1984), p.6.

[125] 李景汉：《北平最低限度的生活程度的讨论》，第 16 页。

[126] James C.Scott, *Seeing Like a State*: *How Certain Schemes to Improve the Human Condition Have Failed* (New Haven, Conn.: Yale University Press, 1998) .

第8章　历史：记录老北京

在诸多方面，本书跨越的二十五年也是对北京的记述发生着根本转变的时期。在民国时期，许多有关北京的出版物展示出全新的形式和内容。这些出版物所展现的巨大能量一方面证明了这座城市对于作者们的重要性，一方面也表现了记录和叙述这座城市的历史的急迫之情。大量的卷册和明显的急迫意识为我们对这座城市进行文化分析提供了多层次而丰富的资料。这一章将探寻记录和描绘北京的强烈热忱背后的动机与意义。

民国时期的许多关于北京的出版物是重印明清时期的地方志以及对民国初年开始的在这座城市身上发生的变化之细节的记录，其中很多以百科全书式的完整记录那些正在不断消失的标志性建筑与地方风俗。民俗专家收集民谣和儿歌，导游册子竞相为潜在的游客塑造一个有吸引力的北京形象，隶属于现代教育机构的知识分子在散文中历数自己对北京的印象与体验，老舍等作家将这座城市写入了他们的小说。这些作品不仅反映了人们如何理解民国时期的北京，而且反映了人们希望以何种方式认识与记住北京。每一种文体都有它自己的目标，并且传达了城市生活中的多重维度。这些作品不仅为我们理解这座城市的变化提供了参照点，更重要的是，它们记录了对这些变化的多种多样的情感上的回应，从而展现出其作者对现代性与社会、地方与国家的关系的看法，以及对于政治和文化认同感之间的关系看似抽象但实际上非常切身的关注。

这些互相竞争的文本提醒我们：再现北京对当时人来说是非常严肃认真的事。在这幅由带着不同的兴趣话题、动机和意图的各种类型的文字所组成的拼贴画里，北京自然没有呈现为一个有着持续统一的历史的同质性的地方，而是显现为一个由不同的时间和空间相互作用而定义的城市。北京既被当作一个私人的、个体的故事，又被描绘成集体的传说；它既被表现为独特的地方文化，又是民族国家历史的一个组成部分。民国时期的北京处在大众与精英、地方与国家的冲突与聚合之中。对北京的重现也在细节和抽象、生活的本来面貌与其象征意义之间挣扎。

这些文本并不仅仅是对实体城市的简单反映。就像在任何一个历史时期和任何一个社会中都会碰到的那样，对北京的书写也包含了创造新的和参考原有的知识体系这两个互动的过程。书写一个城市的过程同时也是一个构建空间意识，并在特定的历史、社会和文化的语境中表达这种意识，并期待特定的读者反应的过程。有关北京的各种不同的故事同时“反映、歪曲和重构了（这座）城市”[1]。这些关于北京的故事随着时间而改变的事实警示我们，档案从来就不是中立的，文本也在“组织细节和差异，因而无一例外地规定了人们所见的和不见的。因此，就像历史中的城市一样，文字的城市也常常既表现为让人耳目一新的博闻广记而又呈现为被危险地强加的视角”。[2]

在这一章里，我把这些文献看作“再现”来探讨它们的叙述策略。这里所说的“再现”概念并不是对这些叙述的真实性价值的驳斥，而是强调作者选择讨论什么和这些讨论发生于其中的语境之间的关系，以及这些叙述可能希望达到的目的。这一章的目标与前几章不同，不是把文字记录当成用以重构城市历史的信息资源，而是要研究作者选择了什么去进行叙述，以及这些叙述是如何被建构的。这一章旨在找到作者选择“事实”的模式，从而试图揭示影响了细节和故事之选取的主题结构。

把一个实体的城市和现实中的人变成叙述文本的过程同时也是一个为面对历史巨变时期的那种复杂，而通常又是模糊的感觉提供结构的过程。城市实体为深刻的外部变化所引起的复杂的情感提供了结构和依靠，使得这些情感能依赖文字表达出来。因此为一座城市写一部历史也就是创造一个框架和一套词汇，使得城市能够被想象、理解、叙述，而城市的历史最终成为集体记忆。在城市叙述的背后，是为了表达一些理念而创建一种架构的努力，而制造这些理念也是为现代中国书写一个特定版本的历史。

再现帝都

从20世纪20年代中期开始，很多地方志以及其他明清时期的关于北京历史的文献都作为新的丛书系列再版。[3]瞿宣颖和张次溪（张江裁）这两位国立北平研究院历史研究会的研究人员是这方面的先驱。瞿宣颖编辑的《北京风土丛书》在1925年出版发行，不到两个月几百册便告售罄，在同年再版。[4]从1934到1943年，张次溪编辑出版了近二十部书，其中包括若干明清地方志，都被他收编进五套大型的北京明清记录中。[5]除了瞿宣颖和张次溪这些可观的努力，还有二十到三十本关于明清时期北京的书籍在20年代和30年代再版。[6]北平国立研究院和中华风土学会这两个新建立的机构积极参与了这些资料的出版。

这期间出版的大量资料是关于明代北京重建的。这些资料主要包括两种起始于宋朝的记叙形式：个人笔记和地方志。[7]当时的精英们对这座宏伟都城的迷恋使他们留下了许多个人笔记，有些类似于追忆北宋都城开封的《东京梦华录》。[8]那些享有进入皇宫特权的人向无数永远不会有这种幸运机会的人们描述了他们在宫墙内看到的一切。这些文字表明，作者们意识到了北京城市生活成熟的程度，并且把它看作一个独特的地方文化。张爵编纂的北京街道地名辞典《京师五城坊巷胡同集》记录了北京所有的大街小巷，展示了他对城市空间的认识程度。[9]游人们总是对北京丰富而复杂的“地方性”印象深刻；而旅游文学在这一阶段也得到了发展，向读者传达作者游览北京的感受。孙国敉的《燕都游览志》就是其中之一，书中记载了作者在1632年游览北京的经历。北京市内和周边那些著名的风景点激发了作者们的诗情。地方方言以及北京居民的节庆习俗都引发了诸多兴趣。[10]特定的节日与地点之间的紧密联系不断地出现在这些作家笔下，表现出了对地方文化独特性的清晰认识与强烈兴趣。

宋代记载地方历史风土的另一种形式，地方志，也在明代得到了进一步的发展，而这种新的地方志成为此后五百年里的通用形式。分类的标准化反映了帝国秩序，也集中表现出帝国统治的关键性因素。例如，地方志通常以一个地方的官方正史和行政区划的疆界为开篇。随后详细记述政府机构和功能的沿革，例如公署、兵防、户口、赋役、学校；此外还有坛庙之类的宗教机构以及对地方风俗的记述；另外尚有关于盐铁、土产等经济因素的记载。有军事和经济意义的地标，包括山脉、河流、关卡和桥梁都被会提及并绘进地图。地方名人、节妇烈女也收录其中。这些主题作为主要的分类，被纳入了所有地区的方志；关于北京的地方志也遵循了这样的形式。

在清朝，关于北京的个人笔记写作与地方志编纂都达到了顶峰。三十多部由政府赞助编纂的地方志遵循明朝建立起来的形式，涵盖了北京周边所有的县。此外，记叙个人经历的书在数量、形式与观点上都大为增长。[11]在描述北京的书中，关于这座城市的传奇与故事[12]、节庆与地方风俗习惯[13]、集市、商店招牌、食物和走街串巷的小贩的吆喝都成为关注的“类别”被记录下来。[14]这些记述展示了甚至明朝都未达到的空前的细致、丰富与生动的水平，把北京展现成一个独特的、生气勃勃的高雅文化和地方民俗文化的混合体。

明清时期有关北京的写作在这几个世纪里呈现出几个值得注意的特征：第一，这些材料不仅包括了看上去客观的官方地方志，还包括了传达个人城市经验的私人记录。在这些私人创作中，尤其是清朝早期的，通过对北京城进行理想化描写来怀念已去的明朝是非常普遍的，这在清朝建立初年政府控制严厉的时期有其政治作用。明朝覆灭不久，《旧京遗事》便记述了明朝北京的生活细节。《春明梦余录》和《天府广记》也同样唤起了对明朝北京的记忆。[15]第二，这些明清的记录表明人们对城市日常生活和风俗习惯的关注日益增强，反映出了北京城市生活本身以及这种写作体裁的逐渐成熟。帝国、地方与城市互相定义并彼此提携。这座主要是封建帝国政治体系产物的城市，也正是由那些被职责和特权带到北京去的官员和应试的举人来展示，皇室所要求的奢侈也由居住在这里的官员们所支撑，而二者同时也与城市商业活动的兴起互为表里。充满活力的都市生活、对细节精益求精的关注、贵族式精致的生活方式，以及被驯化了的多元异族情调形成了一个独特的、既是地方性的也是全国性的文化。这个文化又通过精英们的写作传布整个国家。科举考试体系在这样的文化传播中成为了一个有力的工具。

民国时期再版的有关北京的明清著作中，对北京的日常生活和地方风俗习惯的私人记述远比官方的地方志流行。这种对个人记述的关注和官方记述的边缘化在很大程度上影响了民国时期读者对北京历史的理解。在帝国时期，个人记述中看似琐碎的对地方风俗的细节描述的背后，总是能看到隐现的严整的方志框架；但是当民国再版的时候，这些细节记述已经脱离了方志框架，也并不刻意小心地阐明这些记述是什么时候写成的，或者那些被描述的风俗是在什么情况下产生的。通过将这些细节从历史的和结构的背景中“解放”出来，民国时期的编辑们创造了一种不再和封建王朝的更替如此紧密相连的北京地方史，从而赋予北京的历史一种没有时间感的“永恒”的感觉。在明清两朝时间和语境相互交织的背景下，笔记和地方志把北京表述成中华帝国的转喻或换喻（metonym），民国时期的再版则将北京看成代表这个帝国的暗喻（metaphor）。龙椅（皇位）在帝国和民国时期的不同意象可以解释这种差异。面对他的大臣，皇帝的身体在实际上占有龙椅，通过这些官员统治着整个帝国。皇帝拥有至高无上的权力，但是他的权力的实施却要依赖于他和官员之间的互动。龙椅作为一个实体，是帝国权力的象征却不是帝国权力本身。甚至可以说，高高在上的皇帝与俯跪在他面前的大臣之间的关系确保了皇位的象征性权力。换句话说，皇帝并不需要实体的龙椅来拥有和行使他的权力。当民国的诞生使得龙椅永远空置时，它便成了帝国的暗喻。它的意象所传达的不仅仅是椅子这一物质存在本身，而是唤起对已经不存在的皇帝、大臣们和皇帝与大臣之间的关系的记忆。民国时期被摆放在故宫里展示给前来参观的人们看的龙椅代表了整个过去的王朝和皇权关系；当参观者穿越故宫这个空荡荡的，曾有官员或站或跪的空间，面对这张既普通又特殊的椅子时，他们会回忆起往日明清帝国的故事。简而言之，北京的文本地位的变化实质上和城市时空秩序的变化并无根本不同，它们都遵循着相同的逻辑。

再版的有关北京的明清作品提示着这个城市的历史，但同时它们也重塑了这个历史。它们试图给人这样一种印象：历史在这些文本中是被忠实而准确地再现的，就像生活在其中的人们亲眼所见的没有经过中介的“真实的过去”，而不是在建立在当代的关注上的新的框架中被重现的。当我们研究其他民国时期对北京的再现时，这种对于真实性诉求的含义就会更加清晰。

明清时期形成的一些形式与风格在民国时期的一些新作品里得到回应；这些作者包括瞿宣颖、张次溪、陈宗蕃、林传甲、余棨昌、齐如山、夏仁虎和金受申。这些著作把北京放在悠久的历史中作为丰富而有价值的地方文化的家园进行描述，不是把它当作 20 世纪屈辱的政治事件的舞台。在这里有两个类别值得我们注意：一个“地方”的特异性和地方习俗的独特性。[16] 这些新作品的形式和视角都很明显地受到了明清笔记的影响。它们都使用古文，有时不加标点，大量引用明清方志；明清地方志中的很多条目都被新作效仿。但是它们也有新的发展，特别是在对时空的描绘上。

作为历史的地方

空间变迁常常被用来为写作提供组织结构。通过不厌其烦、如数家珍地记录城市格局的变化，每个街区的发展，天灾人祸造成的对城市的破坏，著名住所的位置，和那些把北京城变成迷宫的无数狭窄的胡同，这些作者写下的是一个具体的“地方”的历史。他们要求读者拥有，同时也为其创造着空间意识。通过把北京的每一条街道都浸入它自己特定的历史中，他们为每一条街道在整个城市更广阔的历史中找到一席之地。追寻空间变化是北京的故事所围绕展开的中心，而这一中心为书写这座城市的地方史提供了框架。林传甲、陈宗蕃、余棨昌的著作为书写这种“一个具体的地方的历史”提供了最为显著的例子。

林传甲对“乡土”（具体地方的地理和历史）十分入迷。他是 1910 年代《大中华地理志》的主编，并编写了这个系列里面的浙江卷。在北京一个半日制学校教书的时候，林传甲要求学生响应教育部关于各省学生暑期回家乡调查研究的号召，派他的学生们调查并记录北京街道的历史。他整理编辑了学生们的作业，并在 20 年代以《京师街巷记》为题出版。

这本书是按照街道和城市区域编排的。通过林传甲的学生荣焘对泡子河的描述，我们可以对这本书所提供的信息窥见一斑。这条河，荣焘写到，是开凿于元代的通惠河的一部分，而泡子之名得于明朝。随后荣焘对它的精确地理位置进行了细节描述：这条河起源于天文台的北边，向西南流到崇文门，然后顺着城墙汇入隔开内外城的护城河。两座相隔一公里的桥梁跨越河的南北。河的西岸是很多狭小、人口密集的小巷。荣泰把义和团运动作为他描述泡子河的历史坐标。在义和团运动发生以前，这里南边有一个土地庙，北边有一座慈云寺，都是几百年历史的古老寺庙。东边布满了柳树和香蒲，是一处引人入胜的风景点。南边是太清宫，北边是关帝庙，吕公祠位于中间。但是在 1900 年，这幅乌托邦一般的图景被永远地改变了。除了吕公祠外，所有的建筑全部被八国联军破坏了。吕公祠始建于明朝，并被完整地保留了下来；祠堂的走廊和屋顶上的装饰充满艺术感，建筑物的后面还有一个旗杆。荣泰悲叹到，这曾经宏伟的景象在 1900 年以后却荒芜了。1913 年，妇女协会在吕公祠北面河岸的空地上建了一座房子，这里后来成为了警犬研究所。如今因贫困而世风日下，吕公祠不再是人们休憩的理想场所。最近，警察局在吕公祠的西院建了一所半日制学校，附近的很多孩子在那里就读。孩子们的琅琅书声与歌声倒是略为再现了往昔这里的文明气息。[17]

林传甲编辑的这册书正是以这样的风格记录了北京 98 条街道的历史；历史的延续与变迁都用空间讲述出来。空间环境中的稳定因素和留存下来的建筑给予当地居民历史的延续感，而历史的断裂则是通过国家层面的政治史来讲述的。

与林传甲的著作相比，陈宗蕃的《燕都丛考》和余棨昌的《故都变迁记略》则更加系统化，有着比较清晰的结构。陈宗蕃和余棨昌书中所采用的形式值得我们进一步关注。他们都将关注点放在北京的空间变化上，都采用了帝都时期地方志中的条目，用相同的模式描述了北京的空间秩序。陈宗蕃的《燕都丛考》记录了街道过去与现在的名字，描述了标志性建筑和重要政府机关及名胜古迹的位置，并对这些地方的现状加以评论，也讲述了关于这座城市的古老故事与传说。这部书的第一部分对北京的历史、疆界、皇家宫殿、花园和仪式场所进行了介绍，于 1930 年出版；同一部分的第二版发行于 1935 年。1931 年发行的第二和第三部分囊括了内外城的所有街道。陈宗蕃在书中引用了两百多种资料，收录了四千多条街道。

让我们用陈宗蕃书中记载护国寺地区的部分为例来解释这部书的形式。这一部分开头便描述了这一区域中街道与标志性建筑之间的空间关系，从最开始就把空间当成具体的地点进行陈述：

> 自缸瓦市、西四牌楼、新街口大街以东，自大酱房胡同而北曰羊皮市。又北为西安门贝勒府。其东为礼王府，门在东斜街，今为华北大学。又北曰颁赏胡同。又北为西安门外大街，其南小胡同曰良乡胡同。又北曰太平桥，亦曰马市大街，《顺天府志》称西马市街。其北西安市场，其间小胡同曰集雅士，原名鸡鸭市。[18]

在原来的文本中，这一部分长达 10 行，附加了超过 14 页的注释，包括很多摘自历史记载的引文，详细讲述了上文提到的不同地点的历史。最后一部分是作者的评论：

> 俗称隆福寺为东庙，护国寺为西庙，然西庙实不如东庙之胜。东庙古玩、书画、花鸟、鹰犬之属，殆无不备。欧美日本士女，亦多往游。西庙则仅有花肆十余家，足资游赏，余则零星日用之品，杂耍食摊之类，殊无足观。[19]

陈宗蕃并不是唯一采取这种叙述形式的，余棨昌的《故都变迁记略》也有着相似的形式。这部创作于 20 世纪 30 年代，出版于 1940 年的书记录了北京从 1900 年到 1937 年的空间变化。余棨昌生长于一个三代居住在北京的家庭，在游历台湾、留学日本之后回到了北京，成为了清政府的一名官员。在北京，他经历了许多 20 世纪初期最重要的历史事件，包括 1900 年的义和团运动和 1911 年的辛亥革命。

余棨昌以书中的一章讲整个北京的历史，两章写皇城、四章写内城、两章写外城，最后一章写市郊。和陈宗蕃的《燕都丛考》类似，书中的每一部分的开头都是对这一地区地理位置的描述，注释中引用了历史上的地方志。而作者的评论则像下文一样，分布在字里行间：

> 谶纬家谓故都京城正面三门，东曰崇文，为明亡于崇祯之谶；西曰宣武，为清亡于宣统之谶；皇城正门易名中华，其前为正阳门，适

符蒋介石先生之名，为蒋氏代兴之兆。榮昌则谓，蒋公兴而北京之国都废，乃为废都之谶也。[20]

为什么陈宗蕃和余棨昌选用这样的形式来如此细致地记录空间的变化呢？他们选用这样的叙述策略又想要达到什么样的目的呢？他们的组织方式似乎是在引导读者进入北京城。首先，他们不带任何感情色彩地介绍了一个地方具体的地理位置。逐渐地，读者从历史记载中一步步地得到越来越多的信息，最后通过作者更加个性化的评论，使得读者对这些地方增加了个性化的了解，将它们变成个人化的“地方”。随着文本的推进，抽象的城市空间首先被与人无关的存在标示了出来，然后逐渐地转变成了一个特定“地点”的风景画，通过不断层叠的历史信息而获得了丰富的含义。地理位置从单纯的客观存在的地点经过集体记忆，转化成了和当时政治相关的个性化的“地点”。余棨昌和陈宗蕃引用了大量的历史资料，为每个地方提供了详尽的编年史。城市被人性化，被当成了走过历史的主体。特定地点之特征本身的形成过程成为了历史最好的证明。

陈宗蕃在解释撰写《燕都丛考》的动机时，明确表示希望揭示嵌在这座城市中的多层次的历史。尽管在写作的时候他已经意识到北京城正在发生着变化，他仍然采取了北京建立时以为依据的帝国的视角。他解释到，他原本可以将以前几乎都是皇家空间的旅游景点归入第二卷、第三卷的区域和街道中，但最终还是将它们列入宫殿、皇家花园、宗庙祭坛的类别下，这样做既是为了历史的缘故又是为了考古学家将来的研究。[21]

这些新的著作也展示出新的特征，并不是对过去记载的简单复制。与先前的记载相比，它们具有空前的清晰程度。空间在这些新的城市记述中被系统而合理化地组织了起来。空间的历史展示着笛卡儿地图般的精确；空间是从俯瞰的角度被理解的，而非通过记叙个体走在街上会注意到什么。这种写作风格包含了一个主要的变化：就是对空间的描绘而非通过空间进行描绘。

其次，这些作者都被一种前所未有的急迫心情所驱使，那就是赶在这些地方不可避免地消失之前尽力挽救，或者至少是把它们记录下来。瞿宣颖为陈宗蕃的书所作的序言和陈宗蕃自己的导言中都提到他们是在为将来的人书写历史。瞿宣颖解释说："若夫博稽载籍，网罗旧闻，语必有征，信今垂后。"[22] 怀着记录历史的责任意识，余棨昌对于许多街道名字不再为人所知表示担忧。他写道：

> 昔日胡同之名虽不能皆有缘起，但皆有所依附。民国以来，颇多改窜有沿其音。讹者如江米巷为交民巷，猪市口为珠市口之类；有因名不雅驯而改者，如臭皮胡同改为授壁胡同，臭水河改为浸水河之类；亦有无意识而改者，如笤帚胡同改为桃竹胡同，井儿胡同改为警尔胡同之类。甚至本有故实而妄改者，如奶子府改为乃兹府，灵清宫改为灵境之类。本记略均于现在名称下注明旧名某以存其真。[23]

余棨昌在讨论街道名称的时候强调它们的读音，因为这更切近、更地方化，只有居住在那里的人才会知道。能否准确读出这些名字可以区分当地居民与外来者。在这种意义上讲，旧的口语名称与新的书写名称的对照是保留或抹去地方知识之争，是知识生产形势的权威之争。

这两大要素——像地图一样明晰地描述和保留正在消失的过去的迫切感——是紧密相连的现象，都与逐渐占主导地位的笛卡儿空间秩序有关。就像本书第 1 章所讨论过的那样，1911 年的辛亥革命标志着北京的城市身份从皇家空间转向现代民族国家中的城市，这样的城市需要的是同质的笛卡儿空间。对于前者，特定的地点因为它们与皇权中心的关系而有所分别，而在后者中，每一个地点都根据它在坐标上的位置统一地绘入地图。在这种笛卡儿体系下，每一个点都是可以，且需被包括在内的。同时，所有"地点"的独特性也都被消除了。现代城市化的同质"空间"不可避免地威胁着要消除具有帝都特征的"地方"的特殊性。通过林传甲、余棨昌和陈宗蕃所描绘的详细的北京文字地图，我们瞥见了当笛卡儿空间开始主导人们理解城市的视角这一历史时刻的两个方面：当空间中所有的点都被平等地考量和绘入地图时，"地方"的特殊性也受到这一空间制度的威胁，而即将消亡。在逐渐逼近的同质化的笛卡儿"空间"的威胁下，所有的"地方"都变得同样宝贵，而且都带着独一无二的历史来为自己的生存呼吁。

这些记录北京空间变化的新地方志所运用的独特方法创造了悠长的历

史感和独特的地方文化。通过展现细节和参考历史记录，它们将现在与过去联系在一起。尽管作者们承认历史的断裂，但是这些“地方”的历史仍旧强调和珍视那种展现在具体物质中的连续性。但是通过把“地方”当作历史的支撑，他们却也回避了处理各个王朝与不同政治体制的分界：各个王朝和政治历史都被凝缩成单一的过去。更具体地说，像陈宗蕃在组织他的著作时所做的那样，通过关注那些在王朝覆灭后变成空白的“空间”的“地方”，通过使用帝国的视角描述它们，他以一种看似不关心政治的途径将帝国的历史带回到城市空间的画卷之中。

作为知识的日常实践

在城市空间秩序变化的同时，一种生活方式也随之消失；它们也同样被仔细地记录在文字中。民国时期无数的书籍与文章告诉读者们，老北京的生活是独一无二的，日常生活中的每一处细节都被赋予了丰富的历史与内涵。无论是品尝一块米糕，购买一双靴子，在饭馆用餐，还是在小巷中听到一声小贩的吆喝，都应该去探询其中相关的掌故，这样才能真正地欣赏这些日常生活中的简单行为。有相当一部分学者对这些掌故表现出极大的兴趣；日常生活的点点滴滴以百科全书式的面面俱到被分类，成为“掌故”，再变成历史知识，期待将来的人们能够珍视它们。

金受申（1906—1968）是致力于分类编纂日常生活实践的主要人物之一。他在30年代为报纸撰写有关北平的专栏。1935年，他为《华北日报》撰写“北平历史上游赏地记略”和“北平剪影”；1937年，他为《新兴报》撰写“故都杂缀”，为《正报》撰写“北京通”；为《全民报》撰写“新京旧语”，以及为《新民报》撰写“馂余琐记”。他还在《立言报》（1938年改为《立言画刊》）上发表了大量关于北京地方风俗和日常生活的短篇散文。金受申在每周发行的《立言画刊》的特色专栏“北京通”上发表了两百多篇散文。他认为：“北京的风俗物事，一事有一事的趣味，一事有一事的来历，小小的一个玩物也有很深微长远的历史的……记一些这类旧事，一方面给过来人一种系恋，一方面把过去的北京风俗，前人所未记载，不见文人笔墨的事故，记下来保存。”[24]金受申的选题范围非常广泛，包括主要的皇家仪式、斗蟋蟀、遛鸟、北京烹制鸡鸭的做法，所有类型的商店、各种各样的职业市场、著名的玩具商贩，甚至还有小吃和理发馆。

没有什么东西能像食物那样有效地唤起对一个地方的回忆，特别是对于“老北京”这样一个在每个具体季节和节庆场合都要有独特食物的地方。金受申在他的文字中详细描述了这些食物。他对在立春那天吃的“春饼”的描述相当能吊人胃口，而且详细到可以用作菜谱：用热水烫面，将生面团分成小份；两份生面团加少量芝麻油放入平底锅中烙成双层饼，微黄后从锅中取出。吃春饼的“正确方法”是“吃时揭开两片饼平铺，放好饼菜，卷成极边式的细卷，吃个有头有尾，不会散开，不会流汤，才算是会吃的。我曾见一位先生，将饼包好了菜，捧在口边大嚼，如吃‘白菜包’一样，见者无不大笑”。[25] 香甜的生酱或甜面酱和切成细丝的青葱是必不可少的——“最好是羊角葱丝”。同样重要的是各种各样切成细丝的熏肉和酱肉，这些一般从店里购买。金受申列出了三家最有名的店：普云楼、仁和坊与金华楼，其中金华楼是清宫大内的皇家供应商。“此外最重要的是‘炒和菜’（‘和’读成‘火’音），俗有‘春饼火菜’之称，可见其重要。炒和菜只用豆芽菜、干粉丝炒成，讲究的要拌和菜而不用炒。拌和菜系将豆芽菜（掐菜太老，不宜采用，豆芽菜以桶菜的第二层的‘二菜’与盆泡豆芽菜的‘盆菜’最嫩）用水焯热，干粉煮好，用团粉、醋、黑白酱油勾成汁（千万加入烂蒜），用汁拌菜便成，比肉丝熟炒强得多了。”[26]

金受申以同样的小心细致描绘了北京人夏日的消暑食物：解渴的山楂汁、清香的莲叶粥以及闻名北京的豆汁。在秋冬两季，诱人的烤肉、肥嫩的螃蟹和火锅是生活的中心。所有的成分作料都要来自特定的地方，每个菜肴都仅有一种完美的做法。即使像清炒卷心菜这样简单的菜肴在老北京都要讲究用正确的刀工来切，而 12 种烧鱼的方法和 16 种家禽的吃法则被描绘得更加详细精确。[27] 在这座富于历史的城市中，并不仅仅是有钱人才讲究精致，即使是路边的小吃和家常风味的食物一样可以别具一格，而金受申用同样的对细节的着迷和对季节特征的强调来描写它们。使一种食物如此难以忘怀的原因不是它像日用品一样随时随地被人需要，而是源自它与特定的时间和地点的特殊联系。

食物仅仅是这些作者所涵盖的众多话题之一，其余诸如服饰、儿童游戏、地方娱乐形式、婚礼和葬礼等仪式、著名的茶馆、不同种类与规模的市场、走街串巷贩卖的各式商品也都被包括在其中。

这些著作关注的是使得日常生活变得具有地方特色的因素：时间和“地方”；作者们试图营造的是北京地方风格的独特意象。在《旧京琐记》中，夏仁虎（1873—1963）详细地记录了他作为一名清朝官员和一名帝都居民的所见所闻：仪式与风俗、灯会、四季节日、斗蟋蟀、食物、时尚、交通方式、不同的社区、地方方言、政界的名人逸事、市场，等等。[28]

齐如山（1877—1962），北京历史的最重要的记叙者之一，也留下了一份同样详细的日常生活的记录，而他把独特的视角放在北京的各行各业上。齐如山曾经就读于京师大学堂，并在第一次世界大战之前几次访问法国。他的一生致力于对戏剧的研究，特别是京剧。他也是推动了将京剧改造成为“现代的、民族国家的”娱乐形式的最重要人物之一。[29]他对胡同和集市兴趣极大，并且几乎涵盖了北京日常生活的方方面面，包括北京人从早听到晚的声音、天天吃的食物、使用的词汇、节庆风俗，以及他们夏天的娱乐。

齐如山的《故都三百六十行》写作于30年代，在1941年出版，是他关于北京的一部有代表性的书。齐如山在书中记录了北京逐渐消失的行业。他发现一些曾经是手工制造的日常生活用品正在被工业化产品所取代，流行时尚随着清朝的没落而改变，宗教活动也在衰落，随之而来的是大多数古老行业的衰败，例如，专门为缠足妇女做的鞋底、雕刻诵经时使用的木鱼、制作羽毛扇、为僧道裁剪袈裟和道袍等行业都完全消失了。齐如山记载了这些行业的名称，解释了它们的运作方式，并详细地说明了它们衰败的原因，生动地重建了一个消逝的世界。[30]

记录细节对于这些作者来说为什么如此重要呢？在《旧京琐记》一书中，夏仁虎一方面详细描写这些城市生活的细节，另一方面自称这些细节并不重要。从书中所涉及的话题之广泛看，他花费了很大的气力来记录他认为值得人们了解的帝都，关于写这本书的目的他也非常清晰：“及今所述，以为陈迹，告诸后生，或疑诳。”带着一种“怀哉旧京”“怀哉旧京精神”的情绪，他写下了个性化的关于这座城市的知识。[31]但是同时，他声称将更宏大的历史留给“史官”和“大手笔”。当解释为什么他的书覆盖了从同治光绪年间到清朝灭亡这一时段，夏说，因为这一时段之前的历史已经有旧的记录，而新的故事会有“大手笔”来写，[32]他所选择关注的是日常生活中的奇闻逸事和人们在“茶余饭后”谈论的话题。他写道：“羞言是曰琐记，若其大者，有史官在都。”[33]但是夏仁虎用了这样大的精力写下这样一种“不重要”的“稗官野史”的举动本身就说明，至少在他自己看来，这些细节是有价值的史实，尽管正史通常并不会记载它们。

与夏仁虎不同，齐如山则是直言不讳地强调这些生活细节的重要性。对他而言，正是这些细节琐事使得中国人成其为中国人，而他选择用日常生活中的种种细节的出现与消亡来讲述历史。他描绘了一幅与新政权的现代化方向不相和谐的帝国旧景。《故都市乐图考》（1935）收录了北平的小商小贩们所使用的乐器，书中包括这些乐器的图片，并配有解释乐器用途的说明。齐如山在解释为何要画这些图片时指出，清代祭祀仪式中使用的乐器已经失传了，而“北京小贩采用乐器甚多，盖亦不过取其悠扬动听而已。而古代乐器，乃能借此保留，能常入吾人之眼帘耳鼓者，则此类小贩，诚有保存古代文化之大功也。吾故特绘此图，以彰其美，借传永久，否则现在诸事维新，恐将来连此数种物件，又将弃而不用，致失传流矣”！[34]

齐如山的评论引出了一个有趣的问题，即在民国期间，“北京文化”的内涵究竟是什么。这些书籍文章给人这样一种印象：它们所记载的乃是这座城市所有居民不分阶层和地位共有的东西。然而事实上，只有富裕阔绰之士才能负担得起金受申所提到的大多数美味佳肴；许多生活习惯，诸如养鸟和斗蟋蟀，开始时也只是有闲阶级生活的特色。正如齐如山在描述乐器时所展现的那样，王朝的过去正苟延残喘于普通人的日常生活中，就像旧日宫廷祭祀的场所现在已经变成了公园。清朝灭亡后，贵族阶层逐渐衰微下去，那些曾经沉溺于高雅生活方式的贵族沦为了这座城市中的普通一员，有的甚至成为赤贫的贫民。但他们过去生活中的一些要素和习气得以沿袭并融入这座城市的整体生活方式之中，他们的生活知识也是如此。商业化亦在普及旧日贵族和上流社会的生活方式方面扮演着活跃的角色。从这一意义上讲，这些小册子记载的并非真的是旧日传统。这些作家目睹的是清代贵族某些生活方式的商业化和世俗化过程。因此，这些细节所建构起来的所谓“老北京”实际上已是民国的北京。尽管他们的作品特别标出了当地民俗的四季变化，但对于它们的具体历史时期则只字未提。这些生活习俗究竟何时诞生又在何时消失几乎无人问津。它们只是简单地被归并在“旧习俗”的条目之下。通过随手带过阶级与历史时期差异，这些作者恰恰表达了陷于新旧之间的精英文人们的偏颇视角。但是无论有意与否，这些著作中阶级与阶层差异的模糊不明，以及具体历史时间的缺席都在创建北京的城市集体中扮演了重要的角色。

民国期间，人们对北京地方历史和文化传统的兴趣不断增长。忧心民国期间持续的变化最终将不可避免地导致这座城市独有的历史文化传统的消亡，各种不同的群体记录下那些日益遭受威胁的物质痕迹。不少机构组织和个人再版了大量的明清地方志和其他有关王朝故都的文献，学者们则写下了记录这座城市空间秩序和风俗变化的新作。出于对他们所珍惜的历史在未来将无可挽回的忧虑，这些作者把这历史带进了当下。他们竭力营造出一种历史的整体感，同时又显露出对这一延续性的破坏的强烈焦虑和抗拒。

如果说，明清北京的地方志展现的是一个既地方化又全国化的北京城的话，那么这些新作则特别强调了这座城市的本地性和独特性。然而，这些民国时期新出现的文学样式也秉承了那些明清地方志中的某些特点：着迷于细节、追求百科全书式的面面俱到，以及引经据典的行文样式。这一现象使我们不能不问：为何人们对空间变化、地方风俗和日常生活如此着迷？为什么它们以分类的形式被记录下来？为什么人们要追求百科全书式的面面俱到？这些资料究竟塑造了怎样一部历史？

当旧有的皇权作为一个整体轰然坍塌的时候，在那个体系之下形成的日常生活实践就如同碎片一般四下飘散。随着整个体系的土崩瓦解，变成碎片的具体细节就成了可供拾掇的残骸。这些作者们试图建立一份完备的记录、一份对日益衰微的北京的记载和一种他们忧伤地感到即将销声匿迹的生活方式。这种百宝箱式的历史，其突出的特点是一种强烈的怀旧情绪和对弥散的生活方式的浓缩——宛如即将在地平线上消失的人影。在这种“集宝”的过程背后，我们可以看到一种哀悼，但也有希望：被挽救的残片越多，为后代保留下来的历史图卷就越精确，或者甚至在将来的某一天，这些碎片可以被重新拼接成为一个整体。

当然，故国之思对民国来说已算不上是一种全新的情愫，许多有关明朝京城的清代作品就充斥着怀旧情愁，但那是对已逝事物——覆亡的明朝——的怀念；相对而言，民国作家们的怀旧则有所不同。余棨昌和齐如山为尚未发生的消逝未雨绸缪，预见了日常行为的逝去将一直持续。余棨昌的一段话恰如其分地表达了这一心理状态：

> 予既衰老，都城亦非昔日之旧，良时不再。此固无可如何者矣。……凡建置之兴废，名迹之存亡，道路里巷之变更，无一不目观而心识之。在今日事过境迁，人皆淡忘。独予于往日之旧京犹惓惓于怀而不能恝置焉。夫以声明文物绵延六百余年之古都，吾幸生其间，既见其盛旋见其衰，复见其陵夷，以至于今日而予犹偷息于此。此予之悲咽而不能自已者也。近见报章有征求街巷旧名者，故老凋零，能知往事者盖已寡矣，更百十年此庄严宏丽之古都，其遗迹或至湮没而莫可稽考，不亦大可慨乎！[35]

余棨昌的感受让人不由想起 T. J. 克拉克（T. J. Clark）对 19 世纪末叶巴黎的品评：

> "老巴黎正在消失"，巴尔扎克在《小市民》中写道，"跟随着那些已经谢世的帝王们。"新巴黎仍在艰难的分娩过程中；但是令人震惊的是那些时事评论家们希望它已经存在并且羽翼丰满的愿望……所有这些文本，特别是雨果的作品，都同样期待着现代性的到来；好像许多作家都需要它已经到来，而且试图让人相信它已经到来，因为这样就可以诅咒它了……我们也许会说，这些作家看来是希望这座城市有一个形状——一个逻辑、整齐划一——因此他们运用自己所拥有的符号建构起了一个模式，尽管这些符号还很松散而缺乏系统性。他们目睹或是感受到了一个进程而想要让它尽早结束，因为到那时批驳"现代"所能用的术语至少会明晰起来。他们终极的恐惧是他们已经拥有了现代性（或至少不再停留于现代性之前的阶段），知晓它可憎，但

却不知道它究竟是什么东西。[36]

在北京和巴黎这两个例子中，对现代性的预期是应付现代化转型时的冲击和挑战的一种政治策略；因此，上述表述自身就是现代性结构的一个重要因素。但是，如果说在北京和巴黎这种预期所带来的焦虑是相似的，那么这两种预期的关注点则大相径庭。通过将现代化想象成未来的一种秩序，一种已经到来的强有力的新框架，巴黎的作家们试图由此来规范现代化所造成的混乱局面；相比之下，北京的历史学家兼收藏家们则强调将过去保存至未来的重要性。虽然在巴黎的例子中，作家们对现代性持批判的态度，但是现代性仍然成为了他们讨论的中心话题。而对于北京的作家们而言，情况则恰恰相反：过去仍然是他们关注的重心所在。他们不愿接受新的框架，也不愿像他们的巴黎同侪一样，撰写自己对这现代制度的批判性的历史。他们所做的是搜罗历史废墟的残垣碎瓦。他们再版古籍旧书，搜集生活琐事并把它们变成面面俱到的百科知识，这些努力至少从表面看来，将未来远远地阻挡在中心舞台之外。

老北京的学者们将他们的努力集中于保存那些政府忙于拆除而新知识分子们亦目之为落后的这座城市的历史上。当后人试图动用政治和商业的力量重塑一些传统的时候，他们百科全书式的记录可谓十分有用，因为尽管他们的初衷在于保留历史，但是他们再现历史的方式却抹杀了特征与个性，从而变得缺乏具体的历史。他们实际上在现代与传统之间建立了一种误认的二元对立关系。

但如果说这些北京学者过分专注于“过去”，而“现代”几乎不曾明确地出现在他们的“收藏”中的话，那么，另外一些记录民国时期北京城的作家则更关注正在被现代化了的将来。他们是本书接下来要分析的对象。

注释

[1] Peter Fritzsche, *Reading Berlin 1900* (Cambridge, Mass.: Harvard University Press, 1996), p.10.

[2] Ibid., p.3.

[3] 尽管对于北京地区的记载始于秦朝（公元前221—前206）之前，但是直到元朝（1206—1368），其中绝大多数都仅限于记录国家大事以及皇家故事。从元朝开始，城市自身成为

了兴趣的焦点。在广袤平原的中心建构这样一座威严的帝国都城，城市和宫殿的规模以及建筑上大量的奢华细节引发了赞美的描写。《皇元建都记》《辍耕录》《析津志》等记录了城市的建设，主要的路标以及宫墙内苑男男女女的小说野史。

[4] 瞿宣颖：《北京风土丛书》序言，广业书社，1925 年，第 1 页。

[5] 这些丛书包括：张次溪：《北京史迹风土丛书》，北平：中华风土学会，1934 年；《北平史迹丛书》，北平：国立北平研究院史学研究会，1937 年；《京津风土丛书》，北平：中华风土学会，1938 年；以及《燕都风土丛书》，北平：燕归来簃，1939 年。

[6] 王灿炽：《燕都古籍考》，北京：京华出版社，1995 年。

[7] 在《燕都古籍考》中，关于明朝北京文献的目录中记载了 67 本书。

[8] 孟元老：《东京梦华录注》，北京：商务印书馆，1959 年。

[9] 张爵：《京师五城坊巷胡同集》，北京古籍出版社，1982 年。

[10] 陆启浤：《北京岁华记》。

[11] 包括清代潘荣陛：《帝京岁时纪胜》，北京古籍出版社，1981 年；清代戴璐：《藤阴杂记》，北京古籍出版社，1982 年；清代佚名：《燕京杂记》，北京古籍出版社，1986 年；清代富察敦崇：《燕京岁时记》，北京古籍出版社，1981 年；清末民初崇彝：《道咸以来朝野杂记》，北京古籍出版社，1982 年；沈太侔：《东华琐录》，北京古籍出版社，1995 年；夏仁虎（枝巢子）：《旧京琐记》，台北：纯文学出版社，1970 年；震钧：《天咫偶闻》，北京古籍出版社，1982 年；于敏中：《日下旧闻考》，北京古籍出版社，1981 年。

[12] 宋起凤：《稗说》，清康熙十二年（1673）。

[13] 潘荣陛：《帝京岁时纪胜》，北京古籍出版社，1981 年。

[14] 震钧《天咫偶闻》；震钧《金台杂俎》。

[15] 史玄：《旧京遗事》，北京古籍出版社，1986 年；清初孙承泽：《春明梦余录》，北京古籍出版社，1992 年；孙承泽：《天府广记》，北京古籍出版社，1982 年。

[16] 风俗，在中国历史地理中是一个连接了地方和文化的长期存在的概念。当我使用“地方”这个词的时候，我所强调的是空间里具体的社会、文化历史和人类的方面，这是一个更为抽象的概念。

[17] 荣泰：《泡子河记》，选自林传甲：《京师街巷记》，北京：内左二区半日学校，1919 年，第 2 页。

[18] 陈宗蕃：《燕都丛考》，北京古籍出版社，1991 年，第 326 页。

[19] 同上书，第 340 页。

[20] 余棨昌编：《故都变迁记略》卷二“旧皇城一”，第 11 页。参见沈云龙主编：《近代中国史料丛刊续编》第七十六辑，台北：文海出版社。

[21] 陈宗蕃：《燕都丛考》导言，第 1 页。

[22] 瞿宣颖：《燕都丛考》序言，第 4 页。

[23] 余棨昌：《故都变迁记略》例言，第 1 页。

[24] 金受申：《老北京的生活》，北京出版社，1989 年，第 424 页；编后记，第 423、424 页。

[25] 同上书，第 12 页。

[26] 同上书，第 424 页；编后记，第 13 页。

[27] 金受申：《老北京的生活》，第 173—187 页。

[28] 夏仁虎（枝巢子）：《旧京琐记》。

[29] 葛以嘉（Joshua L. Goldstein）在他关于京剧的现代转型的专著中详细研究了齐如山在创造现代京剧中所扮演的角色。见 *Drama Kings: Players and Publics in the Re-creation of Peking Opera, 1870-1937*, Berkeley: University of California Press, 2007。又见其《梅兰芳和京剧的国家化 1912—1930》（"Mei Lanfang and the Nationalization of Peking Opera"），*Positions: East Asia Cultures Critique*, Vol.7, No. 2（1999），pp 377 420。

[30] 齐如山：《故都三百六十行》，北京：书目文献出版社，1993 年。

[31] 夏仁虎：《旧京琐记》，第 1 页。

[32] 同上。

[33] 同上书，第 2 页。

[34] 齐如山：《故都市乐图考》跋，北平国剧学会，1935 年，收入《齐如山全集》第七卷，台北：齐如山先生遗著编印委员会，1964 年，第 41 页。

[35] 余棨昌：《古都变迁记略》自序，第 1 页。

[36] T. J. Clark, *The Painting of Modern Life: Paris in the Art of Manet and His Followers* (Princeton, N. J.: Princeton University Press, 1984), p.33.

第 9 章　文学：书写新北京

北京曾是一座激发强烈情感的城市。不但世居都城的旧京学者留下了卷帙浩繁的以这座城市为题材的作品，“新知识分子”们也写下了数百篇关于它的文章。表面上看，这些“新知识分子”们的作品，尤其是其中完成于 20 世纪 30 年代中期以后日据时期的，与老派北京学者一样写得伤感怀旧，然而细看起来，他们的感伤的所指与缘由都有所不同。尽管他们同样强烈地认同北京，但是他们并不会像陈宗蕃、齐如山和余棨昌等学者那样，在预感到“旧京”行将消失的时候，表现出切肤之痛。这些新知识分子很多来自南方，只是在北京租房暂住。他们在北京居留，只是因为任职或就读于那些在京新设的教育机构，于是，他们与北京的关系就非常不同于那些帝京学者。他们看北京，是拿它与那些他们经历过的城市做比较，而不是与过往年代的北京做比较。直到 20 世纪 30 年代中期日本侵略以前，大多数“新知识分子”很少担心“传统”北京的消失。即便是那些确实写过此类题材的，也只是站在一种旁观者的立场上，因为即将消失的只是北京本地人的生活方式，而并非他们自己的。大多数新知识分子在 1937 年日军进占后并不是像那些老派北京学者那样继续留在北京编纂方志，而是离开北京，在南方书写关于北京的回忆。

因此，新知识分子的作品包含着与这座城市历史的另一种关系。他们所关注的并非旧京的生活细节，而是当下文化与社会结构的转型。他们生活的中心是民国的北京，一个已然转型的城市。在空间概念上，他们的北京也有所不同：他们钟情的北京并非本地人情之所系。只是在日本侵略的威胁下，新旧两种北京知识分子才有了共同的怀念。然而这也就是他们全部的相似之处，余下的则是更多的实质性的不同。本地人的北京对于新知识分子来说只是观察和研究的对象。然而民国北京的文学表现也并非一律采用这种视角。北京幸运地拥有老舍这样的作家来讲述它自己的故事。这位小说家在其虚构的世界中展现出来的北京的历史真实，也许让历史学家们的工作都相形见绌。本章将依次讨论新知识分子笔下的北京、民俗学运动中的北京，及老舍笔下的北京。

“我的北京”

随着时间的推移，新知识分子书写北京作品的焦点也在不断转移。尽管由于不同时期作品内容上的交叉重叠，无法做出一个严格的分期划界，但这种转移依然是清晰可见的。如果做一个粗略的划分，这些作品可以划分到三个主要的时期：20 世纪 10 年代到 20 年代中期，20 世纪 20 年代中期到 30 年代中期，以及 1936 年到抗战早期。

20 世纪 10 年代到 20 年代初是以新知识分子在旧帝京积极（尽管有些时候是批判性地）参与建立新的民国都市秩序为标志的。这些作家以西方城市为样板，期望建设一种都市文明，并要求更为行之有效的城市管理机制。他们的作品主要涉及公民的权利和职责问题；他们的个人经历则成为对新民国城市公民职责现状的更广泛的社会学观察和评价的基础。社会公平、城市管理，以及公共场所内的行为举止是关注的重点。

民国共和的政治理想如何在都市生活中、特别是城市的公共场所中得以体现，是他们关注的重点之一。北京满城靠捡煤核、乞讨等为生的贫民曾使李大钊深感痛心，他认为这些状况不应在民国首都出现。[1] 他还和陈独秀一同抗议对游行学生施加政治暴力，主张允许在城市街头和平示威。[2] 周作人则以自己与警察的遭遇为例，批判后者对市民的不法待遇。1919 年 6 月 5 日，他在前门一带遇到路过的骑警马队恐吓路人。为了谴责政府近日对学生运动的镇压，周作人将这次经验写成一篇短文，批评“共和”与“法律”的缺失。他评论道：“我从前在外国走路，也不曾受到过兵警的呵叱驱逐，至于性命交关的追赶，更是没有遇着。如今在本国的首都，却吃了这一大惊吓，真是‘出人意表之外’。”[3] 而对于女作家冰心，北京则是她可以展开慈善工作的地方。1920 年 12 月中旬，她到京城各校为灾民募捐，并深深为认捐者表现出来的新民国公民的社会责任心所打动。[4]在《到青龙桥去》一文中，她记叙了和一些军人的相遇，为新民国军人的礼貌和守纪感到惊讶。[5]对她来说，理想的北京应该是一个包括军人在内的所有人都同样负责守法的文明社会。

当把北京与西方城市比较的时候，这些作家会批评市政管理的低效。陈独秀的《北京十大特色》描述了一个旅欧归来的朋友对北京的印象。照这位朋友看来，北京与欧洲城市相比，缺乏秩序，缺少总体城市规划以及一种“公共精神”：

> 有一位朋友新从欧洲回来，他说在北京见了各国所没有的十大特色：（一）不是戒严时代，满街巡警背着枪威吓市民。（二）一条很好的新华街的马路，修到城根便止住了。（三）汽车在很狭的街上人丛里横冲直撞，巡警不加拦阻。（四）高级军官不骑马，却坐着汽车飞跑，好像是开往前敌。（五）十二三岁的小孩子，六十几岁的老头子，都上街拉车，警察不曾干涉。（六）刮起风来灰尘满天，却只用人力洒水，不用水车。（七）城里城外总算都是马路，独有往来的要道前门桥，还留着一段高低不平的石头路。（八）分明说是公园，却要买门票才能进去。（九）总统府门前不许通行，奉军司令部门前也不许通行。（十）安定门外粪堆之臭，天下第一！[6]

显然，这十点批评大多以西方城市为参照，并认为政府应该承担起解决这些问题的责任。著名记者、社会批评家邵飘萍针对北京的街道与公共卫生表达了同样的立场。邵飘萍认为对于西方人来说，“一个首都所在的地方，街道坏到这步田地”，[7]一定是不可思议的。而在他看来，城市基础设施如此糟糕的原因就在于一大半修马路的经费都被市政公所“吃掉了”。据他报道的数字，筑路养路经费只有五分之二确实用在了路上，而五分之三都用在了人员开支上，或者干脆被贪污掉了。[8]

在 1920 年代初期以前，中央公园、厂甸、十三陵、陶然亭以及长城是新知识分子们最常前往也最常写到的地方。当时没有多少新开放的公共园林场所；除去中央公园之外，上述的大多数都是历代文人经常造访的景点。厂甸的魅力来自于那里的古籍生意和集市，常常吸引大批市民到访。至于中央公园，新知识分子们则更看重在公园中的活动，而并非园林景致。他们关注的是人们在这个新辟的公共空间里举止是否恰当。钱玄同在1918年参观中央公园后，抱怨他遇到的一班表演京剧的人过于作怪吵闹，破坏了公园的幽静。[9]鲁迅则撰文记叙自己怎样在中央公园因为受到卖糖果伙计的怀疑而气恼人们之间信任之缺失。[10]这些文章中都有很明显的启蒙思想。然而，无论对公园的现状满意与否，这些文章都把公园看成了来自不同社会集团的人们融会交往的场所。大体上说，在这里知识分子与非知识分子之间空间区隔的程度相对较低。

1924年到1935年是新知识分子写作的第二个时期。这段时期的特点是，关于北京的各种不同见解灵活共存。知识分子们显然开始感觉到与北京更深的联系，并开始找到自己在这座城市中的位置。俞平伯、石评梅、陈学昭、高长虹、朱湘、叶灵凤、郁达夫以及孙福熙都在文章中明确地点出了自己的乐游之地。[11]他们的笔下不但有故宫博物院、颐和园、中央公园、北海公园、先农坛、城南游乐园等京城所有的博物馆和公园，也有陶然亭和西山这样吸引过历代文人的地方。这样一份名单还要包括新开放的天安门，偶尔也会出现北京下层市民夏季常常游憩的什刹海。那时候的琉璃厂是北京的图书文具中心，北京饭店则是人们品尝西餐、跳舞娱乐的场所。曾与鲁迅一起在琉璃厂收集笺谱的郑振铎是这一作家群的中心人物之一。他喜爱的地方有天安门、中央公园、北海公园、太庙、国子监、景山、故宫博物院、钟鼓楼、什刹海和陶然亭。[12]郁达夫的游京日记则提到了四类他去过的地方：教育机构（北京大学），公园与博物馆（天坛、景山、故宫博物院、万牲园、北海、中央公园和西长安街），商业区（琉璃厂和西单的书市、东安市场和天桥），以及饭店（中央饭店、大美、丰泽园、正阳楼）。除此之外，他还去过北京饭店用餐、跳舞。[13]

总的来说，在这段时期，通过对北京的经验与描画，新知识分子与他们的北京正在建立起情感上的联系。然而，从上述地名可以看出，他们日益钟爱的北京并非一般市民、市井小贩、人力车夫等大多数长期居民的北京。他们的北京是由帝京转型而来的公共景观园林、是文人墨客云集的琉璃厂，或是摩登消遣与古迹奇观比邻交错的旅游者的北京。

北海公园是很多新知识分子最为认同、最常流连的地方。陈学昭在一篇文章中记下了她的一次清晨造访北海的经历。走出北海的时候，她看到街上虽然已有很多行人，却没有一个走进北海；北海被行人们完全忽略了。陈写道："寂寞的北海！北海的寂寞，也就是我所感到的寂寞罢？"[14]叶灵凤将北海与中央公园相比："实在，在（中央公园）一望去几百张藤椅的嘈杂人声中，去夹在里面吃瓜子，去品评来往的女人，实在太乏味了。"北海在他看来便好得多：清洁、安静，没有讨厌的人和嘈杂的活动。[15]高长虹则把北京四处公园做了一个比较："先农是下流人物传舍，中山装满了中流人物，北海略近于是绅士的花园，那么，南海！让我赠你以艺术之都的嘉名吧！"[16]"平庸的游人们当然是最好到那平庸的中山公园去写意了！……我在北海停了两点钟，没有看见五十个人，所以她做了我的最好的工作室了！"[17]师陀同样发现什刹海是专为小市民准备的，而中山公园（中央公园）则三教九流杂处；两者都不如北海那样合新知识分子的品位。[18]

新知识分子的北京与旅游者的北京之间有着明显的重叠。当时在《旅行杂志》上刊载的旅游栏目《北平七日游》中，推荐旅游者游览的同样是天坛、先农坛、钟鼓楼、雍和宫、孔庙、国子监、颐和园以及西山景点、故宫博物院、中央公园、长城、景山、天文台、汤山以及万牲园。[19]新知识分子与旅游者视角的相似之处在于，他们都认为北京的主要魅力在于那些自然历史景点和景观化的皇家园林，而不是当地人的生活。这也是一种在国家而非本地视角下的城市观。

新知识分子们并不只是在纵情描摹他们钟爱的景点，他们同时也毫不留情地提出了对这座城市的批评。那些对于旧京学者来说曾是北京本土文化特质的东西，一旦拿出来与西方城市相比，或者放到国家发展需要的语境下，就似乎显得过时、寒酸了。章依萍曾这样批评过北京城的"古"和萎靡停滞：

> 北京，北京是一块荒凉的沙漠：没有山，没有水，没有花。灰尘满目的街道上，只看见贫苦破烂的洋车，威武雄纠〔赳〕的汽车，以及光芒逼人的刺刀，鲜明整齐的军衣，在人们恐惧的眼前照耀。骆驼

> 走得懒了，粪夫肩上的桶也装得满了，运煤的人的脸上也熏得不辨眉目了。我在这污秽袭人的不同状态里，看出我们古国四千年来的文明，这便是胡适之、梁任公以至于甘蛰仙诸公所整理的国故。朋友，可怜，可怜我只是一个灰尘中的物质主义者！当我在荒凉污秽的街头踽踽独步的时候，我总不断地做“人欲横流”的梦，梦见巴黎的繁华，柏林的壮丽，伦敦纽约的高楼冲天，游车如电。[20]

丁西林在他讽刺性的杂文《北京的电车真开了》中表达了和章同样的观点。丁列举了一系列北京电车存在的问题：电车比洋车走得还慢，规章不明，或有章不循，没有明码标出票价，以及要价过高。[21]

抱着同样的批评态度，陈炜谟对北京的评价是：污秽、令人感到孤寂、充满社会不公。他认为真实的北京在宣武门地区，因为北京的一切在这里都可以找到：“在这里你能找出高尖的西式的建筑，又能找出褪色的古旧的牌楼；汽车风驰电掣地从街心跑，两旁便道是笨重的骡车，垢面的本地人……各色各样的。”[22]彭芳草则更是全面地厌恶北京，强烈地憎恨关于北京的一切。在他眼里：“古的，老的充满了一城，就是所谓新的也皆是被暮气熏过了的，于是乎无往而不是灰色……而北京终于是许多外国的观光者前来赏玩的一个地方。可怜一国的首都只能供给这点点子的好处。”[23]徐訏则反对以怀旧的眼光看待北京。对他来说，为很多人所向往的北京的闲适生活不过是一种想象：“如果在资本主义社会过惯了，或者你有了正确的意识，明显的立场，那对于北平的悠闲缓慢就会觉得可憎。”[24]

几乎像是在总结批判北京的意见，当时最负盛名的诗人徐志摩把北京称作“死城”。他拟想了一位大学生与看墓老人的对话。学生问道：“那你爱不爱北京？”看墓人几乎大笑：“这学生问的话多可乐！爱不爱北京？人穷了，人老了，有什么爱不爱的？”徐志摩最后的结论是“北京就是这样死定了”。[25]

贺昌群试图对北京的问题做出政治经济角度的分析。他承认北京从容的生活有令人流连的地方，却同时认为北京最薄弱的方面在于缺乏民族工业。上海的生活是紧张的，连撒污的时间都得列入日程。在北京什么却都很从容：大街上人们怡然自得地行走，看到一辆汽车，老远就躲开了。他承认北京是文化的中心：无处不是旧书肆、故宫博物院、图书馆、骨董铺和文化遗迹，无时无刻不激起一种思古的幽情。然而，这样的环境对他来说又是过于舒松了；人们的生活过于逸乐，很难再想到国家大事。随着上海成为全国的经济中心，北京的繁盛已然没落。他相信中国振兴的希望在于长江流域；而北京对于整个国家来说，已经不再是举足轻重的所在了。[26]

在 20 世纪 30 年代中期日本入侵的威胁下，批评北京的声音减弱了下来。怀旧开始成为这段时期新知识分子写作的主题。为数不多的批评指向的只是北京市民的软弱和不抵抗；而地理意义上的北京则已经变成了全中国共享的财富。这一趋势在 1936 年发展到了高潮。当大多数新知识分子都撤退到南方以后，他们写下的每一篇文章几乎都是在怀念北京的日常生活。

此时的新知识分子已不再絮絮于自己钟爱的所在，例如北海，几乎完全从北京的画面中消失了。他们终于开始关注本地人的世界。在 1936 年以前，观察描写本地人的文章就已经开始出现，到了 1936 年，对北京生活的描摹则已经完全是对北京本地人的描摹，再不见了作家们本人的形象。他们不再记述个人经历，不再用疏离、批评的语调主导自己的叙述，他们的笔下尽是别人的生活。这样，他们与这座城市的距离既拉大了，同时也缩短了：拉大是因为他们写下的并非自己的经验，缩短则是因为他们不再强调北京市民相对于自己的“他者”身份。他们将北京本土文化当作被日本入侵威胁、面临毁灭危险的一份国家财富来描绘。郁达夫曾经这样感情洋溢地形容过这种态度：“五六百年来文化所聚萃的北平，一年四季无一月不好的北平，我在遥忆，我也在深祝，祝她的平安进展，永久地为我们黄帝子孙所保有的旧都城！”[27]

实际上，这些知识分子对北京所表现出来的种种情感之间并没有相互矛盾。他们所爱的北京是“都市的、现代的”北京，他们批评的北京则是落后、拥挤、下流阶层的北京。新知识分子认同北京城中的一些地方，对它们有一种拥有感。相对于老派学者笔下的胡同与庙宇，他们认同的地方是在政府统筹规划下兴建的公园和新商业中心。新知识分子乐于利用、欣赏政府都市改造工程的新成果。他们日常生活的轨迹也就不同于本地人。实际上，他们经常甚至是有意地要把自己与本地人分别开来。他们爱静，而不喜欢天桥的热闹。他们爱自己的一处小小的世外桃源，一处“绅士的花园”——最好是“艺术之都”，而不喜欢看到拥挤的人群。当对城市做出批评的时候，他们采用的是与政府一致的自上而下的视角，唯一的不同在于他们要求市政管理水平要比现状更加有效。

在他们眼中的北京，帝京与民国城市发生了有趣的重叠。这些知识分子喜爱的景点中，很多都是由以前的皇家礼仪场所改造成的公园与博物馆。不过对他们来说，最重要的在于当下：帝王禁地已经变成了公园，变成了他们可以享用茶点，聚会亲友，或自得其乐的所在。他们评价这些地方重要的标准在于：是否清洁、安静，是否有足够多的隐秘角落使他们可以不必看到别人或被别人看到——尤其是那些和他们不同阶层的别人。

与旧京学者不同，他们并不重视挖掘地方史。在他们的文章中，历史一直是一个含糊的背景。他们对于皇家建筑的态度是一个很好的例子。[28]对他们来说，那是中华文明的象征。他们并不感伤于皇权的崩溃，也不愿意强调他们喜爱的那些地方原本是皇家礼仪场所这样一个难免会和他们对“新文化”的意识形态憧憬发生矛盾的事实。他们惊讶乃至陶醉于北京城市和建筑的宏伟壮丽，却并不承认这座城市吸引他们的魅力部分地是来自于它的历史。北京之于他们，只是一段剥离掉历史特质的审美经验。他们没有将城市定位于历史中的意识，并进而消解了空间的历史维度。如果说旧京学者迷恋于皇家建筑结构的细节，新知识分子们则先是将这些结构抽象为一般的审美原则，然后古为今用。

细读关于北京的新知识分子文学，可以看到这样一个现象：尽管在他们着意著述的更系统性的作品中，大多数新知识分子都心系未来，以国家富强为己任，但是他们却远非一个政治主张一致的共同体。他们无论赞美和批判北京都以大都会文化为参照系，但悖论在于，他们所欣赏的北京的大都会文化正是那些曾代表过皇家文化的东西，而他们理想的都市空间则恰恰要将“大众”——他们梦寐以求的新国家的公民——排斥在外。皇朝的过去成为了新知识分子日常生活的重要组成部分，成为了他们有意加以联系的对象，像对北京公园的赞美就是很好的例子。其他使他们得以享受精英悠闲生活的因素——佣人、厨子、洋车夫、低廉的城市生活消费水平——则很难进入他们的写作。文学精英笔下浪漫的北京于是正是建立在他们与其他市民的距离上，并且在某种程度上是靠这座城市普遍的贫困支撑的。不管怎样，新知识分子的写作的确忽视了对这座城市进行社会学的考量，并提醒我们对民国北京的叙述并不是只有一种声音，而是有着更复杂的面貌。

故乡北京

新知识分子对北京的描绘体现了他们对于“中华文化传统”的矛盾态度。在“五四”时期最重要的作家之一郁达夫的一篇文章中就可以看到这一点。郁达夫这样解释他对北京的感情：“任何在北京住上两三年的人都会感到北京的空气太沉闷，生活太无变化，于是总想离开。一旦离开，就会觉得好像新生活开始了一样。然而过了一段时间之后，在北京以外的各地——除了在自己幼年的故乡以外——去一住，谁也会重想起北京，再希望回去，隐隐地对北京害起剧烈的怀乡病来。这一种经验，原是住过北京的人，个个都有。”[29] 另一位“五四”作家师陀也有同样的感慨：

> 在我曾经住居过和偶然从那边经过的城市中，我想不出更有比北平容易遇见熟人的了。中国的一切城市，不管因它本身所处的地位关系，方在繁盛或业已衰落，你总能将它们归入两类：一种是它居民的老家；另外一种——一个大旅馆。在这些城市中，人们为着办理事务，匆匆从各方面来，然后又匆匆地去，居民一代一代慢慢生息，没有人再去想念它们，它们也没有在别人心灵上留下不能忘记的深刻印象。但北平是个例外；凡在那里住过的人，不管他怎样厌倦了北京人同他们灰土很深的街道，不管他日后离开它多远，他总觉得他们中间有根细丝维系着，隔的时间愈久，它愈明显。甚至有一天，他会感到有这种必要，在临死之前，必须找机会再去一趟，否则他要不能安心合上眼了。[30]

新知识分子在这一类作品中表现了他们经常不愿承认的另一面：对于自己所激烈攻击的传统，他们其实是有着某些方面的依恋的。

如果将关于北京的作品与关于上海的作品作一个比较，这一点就可以看得更清楚。林语堂在一篇题为《上海颂》的散文中将上海描写成了一个“非常可怕”的地方。[31]这可怕“在它那东西方的下流的奇怪混合，在它那浮面的虚饰，在它那赤裸裸而无遮盖的金钱崇拜，在它那空虚、平凡，与低级趣味……在它那不自然的女人，非人的劳力，乏生气的报纸，没资本的银行，以及无国家观念的人”。林语堂对这座城市的“不可思议”，对“它的畸形、邪恶与娇浮”，它的“生着青苍的皮肤，与僵硬的手指的肥头胖耳的银行家”，它的“吃人参汤燕窝粥的胸部平坦的太太们”，它的“滑头滑脑的旅馆茶房”，以及按摩女、妓女、鸦片烟鬼和其他所有人都极尽嘲讽。他讽刺不懂得吃西餐规矩的暴发户，和从不肯错过机会，练习他们有限的几句“Many thanks”和“Excuse me”的学摩登的人们。他嘲笑“把书包放在胯下，坐在黄包车上，穿着卷筒的短袜，戴着上面绣画着各种颜色的知更鸟与菊花的帽子”的女学生。他鄙视那些在本国毫无身份，却在中国“昂然而不客气”的外国人。他把上海称作“强盗、官僚、督军与骗子的都市”。这座城市对他来讲是“中国的安乐窝，在那里即使乞丐也是不老实的”！[32]现代派小说家穆时英、施蛰存和刘呐鸥在光怪陆离、歌舞升平、充斥着靡靡之音的上海找到了新的感觉和表达方式。[33]茅盾则在他的小说《子夜》中用无情嘲讽的笔调虚构了一位地主老太爷由于受到上海大都市排山倒海般的速度惊吓，又被少妇裸露的白腿刺激，最终晕厥乃至暴毙的场景。[34]

新知识分子对北京的依恋可以部分地归因于审美趣味和对生活方式的偏好，例如欣赏北京的建筑，喜爱较慢节奏的生活方式，等等。不过，这种不同偏好也有其社会因素。在北京，并不是很多人都能享有像知识分子那样高的社会地位；他们占据着社会等级中的高阶，社交圈里都是与他们认可、欣赏同样的社会地位之象征物的学者名流。这样一种环境给他们以安全感，让他们觉得一切都在掌控之中。他们不断地批评政府，这说明他们相信自己的学术知识工作对于国家的重要性。不管他们对政府的表现是否满意，至少还是有一个由中国人掌权的，他们可以批评的政府在那里；而这个政府，尽管有时采用的是他们不欢迎的方式，至少还是必须对他们的批评和要求做出某种回应。也只有如此，他们的那些政治理想才会有意义。

旧的社会等级于是就这样在北京改头换面后，顺利地继续着自己的统治，而新的系统和现代化的设施（包括那些新的都市空间）理论上正是为新知识分子这样的人准备的。如果在上海他们会有做“他者”的感觉，在北京他们则是主人，而北京的本地人才是他们眼中的“他者”。北京城中的新知识分子并不是像本雅明眼中的波德莱尔那样的漫游者或城市闲人。他们不是人群中的诗人，他们甚至根本就不在人群中。他们与本地人的接触很有限，最远所及也就是洋车夫拉着他们足不沾泥地穿街过巷的时候，他们之间往往不大有顺畅的沟通。他们很清楚这种隔阂的存在，但是从来没有把它当成一个严重的问题，除非是在像邓中夏那样的共产党员想要鼓动群众参加革命的时候。[35]

新知识分子在北京的生活实际上过得很惬意，以至于会乐不思蜀，认北京为“故乡”，反把本地人当成“他者”。[36]但他们并不会像旧京学者那样将这座城市和它的价值绝对化，即便是把北京写成“故乡”，他们还是会在与其他地方的比较中看北京。当他们认北京为“故乡”的时候，背景中永远会有上海的影子：北京可以是故乡，是因为上海不能。1938 年 1 月，《旅行杂志》发行了一辑关于故乡的专刊，其中的一些文章有助于阐明这一点。孙恩霖写下了一篇题为《我的故乡在哪里》的文章。他家世居上海，但他却不觉得这个“东方第一大都会，人口三百万众的大上海”，“摩天楼不夜城”，可以称为他的故乡。他只能把南市一带表现出来的上海当作故乡。“大上海一天一天地向外扩展，我心目中的故乡却一天一天地在缩小。最使我抱憾的，人家提起故乡两字时，总连带着涌现出青的山绿的水，或是使人常常称道着一种或几种好吃的东西，和一些认为珍贵的土产。上海除了油腻黄污的黄浦，足以确切代表江山的‘江’字之外，要找别的故乡的‘灵魂’，那就非常困难了。”[37]

> 圣诞节前，旅居上海的外国人，要寄不少的贺年片回去，在那里面就有许多关于我故乡生活写真的画片，什么黄浦里的高桅沙船呀，十字路口的印度巡捕呀，跳舞场里舞女呀。等而下之，马路旁边的剃头担，大饼摊，还有现在做着人家父亲们的幼年写照——穿着红道袍式短褂，头上梳着两条小辫子的，祖母时代的女子服装等，都可以做

> 画材。在这许多画片中间，如果要叫我拣选一张，作为我故乡的纪念品，那就很难哩。[38]

对于新知识分子来说，上海作为故乡太新潮，更新太频太快、太大都会、太工业化、太洋，而北京在他们的想象中之所以可以不仅仅是生于斯长于斯的人们的故乡，正是因为它具有和上海相反的特质。

然而，当他们抒写北海公园的静谧的时候，这些新知识分子却不可能忽略这样一个事实：北京生活的闲适步调是和这座城市不断增长的贫困联系在一起的。当他们把北京而不是上海称作故乡的时候，却无法否认“乡土”以及“故乡”作为一种常常是乌托邦式的理想，已经被“五四”运动灭亡了；正像鲁迅在《故乡》中意味深长地写下的：“于是我自己解释说：故乡本也如此，——虽然没有进步，也未必有如我所感的悲凉，这只是我自己心情的改变罢了，因为我这次回乡，本没有什么好心绪。”[39]

阎重楼在《我没有故乡》一文中阐述了这一点。离开陕西故乡十余年，每次回乡，他都发现自己已无法久住，总是几天后就急于想离开：

> 我和故乡的关系好像是愈离愈远了。至于故乡的民情风俗，一般可说是淳厚质朴；不过淳朴的人见识不免浅近，所以也就是缺少能够应付当前多面的繁重的事物的那种新精神和智慧。我的题目标明“我没有故乡”，其实人怎会没有故乡，人又怎会不爱故乡。我的意思是人不要抱着死守故乡的观念罢了。——人能充实自己，即使离开故乡，也能保住故乡；人自己没有进步（甚至退步），那即使死守着故乡，故乡也是保不住了！[40]

北京被看作故乡的原因正是上海不能成为故乡的原因。将北京作为故乡是在政治考量下有意识选择的结果，上海这样的通商口岸城市则是做出这种选择的参照点。

从这些知识分子自己的作品中也看得出来，他们相信北京是他们的故乡，并不是因为北京对他们而言含有什么绝对的价值，或者北京城的历史在他们日常生活的琐细中扮演了什么决定性的角色，而是因为一种国家政治地理结构。北京城的历史被政府的都市发展工程破坏，他们并不痛心；日军将这座城市从中国的版图上夺走，使它不再是一个他们可以自由进出、当家做主的地方，他们才开始难过。北京本地人是在日常生活琐细的变化中体会到现代性的来临的。他们会在预期、想象中寻找应对之策，甚或依靠为未来保全的一份历史而获得抗拒之力。然而，从南方来的新知识分子看来，现代性并不是一种威胁，北京也并不会因之而消失。相反，对于他们来说，这座城市承载了太多的过去。实际上，这些知识分子与北京本地人对北京的印象几乎恰恰相反，本地人觉得是新的，他们则认为是旧的。本地人已经觉得当下的北京不再是他们熟知的城市，而这些知识分子则把北京当成整个国家“古老”一面的象征。本地人感觉到北京正在受到现代性的威胁，这些知识分子则认为北京是一座停滞沉睡的城市，甚至连日本的入侵——他们眼中真正的威胁——都没能将它唤醒。对他们来说，是日本侵略军的出现才彰显了中国的历史根基在这样一种全球现代性之下的脆弱。只有当北京作为国家传统的象征受到这样的威胁的时候，新知识分子才开始怀念这座城市。然而这并非一种个人性的怀念；北京对他们来说更多的是一个地理上的概念。与从内部看北京，把北京看成一个自足的文化区域的老派学者相反，新知识分子们总是从外部看这座城市，把它当作一个国家的地理区划和象征。

以国家的视角看北京是新知识分子与北京关系的三个阶段的共同特征。北京只是这个国家中他们可即可离的一个城市。不过即便是离，他们也还是因为北京是整个国家的一部分而可以把它当作“自己的北京”。这与老派学者形成了鲜明的对比。对于后者来说，一旦离开这座城市，北京也就不复存在——北京之于他们不只是皇家建筑或者公园游乐，而是一种生活方式，它已经浸润到日常生活的时时刻刻中。只有面对日本侵略威胁的时候，新知识分子才从北京的山野亭台、宫庙古迹中抬起头来，转而开始书写北京人创造、生息的北京，才开始认同于北京，并放下了对于北京本土文化和日常生活的学者式的超脱与疏离，然而，这一切都只发生在他们看到北京作为国家的历史文化首都面临入侵威胁的时候。于是就有了这样一个悖论：只有当北京在外敌威胁下成为国家象征之时，新知识分子才会对北京本土特质有个人的认同。

“他们的北京”

并不是所有知识分子都只把目光集中在本地游客寥寥的北京公园里。1924、1925年左右，当末代皇帝溥仪最终被逐出紫禁城，从而突然终结了衰微已久的帝制的时候，一场民俗学运动正在酝酿之中。因为运动的中心在北京，这座城市顺理成章地成为了民俗学研究的重要场址，北京的文学表现也由此增加了另一道维度。

有意识的民俗学运动成形于民国初年。早在日本求学期间，鲁迅与周作人就开始对歌谣、神话等产生了兴趣，并开展了这方面的工作。鲁迅首先提出建立民俗文化组织的倡议，他说：“当立国民文术研究会，以理各地歌谣、俚谚、传说、童话等；详其意谊，辨其特性，又发挥而光大之，并以冀教育。”[41] 1918年，由两位“五四”时期的著名北大教授刘半农和沈尹默发起，以国立大学的体制为依托，在北大成立了北京大学歌谣征集处。北大校长蔡元培在看到两位教授拟定的章程后，随即批交文牍处印刷五千份，分寄全国各省官厅、学校。1920年，歌谣征集处改组扩大为歌谣研究会。两年后，该会开始隶属于北大国学门，并创办《歌谣周刊》。这一组织一直活动到了1927年11月。1923年5月，同样在北京大学研究所国学门，又成立了风俗调查会。该会成员制作了一份《风俗调查表》，在《晨报》和《东方杂志》等报刊上都有刊登。1935年，北京大学文学院决定恢复歌谣研究会。翌年，该会改名为风谣学会，并持续活动直到1937年。除了上述这些组织以外，1924年还成立了一个北京大学方言调查会，调查各地方言。[42]

关于北京的大部分作品都是由风谣学会在20世纪20年代后期完成的。1924年，关于北京风土的研究开始盛行。杨德瑞在北京为《歌谣周刊》记录了老式婚嫁的礼仪。1925年出现了更多的研究。《歌谣周刊》曾出版了一期妙峰山进香的专号，容肇祖分析了“妙峰山进香者的心理”。顾颉刚在为这期专号写的引言中，主张风土民俗并非野蛮低俗的东西；相反，它们应该作为系统性研究的材料。[43]后来，顾颉刚又为旗人奉宽所著《妙峰山琐记》作序：

> 倘使我们不作这一次的调查，将来这件事情消灭了后，再有什么方法可以使人知道那些情形呢？……我们这件工作总算抢到了一些进香的事实，保存了这二百数十年来的盛烈的余影！
>
> 因为这个缘故，所以有人批评这本《妙峰山》编得不好的时候，我总回答道："这是仅有的一部书了！这不是编制的好坏问题，乃是材料的有无问题！"
>
> ……今年五月中，我和建功先生们又到妙峰山去了。进香的人萧条得很，远比不上那一年（1924—1925）。大约这种风俗，一因生计的艰难，再因民智的开通，快要消灭了。我们赶紧还是起来注意这垂尽的余焰罢！[44]

当顾颉刚强调把北京风土民俗当作正当的学术课题作抢救性研究的重要性时，其他学者则在呼吁保存这些风俗传统。著名剧作家、批评家焦菊隐在其为《民俗》二闸与公主坟专号写的引言中，表达了他对于中国各地名胜颓废殆尽的焦虑："政府方面既不保存，人民的劣根性又善于'拆毁'，今天卖给'洋老爷'一尊佛去运往'外国博物院'，明天搬回家一棵大殿柱去烧火煮饭。"焦主张"应当由民众组织一个委员会，保管修理一切的古名胜古建筑，并且把它们的历史都整理出来"。[45]这体现了这些研究者与他们所研究的民众之间视角的不同。在他们看来，保管工作必须由外部力量——国家和像他们自己这样的社会精英——承担，而不是人民自己。

民俗学运动的一个重要目标是从民俗艺术中汲取灵感，为白话文运动服务，在这方面最具代表性的是李家瑞的著作。《北平俗曲略》和《北平风俗类征》确立了他中国民俗学核心学者的地位。[46]他的搜集工作包含了十三个类别：岁时、婚丧、职业、饮食、衣饰、器用、语言、习尚、宴乐、游乐、市肆、祠祀及禁忌，以及杂缀。尽管他的搜集之百科全书式的完整性与旧京学者很相近，他们之间却有一处重要的不同：旧京学者搜集的种种资料都是来自于对本地风俗实践的亲身体验，李的资料则全部来自于辽代至清代的旧书。与整部重印旧书的瞿宣颖、张次溪不同，李在研读旧书后则将资料重新按自定的类别编排。关于编制这种总集的原因，他写道："记载民俗细故的书，在以前是不大有人注意的，所以康熙年间人还可以看见的《岁华记游览志》之类的书，在现在也不容易得到了，但这种书以后是很重要的，为保存它们起见，编一种记载风俗的文字的总集，也是应当做的。”[47]

民俗学者的工作表面上看可能与旧京学者的工作有些相似，但两者其实是不同的。旧京学者很清楚他们收集的是一些碎片，但他们会尝试着在日常生活中保存和定位这些碎片。对他们来说，历史就存在于世俗的细节中。而新知识分子则相信“系统性的抢救和保存”。他们中的一些人试图从民俗艺术生活中汲取养分，为白话文运动服务。总之，与始终让过去活跃在舞台中心的旧京学者、收藏家不同，新知识分子试图做的是让民俗文学适应他们新的意识形态。在《朝山记琐》一文中，孙伏园记下了他对自己与本地人关系的一个突然的发现。从某种程度上讲，他的描写也准确地刻画出了其他新知识分子与他们所研究的城市和人民之间的关系。每年到了特定时间，他总会看到人们挑着一些装着有趣物件的担子招摇过市——每担上有八面小旗，各系小铃——但是他不明白这些人在做什么，也不明白那些物件的用途。从他的大都会知识分子的优越视角看过去，他“当他们是另外一个世界里的人物，从不去过问他们，尤其是我们江浙一带的人为然。但是到了妙峰山，我们才自惭形秽，觉悟自己是另外一个世界里的人物，那个世界却完全属于他们的”。[48]孙的反省，尽管本意在自我批评，却说明确实还是存在一个北京人的北京，而新知识分子要了解这个北京，并不是那么容易。正如施耐德在其《顾颉刚与中国新史学》一书中论述的，民俗学运动向民众学习的目的是为了最终启蒙他们。[49]这一运动显示了知识分子远离文学经典这类他们称之为“贵族文化”的东西的愿望。他们学习研究民俗文学和文化，并不是因为看到了它们自身的价值，而是要把它们应用到启蒙工作中去，活跃新文学。这是民俗学家与帝京学者之间最根本的不同。

老舍的北京

这个时期的小说创作涵盖了以上讨论的北京的种种形象。尤其是老舍的作品，在树立北京和北京人的形象方面起到了重要的作用。他的小说以北京城作为情节和人物命运发展的中心，塑造了一些最广为人知的北京人的形象。同时，通过描写北京的地方风俗、传统生活方式与整个国家面临的新挑战之间产生的摩擦，老舍的小说也成为了连接北京地方文化与国家问题的一条关键性的纽带。

老舍深切地爱恋着北京，执迷于这座在他的文学想象中占据重要地位的城市。1933 年，当他觉得《大明湖》与《猫城记》“双双失败”的时候，他决定“返归幽默”并“求救于北平”：

> 北平是我的老家，一想起这两个字就立刻有几百尺“故都景象”在心中开映。啊！我看见了北平，马上有了个“人”。我不认识他，可是在我廿岁至廿五岁之间我几乎天天看见他。他永远使我羡慕他的气度与服装，而且时时发现他的小小变化：这一天他提着条很讲究的手杖，那一天他骑上自行车——稳稳的溜着马路边儿，永远碰不了行人，也好似永远走不到目的地，太稳，稳得几乎像凡事在他身上都是一种生活趣味的展示。我不放手他了。[50]

这段话传达了老舍笔下北京的三个核心要素：故事的舞台场景是北京城，人物类型是北京人——北京城不可分割的一部分，用来剖析北京城与人的笔调是幽默。

老舍在 20 世纪 20 年代后期开始发表文学作品，在 20 世纪 30 年代达到了他的创作高峰。在他这段时期内创作的小说中，以北京为场景的重要的小说包括：《老张的哲学》(1926)、《赵子曰》(1927)、《离婚》(1933)、《老字号》(1935)、《骆驼祥子》(1936)，以及《我这一辈子》(1937)。这些小说，尤其是其中写于 20 世纪 30 年代的那些，无论在城市景观、风土人情，还是人物的举止语言刻画的方面都明显充满了一种“京味儿”。在某种意义上说，老舍是用自己笔下鲜活的人物为收藏家在五花八门的再版明清史籍、方志以及风土人情百科中捕捉到的静止、凝固的旧京注入了活力。

同陈宗蕃与余棨昌一样，老舍非常熟悉北京的地方史与风土人情：“我生在北平，那里的人、事、风景、味道，和卖酸梅汤、杏儿茶的吆喝的声音，我全熟悉。一闭眼我的北平就完整得像一张彩色鲜明的图画浮立在我的心中。我敢放胆的描画它。它是条清溪，我每一探手，就摸上条活泼泼的鱼儿来。”[51] 在他的小说里出现的真实的北京地名有两百多个，[52] 清楚地说明他的空间描写并不是完全出于想象。老舍笔下的人物住在四合院和胡同里。晚上，他们可以听到钟楼的钟声（《赵子曰》）；白天，他们可以听到街头经过的有轨电车的声音（《离婚》）。点心小贩的叫卖时常穿越他们居住的深寂的小巷（《赵子曰》）。东四、西四、东单和西单牌楼，北海公园的金鳌玉蝀桥，积水潭、北海、中央公园等京城标志性建筑是他们漫游或相会的地方，并且也像在实际生活中一样为他们标明方向。很多饭馆店铺也以真名出现在他的小说中。在《离婚》中，老李和他全家周末去东安市场逛街，之后在游览隆福寺的时候撞见了他心仪的女子。在戏园子听戏，在家里唱戏，是这些人的娱乐。而对像祥子这样的人，天桥则是最好的消遣的场所。如果说陈宗蕃是用工笔精绘了一幅平面的北京图，老舍则是用活生生的人物为这幅图下了立体的点睛之笔。

老舍笔下的很多人物生活在金受申、齐如山等描绘过的风土人情中。女人们冬天穿着长袍，男人们夏天一身夏布长衫。冬天糊窗纸，夏天装纱窗。包饺子最拿手的是羊肉馅儿，小孩子最爱的是冰糖葫芦。中秋节再穷的家里也要送孩子们兔儿爷。外地人会嫌臭的酸豆汁儿，这些北京人都奉为上品。最关键的是，吃食要应时对景。院子里栽一棵石榴树，必得配一个金鱼池；要能养出一盆可人的水仙来，就能挣个体面。老舍的人物都懂亲朋好友间问安道好的礼数，心里熟稔一大套规矩，张口一律京腔京韵。做事要应时对景——老舍这样描绘北京生活的本质。他笔下的人物拥有的是“收藏家”们试图保存下来的知识，然而他们可以把这些知识像演绎乐谱一样用完美的音调和准确、生动、富于感情的节奏演奏出来。他们是收藏家们整理出来的知识的活生生的继承者和实践者。

然而，在老舍的小说中，每当这些知识和其实践者结合在了一起，他们的世界就会分崩离析。尽管收藏家们能够历数出的种种都可以在老舍的小说中找见，老舍的北京却不像地方志文化考中的北京那么自足、完整、稳定。他的小说中总有冲突。那些北京人往往命途多舛，恰恰是因为他们是完全的北京人。在他 20 世纪 30 年代的创作，尤其是在《离婚》（1933）、《老字号》（1935）、《骆驼祥子》（1936）以及《我这一辈子》（1937）中，

钟楼

这一点格外突出。人物的命运与城市的历史与命运紧密连接在一起，使得这些作品拥有了一种新的分量。

《离婚》的主角是一群职员。张大哥好像“一切人的大哥”。他喜欢做媒和帮别人解决家庭纠纷。老舍把他写成了一个典型的、完全的北京人：活得平稳，不疾不徐；永远有的忙，办事却从不过头。但不幸偏偏降临到了这位四平八稳，从不肯得罪任何人的张大哥头上。他的儿子被怀疑是共产党，下了狱。为了救儿子，张大哥丢了工作、房子，还险些把女儿也赔了进去。

所有张大哥帮过的同事亲友都开始远离他，除了老李。老李是乡下来的。虽然满脑子新思想，总在梦想诗意的生活，他还是因为自己的乡下教养而成了一些同事取笑的对象。迫于同事的压力，再加上张大哥的建议，老李把妻小从乡下带到了北京，尽管他对妻子已经没什么感情。结果更加失败：老李不得不家里社会两面同时作战。有一段时间，他想试着从张大哥的角度看生活，勉强相信他也可以像张大哥那样享受生活。然而，他看到的只是自己的乡下妻子在变成小市民。在社会生活方面，他也同样失望。当张大哥的儿女最终因为老李的努力而获救，张大哥回复原职之后，每个人都到他家去道贺，一切都回归原样。生活照旧，北京也变回了小说开始时的北京。老李发现他的一切努力都只是在帮这个社会不朽下去，让人们乐于继续这样生活。在小说结尾，老李带全家搬回了乡下。

《骆驼祥子》是公认的中国现代文学史上最高成就之一。这部小说最早发表在上海的《宇宙风》杂志上，于 1936 年 9 月到 1937 年 5 月间以每月两期的形式连载。小说的主角祥子父母双亡，又失去了土地，18 岁从乡下来到北京。他有力气、有志气，想靠辛勤工作在城里挣一份好生活。三年靠每天攒十个铜子，祥子买下了一辆洋车。然而正当生活看上去有些希望的时候，厄运却降临了。往西郊拉车的时候，祥子被军阀的兵抓了去。他设法逃脱，还带上了三只随军的骆驼，路上又把骆驼卖了三十五块，一路逃回了城。人们传说祥子拉到了军队的骆驼发了大财，开始叫他“骆驼祥子”。

祥子把钱存到了车厂掌柜刘四爷那里，又重新开始打拼挣新车。但是命运再一次作弄了他，这一次是因为刘四爷的女儿虎妞，她爱上了祥子，装作怀上了他的孩子，骗他成了婚。她父亲恼恨这门亲事，拒绝还祥子钱。祥子第三次丢掉积蓄是给曹先生拉包月的时候。他刚攒下了一些钱，曹先生就被错疑为共产党而被迫藏匿。侦探抓不到曹先生，就诈走了祥子所有的钱。接着祸不单行，虎妞因难产而死，祥子真正爱的女人也被卖到窑子上吊自杀。祥子对生活最后的指望也破灭了。他的身体和灵魂都变得虚弱，没有办法再拉车。他不再是那个自豪的年轻人，当时的他尽管贫穷，却有自信和对生活的希望。他丢掉了他的正直、节制和勇气。他为钱把朋友出卖给警察，靠在仪仗上打旗伞挣点微薄花销。人们骂他，他好像也听不到。他的眼睛永远瞧着地上，不是因为惭愧，而是要找几根烟头儿。

《我这一辈子》的主人公在小说开头是一个完美的北京人，15 岁时做了裱糊匠学徒。裱糊是清朝年间北京一门很重要的手艺。遇到红白喜事，主顾要什么，裱糊匠就要糊什么，从吃食、冥钱、灵花、四季花草到古玩陈设，各样木器以及车轿骡马，不一而足。三年学艺，他不但有了过硬的手艺，而且懂得了待人接物的道理，练就了一副任劳任怨的脾气。他能和大兵们一样吃苦，却有大兵们没有的和气。他年纪轻轻就在亲友间成了重要人物，用他自己的话说，他“体面”：“我的辫子又黑又长，脑门剃得锃光青亮，穿上带灰鼠领子的缎子坎肩，我的确像个‘人儿’！”[53]然而，无论是他的手艺、和气还是体面都没能把他从命运中拯救出来。他的妻子跟着师哥跑掉了，这件事改变了他的一生。他觉得没有面子再见糊裱行的人，所以当上了巡警，那时候北京城里给穷人准备的差事。他所有的能力和体面都没办法让他跟上清朝覆灭、民国建立、军阀混战到国民党掌权这一系列剧变。五十岁上，他死了儿子，丢了差事，不得不照顾还在吃奶的孙子。一辈子奋斗之后，他又回到了一无所有的起点。

这些悲剧故事必然引到一个问题：“是什么毁了这些人的生活？”老舍并不责怪这些人物本身。他并不评判这些“典型的北京人”，而只是用一种杂糅着讥诮、同情、理解和原谅的幽默笔调来描绘他们。就与这种文化的关系来说，老舍是局内人，深谙个中人的三昧。所有这些北京人都是这座城市最好的产物，就在昨天还在这座最适合他们的城市里有滋有味地生活着。而且，老舍笔下的人物都非常勤劳肯干，不是社会学者批评的那

骆驼祥子

种好逸恶劳、腐朽堕落的八旗子弟。老舍不能也不会谴责他们，然而他们却活在该谴责的生活中。是北京文化毁了他们么？似乎不是。老舍笔下，这座城市很可爱。他抓住一切机会描绘它美丽的景色、诱人的市场、日常生活礼仪和庙会节庆的细节。在老舍的作品里，北京怎么看都是一座充满魅力的城市。

一面是对北京的描绘中表现出来的热爱与迷恋，另一面是这座城市给那些完美人物带来的不幸命运，这种痛苦的冲突贯穿了他这一时期的所有小说创作。这些人物是这座城市孕育出来的，和它有不可分割的联系，但是因为某种原因，两者之间却总有一种不协调。这座城市塑造出来的这些人物最终却无法在这座城市中生存。他们曾惬意地生活过的城市变成了难逃的陷阱，他们从生活中学到过的东西变得全无用处，他们的奋斗徒劳无益，总有一些更强势的东西要摧毁他们。但是老舍从来没有明确地指出这些更强势的东西是什么，也没有解释过他的人物如此命途多舛的原因。在《骆驼祥子》中虎妞临终的一幕里，老舍写道："愚蠢与残忍是这里的一些现象；所以愚蠢，所以残忍，却另有原因。"[54]但是他从来没有清楚地点明这些原因。北京人没有什么错处；有些毛病，也都是可爱的毛病，但他们就是无法再生存下去了。可爱的城市，完美的人，但他们的世界却在分崩离析。

老舍不愿解释造成北京人这种命运的原因，是与他对这座城市"道不出"的爱紧密联系在一起的。其他的作家都声称他们了解北京是什么，明白他们爱北京的什么，老舍却说他不知道：

> 设若让我写一本小说，以北平作背景，我不至于害怕，因为我可以拣着我知道的写，而躲开我所不知道的。让我单摆浮搁的讲一套北平，我没办法。北平的地方那么大，事情那么多，我知道的真觉太少了，虽然我生在那里，一直到廿七岁才离开……我所知道的那点只是"我的北平"，而我的北平大概等于牛的一毛……可是，我真爱北平……我将永远道不出我的爱，一种像由音乐与图画所引起的爱。[55]

老舍把爱北京比作爱母亲，一种"言语是不够表现"的爱。"夸奖这个古城的某一点是容易的，可是那就把北平看得太小了。我所爱的北平不是枝枝节节的一些什么，而是整个儿与我的心灵相黏合的一段历史，一大块地方……每一小的事件中有个我，我的每一思念中有个北平，这只有说不出而已。”[56]

老舍有两个北京：他靠经验认识的北京和那个更大的、超出他经验范围的北京。写出经验的北京对他来讲是容易的，但是要写那个更大的北京则需要抽象概括，他觉得做不到。在他看来，这样的结果就是他只能写枝节的北京，而那个“整个儿”的北京则是隐藏的，“说不出”。为什么概括如此之难？概括需要的是为之服务的结构和理论，而对于老舍来说，这种可能性已经不复存在，因为那个需要结构和理论来呈现的北京已经消失了。北京已经是零碎片断的北京。每一个片断都只存在于某个人的经验中。老舍不可能写出那么多异质的北京来。正像赵园洞察到的：“北京拒绝抽象，它似乎只能活在个体人的生动感觉中。”[57]

《骆驼祥子》结尾处的两段话清楚地总结出了老舍对北京的变化的看法，值得引述：

> 北平自从被封为故都，它的排场，手艺，吃食，言语，巡警……已慢慢地向四外流动，去找那与天子有同样威严的人和财力的地方去助威。那洋化的青岛也有了北平的涮羊肉；那热闹的天津在半夜里也可以听到低悲的“硬面——饽饽”；在上海，在汉口，在南京，也都有了说京话的巡警与差役，吃着芝麻酱烧饼；香片茶会由南而北，在北平经过双熏再往南方去；连抬杠的杠夫也有时坐上火车到天津或南京去抬那高官贵人的棺材。
>
> 北平本身可是渐渐地失去原有的排场，点心铺中过了九月九还可以买到花糕，卖元宵的也许在秋天就下了市，那二三百年的老铺户也忽然想起作周年纪念，借此好散出大减价的传单……经济的压迫使排场去另找去路，体面当不了饭吃。[58]

老舍并没有把这些问题怪到北京人头上，也没有点出任何其他应该负责的人或事物。但是，如果做北京人的精髓确实如前所述是做事应时对景的话，那么，朝向新经济结构的转变尽管并不标志着这些北京人的做事方式都消失了，甚或仅仅是停滞了，却意味着“做事应时对景”本身变得毫无意义。由于经济的衰退，稳定消费者的减少，北京正在丢掉它昔日的排场，商家也被迫要创设新的市场商机。活生生的过去成了被商品化的传统，而从前的“体面”则被市场逻辑征服。

老舍不愿意在他的作品里下一个最终的定论，这一点他的同代人也觉察到了，他们批评老舍过于悲观绝望。直到 20 世纪 40 年代，人们才开始重新解读老舍的作品，认为那是在表达对旧社会的绝望，对新社会的憧憬。有人指出，对于祥子是怎样走上毁灭之路的，老舍并没有给出一个明确的交代。[59] 也有人批评老舍的幽默，认为这种幽默无法为“救世救国救文学”做出任何贡献。[60]

老舍在小说中对北京人的宽恕的态度还使他被批评为“东方主义者”。《骆驼祥子》译成英文，一些中国人对此感到担心。许杰看到《骆驼祥子》译成英文后，老舍取得了国际性的声誉，尤其是获得了美国人的推崇。他认为，“生意眼”的美国人的推崇从某种程度上是因为这本书的本质。许杰讲了一个海外华侨摄影师飞回北京想拍摄电影《骆驼祥子》的例子。当这位摄影师看到人力车夫大部分已经被三轮车夫取代，他感到很失望。许杰评论道：

> 中国的社会，竟然也会进步的，祥子时代的人力车的鼎盛气象，竟然将会化成历史的陈迹，这又怎不使那些想了解一些中国国情的高鼻子们，微微地感到一些惆怅呢？中国本是一个谜，也是一个落后的民族，在高鼻子们的心中，他们一向所知道，而且为他们所感觉到兴趣的，是头上的一条猪尾巴，女人的小脚，和吃老鼠肉……要不，也就是把人当马骑的人力车等一类文化。近年以来，这些高鼻子们对于中国文化的想法，或者也有些改变了吧，但成分也不很多。他们晓得中国穷，也晓得中国乱，——不断地在打内战，恐怕就是如此而已。他们也有许多好心的老太太和关心中国国情的好公民，他们也急于想多知道一点中国的事情，但一向都没有什么适当的资料；——林语堂的走运，不但对中国文化没什么好处，就是对于想多知道一些真实的

> 中国的高鼻子，也没有多大的好处——这个时候，《骆驼祥子》刚好出山，他是中国第一流作家写的，他不但写兵乱，写政治的黑暗，写下层人民的生活，而且也写人力车和人力车夫，这不是真的发现了真实的中国了吗？谁能说美国人的生意眼是没有来由的呢？[61]

他接下来引用了鲁迅的《灯下漫笔》：

> 外国人中，不知道而赞颂者，是可恕的；占了高位，养尊处优，因此受了蛊惑，昧却灵性而赞叹者，也还可恕的。可是还有两种，其一是以中国人为劣种，只配悉照原来模样，因而故意称赞中国的旧物。其一是愿世间人各不相同以增自己旅行的兴趣，到中国看辫子，到日本看木屐，到高丽看笠子，倘若服饰一样，便索然无味了，因而来反对亚洲的欧化。这些都可憎恶。至于罗素在西湖见轿夫含笑，便赞美中国人，则也许别有意思罢。但是，轿夫如果能对坐轿的人不含笑，中国也早不是现在似的中国了……这文明，不但使外国人陶醉，也早使中国一切人们无不陶醉而且至于含笑。[62]

许杰更评论到了美国人电影方面的"生意眼"，认为美国人的电影艺术，最主要是色情，以及各种异国情调的服饰、生活。而且最好是不触及社会、民族和国家的问题，即使有，也一定是由一个白人男性英雄或者帝国主义的统治力量将问题压平。"这一部《骆驼祥子》……虽然也有什么社会运动和一些无能或冒牌的社会主义者，但……根本就没有什么刺；反之，它倒有雌老虎，有性生活，这难道就是被高鼻子看中的原因吧！我真担心！"[63]

不管是不是老舍的本意，他故事里面的人物开始被解读成了每一个北京人共同的形象：他本分、和气、正直，自有一种精细和成熟；他好面子，勤快但也没什么大志向；他没什么好吹嘘的成就，但也没做过大恶。他注重生活的享受，而不是政治纷争，因此不会参与造反、革命。[64]北京人共同代表了"文化"，他们被描绘成了一种生活重心不会随着政权更替而改变的人。

老舍不但与旧京知识分子有共同的对这座城市的迷恋，也和新知识分子一样感到北京没有前途。结果就是他在小说中给我们展现的：对北京强烈的爱，对笔下人物深切的同情，可是无法回答为什么这样好的人活在这样可爱的城市里却只能生活得如此不幸。老舍区别于其他作家的独特之处不仅在于他对北京风土人情的描写，而且在于他用笔下人物的命运对这座城市和它的文化做出的解说评论。老舍的小说创作为整合不同群体描绘出的北京，以及确定北京和北京人的形象定位做出了巨大的贡献。跟可以言传的北京与无法说出的北京之间的鸿沟相应的，是日常生活实践与孕育维系这种实践的系统之间被割断的联系。老舍找不到一种结构来完全表达他对北京的爱；那种结构已经不复存在，取而代之的是某种威胁北京人的致命的东西。

老舍小说人物的命运使得这座他热爱的城市的独有的价值体系成为了一个问题，尽管这是一个老舍一直避免面对的问题。与本书前面提到的那些新知识分子形成鲜明对比的是，老舍是在天桥街头涌动的百姓人潮中看这座城市的。但老舍又不像百科全书的编纂者那样只在凝固永恒的时间中表现这种文化，他让这种文化活生生地出现在了笔下人物的直接经历中。好像是在用两套原则看这个世界，老舍解释道："我一方面用感情咂摸世事的滋味，一方面我又管束着感情，不完全以自己的爱憎判断。"[65]而对于北京人，他的态度是"我要笑骂，而又不赶尽杀绝"。[66]他看到这种文化面临着威胁，却又不愿意否认它的价值。这文化的精华与它面临的新挑战之间的鸿沟同样也分隔开了两位老舍，一位有着像新知识分子那样的国家视角，另一位则对这座城市怀着深切的爱。

老舍也许并不是完全不能在具体的经验上做"概括"，但这种概括给他笔下的人物带来的代价会是什么？没有一种流行的理解现代社会的框架，诸如资本主义或是国族身份（national citizenship），可以恰当地分析他们的人格或实践，虽然这些框架无疑在这些人物的生活中扮演着越来越重要的角色。而旧京学者的框架又无法涵盖这些人物日常生活中的社会斗争。要概括抽象、试图表现出一个整体的北京，老舍将不可避免地整形固定他热爱认同的鲜活的生活，从而让他的小说简化为某种标本制作术。隐喻和换喻的概念也许可以用来形容这种拒绝。老式的收藏家当然也拒绝抽象，然而，由于对百科全书式的完整性的迷恋，他们实际上是在做一种隐蔽的概括，将北京这样一个在换喻意义上长时间的中华帝国的核心实质所在转变为了一个关于过去的隐喻。他们想象自己可以保存一个完整的北京，代价就是北京被当作了一个没有生命的实体，既断绝了与生活现实的紧要的社会联系，也失去了历史的语境。老舍拒绝让北京成为这种蜡像式的“历史”隐喻。与之相反，他总是让读者看到有一种危机正充斥在这座城市里，但他又永远不声称这种危机的存在，也不企图全面理解这一危机。这样，老舍就建筑了一座换喻的北京，与它相联系的并非一些看得见的系统，而是那个“说不出”。

老舍的北京的换喻方式又与新知识分子、社会学者等有时会用到的换喻方式不同。对后者来说，北京集中体现了由传统式微、积弱落后等因素造成的更大的国家社会痼疾的症状，只是沉重的传统会阻碍全中国发展的又一份明证。在他们的分析中，曾经带给北京活力的帝国生活方式已经变成了限制这座城市和它的居民发展的重负。在他们看来，要把自己从还统治着大部分中国的巨大的、令人窒息的系统中解放出来，要发展出现代经济和新的人际关系与生活态度，北京必须要有一个全方位的经济、政治和文化革新。当然，大多数新知识分子对现代的系统持同样尖锐的批判态度，认为只有一个强大的国家领导下的全新的社会才能够实现这种向新系统的整合，保护北京的人民免遭现代剥削和阶级暴力之苦。但他们还是认为北京的希望并不在北京人的文化上；只有未来的一套不同的价值体系才能带来希望。他们所爱的北京，如前所述，从来不是北京人的北京。

正如老舍在《我怎样写〈赵子曰〉》中自己承认的，他并不是“五四”一代中的一员。“‘五四’把我与‘学生’隔开。我看见了‘五四’运动，而没在这个运动里面，我已作了事。是的，我差不多老没和教育事业断缘，可是到底对于这个大运动是个旁观者。”[67]老舍从来不是新知识分子眼中的没落文化的破坏者。与“五四”运动中的先锋作家不同，他不能完全谴责这种文化和它孕育出来的人。如果抽象就意味着生成更大范围的社会分析，从而做出这样一种谴责，老舍则宁愿让他的描写成为那“说不出”的转喻，并以此保存、赞美那文化和它养育的人们。

注释

[1] 李大钊：《北京贫民生活的一瞥》（1921），见姜德明编：《如梦令：名人笔下的旧京》，北京出版社，1997 年，第 22 页。

[2] 李大钊：《新华门前的血泪》，陈独秀：《六月三日的北京》，见姜德明编：《如梦令》，第 22、4 页。

[3] 周作人：《前门遇马队记》，见姜德明编：《如梦令》，第 5、6 页。

[4] 冰心：《旱灾纪念日募捐记事》，见姜德明编：《北京乎：现代作家笔下的北京，1919—1949》第一卷，第 37—41 页。

[5] 冰心：《到青龙桥去》，见姜德明编：《如梦令》，第 43—47 页。

[6] 陈独秀：《北京十大特色》，见姜德明编：《如梦令》，第 3 页。

[7] 邵飘萍：《北京的街道及公共卫生》，见姜德明编：《如梦令》，第 54 页。

[8] 同上。

[9] 钱玄同：《中央公园所见》，见姜德明编：《如梦令》，第 1—2 页。

[10] 鲁迅：《无题》，见姜德明编：《如梦令》，第 27—28 页。

[11] 俞平伯：《陶然亭的雪》，见姜德明编：《如梦令》，第 55—60 页；石评梅：《雪夜》，见姜德明编：《北京乎》，第 183—188 页；陈学昭：《北海浴日》（1925），见姜德明编：《北京乎》，第 143—147 页；高长虹：《北海漫写》（1929），见姜德明编：《如梦令》，第 149—150 页；高长虹：《南海的艺术化》（1929），见姜德明编：《如梦令》，第 147—148 页；朱湘：《北海纪游》，见姜德明编：《北京乎》，第 162—177 页；叶灵凤：《北游漫笔》（1927），见姜德明编：《北京乎》，第 189—198 页；郁达夫：《故都日记》（1934 年 8 月 15 日—9 月 10 日），见姜德明编：《北京乎》，第 303—315 页；孙福熙：《北京乎》，见姜德明编：《北京乎》，第 155—157 页。

[12] 郑振铎：《北平》（1934），见姜德明编：《北京乎》第一卷，第 257—272 页。

[13] 郁达夫：《故都日记》，第 303—315 页。

[14] 陈学昭：《北海浴日》，第 147 页。

[15] 叶灵凤：《北游漫笔》，第 194 页。

[16] 高长虹：《南海的艺术化》，第 147 页。

[17] 高长虹：《北海漫写》，第 150 页。

[18] 师陀：《什刹海与小市民》（1935），见姜德明编：《如梦令》，第 254—257 页。

[19]《北平七日游》，《旅行杂志》第 5 卷第 9 期（1931）。

[20] 童依萍：《春愁》（1929），见姜德明编：《如梦令》，第 65 页。

[21] 丁西林：《北京的电车真开了》，见姜德明编：《如梦令》，第 61—64 页。

[22] 陈炜谟：《PROEM：北京市上杂掇》（1926），见姜德明编：《北京乎》第一卷，第 129 页。

[23] 彭芳草：《关于北京》（1928），见姜德明编：《如梦令》，第 132 页。

[24] 徐訏：《北平的风度》，见姜德明编：《北京乎》第一卷，第 378 页。

[25] 徐志摩：《“死城”——北京的一晚》，见姜德明编：《北京乎》第一卷，第 217 页。

[26] 贺昌群：《旧京速写》（1935），见姜德明编：《如梦令》，第 173—178 页。

[27] 郁达夫：《北平的四季》，见姜德明编：《北京乎》第一卷，第 329 页。

[28] 例见陈学昭在《北海浴日》中对北海公园的评论；孙福熙在《北京乎》和《今夜月》(收于姜德明编：《北京乎》，第158—161页）中对皇家建筑结构之壮丽的赞美；以及石评梅在《雪夜》中表达的对天安门的感情。在郑振铎《北平》、贺昌群《旧京速写》以及许钦文《菜市口》(见姜德明编：《如梦令》，第337—339页），我们也可以找到同样的对皇家建筑的赞美。

[29] 郁达夫：《北平的四季》，第322页。

[30] 师陀：《马兰》，上海：文化生活出版社，1949年，第i页。

[31] 题目中的“颂”实际上是在反讽。

[32] 林语堂：《上海颂》，收入《林语堂散文集》，香港：世界文摘出版社，1954年，第125—128页。

[33] Leo Ou-fan Lee, *Shanghai Modern: The Flowering of a New Urban Culture in China, 1930-1945* (Cambridge, Mass.: Harvard University Press, 1999).

[34] 茅盾：《子夜》，北京：外文出版社，1979年。

[35] David Strand 在其所著 *Rickshaw Beijing: City and Politics in the 1920s* (Berkeley: University of California Press, 1989) 的第七章讨论过邓中夏的工作。

[36] 在许钦文的《菜市口》、郁达夫的《故都日记》、周作人的《厂甸》(见姜德明编：《如梦令》，第9—12页），以及老向的《难认识的北京》(见姜德明编：《北京乎》，第294—298页）中都可以看到这种观点。

[37] 孙恩霖：《我的故乡在那里》，《旅行杂志》第12卷第1期（1938），第12页。

[38] 同上。

[39] 鲁迅：《故乡》，收入《鲁迅全集》第一卷，北京：人民文学出版社，1981年，第476页。

[40] 阎重楼：《我没有故乡》，《旅行杂志》第12卷第1期（1938），第6页。

[41] 王文宝：《中国民俗学史》，成都：巴蜀书社，1995年，第183页。

[42] 同上书，第182—219页。

[43] 顾颉刚：《〈妙峰山进香专号〉引言》，见姜德明编：《如梦令》，第68—73页。

[44] 顾颉刚：《(奉宽)〈妙峰山琐记〉序》，重印于姜德明编：《如梦令》，第75—76页。

[45] 焦菊隐：《〈二闸与公主坟专号〉引言》，见姜德明编：《如梦令》，第88页。

[46] 李家瑞：《北平俗曲略》，1933年，台北：“中研院”历史语言研究所重印，1993年；《北平风俗类征》，1937年，台北：“中研院”历史语言研究所重印，1992年。

[47] 李家瑞：《北平风俗类征》序，第1页。

[48] 孙伏园：《朝山记琐》，见姜德明编：《北京乎》第一卷，第135—136页。

[49] Schneider, *Ku Chieh-Kang*, p.126.

[50] 老舍：《老牛破车》，上海：晨光出版公司，1949年，第43页。

[51] 老舍：《三年写作自述》，见胡絜青编：《老舍生活与创作自述》，香港：三联书店，1981年，第91—92页。

[52] 胡絜青：《老舍在北京的足迹》序，李黎耘著：《老舍在北京的足迹》，北京燕山出版社，1986年。

[53] 老舍：《月牙集》，上海：晨光出版公司，1948年，第120页。

[54] 老舍:《骆驼祥子》，北京：人民文学出版社，1962 年，第 207 页。

[55] 老舍:《想北平》，见姜德明:《如梦令：名人笔下的旧京》，第 268 页。

[56] 同上。

[57] 赵园:《北京：城与人》，上海人民出版社，1991 年，第 3 页。

[58] 老舍:《骆驼祥子》，第 259—260 页。

[59] 许杰:《论〈骆驼祥子〉》，见吴怀斌、曾广灿等编:《老舍研究资料》第二卷，北京：十月文艺出版社，1985 年，第 660 页。

[60] 老舍:《我怎样写〈老张的哲学〉》，见胡絜青编:《老舍生活与创作自述》，第 7 页。

[61] 许杰:《论〈骆驼祥子〉》，见吴怀斌、曾广灿等编:《老舍研究资料》第二卷，第 656 页。

[62] 同上书，第 657 页。

[63] 同上书，第 673 页。

[64] 胡金铨:《老舍和他的作品》，香港：文化生活出版社，1977 年，第 12 页。

[65] 老舍:《我怎样写〈老张的哲学〉》，见胡絜青编:《老舍生活与创作自述》，第 6 页。

[66] 同上。

[67] 老舍:《我怎样写〈赵子曰〉》，见胡絜青编:《老舍生活与创作自述》，第 12 页。

结 语

民国时期的北京，尽管还保留着帝国时代的空间结构，但毫无疑问已经是座现代城市，特别是如果现代性像本书导言中所理解的那样，是大规模的资本主义工业生产所构造的，在一体化的世界中的一种生存状况。这个一体化的世界表现为官僚体系的民族国家，和“人民”有意识地要求在这个世界中的地位，并将之付诸行动。20 世纪早期的北京在政治体系、社会结构、经济生活、空间组织和文化形象方面都经历了根本性的改革。这座城市很多在 20 世纪末被认为是“老的”方面事实上曾是民国时代的“新”现象。新的民国政体，虽然还没有强大到去统一整个国家和有效地控制每一个领域，仍然解放了一些曾经被压制的力量；它的软弱甚至可能导致了这些力量的发展。但是我们有必要认识到这样一点，即没有一个由上而下的方案在北京有效地调动起公认的现代公民权的观念；事实恰好相反。不论是在物质的或者社会 / 文化方面，所有现代化进程都受到了质疑，并因为特殊的历史条件和各种形式的对抗而有所更改。不同力量之间的互相挑战和协商的过程是民国北京的一个活力源泉，并常常在如何对待这座城市的过去这个问题上交锋。针对城市往昔的种种不同观点和行动有时互补，但更多的是互相冲突，这些冲突在这个城市的空间变迁、物质生活、居民行为和居民对城市历史的构建中表现了出来。无论有意无意，这些力量之间的互动把这座城市的历史摆放在了民国北京的舞台中央。

同世界的其他中心城市所经历的一样，20 世纪的现代化进程和与之相关的思维给民国时期的北京带来了巨大的影响。北京空间格局中所包含的皇朝往昔成为一个实质性的障碍，从而变成了致力于改进城市基础设施建设的现代化进程的改造对象。过去帝王权力的象征——例如，城墙及其所蕴含的空间逻辑——已经成为新国家体制的障碍。在那个时期，旧的封建体制以及帝国首都的城墙正在不断地被瓦解，而新的城市规划方案及社会组织原则变得重要起来。在社会领域，这个城市的大多数老百姓的生活方式在政府和社会学家眼中是非常落后的，与新体制的市民角色格格不入。所以政府发展了一批新的设施来试图将百姓们塑造成新的市民，比如城市公园、展览馆、监狱等；社会学家则要求建立新形式的社会组织，同时他们批判公众的市民意识太薄弱，希望有一个更强大的国家来更快更周全地开展现代化进程。

1928年前的民国政府一直致力于去除阻碍社会发展的帝国残余；国民政府在继续进行基础设施建设的同时，则对帝国遗留采取了不同的手段。他们更多地关注如何发掘帝国残余的象征意义中的有用因素，从而为当时的政治目的服务。这一时期一系列与现代城市接轨的对历史遗迹的规划方案形成了一个中国的“传统的发明”的潮流。这些被“发明的传统”其实是掩盖在历史面纱之下的进行社会动员的现代机制。“发明的传统”，以其自称是由远古的共同身份认同而产生的热情，试图组织起当前社会中互相对立的因素与社会力量（包括国家的、民族的、阶级的）。但是事实上，这种所谓的“传统”完全取代了过去的社会结构；它们是对过去之覆亡的确认。民国北京完全投入了当时席卷世界的“发明传统”的潮流：那就是通过对历史的有选择的取舍和运用，来创造一个古老国度新生的神话去调解民族主义与传统之间的固有矛盾。

“发明传统”并未停留在有关民族国家的华章美辞及建造民族精神纪念碑上；它开始渗透到其他方面，比如古董交易及旅游业，这两者都依赖对某种线性历史发展观的强调：将一个文化浓缩到一些特定物品上面，而这些物品已经脱离了本身的语境，同时又能在非常浅表的层次上让人一望而知其大概。古董交易和旅游业的目标受众是相同的，常常是西方人和日本人。“发明传统”及其相关商业活动是一个超越国界的过程，在把北京创造成为一个所谓的“传统城市”的过程中扮演了核心角色。换言之，在某种程度上，现代化进程的一个重要部分恰恰是在有意地创造着“传统”。北京举世无双的皇家空间，过去明确禁止公众接近，如今经过修缮包装向大众消费者开放，其目的是逐渐向公众灌输对民族国家和这座城市的自豪感。但是，即使那些皇家遗迹能够成为吸引游客的景点，它们也不可能成为向大众政治中灌输民族主义情感的课堂，因为它们所代表的历史尚未安全地完全留在过去。当1916年袁世凯称帝时，他在天坛和孔庙的庆典引起了各界强烈的关注；1926年张作霖在上台时祭奠孔子和其他的一些行为，也暗示了其称帝的野心。[1]国民党反对将北京作为首都，好像把它看作一个充满鬼魅的城市，好像如果蒋介石住过中南海这座紫禁城中的奢侈花园，那么他就永远没有能力推进共和意识。那时的中南海对于那些希望一试皇帝生活的游客是理想的流连之所，但却不是党国委员长的理想居住之地。直到1949年，当毛泽东在天安门这个昔日封建帝王们诏令天下的城楼上宣布中华人民共和国成立之时，旧时的皇朝空间才消亡到足够的程度，可以重新为民族主义国家的仪式服务了。

民国时期的北京在“发明传统”这点上鲜有成效，因为从社会经济方面来说，往昔在很大程度上对人们的生活仍然是必需的。在民国时期，北京人的市民和国民身份认同与发明传统所依赖的框架并不协调，他们的身份认同与各种各样的回收活动以及他们与过去、与历史主体性之间的复杂关系更相一致。如果发明传统要求人们迷恋与崇拜过去，那么进入“回收”过程的东西则不能被迷恋崇拜或拉进“发明的传统”。尽管市政府在小范围内通过它的旅游风景区计划给北京披上一个“传统城市”的外套，但是其收效甚微，从另一方面证明了这种形象之虚幻。战争、政治动荡及国家经济发展的失败使北平百姓陷入了痛苦的贫困中。北平的商业不再像帝国时代那样集中在奢侈品交易上了。民国时期，对北平日常经济生活影响极大的是二手货买卖，而这也是这座城市与其居民维持生计所必不可少的一部分。现代的城市规划、商业和运输在很大程度上改变了这座城市，但“物质的过去”，从旧书到官窑的砖块都仍然为久经战火蹂躏的衰败经济所需。民国的北平没有什么可以和帝国时代的北京之宏伟相媲美的。城墙的砖块被出售以支付政府职员的薪水或用来修缮其他皇家建筑，或者干脆被用来修建民宅。皇家园林没经过太大的修葺就成了供市民游赏的公园，然后又用来吸引外国游客以补充政府财源。各级市场通过回收过程形成了一个统一的流通体系。作为北平最活跃的商业和民间文化场所，天桥就是一个典型的回收中心。因此，一个复杂的回收系统渗透进整个城市每个人的生活。这种劳动密集型的回收流通行为无所不包，上自向有钱的外国人兜售古玩，下至将破布制成鞋底卖给穷人。

我们不应该把这种回收活动看作传统的经济行为，尽管人们每天重复使用回收的物品使得这座城市看上去很“传统”，因为非工业社会中的人们总是尽可能地物尽其用。民国北京这种流通不仅表现在物质方面，而且也表现在社会生活方面。尽管这种回收可以看作是某种选择的结果——比如选择节约而不是消费——但是也可看作是缺乏选择的结果，而这正是民国时北京的穷人经常面对的处境。这种“不情愿”却又能把回收循环变成一种反抗形式。物质生活不可能从社会组织中分离开来；那些不得不依赖旧物生活的人们也必须依靠他们自己建立的以社区为基础的社会圈子。新政府的合法性部分是建立在它保障人民生活的角色之上。像其他新的政治词汇一样，“民生”的概念也被普通的老百姓们所采用，史谦德曾在其著作《人力车时代的北京》中明确地指出过这一点。然而，同样一个词“民生”，对政府和百姓而言，所指大相径庭。当政府展现出一个以国家作为主导力量的未来蓝图时，北京老百姓却正在通过各种形式的回收来谋生。城市的大背景下，无论是政府的构想还是民众的生存现实都有必要通过空间得到表达。政府改善“民生”的努力常包括将人民从原有生活社区中脱离出来，而民众却认为自己的生活严重地依赖这些老社区所提供的各种支持。民众使用有关生计的新鲜词汇，要求政府在尊重他们已有的生活方式的基础上来保护和支持他们。换言之，关于一种新的经济理想的说法被用来捍卫已有的以社区为基础的社会关系网，这种关系网是时间上的“过去”在空间上的延续。尽管人们使用旧货未必是情愿的，但是这种行为也促使百姓反对政府消灭老社区，换言之，它是一种“反抗”的形式。

与之相反，官方版本的“民生”仅仅是一个尚不确定的承诺，这个承诺在当时没有可能实现的征兆，但是具有讽刺意味的是它最初就是通过新的社会分层许下的。北京的老百姓的反抗可以被看作是一种自我保护的机制；他们不指望也不愿意为了一个他们不能控制的未来而做出种种牺牲。民众时常为某个团体或个人的已经存在的具体利益而抗争，但是这有时也是他们争取那个属于他们的未来的唯一途径。尽管他们回收利用东西常常是不情愿的，但也是有意识的行动。

这种物质和社会生活的回收与再循环与对这座城市的叙述是密切相关的，其中最基本的叙述模式就是怀旧。王德威评论说，“北京覆盖着一层幽灵式的怀旧的面纱。就像它的一种委婉的称呼‘古都’（古老的都城）——与‘故都’（死去的）是同音异义——这都暗示了，北京是个只在过去曾经兴旺过的幽灵般的城市。当它不再是政治中心以后，北京人仍留恋着过去，遵守陈旧的习俗，怀念往日的荣耀，培养着感伤的氛围。但无论他们如何努力，总有一种虚假的成分渗入他们的生活中，使得每件事只是‘看上去’像真的”。[2]不过，我认为，这种怀旧直接地针对现在而非过去，北京不是一个仅仅因为过去而兴旺的幽灵般的城市。正如本书通篇所论述的，在民国北京，那些被当作“过去”的东西事实上常常就是当下。当下通过两种途径替代着过去：往昔依然存在于日常生活中，同时，当下被一个想象中的未来视角打量着。余棨昌等学者和研究庙会的社会学家们也得出了同样的结论，即民国时代北京市民的生活方式会消失，虽然前者为这种改变而悲痛，而后者则将此看成是不可避免的发展。换言之，由于不同的原因和意图，现在被看成过去（这个观点导致了某种认为“现代永远存在于将来”的心态），对“往昔”的怀念则实际是指向于当下的。

再次将北京与巴黎进行一番比较也许可以帮助我们充分理解这种怀旧之于当下的含义。T. J. 克拉克注意到欧斯曼对巴黎的改造常常被描述为一个快速的、大规模的、大刀阔斧和完全彻底的消灭旧式社区的方式。他评论道：

> （巴黎人）鲜明地意识到的是欧斯曼所毁掉的某种生活方式。他们说他们失去了这座城市，这座城市被从他们手中夺走了。他们要说的是资本侵入和传统经济的方式的破坏；它已经成为一种独立地持续存在于工作之中的力量，它所破坏的是大多数巴黎居民视之为巴黎本身的那种生活方式。[3]

克拉克随后列举了许多证据来说明，与大多数巴黎人的观念相反，“老巴黎”还远未消失，而新的秩序并没有完全建立起来。他以马奈的画作为例，因为这些画作记录了那些在欧斯曼的巴黎中仍到处存在的亚文化群体，零碎的观点和粗糙的边缘。克拉克认为“现代主义的境况并不现代，只有当这些境况被给予观赏对象的形式时，它才成为现代的”。[4]换言之，巴黎还未完全现代化，但大多数人却觉得过去已经远去了，而当下已经是现代了。在这种视野下，徘徊不定的过渡期是不存在的；旧的已经完全被新的所取代——然而这种状况只存在于人们的想象中，远非现实。还需经过数十年，巴黎人带着如此强烈的预感所预期的现代性才能完全地支配这个城市，而且其形式完全不同于欧斯曼时代的巴黎人所描述的。

相比巴黎，北京的居民徘徊在这座城市的过渡中。他们将过去带入他们业已被现代性分割得支离破碎的日常生活中，但他们又会因为预感不确定的未来会将过去完全抹去而感到伤感。现代既是已经到来的，又是遥遥无期的。“遥遥无期”的心态和针对当下的怀旧情绪共同存在，这可以说是中国现代性的一个重要的悖论性的特征，是中国人对现代世界的经历、解释和态度中的一个活跃力量。这并不是说北京市民缺乏对变化的自觉意识，而是说，这意味着虽然生活在民国时期的北京人和研究他们的学者们——并非都是以“传统”或者“儒学”为背景——都假设一个现代化的未来是不可避免的，他们仍然相信那些他们担心被即将到来的东西所取代的事物的价值。从这个意义上说，老北京的学者们和普通百姓每天的“回收”行为表现出了中国现代性的本质。他们将注意力集中在政府要消除的，新知识分子们认为落后的历史因素上。新的精英认为北京正处在朝向西方模式的现代化的永久变革中，与他们不同，这些老北京学者和普通市民则注意到了城市的空间和日常生活细节的变化，并意识到这些变化对他们熟悉的生活方式意味着什么。对他们而言，民国时期的北京已经是座现代城市了。尽管他们已经清楚地认识到这种变化正在进行，但他们仍坚持过去的价值观，并将过去引入当下生活之中，尝试为未来留住过去。在他们对于理想世界的想象中——这个理想世界显然不是当下——从来都为“过去”留有栖身之地。民国北京的当下常常被人看作是陷在过去的泥潭之中无从脱身，就像我们所说的物质回收与循环的一个投影。但是这个结论是将现代性定义为建立在西方内部的经验基础上的一个线性的历史发展过程的结果，而这种西方经验只有在中国全部的历史轨迹都消失后才能实现。如果民国时期的北京被认为是处在过渡时期，那么这一时期其实一直持续到了今天。经过了一个世纪的政治、经济、社会和文化变革，直到今天许多人还认为中国是处在进入现代化的过渡阶段。如果现代性仍旧和西方标准的现代化画等号，那么这种对于当下的怀旧情绪将永远存在。

民国时期北京的历史也许可以帮助我们对“怀旧”产生新的理解。如果像大卫·罗温索（David Lowenthal）在其名著《往昔乃异邦》（*The Past is a Foreign Country*）中所讲到的，“怀旧在今天成了回首往昔的代名词”，[5] 那么这些描述民国北京的心态和表达形式也可被称为怀旧。怀旧的一般含义是为不可挽回的过去而悲伤却没有真正想要回到过去。像罗温索所指出的，“很多人更满足于渴望过去而非找到过去，更加急于收藏遗迹并赞美其美好之处，而非回到一个想象中的过去”。[6] 对于这种怀旧，合乎逻辑的结论是“并不需要很严肃地对待怀旧性的对往昔的喜爱”，[7]而且“我们想再体验昨日的激动人心的日子，但这只是因为我们绝对确信那些日子已经一去不复返”。[8]

但是我们在民国北京所见的怀旧并不完全符合这种描述。循环使得过去以一种具体的物质形式留存在当下，因而为怀旧创造了一种可感知的基础。列维－施特劳斯（Lévi-Strauss）在他的《1941 年的纽约》中指出个人的怀旧以客观对象为中心；过时的人工制品比其他意象（images）更有力地记录了时间。这些纪念物会产生一种幻觉，就是“在短暂的一刻”，“一个人有力量去逃离”一个变得越来越“压抑的和非人性化”的社会。[9] 罗温索的观点是，“在一位社会学家眼中，当‘那些根本的、为社会广为接受的对男人、女人、习惯、方式、法律、社会和上帝的信念受到从未有过的挑战、扰乱和动摇的时候’，怀旧重新肯定了在混乱中被挫伤的认同感”。[10] 尽管这也许同样适用于民国时期的北京，怀旧在这里却并没有提供慰藉。相反地，它保持了焦虑的表述。怀旧并不指向那些“带有异国情调的古迹”或引向一种对“生活在优于今天的时期”的偏爱。[11] 过去没有分散人们对于当下的注意和对于未来的审慎理解。那些遗迹并不只是浸满了逃避主义者的幻梦；它们也组成了日常生活的真实存在，而生活在遗迹中既不快乐也不轻松。从这个意义上说，怀旧包含着无意识的回忆。这些遗迹不是人们回望过去的方式而是使人们为未来而工作的基础。这样一种对遗迹的态度是对当下的怀旧和为将来而保留它的积极努力。因此怀旧对于过去和未来而言同样重要：它有意与模糊未来之间保持疏远的意识。如果此种意识必须被称为怀旧，它不是如罗温索所描述的一种空洞的感觉，而是一个主动的自我保护和抵抗机制的重要组成部分。如果怀旧的概念不会让人自动地把对过去的积极评价全部看成是空洞而无用的情感表现，民国时代北京的文化精神才应该被称为怀旧。

这里的"怀旧"是一种用来处理过去、现在和未来之间关系的积极方式。这种怀旧的方式与沃尔特·本雅明（Walter Benjamin）所说的历史救赎的概念非常相似。在他的《历史哲学论纲》里，本雅明描述了一个历史的安琪儿的概念。

> 保罗·克利的《新天使》画的是一个天使看上去正要从他入神地注视的事物旁离去。他的眼睛凝视着，他的嘴张着，他的翅膀展开了。这是我们描绘历史天使的样子。他的脸朝向过去。在我们认为是一连串事件的地方，他看到的是同一场单一的灾难。这场灾难堆积着尸骸，将它们抛弃在他的脚下。天使想停下来，唤醒死者，把破碎的世界修补完整。但是从天堂吹来了一阵风暴；它如此猛烈地吹击着天使的翅膀，以至他再也无法把它们收拢。这风暴无可抗拒地把天使刮向他背对着的未来，而他面前的残垣断壁却越堆越高直逼天际。这场风暴就是我们所称的进步。[12]

在批判现代进程的信念之时，本雅明指出无尽的新奇事物造就了有关过去和现在的欺骗性眼光。资本主义承诺持续的发展和无止境的改进，这不啻为一种现代神话。然而，在坚信技术进步的历史的同时失去的是人本主义的社会进程，[13]在本雅明看来，有关发展的理念和人类对自然界越来越强的技术控制编造了一个现代版本的神话统治。

对本雅明而言，历史学家的任务是找出"为了被压迫的过去而战斗的一次革命机会"，[14]用来"使边缘人物有说话的机会，因为现代秩序一直试图把他们的体验变得无形无声。这些工作包括挽救那些陈旧、过时和荒谬的东西，让他们能够讲述自己的故事"。[15]为打破新的神话统治，现代社会必须解放对失落了的过去时代的乌托邦的理解，偿还被遗忘的苦难，并且在当下实现过去的乌托邦因素。那么，历史学家的任务是“揭示新旧之间，最古老的和最切近间的复杂互动关系，从而去呈现现代性的前史”。[16]

在本雅明看来，挽救过去的重要性并非是为了怀旧。取而代之的，他的目的是重新使用并使过去能对解决当下的困境起到作用。从这个意义上讲，他所提倡的不是“对唯一的过去的赎救”，而是“一种有关过去的独特体验”。[17]像格罗米·格罗克（Graeme Gilloch）论述的，“过去的重要性只存在于和特定的现在的关系中……半被遗忘的过去困扰着现在，同时不可知的……未来，模糊的和不确定的，缠绕着过去……本雅明重新探索着失去的时代，但这种探求是面向和延伸到未来的。他救赎过去是为了即将到来的事物”。[18]

也许同样的分析也适用于民国时代的北京。这座城市的活力并不来自于现代化的规划，也不来自于保存“传统”的努力。相反，它来自于过去和现在之间不断变化而且有效的互动，也来自于定义未来的努力，而这未来和这种互动相关，甚至以此为基础。这种努力直接挑战主流的现代性概念。通过普及西方特定的历史经验，这种现代性事实上是全球化力量的一种政治图谋。换言之，民国北京的不同历史之间的斗争不仅将过去与现在之间的关系相对化了，它也同样将被西方经验和价值观主导的未来图景相对化了。民国时代的北京需要的是一个无霸权的现代性定义，结果是创造了一个对于人民而言意味深长的有关未来想象的空间。在民国时期的北京，“回忆并没有使人封闭……相反地，它导致了更开放的想象。它的精神不是怀旧”。[19]

回收循环的概念使我们可以把城市看作一个整体。民国时代的北京在许多方面上是破碎的，史谦德的著作《人力车时代的北京》揭示了这种破碎性的一些方面。专业组织只为他们自己的小集团服务，拒绝与更广大的公众结合。北京好似一个有着不同循环系统的身体。昂贵的工业产品通过某些市场进入某些家庭，手工产品则符合另一些人的需要，二手商品则留给特别贫穷的人们。这是一个分层和隔离的系统。但是这些商品在某一时刻都进入了循环的过程，这一过程使整个城市，从小胡同到使馆区都连成一体。在这个意义上看，民国时代的北京存在着一个共同体，或者用史谦德的话说是“共同的都市文化”，而这是伴随着所有的文化和感情通过循环创造的。这种共同体和文化带给了北京独有的认同感，而大多数人对之表现出了怀旧情绪。

在民国时候的北京，过去并没有被丢弃；它被擦拭、撕碎，而后经历了革新，最后被重新缝合了，其使用价值历经变化而被重新发现。尽管复古包含了对过去象征价值的有意识提取，在回收过程中挽救过去的使用价值往往则是无意识的。但对于民国时代的北京市民来说，传统更多的是附着在生活和物品的细节，而非抽象的说辞上。像当代作家王安忆在一篇随笔中所描写到的上海：

> 说起来也是，这城市流失了多少人的经历和变故，虽说都是上不了历史书的，只能是街谈巷议，可缺了它，有些事就不好解释，就有了传奇的色彩，这也就是人们常说的，上海历史的传奇性的意思，其实，每一日都是柴米油盐，勤勤恳恳地过着，没一点非分之想，猛然间一回头，却成了传奇。[20]

人们很少在日常生活的基础上关心“传统”的抽象意义；取而代之的，他们所关注的是一些细节，生活中大量的细枝末节。这些细节不会进入历史，甚至也失落在本书之外，本书只能通过“回收”和“循环”这样抽象的词语所组成的模糊网络去捕获细节体验的痕迹。在民国时期北京写作中占主导的怀旧风把这些数不清的细节和变迁编织成了传奇，将之铭记为“传统”。但是这个“传统”，就像充斥于1870年的巴黎的“现代”一样，是一种积极建造出来的框架，用来应付（或者是隐藏）民国时期北京有关当下的混乱。

在民国的岁月中，北京受到贫穷的困扰，并经常陷入战争的困扰中。但是这样的艰难和困境迫使城市居民们去关注眼前的现实，并且产生一种能动性（agency）：他们不断地质疑任何不适合百姓需求和城市能力的东西。这种关注当下的需求要求市民们调动一切可能的资源，包括从过去遗留下来的物品。民国时代的北京人并不拒绝过去，而是将它看成为一种资源。他们用一种选择性的感觉来看待过去和未来，这种感觉可被视为一种不自觉的审慎的疏远，存在于他们对自身的过去和可能的未来模式的看法中。他们积极地对待他们所生活的当下，并为其赋予意义，相信它对未来的重要性，而非干等着去抛弃传统和去拥抱一个西方意义上的未来。通过解读当下的意义，他们得以把握过去和未来。在民国时期的北京，他们积极地参与，而非被动地追随他们在现代世界中的身份定义。

注释

[1] David Strand, *Rickshaw Beijing: City People and Politics in the 1920s* (Berkeley: University of California Press, 1989), p.8.

[2] David Der-wei Wang, *Fictional Realism in TwentiethCentury China: Mao Dun, Lao She, Shen Cong Wen* (New York: Columbia University Press, 1992), p.154.

[3] T. J.Clark, *The Painting of Modern Life: Paris in the Art of Manet and His Followers* (Princeton, N. J.: Princeton University Press, 1984), p.59.

[4] Ibid., p.15.

[5] David Lowenthal, *The Past is a Foreign Country* (New York: Cambridge University Press, 1985), p.4.

[6] Ibid., p.7.

[7] Ibid.

[8] Roger Rosenblatt, "Look Back in Sentiment," *New York Times*, July 28, 1973, p.23.

[9] Claude Lévi-Strauss, "New York in 1941," in *The View from Afar* (NewYork: Basic Books, 1985), p.267.

[10] Lowenthal, *The Past is a Foreign Country*, p.13.

[11] Ibid., p.21.

[12] Walter Benjamin, "Theses on the Philosophy of History," in *Illuminations: Essays and Reflections*, ed. Hannah Arendt (New York: Schocken Books, 1968), pp.257-258. 摘自张旭东译本。

[13] Susan Buck-Morsse, *The Dialectics of Seeing: Walter Benjamin and the Arcade Project* (Cambridge, Mass.: MIT Press, 1991).

[14] Walter Benjamin, "Philosophy of History," p.263.

[15] Graeme Gilloch, *Myth and Metropolis: Walter Benjamin and the City* (Cambridge, England: Polity Press, 1996), p.9.

[16] Ibid., p.14.

[17] Ibid., p.78.

[18] Ibid., p.66.

[19] Ibid.

[20] 王安忆：《寻找苏青》,《上海文学》1995 年 9 月。

参考文献

一　中文文献

《北京（北平）市政档案》(北京市档案馆)，1914—1937

北京考古队编，《北京名胜古迹》，北京，1962

北京市档案馆编，《北京电车公司档案史料》，北京：北京燕山出版社，1988

北京市对外文化交流协会，北京市政宣武区编，《北京老天桥》，北京：文津出版社，1993

北京市工商联，民间文史委员会编，《北京工商史话》，1985年10月第一期。见孙健编，《北京经济史资料》，北京：北京燕山出版社，1990

北京市人民银行金融研究所编，《北京金融史料》之《典当、钱庄、票号、证券篇》，北京：北京市人民银行金融研究所，1994

北平市社会局编，《北平市工商业概况》，北平：北平市社会局，1932

北京市政协文史资料委员会编，《王府井》，北京：北京出版社，1993

北平民国学院，《庙会调查》，北平：北平民国学院，1937

北平市社会局，《北平乞丐统计》，见《社会调查选集》，北平：(无出版信息)，1930年9月

北平市政府，《北平市政法令汇编》，北平：北平市政府，1934

——《北平游览区建设计划》，北平：北平市政府，1934

——《社会调查集》，北平：北平市政府，1930

北平市政府秘书处，《旧都文物略》，北平：北平市政府秘书处，1935

冰心，《到青龙桥去》，见姜德明编，《如梦令：名人笔下的旧京》，北京：北京出版社，1997

——《旱灾纪念日募捐记事》，见姜德明编，《北京乎：现代作家笔下的北京，1919—1949》，北京：生活·读书·新知三联书店，1992

陈独秀，《北京十大特色》，见姜德明编，《如梦令：名人笔下的旧京》，北京：北京出版社，1997

——《六月三日的北京》，见《如梦令：名人笔下的旧京》，北京：北京出版社，1997

陈炜谟，《PROEM：北京市上杂掇》，见姜德明编，《北京乎：现代作家笔下的北京，1919—1949》，北京：生活・读书・新知三联书店，1992

陈文良，《北京传统文化便览》，北京：北京燕山出版社，1992

陈学昭，《北海浴日》，见姜德明编，《北京乎：现代作家笔下的北京，1919—1949》，北京：生活・读书・新知三联书店，1992

陈序经，《全盘西化的理由》，见罗荣渠编，《从"西化"到"现代化"》，北京：北京大学出版社，1990

陈宗蕃，《燕都丛考》，北京：北京古籍出版社，1991

成善卿，《天桥史话》，北京：生活・读书・新知三联书店，1990

崇彝，《道咸以来朝野杂记》，北京：北京古籍出版社，1982

戴璐，《藤阴杂记》，北京：北京古籍出版社，1982

丁西林，《北京的电车真开了》，见姜德明编，《如梦令：名人笔下的旧京》，北京：北京出版社，1997

董金甫，《王府井地区时装行业的形成与早期发展》，见北京市政协文史资料委员会编，《王府井》，北京：北京出版社，1993

董善元，《话说东安市场》，见北京市政协文史资料委员会编《王府井》，北京：北京出版社，1993

鄂玉成，《北平市车捐款征收实况》，见《市政评论》，1935年3月第3期，第10—11页

富察敦崇，《燕京岁时记》，北京：北京古籍出版社，1981

高长虹，《北海漫写》，见姜德明编，《如梦令：名人笔下的旧京》，北京：北京出版社，1997

——《南海的艺术化》，见姜德明编，《如梦令：名人笔下的旧京》，北京：北京出版社，1997

高松凡，《民国北京城市场变迁与分布述略》，见《北京大学学报：历史地理专刊》，北京：北京大学出版社，1992

顾颉刚，《妙峰山进香专号引言》，见姜德明编，《如梦令：名人笔下的旧京》，北京：北京出版社，1997

——《妙峰山琐记序》，见姜德明编，《如梦令：名人笔下的旧京》，北京：北京

出版社，1997
果孝鸿,《昔日北京大观》，北京：中国建材出版社，1992
郭蕴静,《清代商业史》，沈阳：辽宁人民出版社，1994
韩光辉,《北京历史人口地理》，北京：北京大学出版社，1996
贺昌群,《旧京速写》，见姜德明编,《如梦令：名人笔下的旧京》，北京：北京出版社，1997
侯仁之,《北京历史地图集》，北京：北京出版社，1985
侯希三,《北京老戏园子》，北京：中国城市出版社，1996
胡絜青,《老舍生活与创作自述》，香港：（香港）生活·读书·新知三联书店，1980
——《〈老舍在北京的足迹〉序》（李犁耘著），北京：北京燕山出版社，1986
胡金铨,《老舍和他的作品》，香港：文化生活出版社，1977
胡适,《〈现代市政通论〉序》（杨明哲著），（无出版信息），1929
——《文化冲突论》，见罗荣渠编,《从“西化”到“现代化”》，北京：北京大学出版社，1990
黄子先,《繁荣平市之我见》，见《市政评论》，1934年6月第1期，第9—14页
黄宗汉,《天桥往事录》，北京：北京出版社，1995
甲峰,《北京的书业》，见《三六九画报》，1943年第20卷第9期，第12页；第20卷第11期，第12页；第20卷第12期，第12页
姜德明编,《北京乎：现代作家笔下的北京，1919—1949》，北京：生活·读书·新知三联书店，1992
——《如梦令：名人笔下的旧京》，北京：北京出版社，1997
坚明,《中央公园开放记》，见《京华古迹寻踪》，北京：北京燕山出版社，1996
焦菊隐,《〈二闸与公主坟专号〉引言》，见姜德明编,《如梦令：名人笔下的旧京》，北京：北京出版社，1997
金受申,《老北京的生活》，北京：北京出版社，1989
京都市政公所编,《京都市政汇览》，北京：京都市政公所，1919
京师警察厅编,《京师警察法令汇纂》，北京：撷华书局，1915
骏牧,《私娼与公娼的利弊》，见《妇女杂志》，1924年8月第十卷，第1268页
兰陵忧患生,《京华百二竹枝词》，北京：益森公司，1910
老舍,《老字号》，见《老舍文集》第八卷，北京：人民文学出版社，1985
——《老牛破车》，上海：晨光出版公司，1949
——《骆驼祥子》，北京：人民文学出版社，1962

——《三年写作自述》，见胡絜青编，《老舍生活与创作自述》，香港：（香港）生活·读书·新知三联书店，1981

——《我怎样写〈老张的哲学〉》，见《老舍生活与创作自述》，香港：（香港）生活·读书·新知三联书店，1981

——《想北平》，见姜德明编，《如梦令：名人笔下的旧京》，北京：北京出版社，1997

——《月牙集》，上海：晨光出版公司，1948

老向，《难认识的北京》，见姜德明编，《北京乎：现代作家笔下的北京，1919—1949》，北京：生活·读书·新知三联书店，1992

雷辑辉，《北平税捐考略》，北平：社会调查所，1932

李大钊，《北京贫民生活的一瞥》，见姜德明编，《如梦令：名人笔下的旧京》，北京：北京出版社，1997

——《新华门前的血泪》，见姜德明编，《如梦令：名人笔下的旧京》，北京：北京出版社，1997

李家瑞，《北平俗曲略》，台北："中研院"历史语言研究所，1993

李景汉，《北平最低限度的生活程度的讨论》，见《社会学界》，1929 年第 3 期，第 7—16 页

李若虹，《朝市丛载》，北京：北京古籍出版社，1995

李淑兰，《北京史稿》，北京：学苑出版社，1994

梁国健，《故都北京社会相》，重庆：重庆出版社，1989

梁其姿，《"贫穷"与"穷人"观念在中国社会俗世中的历史演变》，见黄应贵编，《人观、意义与社会》，台北："中研院"民族研究所，1993

梁思成，《梁思成文集》，北京：中国建筑工业出版社，1986

梁载之，《实用北京指南》，上海：商务印书馆，1926

林传甲编，《京师街巷记》，北京：内左二区半日学校，1919

林语堂，《上海颂》，见《林语堂散文集》，香港：世界文摘出版社，1954

刘半农，《北旧》，见《半农杂文二集》，上海：良友图书公司，1935

刘寿林等编，《民国职官年表》，北京：中华书局，1995

刘志宽、缪克沣、胡俞越，《十大古都商业史略》，北京：中国财经出版社，1990

娄学熙，《北平市工商业概况》，北平：北平市社会局，1932

陆启浤，《北京岁华记》，〈明〉，无出版信息及页码

鲁迅，《无题》，见姜德明编，《如梦令：名人笔下的旧京》，北京：北京出版社，1997

马芷庠，《北平旅行指南》，北平：经济新闻社，1935
麦倩曾，《北平娼妓调查》，见《社会学界》，1931 年 6 月第五卷，第 105—146 页
茅盾，《子夜》，北京：外文出版社，1979
孟起，《躧跶》，见《宇宙风》，1936 年 8 月 16 日，第 23 期，第 571 页
孟元老，《〈东京梦华录〉注》，北京：商务印书馆，1959
敏公，《天桥之一瞥》，见黄宗汉编，《天桥往事录》，北京：北京出版社，1995，第 13—14 页
牛鼐鄂，《北平一千二百贫户之研究》，见《社会学界》，1933 年第七卷，第 147—187 页
潘荣陛，《帝京岁时纪胜》，北京：北京古籍出版社，1981
彭芳草，《关于北京》，见姜德明编，《如梦令：名人笔下的旧京》，北京：北京出版社，1997
齐如山，《故都三百六十行》，北京：书目文献出版社，1993
——《故都市乐图考》，北平：北平国剧学会，1935。见《齐如山全集》，第 7 卷，台北：齐如山先生遗著编印委员会，1964
——《齐如山全集》，台北：齐如山全集编印委员会，1964
钱玄同，《中央公园所见》，见姜德明编，《如梦令：名人笔下的旧京》，北京：北京出版社，1997
乔营堂，《毯业概况》，见《社会调查汇刊》，1930 年 9 月第 1 期，第 1—2 页
钦文，《菜市口》，见《宇宙风》，1936 年 10 月 16 日，第 27 期
——《〈天桥一览〉序》（张次溪，赵羡渔著），北京：中华译书局，1936
秋声，《天桥商场》，《北平日报》，1930 年 2 月 14 日
邱致中，《都市社会问题》，上海：有志书屋，1936
瞿宣颖，《北京风土丛书》，北京：广业书社，1925
——《〈燕都丛考〉序》（陈宗蕃著），北京：北京古籍出版社，1991
阙名，《燕京杂记》，北京：北京古籍出版社，1986
荣泰，《泡子河记》，见林传甲编，《京师街巷记》，北京：内左二区半日学校，1919
单光鼐，《中国娼妓：过去和现在》，北京：法律出版社，1995
邵飘萍，《北京的街道及公共卫生》，见姜德明编，《如梦令：名人笔下的旧京》，北京：北京出版社，1996
沈从文，《怯步者笔记》，见姜德明编，《北京乎：现代作家笔下的北京，1919—1949》（上），北京：生活·读书·新知三联书店，1992

沈太侔,《春明采风志》，北京：北京古籍出版社，1982
史明正,《走向近代化的北京城》，北京：北京大学出版社，1995
史福祥,《北京的地毯业》，见《北京文史资料选编》，1980 年第 7 期，第 50—91 页
石梅,《平市妓女检治事务所调查记》，见《市政评论》，1935 年第三卷第十八期，第 11—14 页
石评梅,《雪夜》，见姜德明编,《北京乎：现代作家笔下的北京，1919—1949》，北京：生活·读书·新知三联书店，1992
师陀,《马兰》，上海：文化生活出版社，1949
——《什刹海与小市民》，见姜德明编,《如梦令：名人笔下的旧京》，北京：北京出版社，1997
史玄,《旧京遗事》，北京：北京古籍出版社，1986
寿玺,《厂甸》，见姜德明编,《如梦令：名人笔下的旧京》，北京：北京出版社，1997
宋起凤,《稗说》,〈清〉，无出版信息及页码
孙承泽,《春明梦余录》，北京：北京古籍出版社，1992
——《天府广记》，北京：北京古籍出版社，1982
孙恩霖,《我的故乡在哪里》，见《旅行杂志》，1938 年 1 月 1 日，第 12 卷，第 12—14 页
孙福熙,《北京乎》，见姜德明编,《北京乎：现代作家笔下的北京，1919—1949》，北京：生活·读书·新知三联书店，1992
——《今夜月》，见姜德明编,《北京乎：现代作家笔下的北京，1919—1949》，北京：生活·读书·新知三联书店，1992
孙伏园,《朝山记琐》，见姜德明编,《北京乎：现代作家笔下的北京，1919—1949》，北京：生活·读书·新知三联书店，1992
孙国敉,《燕都游览志》，1632
孙健编,《北京经济史资料》，北京：北京燕山出版社，1990
谭文,《北京掌故》，香港：上海书局有限公司，1974
陶亢德,《北平一顾》，上海：宇宙风社，1936
陶孟和,《北平生活费之分析》，上海：商务印书馆，1930
陶宗仪,《辍耕录》，北京：中华书局，1959
田蕴瑾,《最新北平指南》，上海：自强书局，1935
童依萍,《春愁》，见姜德明编,《如梦令：名人笔下的旧京》，北京：北京出版社，1997

王安忆，《寻找苏青》，见《上海文学》，1995年9月第33期，第32—36页
王伯龙，《〈天桥一览〉序言》（张次溪、赵羡渔著），北京：中华译书局，1936
王灿炽，《燕都古籍考》，北京：京华出版社，1995
王岗，《北京通史》，第五卷，北京：中国书店，1994
王玲，《北京与周围城市关系史》，北京：北京燕山出版社，1988
王奇生，《民国初年的女性犯罪（1914—1936）》，见《近代中国妇女史研究》，1993年7月第一卷，第5—18页
王世仁、张复合，"北京近代建筑概说"，见《中国近代建筑综览：北京篇》，北京：中国建筑工业出版社，1993
王书奴，《中国娼妓史》，上海：上海三联书店，1988
王文宝，《中国民俗学史》，成都：巴蜀书社，1995
王新命，"中国本位的文化建设宣言"，见罗荣渠编，《从"西化"到"现代化"》，北京：北京大学出版社，1990
王永斌，《话说前门》，北京：北京燕山出版社，1994
王元增，《北京监狱纪实》，北京：北京监狱出版，1913
味橄，《北平夜话》，上海：中华书局，1935
魏开肇、赵蕙蓉，《北京通史》，第八卷，北京：中国书店，1994
魏树东，《北平市之地价、地租、房租与税收》，台北：成文出版社，1977
闻人军，《考工记译注》，上海：上海古籍出版社，1993
翁立，《北京的胡同》，北京：北京燕山出版社，1992
吴恩芳，《北京的中国银行：1914—1949》，北京：中国金融出版社，1989
吴建雍，《北京通史》，第七卷，北京：中国书店，1995
吴景超，《都市社会学》，上海：世界书局，1929
吴廷燮，《北京市志稿》，北京：北京燕山出版社，1990
习五一，邓亦兵，《北京通史》，第九卷，北京：中国书店，1995
夏仁虎，《旧京琐记》，台北：纯文学出版社，1970
熊梦祥，《析津志辑佚》，北京：北京古籍出版社，1983
许杰，《论〈骆驼祥子〉》，见吴怀斌，曾广灿等编，《老舍研究资料》，第二卷，北京：十月文艺出版社，1985
徐珂，《实用北京指南》，上海：商务印书馆，1920
徐蔚南，《〈现代市政通论〉序言》，1929，无出版信息
徐訏，《北平的风度》，见姜德明编，《北京乎：现代作家笔下的北京，1919—1949》，北京：生活·读书·新知三联书店，1992

徐亚盛，《娼妓与社会》，见《妇女杂志》，1930 年 6 月第十六卷，第 61—72 页
徐志摩，《“死城”——北京的一晚》，见姜德明编，《北京乎：现代作家笔下的北京，1919—1949》，北京：生活·读书·新知三联书店，1992
薛笃弼，《京兆公园纪事》，未刊稿，1925，北京：北京大学图书馆
阎重楼，《我没有故乡》，见《旅行杂志》，1938 年 1 月 1 日第 12 卷，第 4—6 页
严景耀，《北平犯罪之社会分析》，见《社会学界》，1928 年 6 月第二卷，第 33—77 页
扬，《南城繁荣计划之实现》，见《市政评论》，1934 年 6 月第 1 期，第 140 页
杨宽，《中国古代都城制度史研究》，上海：上海古籍出版社，1993
杨锡春，《满族风俗考》，哈尔滨：黑龙江人民出版社，1988
叶灵凤，《北游漫笔》，见姜德明编，《北京乎：现代作家笔下的北京，1919—1949》，北京：生活·读书·新知三联书店，1992
叶青，《全盘西化？殖民地化？》，见罗荣渠编，《从“西化”到“现代化”》，北京：北京大学出版社，1990
郁达夫，《北平的四季》，见姜德明编，《北京乎：现代作家笔下的北京，1919—1949》，北京：生活·读书·新知三联书店，1992
——《故都日记》，见姜德明编，《北京乎：现代作家笔下的北京，1919—1949》，北京：生活·读书·新知三联书店，1992
于敏中，《日下旧闻考》，北京：北京古籍出版社，1981
俞平伯，《陶然亭的雪》，见姜德明编，《如梦令：名人笔下的旧京》，北京：北京出版社，1997
余棨昌，《故都变迁记略》，无出版信息
于彤，《北洋政府时期北京银钱业一览》，见北京市档案馆编，《北京档案史料》，1989 年，第 2—4 期
袁良，《北平市政报告》，见《市政评论》，1935 年 5 月第 3 期，第 17 页
——《〈旧都文物略〉前言》，见北平市政府秘书处编，《旧都文物略》，北平：北平市政府秘书处，1935
云游客，《江湖丛谈》（1938），北京：中国曲艺出版社，1988
张爵，《京师五城坊巷胡同集》，北京：北京古籍出版社，1982
张次溪，《北平天桥志》，北平：国立北平研究院，1936
——《人民首都的天桥》，北京：修绠堂，1951
张次溪、赵羡渔，《天桥一览》，北平：中华印书局，1936
张恨水，《啼笑姻缘》，北京：北京出版社，1981

张慰慈，《市政制度》，上海：亚东图书馆，1925
张熙若，《全盘西化与中国本位》，见罗荣渠编，《从“西化”到“现代化”》，北京：北京大学出版社，1990
张又新，《北平市之缺点及其救济》及《改良中国城市的要点》，见《市政评论》，1934年6月第1期，第5—8页
赵洛，《北京街巷话旧》，见北京出版社编，《北京街道的故事》，北京：北京出版社，1960
赵金，《北平解放前夕的市政和社会状况》，见《北京党史研究》，1994年3月，第44—48页
赵园，《北京：城与人》，上海：上海人民出版社，1991
震钧，《天咫偶闻》，北京：北京古籍出版社，1982
郑振铎，《北平》，见姜德明编，《北京乎：现代作家笔下的北京，1919—1949》，北京：生活·读书·新知三联书店，1992
知堂（周作人），《北平的好坏》，见《宇宙风》，1936年第19期，第317—319页
衷若霞，《天桥》，见梁国健编，《故都北京社会相》，重庆：重庆出版社，1989
钟棫，《古城古学府》，见《宇宙风》，1936年7月1日第20期，第433页
中国民主建国会北京市委员会，《北京工商史话》，北京：中国商业出版社，1989
中华印书局，《简明北平游览指南》，北平：中华印书局，1935
周叔昭，《北平女性犯罪与妇女问题》，见《东方杂志》，1934年第31卷第7期，第5—12页
——《北平一百名女犯之研究》，见《社会学界》，1932年第六卷，第31—86页
周作人，《北京的风俗诗》，见姜德明编，《如梦令：名人笔下的旧京》，北京：北京出版社，1997
——《厂甸》，见姜德明编，《如梦令：名人笔下的旧京》，北京：北京出版社，1997
——《和平门》，见姜德明编，《如梦令：名人笔下的旧京》，北京：北京出版社，1997
——《前门遇马队记》，见姜德明编，《如梦令：名人笔下的旧京》，北京：北京出版社，1997
——《谈虎集》，北京：北新书局，1928
铢庵（瞿宣颖），《北平的运命》，见《宇宙风》，1936年12月第31期，第362—363页

——《北游录话》，见《宇宙风》，1936 年 10 月 1 日第 26 期，第 107—108 页
——《文化城的文化》，见《宇宙风》，1936 年 11 月 16 日第 29 期，第 280—283 页
朱邦明，《现代都市要论》，广州：神州国光社，1933
朱湘，《北海纪游》，见姜德明编，《北京乎：现代作家笔下的北京，1919—1949》，北京：生活·读书·新知三联书店，1992
壮克，《北平市的特殊性》，见《市政评论》，1934 年 6 月第 1 期，第 2—3 页
宗泉超，《历史上的东安市场》，见北京市研究会编，《北京史论文集》，北京：北京市研究会，1980

二　西文文献

Agnew，Jean-Christophe .*Worlds Apart：The Market and the Theater in Anglo-American Thought，1550-1750*. New York：Cambridge University Press，1986.

Anagnost，Ann. *National Past-Times：Narrative，Representation，and Power in Modern China.* Durham，N. C.：Duke University Press，1997.

Arkush，R. David. *Fei Xiaotong and Sociology in Revolutionary China.* Cambridge，Mass.：Council on East Asian Studies，Harvard University Press，1981.

Bakhtin，Mikhail. *Rabelais and His World.* Bloomington：Indiana University Press，1984.

Belsky，Richard. *Localities at the Center：Native-place，Space，and Power in Late Imperial Beijing.* Cambridge，Mass.：Harvard University Asia Center，2005.

Benjamin，Walter. *Illuminations：Essays and Reflections.* New York：Schocken Books，1985.

—— "Theses on the Philosophy of History. " In *Illuminations：Essays and Reflections*，edited by Hannah Arendt. New York：Schocken Books，1985.

Benson，Carlton. "From Teahouse to Radio：Storytelling and the Commercialization of Culture in 1930s Shanghai." Ph. D. diss.，University of California，Berkeley，1996.

Buck-Morsse，Susan. *The Dialectics of Seeing：Walter Benjamin and the Arcade Project.* Cambridge，Mass.：MIT Press，1993.

Bulmer，Martin. *The Chicago School of Sociology：Institutionalization，Diversity，and the Rise of Sociological Research.* Chicago：University of Chicago Press，1984.

Burgess，J. S. "The Problem of Prostitution：Address Given at the Y. M.C. A. in Peking，November 18，1923." *Chinese Journal of Sociology* 2，no. 4（1925）：1-12.

Candlin，Enid Saunder. "The Breach in the Wall. " In *Old Peking：City of the Ruler of the World*，edited by Chris Elder. New York：Oxford University Press，1997.

Carroll, Peter. *Between Heaven and Modernity: Reconstructing Suzhou, 1895-1937*.Stanford, California: Stanford University Press, 2006.

Chatterjee, Partha. *The Nation and Its Fragments: Colonial and Postcolonial Histories*. Princeton, N. J.: Princeton University Press, 1993.

Cheng, Weikun. "The Challenges of the Actresses: Female Performers and Cultural Alternatives in Early Twentieth Century Beijing and Tianjin." *Modern China* 2 (April 1996): 197-233.

—— "Nationalists, Feminists, and Petty Urbanites: The Changing Image of Women in Early TwentiethCentury Beijing and Tianjin." Ph. D. diss., Johns Hopkins University, 1996.

Clark, T. J. *The Painting of Modern Life: Paris in the Art of Manet and His Followers*. Princeton, N. J.: Princeton University Press, 1984.

Cochran, Sherman, ed. *Inventing Nanjing Road: Commercial Culture in Shanghai, 1900-1945*. Ithaca, N. Y.: East Asia Program, Cornell University, 1999.

Cronon, William. *Nature's Metropolis: Chicago and the Great West*. New York: W. W. Norton, 1991.

de Certeau, Michel. *The Practice of Everyday Life*. Berkeley: University of California Press, 1984.

Demetz, Peter. "Introduction." In Walter Benjamin, *Reflections: Essays, Aphorisms, Autobigraphical Writings*. New York: Schocken Books, 1978.

Dikotter, Frank. "Crime and Punishment in Early Republican China: Beijing's First Model Prison, 1912-1922." *Late Imperial China* 2 (December 2000): 140-162.

Dray-Novey, Alison. "Spatial Order and Police in Imperial Beijing." *Journal of Asian Studies* 52 (1993): 885-922.

Duara, Prasenjit. *Rescuing History from the Nation: Questioning Narratives of Modern China*. Chicago: University of Chicago Press, 1995.

Elder, Chris. *Old Peking: City of the Ruler of the World*. New York: Oxford University Press, 1997.

Elvin, Mark, and G. William Skinner, eds. *The Chinese City between Two Worlds*. Stanford, Calif.: Stanford University Press, 1974.

Esherick, Joseph. *Remaking the Chinese City: Modernity and National Identity, 1900-1950*. Honolulu: University of Hawaii Press, 2000.

Fritzsche, Peter. *Reading Berlin 1900*. Cambridge, Mass.: Harvard University Press, 1996.

Gamble, Sidney D. *Peking: A Social Survey*. New York: George H.Doran, 1921.

Gerth, Karl Gregory. *China Made: Consumer Culture and the Creation of the Nation*. Cambridge,

Mass.: Harvard University Asia Center, 2004.

Gilloch, Graeme. *Myth and Metropolis: Walter Benjamin and the City*. Cambridge, England: Polity Press, 1996.

Goldstein, Joshua L. "Mei Lanfang and the Nationalization of Peking Opera, 1912-1930." *Positions: East Asia Cultures Critique* 7, no.2 (1999): 377-420.

——*Drama Kings: Players and Publics in the Re-Creation of Peking Opera, 1870-1937*. Berkeley: University of California Press, 2007.

Goodman, Bryna. *Native Place, City, and Nation: Regional Networks and Identities in Shanghai, 1853-1937*.Berkeley: University of California Press, 1995.

Guy, R. Kent. *The Emperor's Four Treasuries: Scholars and the State in the Late Ch'ien-lung Era*. Cambridge, Mass.: Council on East Asian Studies, Harvard University, 1987.

Harsin, Jill. *Policing Prostitution in NineteenthCentury Paris*. Princeton, N. J.: Princeton University Press, 1985.

Hershatter, Gail. *Dangerous Pleasures: Prostitution and Modernity in TwentiethCentury Shanghai*. Berkeley: University of California Press, 1997.

——*The Workers of Tianjin, 1900-1949*. Stanford, Calif.: Stanford University Press, 1986.

Ho, Ping-ti. "Lo-yang, A. D. 495-534: A Study of Physical and Socio-Economic Planning of a Metropolitan Area." *Harvard Journal of Asiatic Studies* 26 (1966): 52-101.

Hobsbawm, Eric, and Terence Ranger. *The Invention of Tradition*. New York: Cambridge University Press, 1983.

Honig, Emily. *Creating Chinese Ethnicity: Subei People in Shanghai, 1850-1980*.New Haven, Conn.: Yale University Press, 1992.

——*Sisters and Strangers: Women in the Shanghai Cotton Mills, 1919-1949*. Stanford, Calif.: Stanford University Press, 1986.

Huang, Nicole. *Women, War, Domesticity: Shanghai's Literature and Popular Culture of the 1940s*. Leiden: Brill, 2005.

Jacobs, Jane. *Cities and the Wealth of Nations: Principles of Economic Life*. New York: Random House, 1984.

Jiang, Jin. *Women Playing Men: Yue Opera and Social Change in Twentieth Century Shanghai*. Seattle: University of Washington Press, 2008.

Johnson, Kinchen. *Folksongs and Children-Songs from Beijing*. n. p., 1971.

Kasson, John F. *Amusing the Million: Coney Island at the Turn of the Century*.New York: Hill & Wang, 1978.

Lamson, Herbert Day. *Social Pathology in China: A Source Book for the Study of Problems of Livelihood, Health, and the Family.* Shanghai: Commercial Press, 1935.

Lattimore, Owen. *The Desert Road to Turkestan.* Boston: Little, Brown, 1929.

——*Inner Asia Frontiers of China.* New York: American Geographical Society, 1940.

——*Nationalism and Revolution in Mongolia.* New York: Oxford University Press, 1955.

Lee, Leo Ou-fan. *Shanghai Modern: The Flowering of a New Urban Culture in China, 1930-1945.* Cambridge, Mass.: Harvard University Press, 1999.

Lefebvre, Henry. *Writings on Cities.* Oxford, England: Blackwell, 1996.

Levenson, Joseph. *Confucian China and Its Modern Fate.* Berkeley: University of California Press, 1968.

Lévi-Strauss, Claude. *The View from Afar.* New York: Basic Books, 1985.

Lieu, D. K. "China's Industrial Development." In *Problems of the Pacific, 1927*, pp.392-408. Chicago: University of Chicago Press, 1928.

Link, Perry. *Mandarin Ducks and Butterflies: Popular Fictions in Early Twentieth-Century Chinese Cities.* Berkeley: University of California Press, 1981.

Liu, Lydia. *Translingual Practice: Literature, National Culture, and Translated Modernity—China, 1900-1937.*Stanford, Calif.: Stanford University Press, 1995.

——ed. *Tokens of Exchange: The Problem of Translation in Global Circulations.* Durham, N. C.: Duke University Press, 1999.

Lowenthal, David. *The Past is a Foreign Country.* New York: Cambridge University Press, 1985.

Lu, Hanchao. *Beyond the Neon Lights: Everyday Shanghai in the Early Twentieth Century.* Berkeley: University of California Press, 1999.

Meyer, Jeffrey. *The Dragons of Tiananmen: Beijing as a Sacred City.* Columbia: University of South Carolina, 1991.

Meyer-Fong, Tobie. *Building Culture in Early Qing Yangzhou.* Stanford, California: Stanford University Press, 2003.

Miller, Michael B. *The Bon Marche: Bourgeois Culture and the Department Store, 1869-1920.* Princeton, N. J.: Princeton University Press, 1981.

Mitchell, Timothy. *Colonising Egypt.* Berkeley: University of California Press, 1991.

Morrison, Hedda. *A Photographer in Old Peking.* New York: Oxford University Press, 1985.

Mosse, George L. *The Nationalization of the Masses: Political Symbolism and Mass Movements in Germany from the Napoleonic Wars through the Third Reich.* Ithaca, N. Y.: Cornell University Press, 1975.

Mothers' Club of Peking. *Peking Utility Book*. Peking: n. p., 1921.

Nathan, Andrew. *Peking Politics, 1918-1923: Factionalism and the Failure of Constitutionalism*. Berkeley: University of California Press, 1976.

Naquin, Susan. *Peking: Temples and City Life, 1400-1900*. Berkeley: University of California Press, 2000.

Olsen, Donald J. *The City as a Work of Art: London, Paris, Vienna*. New Haven, Conn.: Yale University Press, 1986.

Perry, Elizabeth. *Proletarian Power: Shanghai in the Cultural Revolution*. Boulder, Colo.: Westview Press, 1997.

——*Shanghai on Strike: The Politics of Chinese Labor*. Stanford, Calif.: Stanford University Press, 1993.

Pinkney, David H. *Napoleon Ⅲ and the Rebuilding of Paris*. Princeton, N. J.: Princeton University Press, 1958.

Rabinow, Paul. *French Modern: Norms and Forms of the Social Environment*. Chicago: University of Chicago Press, 1989.

Rogaski, Ruth. *Hygienic Modernity: Meanings of Health and Disease in Treaty-Port China*. Berkeley: University of California Press, 2004.

Rosenblatt, Roger. "Look Back in Sentiment." *New York Times*, July 28, 1973, p.23.

Rowe, William. *Hankow: Commerce and Society in a Chinese City, 1796-1889*. Stanford, Calif.: Stanford University Press, 1984.

——*Hankow: Conflict and Community in a Chinese City, 1796-1895*. Stanford, Calif.: Stanford University Press, 1989.

Schneider, Laurence A. *Ku Chieh-kang and China's New History: Nationalism and the Quest for Alternative Traditions*. Berkeley: University of California Press, 1971.

Schorske, Carl E. *Fin-de-Siecle Vienna: Politics and Culture*. New York: Alfred A. Knopf, 1980.

Scott, James C. *Seeing Like a State: How Certain Schemes to Improve the Human Condition Have Failed*. New Haven, Conn.: Yale University Press, 1998.

Sheehan, Brett. *Trust in Troubled Times: Money, Banks and State-Society Relations in Republican Tianjin*. Cambridge, MA: Harvard University Press, 2003.

—— "Warlords, Cadres and Bankers: Private Commercial Banking in the Republican and Post-Mao Periods." *Journal of Asian Business* 14, no. 1 (1998): 5-22.

Shi, Mingzheng. "Beijing Transforms: Urban Infrastructure, Public Works, and Social

Change in the Chinese Capital, 1900-1928." Ph. D. diss., Columbia University, 1993.

—— "From Imperial Gardens to Public Park: The Transformation of Urban Space in Early Twentieth Century Beijing. " *Modern China* 24, no.3 (1998): 219-254.

—— "Rebuilding the Chinese Capital: Beijing in the Early Twentieth Century. " *Urban History* 25, no.1 (1998): 60-81.

Shih, Shu-mei. *The Lure of the Modern: Writing Modernism in Semicolonial China, 1917-1937*. Berkeley: University of California Press, 2001.

Simon, Jonathan. "The Ideological Effects of Actuarial Practices. " *Law and Society Review* 22, no. 4 (1988): 771-800.

Siu, Helen. "Recycling Rituals. " in *Unofficial China: Popular Culture and Thought in the People's Republic*, edited by Perry Link, Richard Madsen, and Paul Pickowicz, pp. 132-134. Boulder, Colo.: Westview Press, 1989.

Skinner, G. William. *The City in Late Imperial China*. Stanford, Calif.: Stanford University Press, 1977.

Smith, Henry D. "Tokyo as an Idea: An Exploration of Japanese Urban Thought until 1945." *Journal of Japanese Studies* 4, no. 1 (1978): 45-80.

Soja, Edward. *Postmodern Geography: The Reassertion of Space in Critical Social Theory*. New York: Verso Press, 1989.

Stapleton, Kristin. *Civilizing Chendu: Chinese Urban Reform, 1895-1937*. Cambridge, Mass.: Harvard University Asia Center, 2000.

Steinhardt, Nancy Shatzman. *Chinese Imperial City Planning*. Honolulu: University of Hawaii Press, 1990.

Strand, David. *Rickshaw Beijing: City People and Politics in the 1920s*. Berkeley: University of California Press, 1989.

Tong, Y. L.,. "Poverty in Peking and Its Relief. " *Chinese Journal of Sociology* 1, 110. 5 (1923): 1-10.

Tsin, Michael. *Nation, Governance, and Modernity in China: Canton, 1900-1927*. Stanford, Calif.: Stanford University Press, 1999.

Wakeman, Frederic. "Licensing Leisure: The Chinese Nationalists' Attempt to Regulate Shanghai, 1927-1949." *Journal of Asian Studies* 54, no. i (1995): 52-54.

——*Policing Shanghai, 1927-1937*. Berkeley: University of California Press, 1995.

Wakeman, Frederic, and Wen-hsin Yeh, eds. *Shanghai Sojourners*. Berkeley: University of California, Institute of East Asian Studies, Center for Chinese Studies, 1992.

Wang, Liping. "Creating a National Symbol: The Sun Yatsun Memorial in Nanjing." *Republican China* 21, no. 2 (1996): 23-63.

—— "Paradise for Sale: Urban Space and Tourism in the Social Transformation of Hangzhou, 1589-1937." Ph. D. diss., University of California, San Diego, 1997.

Weston, Timothy, *The Power of Position: Beijing University, Intellectuals and Chinese Political Culture, 1898-1929*. Berkeley: University of California Press, 2004.

Wheatley, Paul. *The Pivot of the Four Quarters: A Preliminary Enquiry into the Origins and Character of the Ancient Chinese City*. Chicago: Aldine, 1971.

Will, Pierre-Etienne, and R. Bin Wong. *Nourish the People: The State Civilian Granary System in China, 1650-1850*. Ann Arbor: Center for Chinese Studies Publications, University of Michigan Press, 1991.

Woods, Robert A. Foreword to *Peking: A Social Survey*, by Sidney Gamble. New York: George H. Doran, 1921.

Yan, Yunxiang. *The Flow of Gifts: Reciprocity and Social Networks in a Chinese Village*. Stanford, Calif.: Stanford University Press, 1996.

Yang, Lien-sheng. *Money and Credit in China: A Short History*. Cambridge, Mass.: Harvard University Press, 1971.

Yeh, Wen-hsin. *The Alienated Academy: Culture and Politics in Republican China, 1919-1937*. Cambridge, Mass.: Council on East Asian Studies, Harvard University, 1990.

——, ed. *Becoming Chinese: Passages to Modernity and Beyond*. Berkeley: University of California Press, 2000.

——, ed. *Wartime Shanghai*. New York: Routledge, 1998.

Zhang, Xudong. *Chinese Modernism in the Era of Reforms: Cultural Fever, Avant-Garde Fiction, and the New Chinese Cinema*. Durham, N. C.: Duke University Press, 1997.

Zhang, Yingjin. *The City in Modern Chinese Literature and Film: Configurations of Space, Time and Gender*. Stanford, Calif.: Stanford University Press, 1996.

——, ed. *Cinema and Urban Culture in Shanghai, 1922-1943*. Stanford, Calif.: Stanford University Press, 1999.

后　记

九十年代中期当我开始写这本书的英文版时，民国时期在专业史学家之外仍然是现代史上一个略显晦暗模糊的影子。今天，民国却已经成了一个被广为忆念的时代；“民国范儿”这个流行词既是对那个过去的时代的钦慕，也是对我们这个时代的缺失的批评，正如八九十年代对民国北京的怀旧所起到的作用一样——或许它正是今天“民国范儿”之流行的序曲。民国北京确实是有其独特的精神、活力和风格的，或许可以称为北京这座城市的“民国范儿”，但是它到底是什么，尚需谨慎思考。贬损过去以显示今天的优越，或把过去理想化、浪漫化以批评时弊，看上去是相反的，但实际上是一枚硬币的两面，用的是同一个做法，遵循的是同一个逻辑，都会变成对过去的误解和简化，而用变形化的历史引导自己。

民国北京的文化活力我认为部分来自于“传统的回收与循环”——物质的、社会的、文化的、美学的、价值观的。这本书的中心就是讨论不同的回收与循环。首先是因为物质的贫乏而不得不进行的物质的回收与循环，这种回收常常是出于无奈，但是这种物质的循环却帮助创造了民国北京的文化魅力。这种文化魅力也来自另一种更加有意识的回收与循环：对于过去所拥有的价值的认识与珍惜，并且让它作为“活着的传统”而在日常生活与新的创造中生存下去。保留和抛弃一样，也可以是一种选择。而因为是有意识的，它便不完全是由物质条件决定的，在物质不再贫乏时，仍然可以自愿地做这种选择。事实上，世界上让人们难以忘怀的城市，无不是因其深厚的历史积累而给予人们丰富的想象和体验，因其历史而获得其独特性、深度和韵味，对于人类的文化积累有其不可替代的价值。我们曾经用了几十年来拉直我们的历史观，把它变成线性的。如果历史是一条直线，而且在这条直线的末端有一个已知的、确定的目标，那么过去、甚至今天就都只能是需要摆脱的负担。一切的过去都是无用，自我存在的意义就变成了每天从历史和过去中摆脱出来，朝向未来，日日更新。这种历史观所结之干瘪无味的果实，我们早已经尝到了，今天仍在咽。假如建立在对过去的完全否定上，更新何来？向何处去？以什么为坐标来绘一张地图？

时间是史家的敌人，也是史家的朋友。我们必须把它作为一个障碍来克服，才能寻找被它抹去的人物、事件和意义；但它也为我们提供理解过去所必需的距离，让我们看到的更广、更远。今天距离“现代化的新北京”开始建设也已经有三十年了，我们能够大致看出这个时期的轮廓了。对于一座有着近千年历史的古城，三十年原本应该只是一瞬间，然而过去这三十年中北京城发生的变化，大概比它从元建都到清结束的几百年中所经历的变迁更大、更根本。变化如此之快、如此之大，有时甚至让人觉得时间感错位。如果说八十年代初旧日北京还依稀可见，还会让人们觉得北京是一座古城，那么从那时开始的飞速变化到今天已经使得古城不再。九十年代中期我开始写这本书的英文版时，北京最热的议题是“发展与保护”的关系，很多人在为保存北京急剧减少的历史印迹而疾疾呼号，然而这却终究没能让发展停缓一下步子。时至今日，北京最让人们不安的正是过去几十年里高速发展所带来的一个结果——环境问题。几千年的环境积存和文化积淀，被在几十年里消耗掉，这样的时间上的不对称，对城市的居民和历史学家来说，都是震撼性的。我们甚至没有准确的语言，更不用说有效的框架，来思考这时间的失衡。或许当代中国史学能对世界史学做出的一个贡献，是为这种巨变式的历史提供某些思考的框架。

怀旧似乎是北京这座城市一个执拗的主旋律；我所研究的民国北京和九十年代中期我所看到的北京或许可以看作一个双重怀旧的历史。这种怀旧有它的意义，——肯定过去的价值，对当下做出评论，对未来施加影响。世界上很多古城都是小心翼翼地、常常是选择放弃现代化带来的便利来呵护自己的历史。但是民国北京和过去三十年的北京告诉我们，仅仅怀旧是不够的。民国北京的许多学者希望通过怀旧把这座城市的过去传给后人，也就是我们，而反讽的是，仅存的“老北京”正是在新一轮民族主义的热浪中，在对“中国中心”的追求中，在国学热中，一天一天真真实实消失的。对中国特色和传统文化的强调，与对实实在在的历史和传统的毁灭并行不悖，似乎毫无冲突，没有交集。“过去”能以各种方式被利用，但不一定为人们真实的日常生活开拓出更大的空间，留下多少创造性的美的印迹。其中缘由，值得反思。创造力需要空间，需要不同的人们的参与。一个城市是否能有鲜活的生命力，取决于能否建立起适当的机构与制度，以保证人们参与对城市的未来的选择。

在如此变幻莫测的时代，我们大概知道是不可能再回到老北京的。那么思考一座城市的历史有什么意义呢？我想，这种思考的意义在于，历史像一个人类知识和智慧的百宝箱，它为未来出现的难题提供思考的资源、养料和方式。历史的功用就是让我们知道，我们今天的方式不一定是唯一的，也不一定是最好的。它告诉我们，是谁，在什么情况下，为了什么原因，做出了怎样的选择。诚实地面对历史，我们会意识到，我们的现实并不一定是唯一而必然的，它是选择的结果，而选择总是由人做出的。未来不是自然而然就一定会更好；未来会更好，只有我们做出正确的选择，有意识地让它更好。

我常常想，假如过去的人来到今天，他们会怎样看？怎样想？如果我们能够采访他们，他们会说些什么？他们看到今天的北京，会是怎样震惊？我在为写这本书在北京查找资料时，去了清东陵。站在乾隆墓里，向上看是一段台阶，里面暗，外面亮。墓室里很安静，能听到外面的人们说话，自信地评论着乾隆皇帝。那一刻，我想，假使乾隆皇帝能说话，他会怎样回应这些人呢？或许有一种心态可以叫作“后来者的优越感”？我们敢于如此自信地评论、评价过去，因为我们以为我们知道过去的人所不知道的——我们知道他们的未来。但，我们与他们其实并无不同：我们同样不知道未来；若有人称知道未来，那也只是某种史学观的设定，或者基于过去未曾实现的愿望之上的期待和希望。我们能够了解的只有过去。历史当然是今天的人看过去，但是或许在某种意义上，也是为过去的人代言，让他们回来与我们进行一场关于过去、今天与未来的对话与争论。假如他们穿越时光，站在我们面前，是我们争论和对话的对象，我们还能够那么自信地评论他们的经历吗？我们“后来者的优越感”还能够那么名正言顺、自然而然吗？人们常说“以史为鉴”，那么如果我们面对历史的铜镜，在过去的人物与事件构成的背景上面，映现出的是我们的面孔：我们面对的是通过历史揭示出来的我们的欲求与希望、贪婪与慷慨、正义与不义。当我们与历史对话时，我们了解的是历史，更是我们自己，而后者才是历史的真正目的和功用。

这本书一定是有其不足甚或不准确之处的。本书原本是为英文读者所写，所以其中有些细节对于熟悉中国历史和北京历史的读者不免烦琐，在中文版中有所调整，但仍不完美。这部书的翻译并非直译，很多部分是用中文重写，对有些讨论进行了删节或扩展。从开始搜集资料到现在，已将近二十年，这期间有更多更新的资料被发现，更多的研究成果面世，不能将其全部包括在书中，我很遗憾。今天将这本中文版呈现在北京史的读者和各位史家面前，期待指正。从我离开北京到这本书的中文版出版，正好二十五年。虽然已经很久不是北京的常住居民，但是北京总是在我心中占据了一个特殊的地位，使我不能不关注它的一切。为这座对于我有着不可替代的意义的城市献上一本一定有缺陷，但是用心写的书，也不枉为它曾经的居民。

在写作本书的英文版和将它翻译成中文的过程中，我从众多师长、同仁和朋友那里得到的指点、帮助和精神支持是点数不尽、也报答不完的。加州大学、华盛顿大学和斯坦福大学为我提供了研究资助。加州大学图书馆、国会图书馆、哈佛燕京图书馆、普林斯顿大学图书馆、斯坦福大学图书馆、北京图书馆、上海图书馆、首都图书馆、北京大学图书馆、清华大学图书馆以及北京市档案馆（特别是艾琦女士），为我的研究提供了巨大的帮助。没有这些机构的帮助，本书是不可能完成的。我的老师周锡瑞、高彦颐和毕克伟从选题到修改每一步都为我提供了关键性的指导。George Lipsitz、Cynthia Truant、Takashi Fujitani、Stefan Tanka 为我指出诸多欧洲史、美国史与日本史的相关研究。David Strand（史谦德）、葛以嘉、Uta Poiger、Susan Naquin（韩书瑞）、William Rowe（罗威廉）、Wen-hsin Yeh（叶文心）、Gail Hershatter（贺萧）和汪晖在书稿的立论和构思上给了我很大的启迪。Brett Sheehan 阅读了第 4 章并为我讲解了民国时期银行的运作；Sherman Cochran 和 Mary Rankin 对第 5 章、张勉治和 Ruth Rogaski（罗芙芸）对第 6 章提出了详细的修改意见。我在华盛顿大学的同事们也都对若干章节提出了宝贵的修改意见。唐晓峰、尹钧科、李孝聪、习五一、王均和赖德霖让我熟悉了国内对北京史的研究；与他们的讨论让我受益匪浅。常居北京的老朋友们的友情，让我每次到北京仍然有回家的感觉。

在中文版的翻译和修改过程中，清华大学齐晓红等博士生在一个讨论班上初步翻译了这部书；王卓异、段晓琳、顾怡中进行了重译。在我修改以后，吴永熹通读了全部译文，使其阅读流畅；为了史料的准确性，鲍宁仔细核对了书中所引用的北京市档案馆的每一条资料。康笑宇先生的画作生动传神，为本书的篇章页增色。三联书店将本书选入“三联·哈佛燕京学术丛书”，是我很大的荣幸；在评审中三联书店邀请的两位匿名审稿人的修改意见以及唐晓峰和张鹂的评语对我帮助很大。在此一并致谢。

最后，我要感谢我挚爱并思念的母亲父亲——张玲珂（1928—2014）、金凤兰、董葆舒（1926—2008）、董葆廉，是他们在无论怎样困难的处境下都永远无私的爱与支持使我能够选择自己要走的路、拥有宽广的世界。

二〇一四年四月

再版后记

《民国北京城：历史与怀旧》经过翻译和改写，在2014年列入著名的"三联•哈佛燕京学术丛书"中出版，让我有机会为理解北京这座城市的历史贡献一份思考，深感荣幸。承蒙读者不弃，此书在很短时间内便销售一空。今年三联书店决定推出新版，改为精装本，我也由衷希望这本小书能被更多的读者读到。

借此再版的机会，我修订了文字上的个别疏漏之处。此外，还对书中的图片进行了调整，删去了若干略显模糊的历史照片。当然，最为新版增色的，是何大齐先生专为本书绘制的插图。何先生已七旬高龄，他出身于京城文化世家，对北京历史理解之深广和感情之深厚都令我由衷钦佩。何先生用画笔记录老北京的民俗风情已有多年，其画作曾多次结集出版。他的北京民俗风情画作皆基于历史研究、实地考察，甚至对当地的老居民的探访，反复修改而成，不仅表现出他对北京生活的熟悉，而且富有史料价值。他为本书所作的插图亦莫不如是，可谓积淀了何大齐先生数十年来在北京的生活体验和他对这座城市的观察、思考。何先生画作的诸多细节呈现出对历史深入理解之上的真实；它们为本书所添加的不只是形式上的美感，更是内容上的厚度。老北京交通情况一图中的各式交通工具以及空间格局，前门火车站俯瞰图，中央公园（今中山公园）的牌坊、古树、人物，骆驼祥子和寒风中的砖塔胡同，烟袋斜街长卷中的店铺，等等，都是历史真实与艺术再现的精彩结合。与何大齐先生的交谈让我对北京的历史有了更深的理解，并触发了我继续研究北京史的兴趣。此外，这次再版还采用了新的封面。何大齐先生哲嗣、中央美术学院的何浩教授采用了何先生所画的钟楼作为封面。这幅画表现出北京平房、四合院与钟楼在高度上的巨大落差，这是现代人早已失去了的空间感觉。何浩先生借此图展现民国北京的独特面貌，可以给读者一个直观地进入民国北京的审美体验。对于何大齐先生与何浩先生对拙著的厚爱，“感谢”二字是远不足以表达我的心情的。我希望本书的文字内容、照片、插图和装帧设计能够像协奏曲一样交织在一起，把北京历史丰富的内涵更为生动地呈现给读者。

北京这座城市和它的居民们千余年来历经沧海桑田，其生命力与创造力从不曾衰竭。对于北京，每位读者和我自己一样，都有无尽的记忆。让我们把这些记忆化作祝福，祈愿这座城市永远屹立，生生不息。

二〇一七年八月于西雅图

怀柔
顺义
温榆河
德胜门
安定门
钟楼
鼓楼
景山
东直门
天安门
朝阳门
（齐化门）
通惠河
东便门
崇文门
（哈德门）
广渠门
通州
北运河